Jens Clausen
Klaus-D. Dresler
Ilse Eichenbrenner

# Soziale Arbeit im Arbeitsfeld Psychiatrie
## Eine Einführung

LAMBERTUS

Jens Clausen
Klaus-D. Dresler
Ilse Eichenbrenner

# Soziale Arbeit im Arbeitsfeld Psychiatrie

## Eine Einführung

Lambertus

Die Deutsche Bibliothek – CIP-Einheitsaufnahme

Clausen, Jens:
Soziale Arbeit im Arbeitsfeld Psychiatrie:
eine Einführung / Jens Clausen; Klaus-D. Dresler;
Ilse Eichenbrenner. – 2., aktual. Aufl. – Freiburg im
Breisgau: Lambertus, 1997

ISBN 3-7841-1025-8

NE: Dresler, Klaus-Dieter; Eichenbrenner, Ilse:

2., aktualisierte Auflage 1997

Umschlaggestaltung: Grafik-Design Christa Berger, Solingen
Umschlagfoto: Uwe Stratmann, Wuppertal
Herstellung: Druckerei Franz X. Stückle, Ettenheim
ISBN 3-7841-1025-8

# Inhalt

# Vorwort

Dieses Buch ist als Orientierungshilfe für all jene gedacht, die innerhalb ihres Studiums, ihres Berufes oder aufgrund persönlichen Interesses oder Betroffenseins mit der Psychiatrie konfrontiert sind. In erster Linie wendet es sich an Studierende der Sozialarbeit und der Sozialpädagogik. Neben Pflegekräften, Ärztinnen und Psychologen machen Sozialarbeiterinnen und Sozialpädagogen (in den Berufsgruppen-Bezeichnungen möge sich das jeweils unerwähnte Geschlecht gleichermaßen angesprochen fühlen) die größte Berufsgruppe der psychiatrisch Tätigen aus. Ihnen eine erste Grundlage für Studium und Praxiseinstieg zu geben, ist unser besonderes Anliegen. Vielleicht kann es aber auch Heilpädagoginnen und Ergotherapeuten, psychiatrischen Pflegekräften, Heilerziehungspflegern und anderen dienen, sich einen Weg durch das psychiatrische Arbeitsfeld zu bahnen. Sollten auch Psychiatrie-Betroffene und ihre Angehörigen dieses Buch oder Teile davon mit Gewinn lesen, so würde uns das freuen.
Psychisch erkrankte Menschen zu verstehen und zu begleiten, ist schwer genug; kaum minder leicht zu begreifen ist das Arbeitsfeld „Psychiatrie“ selbst mit all seinen Institutionen, Berufsgruppen, Therapieformen, wissenschaftlichen, politischen und sozialen Grundannahmen. Dies systematisch und verständlich darzustellen, ist ein kniffliges Unterfangen. Wir haben uns entschieden, eher beschreibend einen Gang durch das psychiatrische Arbeitsfeld zu versuchen und auf allzu wissenschaftlichen Ehrgeiz und kompakten Lehrbuchcharakter zu verzichten. Wir möchten möglichst praxisnah bleiben und durch Fallbeispiele einen Blick in das Erleben und Erleiden seelischer Erkrankung ermöglichen. Wichtig war uns jedoch auch, die aktuellen medizinischen, therapeutischen, sozialrechtlichen und gesellschaftlichen Kategorien zu benennen. Denn wer in der Psychiatrie zu arbeiten beginnt, der sollte wissen, wie dort gedacht und behandelt wird, sollte ein Rüstzeug an Fachwissen im Rucksack haben, um kompetente und zufriedenstellende Arbeit leisten zu können. Allerdings kann dieses Fachwissen wiederum oft nur unterstützen, worauf es noch wesentlicher ankommt: auf die zugewandte, ehrliche, möglichst angstfreie Begegnung zwischen Menschen.
Ein Buch entsteht nicht erst am Schreibtisch, und gerade dieses Buch hätten wir nicht schreiben können, wenn wir nicht selbst viele Jahre

mit seelisch erkrankten Menschen zusammengekommen wären. Ihnen und auch ihren Angehörigen danken wir für all die Begegnungen, die nun ihren Niederschlag in diesem Buch gefunden haben. Unsere Erfahrungen aus Psychiatrischen Kliniken und Sozialpsychiatrischen Diensten, aus Wohnheimen, Tagesstätten und anderen Bereichen der Psychiatrie haben uns ermutigt, Studierenden und Interessierten Einblick in diese Tätigkeitsfelder zu geben, sie anzuregen, sich vielleicht selbst in der Psychiatrie zu engagieren. Als Einstiegslektüre ist dieses Buch gedacht, eine knappe Auswahl weiterführender Literatur haben wir den jeweiligen Kapiteln angefügt, eine Gesamtbibliographie bildet den Abschluß. Zur Lektüre anderer Schriften sei also ausdrücklich aufgefordert; denn mit einem Buch allein ist das Feld natürlich nicht zu bestellen.
Unseren Familien und Freunden, die uns in den letzten Monaten viele Stunden am Schreibtisch erleben mußten, danken wir für ihre Unterstützung. Sie und auch andere Fachkolleginnen und Kollegen haben das Manuskript durchgesehen und uns wertvolle Anregungen und Tips gegeben. Wir hoffen, nun ein Buch vorlegen zu können, das tatsächlich eine erste Orientierung im Arbeitsfeld „Psychiatrie" ermöglicht und dabei – fast klingt es dem Gegenstand unangemessen – auch ein wenig Lesefreude bereitet. Für alle Formen der Rückmeldung aus Sicht der Lernenden und der Lehrenden wären wir dankbar, denn erst im „Praxistest" läßt sich die Brauchbarkeit einer solchen Einführung überprüfen.

Münster, Jena, Berlin, Juli 1996

Jens Clausen,
Klaus-D. Dresler,
Ilse Eichenbrenner

# Einleitung

Leicht zu begreifen ist das Arbeitsfeld Psychiatrie nicht. Und also auch nicht leicht zu beschreiben. Denn wer je mit der Psychiatrie in Berührung kommt, sei es als seelisch aus dem Gleichgewicht Geratener, sei es als Angehöriger eines Patienten, sei es als möglicher neuer Mitarbeiter, der erfährt die mannigfaltigen Begegnungen in der Psychiatrie aus unterschiedlichster Perspektive. Wie auf einem fremden Bahnhof angekommen, unsicher und irritiert, erlebt er jeweils sehr individuelle Situationen und Gefühle. Und von allen Gefühlen ist vielleicht das der Angst das bedeutendste. Kaum ein Arbeitsfeld ist ja so vorurteilsbeladen und angstbesetzt wie das der Psychiatrie. Mit seelisch Erkrankten jeden Tag zusammen zu sein, das hört sich kaum verlockend an, besonders dann, wenn von diesen Menschen im Volksmund als „Psychopathen", „Verrückten", „Geisteskranken" oder „Gestörten" die Rede ist.

Aspekte der „Psychiatrie"

„Ist das nicht sehr schwer, solche Menschen zu betreuen?" oder gar „Wird man da nicht selbst ein bißchen ‚plem-plem' ...?" sind Fragen, die wir selbst oft gehört haben. Und tatsächlich: verdammt anstrengend ist es häufig schon. Aber trotz der vielen Jahre intensiven Berufsalltags mit seelisch erkrankten Menschen wagen wir zu behaupten: das mit dem „plem-plem" scheint sich doch einigermaßen in Grenzen zu halten (was uns inzwischen auch unsere Freunde und Familien bestätigen). Allerdings erleben die verschiedenen Professionen das Arbeitsfeld der Psychiatrie noch einmal ganz unterschiedlich. Und diese Unterschiede hängen zum einen mit der beruflichen Stellung in der Institution, mit Hierarchie oder Teamstruktur, mit Kompetenzverteilung und Handlungsspielräumen zusammen, zum anderen aber auch mit der jeweiligen Persönlichkeit, die hinter dem Schild der Berufsbezeichnung steckt. Nicht jeder kann und will sich in gleichem Maße einlassen auf befremdliches Verhalten, auf ungeklärte Nähe-Distanz-Verhältnisse. Nicht jeder hat die Geduld und die Bereitschaft zum Zuhören. Nicht jeder besitzt das notwendige Maß an Interesse und Humor, um den „verrückten" Alltag als Bereicherung zu erleben. Wer also den Gedanken hegt, sich für seelisch verletzte, erkrankte Menschen zu engagieren, der sollte sich eine Weile in der praktischen psychiatrischen Arbeit erproben. Doch stellt sich damit das Problem: Was bezeichnen wir mit „der Psychiatrie"? Welche Menschen mit welchen seelischen Störungen werden dort behandelt oder betreut, von welchen Berufsgruppen, in welchen Institutionen, nach welchen Konzepten?

„Die Psychiatrie“: Dazu gehören *Menschen mit den unterschiedlichsten Erkrankungen oder Auffälligkeiten*: Menschen, die Stimmen hören oder meinen, im Radio werde nur über sie geredet; Menschen mit schweren Ängsten, die sich kaum noch aus dem Haus trauen; solche, die mutlos im Sessel sitzen, sich an allem schuldig fühlen und sich zu keiner praktischen Tätigkeit mehr durchringen können; oder andere, die stundenlang einen Gang auf und ab laufen und sich in ihre eigene Welt zurückgezogen haben; wieder andere, die sich nur noch spüren, wenn ihnen – und sei es selbstzugefügter – Schmerz widerfährt; solche, die ihr Leben für qualvoll oder sinnentleert halten und es manchmal am liebsten beenden würden; wieder andere, die sich großartig fühlen, jetzt und auf der Stelle engste Freundschaftsgefühle für einen Fremden entwickeln und Geld zum Fenster hinauswerfen; Menschen, die sich wie Marionetten von anderen dirigiert fühlen...; die sich zu Tode hungern ...; die ihrer Sucht hilflos ausgeliefert sind ...; die im Zustand äußerster seelischer Anspannung Straftaten begehen...; die Orientierung und Erinnerung verloren haben...; die geistig behindert, vielleicht „zurück“ geblieben sind, weil niemand sie mit auf den Weg nahm...

„Die Psychiatrie“: Dazu gehören dort tätige *Menschen unterschiedlichster Berufsgruppen*, die wiederum aus den unterschiedlichsten Beweggründen und mit den unterschiedlichsten Ausbildungen und Auffassungen ihren Arbeitstag mit den oben geschilderten Menschen verbringen: Pflegefachkräfte, Ärzte, Psychologinnen, Sozialpädagoginnen und Sozialarbeiter, Beschäftigungs- und Arbeitstherapeuten, Kunst- und Musiktherapeutinnen, Heilpädagoginnen und Heilerziehungspfleger, Köche und Gärtner, Apothekerinnen und Seelsorger, Krankengymnastinnen, Verwaltungsangestellte, Laienhelfer...

„Die Psychiatrie“: Dazu gehören ganz unterschiedliche *Behandlungsgrundsätze und therapeutische Methoden*, die sich teilweise ergänzen und unterstützen, teilweise jedoch auch im Streit miteinander liegen: pharmakologische Behandlungen, die oft als unverzichtbar gelten, jedoch mit schwerwiegenden Nebenwirkungen verbunden sein können; psychotherapeutische Einzel- und Gruppengespräche (der unterschiedlichsten therapeutischen Schulen), die von den Patienten meist als angemessener und weniger fremdbestimmt erlebt werden; verhaltenstherapeutische Maßnahmen, durch die Störungen abgebaut und neue Verhaltensweisen erprobt werden sollen; Musik-, Tanz- und Bewegungstherapien; Arbeits- und Beschäftigungstherapien; Entzugsbehandlungen und Rehabilitationsmaßnahmen; in jüngster Zeit auch Psychoseseminare und psychoedukative Gruppen; nicht zuletzt die vertrauensvolle Beratung und Alltagsbegleitung, die zur Krisen- und Lebensbewältigung mindestens genauso wichtig wie die medizinische Behandlung sein kann...

„Die Psychiatrie“: Dazu gehören *Institutionen der Hilfe und Unterstützung* ganz verschiedener Art, wie beispielsweise Betreute Wohngemeinschaften und Übergangsheime, Sozialpsychiatrische Dienste und Kriseninterventionsstationen, Psychiatrische Kliniken und Krankenhausabteilungen, Tageskliniken und Institutsambulanzen, Nervenarzt-Praxen und manchmal auch Hausärzte, Werkstätten für Behinderte, Berufsbildungswerke, Psychosoziale Hilfsvereine mit daran angeschlossenen Tagesstätten und Selbsthilfefirmen, Betreutes Wohnen, Patientenclubs und Angehörigengruppen, ambulante Pflegeeinrichtungen und Sozialstationen...

„Die Psychiatrie“: Dazu gehören nicht zuletzt *gesellschaftliche und politische Entscheidungsinstanzen*, Ministerien und Wohlfahrtsverbände, Sozialdezernate, Fachausschüsse und Forschungsgremien, Gesundheitsämter, Psychiatriekoordinatoren und psychosoziale Arbeitsgemeinschaften, Leistungsabteilungen der Sozial- und Arbeitsämter, Kranken-, Renten- und Pflegeversicherungen, polizeiliche und gerichtliche Instanzen u.v.a.m. In ihnen werden die politischen und juristischen Grundlagen sowie die Verteilung der (knappen) Mittel für die Behandlung und Betreuung psychisch erkrankter Menschen beschlossen, verwaltet, erkämpft...

Arbeitsfeld „Psychiatrie“

„Die Psychiatrie“ ist also keineswegs allein die „Wissenschaft von der ärztlichen Behandlung seelischer Störungen“, wie manches Medizinbuch dies noch heute behauptet. Sie ist vielmehr ein Arbeitsfeld gemeinschaftlicher Aktivitäten, in denen sich Normen und Werte einer Gesellschaft widerspiegeln, in denen es um Ausgrenzung oder Integration von Menschen, um Akzeptanz oder Diskriminierung von Befremdlichkeit geht. Sie ist ferner auch ein Ort der Gewalt, weil sich einerseits in psychischen Krisen angestaute Affekte oft gewaltsam entladen, weil andererseits die Maßnahmen der Psychiatrie einen hohen Anteil an Gewalt besaßen und heute noch besitzen, und weil schließlich die gesellschaftliche Funktion der Psychiatrie von Beginn an auch eine ordnungspolitische war. Genauso können psychiatrische Einrichtungen aber auch einen Schutz für Menschen darstellen, die seelisch vielleicht dünnhäutiger, verletzlicher als andere sind und sich nicht permanent dem gesellschaftlichen Druck nach Leistung, Anpassung und Selbstkontrolle aussetzen können.

„Die Psychiatrie" muß also ihren *Blick erweitern* auf soziale und sozialarbeiterische, psychologische und psychotherapeutische, rechtliche, politische, philosophische Dimensionen, will sie den tieferen Hintergründen psychischer Erkrankung und seelischem Anderssein gerecht werden. Das gilt auch für diese Publikation. Dabei sollten zwei *Grundsätze* gelten: Stärker als bisher hat sich die Psychiatrie auf die *Einzigartigkeit jedes Erkrankten* zu besinnen und seinem subjektiven Erleben eine große Gewichtung zu geben. Und: Sie hat dabei nicht nur den biographischen Kontext, sondern auch die *sozialen und gesellschaftlichen Bedingungen* des einzelnen zu berücksichtigen, seine Wohn-, Arbeits- und Sozialbeziehungen.

Denn viel zu lange hat „die Psychiatrie" ihre Patienten isoliert, hat sie mit autoritären Behandlungsstrukturen zu reinen Objekten ihres Handelns gemacht, hat so getan, als wisse sie, was gut und richtig sei – mit z.T. zerstörerischen Folgen. Glücklicherweise melden sich die „Betroffenen" der Psychiatrie inzwischen selbstbewußt zu Wort. 1992 haben sie sich zum „Verband der Psychiatrieerfahrenen" zusammengeschlossen und regional und bundesweit ihrer Stimme Geltung verschafft. So forderten Sprecherinnen des Verbandes auf der Gründungsversammlung in Bedburg-Hau beispielsweise eine Veränderung der Ausbildung der Psychiater, die diese in die Lage versetzen möge, „... Psychosen endlich als das zu begreifen, was sie sind, nämlich verschlüsselte Botschaften des Unbewußten, die wahrgenommen und in ihrer Bedeutung erfaßt, statt mit Medikamenten zugeschüttet und bekämpft werden müssen" (Buck 1995), und kritisierten die ungenügende Verstehenshaltung ihrer Behandler: „Die Ursachen des ‚Bürgerkrieges' jedoch, der in meinem Inneren ausgebrochen war, interessierte weder Psychiater in Kliniken noch die meisten der später behandelnden Ärzte" (Hirsch 1992: 28). Die Erkenntnis, die auch Ärzte der Psychiatrie daraus zu ziehen beginnen, lautet: „...sich dem Lebensfeld und den Lebensentwürfen psychisch kranker Menschen zuzuwenden, ihren Absichten, ihren Entwicklungen, den Bedeutungen, die sie ihren Erfahrungen zumessen" (Seidel 1995: 26).

Zielsetzung des Buches

Aufgabe dieses Buches soll es sein, vor allem die *soziale (und sozialarbeiterische) Seite der angemessenen Behandlung oder Begleitung psychiatrischer Patienten in der stationären und ambulanten Psychiatrie zu beschreiben.* Denn die Soziale Arbeit im Arbeitsfeld „Psychiatrie“ knüpft an den „Lebenslagen“ und subjektiven Erfahrungen psychisch kranker Menschen an und reicht von der Ermittlung der Möglichkeiten und geeigneten Formen ambulanter Betreuung über die Verhandlung mit Arbeitgebern, Vermietern und psychosozialen Einrichtungen bis hin zur individuellen und alltagsweltlichen Beratung und Aktivierung von Selbsthilfeprozessen. Es liegt vielleicht sogar eine besondere Chance darin, die Soziale Arbeit in der Psychiatrie zu stärken: denn anders als die Medizin, die von ihrem Selbstverständnis her Krankheiten zu heilen oder zu lindern trachtet, und anders auch als die Psychologie, die den innerseelischen Ursprüngen psychischer Störungen nachzuforschen versucht, kann die Soziale Arbeit in außergewöhnlichem Verhalten und seelischem Leid einen existentiellen Bestandteil gesellschaftlichen Alltags und individuellen Seins sehen und daher besser akzeptieren.

Aufbau des Buches

Bevor wir uns jedoch ganz den Aufgaben von Sozialarbeiterinnen und Sozialpädagogen in der psychiatrischen Versorgung bzw. Betreuung widmen, werden wir im Teil 1: „Grundlagen“ einige Skizzen zur *Geschichte der Psychiatrie* und ihrer *gegenwärtigen Situation* entwerfen, die unterschiedlichen *psychischen Störungen* schildern sowie die *psychiatrischen Therapieformen* darstellen und hierbei den Stellenwert der Sozialen Arbeit im Arbeitsfeld Psychiatrie beleuchten. Im Teil 2: „Hilfeangebote“ wird es dann gewissermaßen „praktisch“: die *sozialarbeiterischen Hilfen und Methoden*, wie sie in der psychiatrischen Arbeit gebraucht werden, kommen hier detailliert zur Sprache. Ferner werden die *stationären* und die *gemeinde-integrierten Hilfen* erläutert, und zwar mit dem Ziel, sowohl die aktuelle Versorgungslandschaft in all ihrer Differenziertheit als auch das konkrete psychiatrische Arbeitsfeld von Sozialarbeiterinnen und Sozialpädagogen zu skizzieren. Den Schluß bilden einige offene Fragen an die zukünftige Psychiatrie.

# Teil 1
# Grundlagen

# 1. Psychiatrie in Geschichte und Gesellschaft

Im ersten Kapitel unseres Einführungsbuches wenden wir uns zunächst der Geschichte der Psychiatrie zu und zeichnen die Entwicklungen nach, die für das Verständnis gegenwärtiger psychiatrischer Strukturen und Behandlungsformen bedeutsam erscheinen (Abschnitt 1.1.). Dabei kommen auch die unterschiedlichen Tendenzen in den beiden deutschen Staaten nach 1945 (Abschnitt 1.2.) sowie einige internationale Impulse (Abschnitt 1.3.) ins Blickfeld, ohne die unser heutiges psychiatrisches Feld nicht denkbar wäre. Überlegungen zum gesellschaftlichen Umgang mit psychischen Erkrankungen schließen dieses Kapitel ab (Abschnitt 1.4.).

## 1.1. Skizzen zur Geschichte der Psychiatrie

Beispiel Hölderlin

Im Jahre 1798 schreibt der Dichter Friedrich Hölderlin an einen Jugendfreund:

> „Ich fürchte, das warme Leben in mir zu erkälten in der eiskalten Geschichte des Tags, und diese Furcht kommt daher, weil ich alles, was von Jugend auf Zerstörendes mich traf, empfindlicher als andere aufnahm, und diese Empfindlichkeit scheint darin ihren Grund zu haben, daß ich im Verhältnis zu meinen Erfahrungen, die ich machen mußte, nicht fest und unzerstörbar genug organisiert war. Das sehe ich. Kann es mir helfen, daß ich es sehe?" (Hölderlin 1798/1969: 880)

Die heutige Psychiatrie würde hier vermutlich von „Vulnerabilität", von erhöhter Verletzlichkeit gegenüber seelischen Krisen sprechen und würde die Ursachen dafür sowohl in der Konstitution wie auch in der psychischen und sozialen Entwicklung des Betroffenen annehmen, nicht anders, als es der Schreiber ja selbst bei sich tut. Doch diese Zeilen sind vor 200 Jahren formuliert worden, und ihrer Selbsterkenntnis ging keine psychiatrische Behandlung voraus. Hölderlins abschließende Frage „Kann es mir helfen, daß ich es sehe?" muß man, was seine Gesamtbiographie angeht, letztendlich mit nein beantworten. Während er in der ersten Hälfte seines Lebens ein schriftstellerisches Werk von großer poetischer Kraft schuf, verbrachte er die letzten 36 Jahre in psychotischer Verfassung in einem Turmzimmer in Tübingen. Der Tod des Vaters und des Stiefvaters in frühester Kindheit, die ambivalente Beziehung zur Mutter, der Mangel an Achtung seiner Person und seines Werkes, die politische Erfahrung von Umwälzung und Gewalt zur Zeit der französischen Revolution, die schwierige Liebesbeziehung zu einer verheirateten Frau, ihr plötzlicher Tod – all das könnten Hintergründe oder Auslöser seiner Erkrankung gewesen sein. Hölderlin schreibt die obigen Zeilen als Achtundzwanzigjähriger, einige Jahre vor Ausbruch seiner Erkrankung. Die europäische Gesellschaft befindet sich – hier allmählich, dort dramatisch – im Umbruch. Und mit ihr die Psychiatrie.

Beispiel „Tollhaus" Frankfurt

Ein paar Jahre zuvor hat Adolf Freiherr von Knigge das neue „Tollhaus" in Frankfurt besucht und sich erstaunt und lobend darüber geäußert:

> „Man läßt dort die Wahnsinnigen, wenn es nur irgend ohne Gefahr geschehen kann, ... unter unmerklicher Beobachtung frey im Hause und im Garten herumgehen, und der Zuchtmeister verfährt so sanft und liebreich mit ihnen, daß viele derselben nach einigen Jahren völlig geheilt wieder herauskommen, und eine größere Zahl wenigstens nur melancholisch bleibt, allerley Handarbeit zu verrichten im Stande ist, indes diese Menschen in manchen anderen Hospitälern durch Einsperren und Härte vielleicht im höchsten Grade wütend geworden seyn würden." (Knigge 1788: 35)

Die relativ guten Bedingungen in Frankfurt scheinen aber eher die Ausnahme in jener Zeit zu sein. Knigge weiß offenbar um die Härte „in manchen anderen Hospitälern". Zur gleichen Zeit herrschen in den „Tollhäusern" Europas, z. B. im „Hopital Bicetre" in Paris, noch katastrophale Zustände:

> „Ein Ort des Elends, der Verwahrlosung, des Unglücks. Ein Ort der Gewalt, wo die vereinigt werden, welche die Ordnung der Gesellschaft gestört haben ... Neben Dieben, Vagabunden, Falschmünzern, Homosexuellen findet man Epileptiker, Imbezille, Geisteskranke, Alte, Verstümmelte ..." (Mercier 1781: 26)

Behandlung und Ausgrenzung

Das Bild beschreibt keineswegs nur die Situation in Paris am Vorabend der französischen Revolution, es steht vielmehr für eine Internierungspraxis, die sich ca. vom 17. Jahrhundert an in vielen Ländern immer mehr durchzusetzen beginnt. Die Ordnung der frühen Neuzeit läßt ihren randständigen Mitgliedern kaum einen Raum und grenzt aus, was sie zu gefährden scheint: Verbrechen, Armut, Behinderung, Krankheit. Die „Irrenfrage" ist in dieser Zeit eng verknüpft mit der Armenfrage, und so sperrt man ins Sächsische Zucht-, Waisen- und Armenhaus Waldheim im Jahre 1724 sowohl „Epileptici, Melancholici und Furiosi" als auch Waisenkinder und Arme. Allein die Verhinderung des Müßigganges, der „aller Laster Anfang" sei, könne vor Elend und seelischer Krankheit schützen, und folglich ist Arbeit (vor allem das Spinnen, daher der Begriff „die Spinner") die einzige Form der Behandlung.

Psychiatrie in der frühen Neuzeit

Einige psychisch Erkrankte mögen es da im Mittelalter noch leichter gehabt haben, als klösterliche Einrichtungen Schutz und Versorgung boten, als kirchliche Ordensgemeinschaften (so z. B. die Alexianer) eigene Institutionen für Geisteskranke öffneten. Doch auch über diese Anstalten sollten wir kein allzu romantisches Bild zeichnen, denn auch hier schwebt über allem die Devise „ora et labora", verbunden mit der Pflicht zu Gehorsam, Armut, Keuschheit. Eine *wirkliche Behandlung der Erkrankung* findet nicht statt, und nicht jeder psychisch Erkrankte erhält dort Aufnahme; erwähnt werden in den Stadtgeschichten des 14. und 15. Jahrhunderts vielmehr „Narrenkäfige", „Tollkästen" oder „Narrentürme" (als Schauobjekt für sonntägliche Spaziergänger). Die meisten psychisch Erkrankten dieser Zeit leben jedoch in ihren Familien und Dorfgemeinschaften, auch dort übrigens keineswegs so sorglos, wie es uns das Bild des in die Gemeinschaft integrierten „Dorftrottels" vorspiegelt. Wenn, dann sind es die leicht geistig Behinderten und weniger die psychisch Erkrankten, die toleriert werden. Denn das Mittelalter kann verrückte Handlungen nicht anders als durch Dämonen verursacht begründen und sucht das Heil nicht nur in Kräutern, Mineralien und Zauberformeln, sondern im Exorzismus oder auf den Scheiterhaufen der Inquisition. Sollten sich Geisteskranke durch Zureden, Beten und Fasten nicht bessern, so empfiehlt Paracelsus deren Verbrennung, um dem Teufel keine Chance zu geben. Auch Luther bezeichnet Wahn- und Blödsinnige als „Söhne des Satans" und als „Wechselbälger", hervorgegangen aus der Vereinigung von Dämonen mit Menschen, und er schreckt nicht davor zurück, ihre Tötung als ein „Gott wohlgefälliges Werk" anzusehen. Eine andere Haltung vertritt Daniel Defoe, der Verfasser des „Robinson Crusoe":

„Menschen, welche wir Verrückte nennen, behandeln wir in England mit der letzten Verachtung, was, wie ich finde, ein merkwürdiger Irrtum ist... Ich denke, daß es unserer weisen Zeit gut anstehen würde, sich um sie zu kümmern. Und vielleicht sind sie eine besondere Zinsenlast für die große menschliche Gesellschaft, die der Schöpfer aller Dinge uns bestimmt hat, so wie ein Vater erwartet, daß sein Erbe sich um den jüngeren Bruder, der nichts geerbt hat, kümmern soll ... Ein Irrenhaus soll gebaut werden, sei es durch die Regierung, durch die Stadt oder durch einen Parlamentsakt, in welchem ... diejenigen, welche verrückt geboren sind, ungeachtet ihrer Herkunft aufgenommen und gepflegt werden sollen." (Defoe 1697: 13)

Mit dem 17. und 18. Jahrhundert öffnen sich *allmählich Freiräume für naturwissenschaftliche Sichtweisen,* werden erste Untersuchungen bezüglich der Nervenkrankheiten angestellt; die Forschungen über das Zentralnervensystem und die Reflexe sowie die Wirkung des Magnetismus werden erörtert, gewagte Ideen bezüglich hysterischer Erkrankungen bei Frauen (die Ursache sei eine „wandernde" Gebärmutter im weiblichen Körper), aber auch bezüglich des Zusammenhangs von Hirn und Gemüt postuliert. Philosophen wie Kant, Hegel und Schelling widmen sich nicht nur der gesunden, sondern auch der erkrankten Seele, und ihre Abhandlungen sind durchaus naturwissenschaftlich orientiert. So stellt Kant bereits die Hypothese von der organischen Genese geistiger Krankheiten auf und verurteilt es, den „Mißbrauch der Seelenkräfte" als Ursache zu erwägen. Für den Umgang mit psychisch Erkrankten empfiehlt er:

„Bei den Wahnsinnigen und Wahnwitzigen ist der Verstand selbst angegriffen, so daß mit ihnen zu ‚vernünfteln' töricht und schädlich ist, weil es ihnen nur neuen Stoff bietet, um Ungereimtheiten auszuhecken, und weil sie außerdem durch Widerspruch unnötig erhitzt würden." (Kant 1766/1988: 900)

### 1.1.1. Psychiatrie im Verlaufe des 19. Jahrhunderts

Maßstab „Normalität"

Wie auch immer die Hintergründe und Behandlungsformen seelischer Erkrankungen im 17. und 18. Jahrhundert bewertet wurden, die Gesellschaft der beginnenden Industrialisierung des 19. Jahrhunderts tendiert bereits dazu, den *Wahnsinn ins Niemandsland* zu verfrachten und *mit hohen Mauern* zu umgeben, sich so ihrer untergründigen *Angst vor dem Verlust der Ordnung* zu entledigen, hoffend auch, daß hinter hohen Mauern die Krankheit selbst oder zumindest deren Ausbreitung gebannt sei. Die ersten „Asyle" für Irre entstehen in den Jahren 1760 bis 1830 und zeugen von der zunehmenden Furcht vor den phantasierten Gefahren von Geisteskrankheit und Unvernunft (Foucault 1969). In der neuen bürgerlichen Ordnung mit ihren Grundsätzen der Arbeit und Disziplin, des Rechts und der Verwaltung hat der Wahnsinn keinen Platz. „Normalität" wird immer enger gefaßt, auch wenn sich Reformer der Psychiatrie (z. B. Pinel in Paris oder die Quäker in York) um einen humanen Ort für die Betreuung psychisch

Erkrankter bemühen. Zu den gängigen Behandlungsmitteln gehören jetzt Drehstühle, Käfige und Tauchkörbe, Schaukeln und hohle Räder (ähnlich denen im Hamsterkäfig), Zwangsjacken und -masken. Es werden Brechmittel verabreicht oder Spritz- und Sturzbäder und andere Torturen empfohlen: „Einem, der immer zu frieren glaubte, wurde ein Schafspelz angezogen, der in Branntwein eingetaucht war und dann angezündet wurde", beschreibt Johann Ch. Reil 1803 seine „Kurmethode bei einem Wahnkranken". Seiner Meinung nach müsse man uneinsichtige Patienten erst einer Vorbehandlung unterziehen, sie durch starke und schmerzhafte Eindrücke gefügig machen: „Man ergreift sie mit hinlänglicher Kraft, ohne Rücksicht auf ihr Widerstreben, taucht sie in kaltes Wasser oder stürzt sie in einen reißenden Strom." (Reil 1803/1968: 341)

Positionen der „Psychiker" versus „Somatiker"

Im Verlaufe des 19. Jahrhunderts gerät die Position der „Psychiker", die glauben, daß die Seele *moralisch erkranke,* zunehmend ins Hintertreffen; es ist die Zeit der „Somatiker", die verkünden, daß alle *Geisteskrankheiten körperliche Krankheiten* seien. Und dies hat durchaus auch humane Aspekte, denn die Patienten werden so von den *Schuldgefühlen* religiösen oder moralischen Versagens und auch von den *pädagogischen Torturen* befreit. Außerdem erlebt das 19. Jahrhundert die größten Fortschritte der Medizin, erkennt die Ursachen von Infektionskrankheiten (z. B. auch bei der progressiven Paralyse, an der viele Anstaltspatienten leiden), und so stellt auch die Psychiatrie den Anspruch, nicht Randgebiet der Philosophie oder Pädagogik, sondern *medizinische Teildisziplin* zu sein. Im Bemühen um Anerkennung im Spektrum der Naturwissenschaften übernimmt sie jedoch eine *Heilungsidee*, die sich schon bald als *uneinlösbar* herausstellen wird. Denn mit der Erwartung, Erkrankungen der Seele erfolgreich medizinisch behandeln zu können, schafft sie sich gleichzeitig das Problem der „Unheilbaren", deren Schicksal sie schließlich den althergebrachten Institutionen überläßt, was erneuten Ausschluß, vermehrtes Leid, vielleicht sogar Lebensbedrohung für die Gruppe der chronisch Kranken bedeutet.

So schließt man bei der Eröffnung der „Heilanstalt für Geisteskranke" in Siegburg im Jahre 1825 – der zweiten „Heilanstalt" in Deutschland nach Bayreuth – die „Unheilbaren" von den modernen Behandlungsansätzen aus. Nicht aufgenommen werden:

(a) seit langer Zeit an Irrsein leidende Kranke;
(b) von Geburt oder früher Kindheit an Blöd- oder Schwachsinnige;

(c) aus Altersgründen in Geisteszerrüttung Verfallene;
(d) an Epilepsie Leidende.

Neben der Schwere der Symptome bildet also der Zeitpunkt der Erkrankung ein Hauptkriterium für die Behandlung. Man folgt damit der Meinung, daß Geisteskrankheit nur im Frühstadium heilbar sei.

Psychiatrie im Deutschen Kaiserreich

Nicht lange allerdings können die neugegründeten Anstalten den Status aufrechterhalten, reine Institutionen des Heilens zu sein; der Polizeigedanke einer Verwahrung „irrer Elemente" füllt schon bald auch die neuen Anstalten, und den Psychiatern gelingt die irrationale Scheidung in Heilbare und Unheilbare nicht. Es entstehen meist gemischte Heil- und Pflegeanstalten, Asyle oder andere psychiatrische Institutionen, von denen es 1877 auf Reichsebene 93 (mit 33.000 Insassen) und 1904 bereits 180 (mit 112.000 Insassen) gibt. Über die „Bremische Irrenanstalt" schreibt ihr Leiter Friedrich Scholz 1882:

„Das moderne Asyl wenigstens ist kein düsters Gefängnis, sondern eine Heil- und Pflegestätte, ausgestattet mit allen sanitären Einrichtungen unserer Zeit und geleitet von den Grundsätzen einer fortgeschrittenen Humanität. Von Tag zu Tag mehr schwindet auch in den Augen der Laienwelt der früher jedes Irrenhaus so dicht umhüllende Nimbus des Geheimnisvollen ... ‚weil in die Anstalten ein heller Strahl der Erkenntnis gedrungen ist ..." (zit. n. Engelbracht/Tischer 1990: 17)

Aus Sicht der Patienten ist davon oft wenig zu spüren, sie leiden eher unter der mangelhaften Ausbildung ihrer *Wärter;* ein Patient der Anstalt Düren schreibt 1894: „Junge Leute, die draußen zu faul zu arbeiten waren, gehen als Wärter in die Irrenhäuser, ohne Beruf und ohne Bildung ... Hier müßten Wärter von Beruf und dazu Herangebildete sein ..." (zit. n. Blasius 1994: 58). In der Tat liegt die Betreuung nicht bei ausgebildetem Personal, sondern oft bei ausgedienten Soldaten; außerdem sind die Bedingungen des Pflegeberufes in den Anstalten alles andere als attraktiv: die Pfleger schlafen mit den Akutpatienten im gleichen Schlafsaal, sie haben kaum Freizeit oder gar Urlaub, dürfen nicht heiraten, keinen eigenen Hausstand gründen und sind ausgesprochen schlecht bezahlt. Die *Leitung* der Heil- und Pflegeanstalt ist offenbar auch nicht an kompetenter Arbeit ihres Pflegepersonals interessiert. Anstaltsdirektor August Forel aus Zürich schreibt:

„Zu einem guten Wärter gehören Geduld, Gutmütigkeit, sogar etwas Beschränktheit. Ein guter Wärter muß sich lachend vom Kranken prügeln lassen und die ärgsten Unreinlichkeiten unermüdlich putzen. Mit gelehrten Wärtern riskieren wir, psychiatrische Pfuscher zu erziehen, die später laienhafte Zeitungskritik an der Psychiatrie üben und Unheil anstiften." (zit. n. Höll 1989: 53)

Klinikleiter Alfred Erlenmeyer aus Benndorf wird – ganz im Tone des Kaiserreiches – noch deutlicher:

„Sozialdemokraten und Anarchisten passen nicht in den Organismus einer Anstalt, wo stufenweise Autorität der Ämter besteht, wo Unterwerfung und Gehorsam eine selbstverständliche Pflicht ist und wo von irgendwelcher Gleichberechtigung verschiedener Berufsstände ebensowenig die Rede ist wie in anderen vernünftigen Institutionen." (ebd.: 48)

Als man in Preußen 1871 zu einer Volkszählung aufruft, werden insgesamt 55.043 Personen als „Irre" registriert, von denen sich 75 % in Familien und 25 % in Anstalten aufhalten. Ob die Anzahl seelischer Störungen aufgrund der Industrialisierung, der Verstädterung und des Heimatverlustes stetig zunimmt, oder ob die Ordnungsmächte zu einer verstärkten Einweisungspraxis greifen, läßt sich heute nicht sicher entscheiden. Jedenfalls entstehen allein zwischen 1890 und 1910 in Deutschland 80 neue Anstalten, in der Schweiz verdoppelt sich die Zahl der Psychiatriepatienten von 125 „Anstaltsirren" pro 100.000 Einwohner im Jahr 1880 auf 251 im Jahr 1910. Die Zunahme seelisch Erkrankter veranlaßt schließlich auch die Kirchen, sich stärker auf diesem Gebiet zu engagieren, allerdings in Form reiner Pflege-Einrichtungen: So widersetzt sich die Alexianergenossenschaft in Aachen der Anstellung eines Mediziners mit dem Hinweis auf den hohen Anteil der „Unheilbaren" indem sie behauptet, selbst für mehr als hundert Patienten einen Arzt „nur ungenügend beschäftigen zu können" (zit. n. Blasius 1994: 83). Neben dem *Auf- oder Ausbau der Heil- und Pflegeanstalten* wird die Psychiatrie eine *wissenschaftliche Forschungs- und Lehrdisziplin:* der Psychiatrie gelingt in diesen Jahren der Zugang zu den deutschen Universitäten; 1860 sind es zunächst nur zwei Psychiatrie-Lehrstühle an medizinischen Fakultäten (Berlin und Göttingen), 1900 dann aber bereits 16. Das bedeutendste Psychiatrie-Lehrbuch des 19. Jahrhunderts ist das Werk von Wilhelm Griesinger mit der These „Geisteskrankheiten sind Gehirnkrankheiten". Sein Kollege Flechsig in Leipzig, Hirnanatom und Psychiater zugleich, setzt große Hoffnungen in die Zukunft seines Faches:

„Die Medicin tritt durch die Erforschung der materiellen Bedingungen der Geistesthätigkeit in unmittelbare Beziehung zu den moralischen Wissenschaften, und es ist wohl denkbar, dass, nachdem sie einmal das Problem erfasst hat, sie unaufhaltsam bis in die vorderste Reihe der Mächte vordringen wird, welche die sittliche Hebung des Menschengeschlechts sich zur Hauptaufgabe gemacht haben." (Flechsig 1896:, zit. n. Stingelin 1989: 301)

### 1.1.2. Psychiatrie zwischen 1900 und 1939

Psychiatrie als Disziplinierung

1903 zählt man unter den Patienten der rheinischen Landeskrankenhäuser 590 männliche „irre Verbrecher", wegen Diebstahls, Bettelei und Landstreicherei und sogar wegen „Majestätsbeleidigung" verurteilt. Bei den „irren Verbrecherinnen" liegen ebenfalls meist Bettelei und Diebstahl, aber auch „gewerbsmäßige Unzucht" als Delikte vor. Der Disziplinierungsgedanke nimmt weiter zu, immer mehr wird die Psychiatrie zur *staatsnahen Macht* und auch zur *staatsnahen Wissenschaft,* verabschiedet sich von ihrer einstigen philosophischen Besinnung und ist wenig um das Verstehen innerseelischer Vorgänge bemüht.

Ausnahmen: fortschrittliche Konzepte

Immerhin gelingen einzelnen Reformern wie Hermann Simon (zunächst in Warstein, dann in Gütersloh) und Maximilian Thumm (in Konstanz) mit ihrer „aktivierenden Krankenbehandlung", in deren Mittelpunkt das „Herausholen der Pfleglinge aus der Krankenversunkenheit" und die Arbeitstherapie stehen, beachtliche Fortschritte bei Langzeitpatienten. In Erlangen entwickelt Gustav Kolb das Modell der „offenen Fürsorge", das den Krankenanstalten auch die Aufgabe einer intensiven Nachsorge empfiehlt. Hier können wir erstmalig von *psychiatrischer Sozialarbeit* sprechen, denn das Pflegepersonal kümmert sich nun auch um die materielle Sicherung der Familien, besucht die Angehörigen zuhause, vermittelt Arbeit und Wohnung, klärt Ansprüche bei Kostenträgern. In den Wohngebieten werden Sprechstunden für die Betroffenen angeboten, ab 1918 von den Gesundheitsämtern einiger Städte und Gemeinden auch *Sozialpsychiatrische Dienste* eingerichtet, in denen neben dem Amtsarzt eine Fürsorgerin sich um die psychiatrischen Patienten, aber auch um Suchterkrankte, geistig Behinderte und Verhaltensauffällige zu kümmern hat.

Universitätspsychiatrie

Allerdings findet kaum ein Austausch zwischen den Erkenntnissen und Reformen dieser neuen Anstalts- und Gemeindepsychiatrie und der Forschungspraxis der *Universitätspsychiatrie* statt. Denn letztere sorgt sich nicht um die chronisch Kranken, ihr Ziel ist es, bei akut Erkrankten morphologische Defekte in einem bestimmten Hirnareal aufzuzeigen und abgrenzbare Krankheitseinheiten zu erfassen, wie dies Emil Kraepelin am eindrücklichsten propagiert. Doch diesem noch heute als Vater der psychiatrischen *Klassifikationskunde* gefeierten Forscher ist – lange vor Beginn der Nationalsozialistischen Herrschaft – auch die „Entartungsfrage“ keineswegs fremd. Schon 1918 schreibt er:

> „Alle die zahlreichen Schöpfungen menschlichen Mitleids, die darauf abzielen, auch das Leben der Kranken, Schwachen, Untauglichen nach Möglichkeit zu erhalten und menschenwürdig zu gestalten, haben ohne Zweifel die unerfreuliche Folge, daß sich unserem Nachwuchs dauernd ein breiter Strom minderwertiger Keime beimischt, der eine Verschlechterung der Rasse bedeutet. Je vollkommener uns also die Erfüllung unserer Menschenpflicht gegen die Elenden, Verirrten und Hilflosen gelingt, desto nachhaltiger schädigen wir die Kraft unseres Volkstums.“ (Kraepelin 1918: 196)

Psychiatrie und Rassen-/ Volkshygiene

Seit 1905 besteht in Deutschland die „Gesellschaft für Rassenhygiene“; auf einer Ausstellung in Dresden, die sich 1911 der sogenannten Volkshygiene widmet, wird auf die „wachsende Zahl in den öffentlichen Anstalten verpflegter Irrer“ hingewiesen und ihre „Unfruchtbarmachung oder Ausmerzung“ vorgeschlagen. Es sind *volkswirtschaftliche Motive,* die die Debatte bestimmen und ihre Verkünder auch in Psychiater-Kreisen finden: In seinem Referat auf der Jahreshauptversammlung des „Deutschen Vereins für Psychiatrie“ 1925 ruft Robert Gaupp aus:

> „Die Belastung des Deutschen Reiches durch die geistig und sittlich Minderwertigen aller Klassen ist enorm und angesichts unserer Verarmung und unserer schwer ringenden Wirtschaft eine trostlose Belastung, wie ein Blick in die Haushaltspläne des Reiches, der Länder und Gemeinden, auch ein Blick auf die Zahlen der Rückfälligen in der Reichskriminalstatistik lehrt.“ (zit. n. Blasius 1994: 140)

Der Wahrheit entspricht dieses Szenario der „Herrschaft der Minderwertigen“ und der „Bedrohung der deutschen Kultur“ keineswegs, denn nur die wenigsten psychisch Kranken stammen aus erblich belasteten Familien (von den ca. 1.600 Patienten der Anstalt Grafenberg bei Düsseldorf z. B. sind es laut Krankenakten dieser Zeit nur 4 %). Doch die Psychiater lassen sich vereinnahmen von der *Ideologie einer Gefährdung der Rasse,* ihre psychiatrische Klassifikationskunde wird immer mehr zur simplen *Degenerationslehre.* So entsteht ein bequemes Modell zur Erklärung abweichenden und unverständlichen Verhaltens, man entledigt sich der Aufgabe, individuelle Krankheitsursachen zu ermitteln, biographische Hintergründe zu beleuchten und einfühlend und schonend zu therapieren. Deutlich wird diese Tendenz in der drastischen Absage an tiefenpsychologische Erkenntnisse. Auf der Jahresversammlung des „Deutschen Vereins für Psychiatrie" in Breslau stellt der Freiburger Psychiater Alfred Hoche bereits im Mai 1914 im Namen der großen Mehrheit seiner Kollegen folgende „Leitsätze" auf:

„1. Die Lehren der sogenannten „Psychoanalyse" sind weder theoretisch noch empirisch genügend begründet.
2. Die therapeutische Wirksamkeit der „Psychoanalyse" ist unbewiesen.
3. Der Dauergewinn für die klinische Psychiatrie ist gleich Null.
4. Der abstoßende Eindruck, den die psychoanalytische Bewegung auf das nüchterne Denken ausübt, beruht auf der durch und durch unwissenschaftlichen Methodik.
5. Der Betrieb der „Psychoanalyse" in seiner heute vielfach geübten Form ist eine Gefahr für das Nervensystem des Kranken, kompromittierend für den ärztlichen Stand." (Bresler 1914: 278)

Eugen Bleuler, Chefarzt aus Zürich und – zusammen mit Kraepelin – wohl berühmtester Psychiater seiner Zeit, den psychoanalytischen Erkenntnissen weniger abgeneigt als seine deutschen Kollegen, muß sich gefallen lassen, auf jener Breslauer Konferenz von Hoche mit folgenden Worten verabschiedet zu werden:

„Sie, Professor Bleuler, sind in hohem Maße verantwortlich – nicht im juristischen, sondern im moralischen Sinne – für das Blühen der psychoanalytischen Bewegung, denn Sie sind das Renommierstück dieser Sekte. Ich zweifle nicht daran, daß Sie in Ihrer näheren und ferneren Umgebung in der Schweiz sehr vieles bessern könnten, wenn Sie mit einem Donnerwetter zwischen die psychoanalytischen Geistlichen und Pädagogen fahren würden. Diese Bitte möchte ich Ihnen mit aller Dringlichkeit ans Herz legen." (ebd.)

Ausblenden der Psychoanalyse

Die deutsche Psychiatrie wird, von wenigen Ausnahmen abgesehen (so z. B. der Konstanzer Ludwig Binswanger und sein Kreis), z. T. bis in unsere heutigen Tage hinein von dieser *(Fehl-)Einschätzung der Psychoanalyse* geprägt, während angelsächsische, französische, schweizerische oder später auch lateinamerikanische Ansätze dem tiefenpsychologischen Denken in ihrer Psychiatrie stets einen breiten Raum geben.
In Deutschland hingegen formulieren 1922 besagter Hoche und der

Rechtsgelehrte Karl Binding die folgenschwere Schrift „Die Freigabe der Vernichtung lebensunwerten Lebens".
Binding beleuchtet die juristischen Aspekte und verkündet, daß bei folgenden Gruppen eine Tötung legitim sei:

(1) Menschen, die wegen Krankheit oder Verwundung den Wunsch nach Erlösung besäßen; (2) unheilbar Blödsinnige; (3) Bewußtlose, die nur zu einem namenlosen Elend erwachen würden.
Hoche geht den psychiatrischen Gesichtspunkten nach und wird dabei nicht müde, die „unheilbar blödsinnigen" psychisch Kranken und geistig Behinderten mit immer neuen Worten zu bedenken: „geistig Tote", „leere Menschenhülsen", „Ballastexistenzen", „Viertels- und Achtelskräfte", „Defektmenschen". Mit der Erfassung und „Euthanasie"-Planung dieser Patienten sollen Gutachtergremien (jeweils ein Allgemeinarzt, Psychiater und Jurist) betraut werden, „Fehlentscheidungen müssen in Kauf genommen werden" (zit. n. Chroust 1989: 10).

Zwangssterilisierung in der Psychiatrie

Während die Tötung sogenannter „Unheilbarer" in großem Umfang jedoch erst 1939 beginnt, läuft die Sterilisationspraxis bereits an. Am 1. Januar 1934 tritt das „Gesetz zur Verhütung erbkranken Nachwuchses" in Kraft und bildet den *Auftakt eines hygienischen Rassismus,* der die Verfolgung von „Minderwertigen" mit radikaler Konsequenz betreibt. Sterilisiert werden nun Menschen mit erblicher Blindheit, erblicher Taubheit, schwerem Alkoholismus, erblichen körperlichen Mißbildungen, Schizophrenien, manisch-depressiven Erkrankungen, Veitstanz (Chorea Huntington) und geistigen Behinderungen. Der Wissenschaft dieser Zeit sowie späterer Forschungen gelingt übrigens nur bei der Chorea Huntington der Nachweis eines dominanten Vererbungsmodus, bei allen anderen erwähnten Behinderungen ist deren Erblichkeit keineswegs erwiesen. Alle Ärzte, Krankenschwestern und Fürsorger haben dem Amtsarzt sämtliche Personen, die ihnen als „erbkrank" erscheinen, anzuzeigen. Die einst sozialpsychiatrische Hilfe am Gesundheitsamt schlägt nun in Erfassung, Kontrolle und körperlichen Eingriff um; eine Fürsorgerin (sie heißt jetzt „Volkspflegerin") des Gesundheitsamtes Berlin-Charlottenburg schreibt:

„In engster Zusammenarbeit mit der Erbkartei, die alles in den verschiedenen Zweigen des Gesundheitsamtes einmal Untersuchte erfaßt und verkartet hat, wird eingehende erbgesundheitliche Sippenforschung getrieben. Meine Hauptaufgabe während des vergangenen Jahres bestand in der Bearbeitung der Unfruchtbarkeitsmachungen." (zit. n. Zeller 1994: 241)

Während des „Dritten Reiches" werden insgesamt etwa 360.000 Men-

schen nach dem „Gesetz zur Verhütung erbkranken Nachwuchses" zwangssterilisiert.
Eltern oder Geschwister versuchen, ihre in der Psychiatrie lebenden Angehörigen schnellstens zuhause aufzunehmen, einige Kliniken weisen einen starken Anstieg der Entlassungszahlen auf. In Düsseldorf weigert sich eine Wohlfahrtspflegerin, bei der Ermittlung „Erbkranker" im Sinne des nationalsozialistischen Staates mitzuarbeiten. Sie wird fristlos entlassen. Ein Amtsarzt berichtet 1934 dem Regierungspräsidenten in Düsseldorf: „Die katholischen Krankenhäuser haben sich auf Geheiß des Bischofs weigern müssen, sich für die Vornahme der Unfruchtbarmachung zu Verfügung zu stellen" (Blasius 1994: 152). Doch die nationalsozialistische Politik läßt sich durch solche Proteste nicht stoppen, ihre vor allem volkswirtschaftlich begründeten Maßnahmen zur Reduzierung „Minderwertiger" trägt sie selbst in die Köpfe von Schulkindern:

„Rechenaufgabe im neuen Geiste: Im Lande Baden, das rund 240.000 Einwohner zählt, waren zu Anfang des Jahres 1934 insgesamt 6.400 Pflegebedürftige, 4.500 Geisteskranke, 2.000 Erbkranke und 1.500 Jugendliche in Fürsorgeheimen untergebracht ... Wieviel Reichsmark haben diese Geisteskranken den badischen Staat mindestens gekostet?" (zit. n. Chroust 1989: 24)

Am 7. März 1933, kurz nach seiner Machtergreifung, ordnet Hitler im „Gesetz zur Wiederherstellung des Berufsbeamtentums" an: „... Beamte, die nach ihrer bisherigen politischen Betätigung nicht die Gewähr dafür bieten, daß sie jederzeit rückhaltlos für den nationalen Staat eintreten, können aus dem Dienst entlassen werden." Ergänzend dazu schreibt er am 22. März 1933 per Erlaß vor: „Die Tätigkeit von Kassenärzten nicht arischer Abstammung und von Kassenärzten, die sich im Kommunistischen Sinne betätigt haben, wird beendet" (zit. n. Brecht 1985: 92). Bei den ersten Bücherverbrennungen im Mai 1933 lodern auch die Schriften von Psychiatern und Psychoanalytikern im Feuer, z. B. die von Sigmund Freud und Anna Freud, Helene Deutsch und Georg Groddeck, Erich Fromm und Melanie Klein, Theodor Reik, Hans Zullinger und vielen anderen. Psychoanalytische Institute werden „arisiert" (wie in Berlin) oder geschlossen (wie in Frankfurt), engagierte Nervenärzte wie Edith Jacobson werden verhaftet. Zahlreiche jüdische bzw. politisch gefährdete Psychiater und Psychoanalytikerinnen verlassen in den Jahren 1933–38 Deutschland und Österreich, unter ihnen Siegfried Bernfeld und Paul Federn, Otto Fenichel und Siegmund H. Foulkes, Frieda Fromm-Reichmann und Karen Horney, Karl Landauer, Wilhelm Reich und Rene Spitz.

„Euthanasie" in der Psychiatrie

Die Kollaboration der psychiatrischen Wissenschaft mit der Politik des „Dritten Reiches" wird besonders von Ernst Rüdin vorangetrieben, der 1934 den Vorsitz der „Gesellschaft Deutscher Neurologen und Psychiater" übernimmt und sogleich empfiehlt, auch „soziale Minderwertigkeit" als Sterilisationskriterium aufzunehmen. Bei „angeborenem Schwachsinn" und auch bei „moralischem Schwachsinn ohne Intelligenzdefekte" müsse sterilisiert werden. Und was mit der vollständigen Erfassung der psychisch Kranken und Behinderten und ihrer Sterilisation eingeleitet war, mündet schließlich in einem Ermächtigungsschreiben Hitlers (rückdatiert auf den 1. September 1939, den Tag des Überfalls auf Polen) an seinen Begleitarzt Karl Brandt und an Reichsleiter Philipp Bouhler zu dem Auftrag: „die Befugnisse namentlich zu bestimmender Ärzte so zu erweitern, daß nach menschlichem Ermessen unheilbar Kranken bei kritischer Beurteilung ihres Krankheitszustandes der Gnadentod gewährt werden kann" (zit. n. Klee 1985: 100). Gemeint ist damit die systematische Ermordung psychisch Kranker und Behinderter, über die Hitler schon 1935 geäußert hatte, „daß ein solches Problem im Kriege zunächst glatter und leichter durchzuführen ist" (zit. n. Chroust 1989: 33).

Zur Durchführung der „Euthanasie" werden mehrere Tarnorganisationen gegründet, so die „Gemeinnützige Stiftung für Anstaltspflege", die mit Personal- und Finanzfragen beauftragt wird (Tötung, egal welchen Lebens, bleibt straftbar auch im „Dritten Reich", und folglich müssen nazitreue Ärzte, Pfleger und Schwestern angeworben werden); die „Reichsarbeitsgemeinschaft für Heil- und Pflegeanstalten", die sich mit der medizinischen Begutachtung beschäftigt, die „Gemeinnützige Krankentransport GmbH", die die Verlegung der Opfer in die Tötungsanstalten übernimmt. Diese und weitere „Euthanasie"-Abteilungen bekommen ihren Sitz in der Berliner Tiergartenstraße 4, was der ganzen Aktion den (Tarn-)Namen „T4" einträgt.

### 1.1.3. Die Jahre der Vernichtung 1939 bis 1945

Systematische Vernichtung

Am 9. Oktober 1939 ergehen auf Veranlassung des Reichsinnenministeriums Meldebögen an alle Heil- und Pflegeanstalten, die angeblich allein der wirtschaftlichen Erfassung und Begutachtung der Arbeitsfähigkeit psychiatrischer Patienten dienen sollen. Am gleichen Tag wird auf einer Sitzung in der Tiergartenstraße die Zahl der zu Tötenden mit 70.000 beziffert. Als *Mordmethode* wird nach ersten Versuchen mit tödlichen Injektionen die Vergiftung durch Gas beschlossen. Erprobt wird dies ab dem 17. Oktober 1939 in Polen, wo LKWs als fahrbare Gaskammern eingesetzt werden. Aber auch Erschießungen finden statt: In der polnischen Anstalt Chelm werden sämtliche Insassen des Krankenhauses an einem einzigen Tag, dem 20. Januar 1940, von SS-Männern im Hof vor den Gebäuden ermordet. Im Januar 1940 wird der Gastod erstmals in einer psychiatrischen Anstalt des Reiches (Brandenburg) angewandt. Zur *Geheimhaltung* werden die Patienten zunächst in *Zwischenanstalten* verlegt, bevor sie in den Tötungsanstalten Grafeneck, Bernburg, Hartheim, Sonnenstein, Brandenburg und – in großem Umfang – Hadamar vergast und verbrannt werden. Ein Pfleger der Anstalt Weinsberg, der im Januar 1940 mit einer Arbeitsgruppe von Patienten die Straße vom frischgefallenen Schnee freischaufelt, berichtet:

„... da fahren zwei große, mit Wehrmachtskreuzzeichen versehene Busse an. Fenster und Türen waren mit Mattglas versehen, so daß man weder hinein noch herausschauen konnte. Einer der Begleiter, bekleidet mit weißem Mantel, braunem Hemd, schwarzer Stiefelhose und langen Stiefeln, entstieg einem der Busse, ging auf mich zu, fragte mich in barschem Ton, wo die Direktion sich befinde ... Als man um 10.30 Uhr mit der Gruppe heimging, erfuhr man, was gespielt wurde. Die ersten Kranken wurden weggeholt." (zit. n. Dapp 1990: 79)

Der Leiter der Weinsberger Anstalt, Dr. Joos, schreibt nur wenige Tage später seinem Kollegen Gutekunst in Winnenden:

„Ich bekam anfangs voriger Woche rasch nacheinander zwei Listen mit je 26 Patienten mit der Mitteilung, sie würden in den nächsten Tagen von einer Krankentransport-GmbH in Kraftwagen abgeholt ... Am Donnerstag kamen zwei große Autobusse und luden die Leute ein ... Das Wohin blieb im Dunkel ... Man will uns aufnahmefähig machen für Patienten aus Baden ... Glauben tue ich das aber nicht ... Unter den übrigen Patienten ist eine ziemliche Angststimmung entstanden ..." (zit. n. Klee 1985: 115)

Ähnliches geschieht in diesen Monaten in allen psychiatrischen Anstalten des Reiches. Aus Lauenburg, Stralsund oder Ueckermünde z. B. werden Patienten nach Neustadt verlegt, die Transporte werden von (als Pflegepersonal getarnten) SS-Leuten bewacht. Eine Oberpflegerin aus Lauenburg erregt sich darüber, daß sie ihren Patienten nicht deren Eigentum und dem Transportleiter nicht die Krankengeschichten mitgeben darf. Sie steckt den abtransportierten Kranken Postkarten zu, um eine Nachricht ihres Verbleibs zu erhalten. Eine Antwort bekommt sie nie. Einer anderen Krankenschwester aus Lauenburg ist sofort klar, daß man diese Patienten töten wird: „Wie und wo konnte ich nicht einmal denken, weil es so entsetzlich war.“ (zit. n. Bernhardt 1994: 29). Und auch manche Patienten ahnen offenbar, welches Schicksal sie zu erwarten haben: „Einmal kam eine Kommission zur Besichtigung nach Emmendingen. Beim Durchgang durch den Saal rief eine Patientin dieser Kommission zu: ‚So, sucht ihr wieder neue Opfer, ihr Massenmörder!?‘“(zit. n. E. Klee 1985: 245). Geheim läßt sich die Tötung behinderter Menschen also nicht halten, wie ein Brief der NSDAP-Kreisleitung Ansbach bezeugt:

> Die Verlegung der Kranken der Heil- und Pflegeanstalten, Blödenanstalten usw. ... konnte natürlich der Öffentlichkeit nicht verborgen bleiben. Es scheint nun auch so, daß die eingesetzten Kommissionen überhastet arbeiten ... Eine Familie hat versehentlich zwei Urnen bekommen. Eine Todesnachricht zeigte als Todesursache: Blinddarmentzündung. Der Blinddarm war aber bereits vor zehn Jahren herausoperiert worden ...“ (ebd.: 251)

Doch die Ermordungspraxis geht weiter und macht auch vor *Kindern* nicht Halt. Weitgehend unabhängig von der „Aktion T4“ ist die Kinder-„Euthanasie“ organisatorisch vorbereitet worden. Behinderte und mißgebildete Kinder müssen auf Erlaß des Innenministeriums von den Hebammen und Ärzten unverzüglich den Gesundheitsämtern und von dort dem neu gegründeten „Reichsausschuß zur wissenschaftlichen Erfassung von erb- oder anlagebedingten schweren Leiden“ gemeldet werden, der die Kinder dann zur „fachärztlichen Überprüfung“ in sogenannte Kinderfachabteilungen schickt. In Wahrheit werden sie dort durch Verabreichung des Schlafmittels „Luminal“ (was zu tödlichen Lungenentzündungen führt, einem scheinbar natürlichen Tod), durch Einspritzen von Gemischen aus Morphium und Atropin oder durch Verhungern-Lassen getötet. Die Entscheidung über die zu tötenden Kinder fällen die drei Reichsausschuß-Gutachter Prof. Werner Catel, Prof. Hans Heinze und Dr. Ernst Wentzler, an der Erforschung der Kinderleichen machen sich die Ärzte Carl-Friedrich Wendt, Hans-Joachim Rauch und Friedrich Schmieder zu schaffen. (Sie alle gelangen übrigens nach 1945 wieder in bedeutende Positionen, als Lehrstuhlinhaber für Psychiatrie [Catel in Kiel oder Wendt in Heidelberg], als gefragte Gerichtsgutachter [Rauch], als Chefärzte eigener Kliniken [Schmieder] oder Anstaltsdirektoren [Heinze in Wunstorf]).

Während die Kinder-„Euthanasie" über die gesamte Zeitspanne des Krieges durchgeführt und besonders noch auf Mischlings- und jüdische Kinder ausgedehnt wird (noch am 20. April 1945, als die Engländer in den Vororten der Stadt stehen, werden in Hamburg-Rothenburgsort zwanzig zu Forschungszwecken mißbrauchte Kinder in der Schule am Bullenhuser Damm getötet), erteilt Hitler im August 1941 in seinem Hauptquartier den mündlichen Befehl, die „Aktion T4" zu stoppen. Zu groß scheinen den Nazis offenbar die Vorbehalte in der Bevölkerung zu sein: Schon Schulkinder aus der Umgebung Hadamars rufen auf der Straße beim Anblick eines GeKraT-Busses: „Da kommt wieder die Mordkiste!", und alte Leute äußern Vorbehalte wie: „Ja in kein staatliches Krankenhaus. Nach den Schwachsinnigen kommen die Alten als unnütze Esser an die Reihe!" (zit. n. Mitscherlich/Mielke 1960: 199). Ebenso ist vermutlich der vielfache Protest kirchlicher Vertreter letztendlich doch wirkungsvoll. In Münster beispielsweise bezieht wenige Tage vor Hitlers Entscheidung eines T4-Stopps der Bischof Clemens August Graf von Galen gegen die „Euthanasie" öffentlich Stellung, stellt am 28. Juli 1941 Strafanzeige beim Landgericht Münster und predigt am 3. August 1941 in der Lamberti-Kirche:

Widerstände

„Andächtige Christen ... Seit einigen Monaten hören wir Berichte, daß aus Heil- und Pflegeanstalten für Geisteskranke auf Anordnung von Berlin Pfleglinge, die schon länger krank sind und vielleicht unheilbar erscheinen, zwangsweise abgeführt werden. Regelmäßig erhalten dann die Angehörigen nach kurzer Zeit die Mitteilung, die Leiche sei verbrannt, die Asche könne abgeliefert werden. Allgemein herrscht der an Sicherheit grenzende Verdacht, daß die zahlreichen unerwarteten Todesfälle von Geisteskranken nicht von selbst eingetreten, sondern absichtlich herbeigeführt werden ... Ich hatte bereits am 26. Juli bei der Provinzialverwaltung der Provinz Westfalen, der die Anstalten unterstehen, der die Kranken zur Pflege und Heilung anvertraut sind, schriftlich ernsten Einspruch erhoben. Es hat nichts genützt. Und aus der Heil- und Pflegeanstalt Warstein sind, wie ich höre, bereits 800 Personen abtransportiert ... Hier handelt es sich um unsere Mitmenschen, unsere Brüder und Schwestern. Arme Menschen, kranke Menschen, unproduktive Menschen meinetwegen! Aber haben sie damit das Recht auf das Leben verwirkt? Hast Du, habe ich nur solange das Recht zu leben, solange wir produktiv sind, solange wir von anderen als produktiv anerkannt werden? ... Dann ist grundsätzlich der Mord an allen unproduktiven Menschen, also an den unheilbar Kranken, den Invaliden der Arbeit und des Krieges, dann ist der Mord an uns allen, wenn wir altersschwach und damit unproduktiv werden, freigegeben ..." (zit. n. die tageszeitung [taz] vom 3. 8. 1991: 12)

Die Predigt geht hektographiert von Hand zu Hand und wird von britischen Fliegern sogar als Flugblatt abgeworfen – die Geheimhaltung ist durchbrochen. Die „Aktion T4" wird eingestellt, die Mitarbeiter der Tiergartenstraße 4 in Berlin werden mit anderen Aufgaben betraut. Und doch ist dies nur eine Atempause.

Zweite „Euthanasie"-Welle

Zunächst werden eine Reihe von Ärzten, meist führende T4-Gutachter, unter ihnen die Psychiater Prof. Werner Heyde, einst Dozent in Würzburg und Prof. Paul Nitsche, vor Kriegsbeginn Direktor der Anstalt Leipzig-Dösen, zur Selektion von Konzentrationslager-Häftlingen eingesetzt. Unter der Bezeichnung „Sonderbehandlung 14f13" sind sie für die Ermordung von ca. 10.000 (tatsächlich oder vermeintlich) psychisch Kranken in den KZs Mauthausen, Auschwitz, Buchenwald und Dachau zuständig. Am 5. August 1942 heißt es in einem vertraulichen Brief des Reichsbeauftragten für Heil- und Pflegeanstalten, Linden, dann bereits wieder:

„In letzter Zeit hat es sich gezeigt, daß zur Beschaffung von Krankenhausbetten in Katastrophenfällen in steigendem Maße auf Heil- und Pflegeanstalten zurückgegriffen werden muß. Da über die Betten, die durch die bisher betriebenen planwirtschaftlichen Vorkehrungen in den Anstalten gewonnen worden sind, anderweitig verfügt ist, bedarf es zusätzlicher Maßnahmen, um weiteren Ansprüchen gerecht werden zu können." (zit. n. Chroust 1989: 74)

Die neuen Maßnahmen tragen den Stempel „Aktion Brandt", da die Anregung angeblich von Hitlers Leibarzt Brandt stammt. Nach Tiegenhof und Meseritz-Obrawalde wird nun auch wieder Hadamar Tötungsanstalt, ebenso Eichberg und Kaufbeuren bzw. Irsee; gemordet wird aber auch in Niedernhart, in Klagenfurt, in Sachsenberg und Großschweidnitz. Patienten aus Bremen, aus Hamburg-Langenhorn, aus Warstein, Herborn, Eberswalde, Landsberg, Scheuern, Weilmünster und anderswo werden Opfer dieser zweiten „Euthanasie"-Welle. Die Tötungen erfolgen meist durch giftige Injektionen, selbst Patienten werden zur Mitarbeit verpflichtet:

„Wenn wir die Hilfeleistung bei der Einspritzung oder der gewaltsamen Eingebung von Medizin und Tabletten mitmachen mußten, gab es jedesmal herzzerreissende Szenen. Jede Patientin der Anstalt wußte, daß es jetzt um ihr Leben ging. Die Leute schrien: ‚Ich will nicht sterben, ich bin nicht krank!' Wenn wir uns weigerten, diese grauenvolle Arbeit zu verrichten, sagten die

Schwestern: ‚Wenn ihr nicht helft, bekommt ihr auch die Spritze!‘ Unheimlich war es, wenn wir morgens erwachten und sahen in den Betten unsere Kameradinnen tot liegen ...“ (zit. n. Chroust 1989: 89)

In Hadamar sterben in der Zeit von August 1942 bis März 1945 ca. 4.500 der insgesamt 4.800 aufgenommenen Patientinnen und Patienten. Insgesamt sind die genauen Ermordungszahlen nicht zu ermitteln. Allein 5.000 bis 8.000 Kinder werden getötet, ca. 70.000 Anstaltspatienten zweifelsfrei im Rahmen der „Aktion T4“, die Aufzeichnungen aus den Jahren 1942 bis 1945 hingegen sind häufig vor Eintreffen der Alliierten vernichtet worden.

„Aufarbeitung“

Von den Verantwortlichen werden durch die späteren Gerichte nur wenige verurteilt, z. B. Brandt und Nitsche. Reichsärzteführer Conti sowie Bouhler und Eberl nehmen sich selbst das Leben, andere tauchen z. T. unter falschem Namen unter (z. B. Heyde). Die meisten der T4-Gutachter und auch der aktiv mit Tötungen befaßten Ärzte befinden sich schon bald nach 1945 wieder in leitenden Positionen. Und nur wenige deutsche Psychiater wie Karsten Jaspersen aus Bethel oder Kurt Schneider aus München stehen für die vereinzelten Bemühungen, eine menschliche Psychiatrie zu bewahren. Doch die Versuche Jaspersens, die Ordinarien seines Faches gegen die Nazipolitik zu gewinnen, scheiterten an der linientreuen Haltung der deutschen Psychiatrie. Kurt Schneider schrieb schon 1942 resigniert: „Wissenschaftliche Psychiatrie gibt es keine mehr. Sie kommt und geht mit der Humanität.“

Weiterführende Literatur

Den besten Einstieg in die Thematik bietet: *Blasius, D.* (1994): „Einfache Seelenstörung“. Geschichte der deutschen Psychiatrie 1800–1945. Frankfurt a. M.

Die Verknüpfung von Psychiatrie und Gesellschaftsentwicklung zeigt auf: *Dörner, K.* (1969): Bürger und Irre. Zur Sozialgeschichte und Wissenschaftssoziologie der Psychiatrie. Frankfurt a. M.

Sorgfältig recherchiert und sehr detailliert ist: *Faulstich, H.* (1993): Von der Irrenfürsorge zur „Euthanasie“. Geschichte der badischen Psychiatrie bis 1945. Freiburg

Unverzichtbar bezüglich der NS-Psychiatrie ist: *Klee, E.* (1985): „Euthanasie“ im NS-Staat. Die „Vernichtung lebensunwerten Lebens“. Frankfurt a. M.

## 1.2. Psychiatrie in Deutschland nach 1945

### 1.2.1. Bundesrepublik Deutschland

„Kontinuitäten“

Nach der Kapitulation des Deutschen Reiches ändern sich die Verhältnisse in der Psychiatrie zunächst nicht grundsätzlich. In vielen Anstalten nimmt die Behandlung von Kriegsverwundeten größeren Raum ein als die psychiatrische Versorgung. Für seelisch Erkrankte ist weder Platz noch Nahrung vorhanden, es kommt unter den verbliebenen Anstaltspatienten zu einem regelrechten Hungersterben. Das Personal ist weitgehend das gleiche wie zur Zeit der Nazis, nur wenige Ärzte und Krankenpfleger werden für ihre Ermordungsgutachten bzw. -praktiken zur Verantwortung gezogen. Und wenn es zur Anklage kommt, waschen beschuldigte Ärzte ihre Hände in Unschuld und behaupten, ganz im Sinne der psychiatrischen Wissenschaft behandelt und geforscht zu haben. Gehirnsammlungen aus der NS-Zeit dienen noch Jahrzehnte später als Forschungs- und Anschauungsmaterial. Einige Psychiater führen ihre Menschenversuche, die auch Tötungen einschließen, noch nach 1945 unbehelligt weiter.

Eine *Aufarbeitung* all dieser Taten, der tausendfachen Morde und Zwangssterilisationen, *findet fast nirgendwo statt,* im Gegenteil: In den „Bremer Nachrichten“ vom 2. Juni 1954 heißt es z. B. anläßlich einer Psychiatrie-Tagung in Bremens St. Jürgen-Asyl aus dem Munde des Ärztekammer-Präsidenten Greul, „daß die Anstalt auch während der Jahre 1933 bis 1945 ihren Schild reingehalten habe!“. Kein Wort davon, daß in eben dieser Anstalt unter dem ärztlichen Direktor Walter die Hälfte aller Patienten zwangssterilisiert und unter seinem Nachfolger Steinmeyer zur Tötung nach Hadamar und Meseritz-Obrawalde ausgesondert wurde.

Von den *emigrierten Psychiatern und Psychologen,* die nun in Skandinavien und in England, in Holland, der Schweiz, in Nord- und Südamerika wichtige Impulse zur Erneuerung der Psychiatrie beisteuern, nimmt die Nachkriegspsychiatrie auf deutschem Boden wenig Notiz. Und die Emigrierten selbst zieht es kaum in ihre alte Heimat zurück. An ihren neuen Wirkungsstätten lassen sich medizinische, psychologisch/psychotherapeutische und soziologische Denkweisen besser integrieren als in deutschen Anstalten und Universitätskliniken, wo der Schwerpunkt der Behandlung weiterhin auf der Insulin-Koma-Therapie, dem Kardiazol-Schock und der Elektrokrampftherapie liegt.

1952 kommt die Psychopharmaka-Therapie hinzu, an die nicht nur Hoffnungen auf bessere Behandlungsbedingungen, sondern auch große Heilungserwartungen geknüpft sind.

Erst in den sechziger Jahren werden allmählich wieder internationale Forschungsergebnisse in größerem Umfang studiert und ausgewertet. Und man beginnt zu realisieren, daß die alten Anstalten nicht nur psychiatrische Erkrankungen ungenügend behandeln, sondern aufgrund ihrer Struktur als „totale Institutionen“ (Goffman 1961) oft erst erzeugen oder verstärken. Einige Psychiater kritisieren nun die Rückständigkeit der Versorgung psychisch Kranker und formulieren Denkschriften für „Dringliche Reformen der psychiatrischen Krankenhausversorgung“ (Häfner/Kisker 1965). Werkstätten und Patientenclubs werden gegründet, Tageskliniken eingerichtet, Weiterbildungskurse für das Pflegepersonal und andere Berufsgruppen angeboten. Die Medizinische Hochschule Hannover richtet 1966 erstmals einen sozialpsychiatrischen Bereich ein; Hans Strotzka fordert, innerhalb der psychiatrischen Versorgung Sozialarbeiter und Sozialpädagogen mit der Koordination zwischen Gemeinwesen und Psychiatrie, mit der Erhebung von Sozialdiagnosen, der Familienbehandlung, sozialen Gruppenarbeit und sozialen Einzelhilfe im Rahmen einer interdisziplinären Teamarbeit zu betrauen (Strotzka 1965).

einsetzender Wandel

Der „Mannheimer Kreis“, an dem nicht nur Psychiater, sondern auch Sozialarbeiterinnen, Pfleger und Schwestern, Psychologen und Studenten verschiedener Fachrichtungen beteiligt sind, die „Aktion Psychisch Kranke“ und die „Deutsche Gesellschaft für Soziale Psychiatrie“ werden ab 1970/71 zu *Foren einer psychiatriepolitischen Debatte,* die sowohl über Inhalte der Behandlung als auch über strukturelle Fragen der Versorgung psychisch Kranker geführt wird. Am 5. März 1970 ist es der CDU-Abgeordnete Walter Picard, der im Bundestag die Untersuchung der Situation der Psychiatrie einfordert. Die daraufhin eingesetzte Enquete-Kommission stellt in ihrem Zwischenbericht 1973 fest, daß

Reformschritte

> „eine sehr große Anzahl psychisch Kranker und Behinderter in den stationären Einrichtungen unter elenden, z. T. menschenunwürdig zu bezeichnenden Umständen leben müssen“. Kritisiert wird unter anderem die „Überalterung der Bausubstanz, katastrophale Überfüllung . . ., unzumutbare sanitäre Verhältnisse . . ., allgemeine Lebensbedingungen, vor allem für chronisch Kranke.“ (zit. n. Bauer/Engfer 1990: 413)

Dem Kommissionsvorsitzenden Caspar Kulenkampff gelingt es, die unterschiedlichen Auffassungen der Enquete-Mitglieder zu einem einigermaßen einheitlichen *Konzept von Reformschritten* zusammenzufassen und

„die Beseitigung grober inhumaner Mißstände ... und die Neuordnung der Versorgung psychisch Kranker und Behinderter ... nach den Prinzipien der gemeindenahen Versorgung, ... der bedarfsgerechten Koordination aller Versorgungsdienste ... und der Gleichstellung psychisch Kranker mit körperlich Kranken" (Bericht zur Lage der Psychiatrie 1975: 17) auf den Weg zu bringen. Bestandteil dieses Weges ist auch die Ausweitung der Sozialen Arbeit in der Psychiatrie: „Es gibt heute keinen Bereich der Versorgung psychisch Kranker und Behinderter mehr, für den nicht die Mitarbeit von Sozialpädagogen und Sozialarbeitern zweckmäßig ist und gefordert wird." (ebd.: 336)

Städte wie Hannover, Mönchengladbach oder Offenbach, Psychiater wie Gregor Bosch, Heinz Häfner, Karl Peter Kisker, Caspar Kulenkampff, Alexander Veltin und Erich Wulff, eine Vielzahl neuer Veröffentlichungen deutscher und internationaler Autoren stehen in diesen Jahren für einen fundamentalen Wandlungsprozeß der bundesrepublikanischen Psychiatrie. Alte Hierarchien und Berufsrollen in den Kliniken werden kritisch hinterfragt, Raum für psychologische und sozialarbeiterische Ansätze geschaffen, überhaupt Teamarbeit, Patientenbeteiligung, partnerschaftliche Umgangsstile eingeklagt. Doch geht dieser beginnende Reformprozeß keineswegs einvernehmlich vonstatten.

Einflüsse aus dem Ausland

Während die einen humanere Bedingungen in den Kliniken und mehr Toleranz gegenüber psychisch Erkrankten anmahnen und sich die Ideen der „Therapeutischen Gemeinschaft" (Jones 1968) zu eigen machen, fordern die anderen die völlige Auflösung der Großanstalten, orientiert an *Englands* (Anti-)Psychiatern David Cooper und Ronald D. Laing und *Italiens* radikalen Reformern France Basaglia, Giovanni Jervis und Agastino Pirella.

Patientenrechte, offene Angebote

Unter dem Einfluß der italienischen Psychiatriebewegung rücken die *zivilen Rechte* und die *individuellen Bedürfnisse der Patienten* nach „Leben, nach Wachstum, Zuneigung, Gerechtigkeit, Kultur und Selbstverwirklichung" (Jervis 1978) in den Vordergrund. Diese wiederum geben Impulse zur *Gründung von therapeutischen Wohngemeinschaften, Tagesstätten, Selbsthilfefirmen* und *gemeindepsychiatrischen Zentren.* In diesen kommunalen Einrichtungen, die sich 1975 zum „Dachverband psychosozialer Hilfsvereinigungen" zusammenschließen, übernehmen meist *Sozialarbeiterinnen und Sozialpädagogen* die Betreuungsaufgaben, während in den Kliniken die Sozialarbeit noch kaum eine Rolle spielt: „1 Pfleger hat 4,2 Patienten zu betreuen, 1 Arzt: 60, 1 Psychologe: 506, 1 Sozialarbeiter: 540" (zit. n. Clausen 1990: 7). „Irren ist menschlich" nennen Klaus Dörner und Ursula Plog 1978 ihr psychiatrisches Lehrbuch, das die alte Krankheitslehre in Frage stellt und sich an alle psychiatrisch Tätigen der verschiedenen Berufsgruppen wendet. Der Forderung nach „unverzüglicher Auflösung der Psychiatrischen Großkrankenhäuser" schließt sich die Mehrheit der 1.500 Teilnehmer der Freiburger DGSP-Tagung 1979 an und stimmt damit für die kompromißlose Fraktion unter den engagierten Psychiatrie-Reformern. Welche Entrüstung solch eine Forderung auslöst, beweist die Reaktion der ärztlichen Standesorganisation „Deutsche Gesellschaft für Psychiatrie und Nervenheilkunde" (DGPN): „Der psychisch Kranke wird vom individuellen Subjekt zum Mittel und Opfer des gesellschaftlichen Umsturzes. Wer in einem solchen revolutionären Wahn gefangen ist, sieht die Realität anders als wir" (ebd).

Modellprogramm

Die öffentlichen Diskussionen um „Wahnsinn und Gesellschaft" (Foucault 1961), um „Bürger und Irre" (Dörner 1969), um „Die abweichende Mehrheit" (Basaglia 1972), um „Die Fabrikation des Wahnsinns" (Szasz 1976), vor allem aber die Erkenntnisse und Forderungen der Enquete-Kommission führen 1980 zu einem Modellprogramm für den *Ausbau der Versorgung* psychisch Kranker in 14 Modellregionen. Im stationären Bereich werden Betten abgebaut, die Aufenthaltsdauer in den Kliniken sinkt erheblich, z. B. in den Rheinischen Landeskliniken von durchschnittlich 290 Tagen im Jahr 1970 auf 100 Tage im Jahr 1984. In Bremen wird die Langzeitklinik Kloster Blankenburg tatsächlich aufgelöst, die Patienten werden in die Stadt zurückgeführt, in Gütersloh wird durch eine konsequente „innere Sektorisierung" des Krankenhauses eine große Anzahl chronisch psychisch Kranker in ihre Herkunftsgemeinden wieder eingegliedert, während sich an anderen Orten manche Langzeitpatienten der alten Anstalten in ungeeigneten, wohnortfernen Pflegeheimen neu orientieren müssen. Dafür melden sich nun verstärkt die Angehörigen zu Wort, befreien sich von alten Schuldzuweisungen („Freispruch der Familie") und tauschen in Angehörigengruppen ihre Erfahrungen aus.

Ausbau ambulanter Versorgung

Die siebziger und achtziger Jahre erleben einen kontinuierlichen Ausbau der ambulanten Versorgungsstruktur. Dies gilt besonders in den sogenannten Modellregionen, die als Resultat der Psychiatrie-Enquete besonders gefördert und erforscht werden, um schlüssige *Konzepte für die Gesamtversorgung* zu gewinnen. Ferner wächst zwischen 1973 und 1989 die Zahl der niedergelassenen Nervenärzte von 900 auf 2.500, an psychiatrischen Krankenhäusern entstehen Tageskliniken und Institutsambulanzen, in denen die ärztliche Dominanz zugunsten von Sozialarbeitern, Psychologinnen und Pflegern zurückgeht; der Aufbau Sozialpsychiatrischer Dienste in allen Bundesländern (in unterschiedlichen Trägerschaften) ermöglicht neue Betreuungsstrukturen, wozu auch verbesserte Bedingungen des Wohnens, der Arbeit und der Freizeitangebote für psychisch Erkrankte gehören. Hierbei leisten weniger die staatlichen Institutionen als vielmehr eine Vielzahl gemeinnütziger Vereine und Initiativen, oft unter Einbeziehung von Studenten und Laienhelferinnen, den größten Teil der Aufbauarbeit:

> „Die Behauptung wird kaum übertrieben sein, daß es neben der zunehmenden Zahl psychiatrischer Abteilungen an Allgemeinkrankenhäusern und neben den tagesklinischen Entwicklungen vor allem die komplementären Dienste sind, mittels derer die bundesdeutsche Psychiatrie in Bewegung geraten ist und in Bewegung gehalten wird." (Bosch 1985: 9)

Krisen

Durch Denkschriften wie „Holocaust und Psychiatrie" zum vierzigsten Jahrestags des Kriegsbeginns (1979), Veröffentlichungen wie Dörners „Der Krieg gegen die psychisch Kranken" (1980), Finzens „Auf dem Dienstweg" (1983) und DGSP-Fachtagungen wie „Psychiatrie und deutscher Faschismus" (1981) wird die psychiatrische Wissenschaft von ihrer Vergangenheit eingeholt, zerbricht ein Stück ihrer Unbefangenheit oder Unbedarftheit, mit der sie sich auf den Weg gemacht hatte. Hinzu kommen bereits zu Beginn der achtziger Jahre Kürzungen im Bundessozialhilfegesetz, ansteigende Zahlen der Arbeitslosigkeit und Obdachlosigkeit: „Immer mehr Menschen werden krank und kommen in die Psychiatrie – nicht aus medizinischen Gründen, sondern weil ihre soziale Situation sie nicht mehr trägt" (Mannheimer Kreis 1982, zit. n. Clausen 1990: 10). Erste Tendenzen zur neuerlichen *Aufteilung in Behandlungs- und Pflegefälle* verstärken noch die soziale Ungleichheit unter den Klinikpatienten. Überhaupt wird im Verlaufe der achtziger Jahre deutlich, daß die Reformen der Psychiatrie an einigen Anstalten und manchen Patientengruppen, besonders an den Menschen mit geistigen Behinderungen, vorbeigegangen sind. Der Direktor des PLK Weissenau, Günter Hole, macht im „Spiegel" 1987 auf diesen „Skandal ohne Ende" aufmerksam. Neben den oft vernachlässigten Patientengruppen rückt nun auch eine kritische *Bestandsaufnahme der Psychopharmaka-Behandlung* und ihrer Nebenwirkungen in den Mittelpunkt der Debatte: Während die einen eher beruhigend von langfristigen Begleitsymptomen lediglich bei einzelnen Kranken sprechen, weisen andere auf die Gefahren der Neuroleptika hin:

„Man hat geschätzt, daß zwischen 1954 und 1970 weltweit 250 Millionen Menschen Neuroleptika verabreicht bekamen ... Bei annähernd 86 Millionen davon sind die Symptome, die von peinlichen Mundbewegungen bis zu entkräftenden Schüttelbewegungen der Extremitäten reichen, irreversibel." (Lehmann 1995: 143)

Weiterführende Literatur

„Meilensteine" auf dem Weg zu einer sozialeren Psychiatrie in Deutschland waren: *Strotzka, H.* (1965): Einführung in die Sozialpsychiatrie. Reinbek bei Hamburg; *Fengler, Ch./Fengler, Th.* (1980): Alltag in der Anstalt. Rehburg-Loccum; *Dörner, K. u. a.* (1983): Freispruch der Familie. Bonn.

Wichtige Aufsätze historischer und aktueller Art dazu bei *Finzen, A./Hoffmann-Richter, U.* (Hrsg) (1995): Was ist Sozialpsychiatrie. Bonn, und *Hoffmann-Richter, U./Haselbeck, H./Engfer, R.* (Hrsg.) (1977): Sozialpsychiatrie vor der Enquete. Bonn.

### 1.2.2. (ehemalige) DDR

„Kontinuitäten"

1945 befinden sich auf dem Gebiet der sowjetischen Besatzungszone von den ehemals 30.000 Patienten nur noch 6.000 in den Heil- und Pflegeanstalten. Auch hier ist nach den „Euthanasie"-Verbrechen der Ruf der Psychiatrie dahin, eine *Entnazifizierung findet kaum statt:* So erhält z. B. Rudolf Thiele, NSDAP-Mitglied und Gutachter des Berliner Erbgesundheitsgerichtes, seit 1938 Psychiatrieprofessor in Greifswald, im Jahr 1949 den ehemaligen Lehrstuhl Bonhoeffers an der Charité und kann die Ausbildung der ersten Psychiatergeneration der DDR entscheidend mitprägen. Ungebrochen gilt für psychiatrische Einweisungen eine Polizeiverordnung von 1938, die ihr Augenmerk auf die gesellschaftliche Gefährlichkeit des Patienten richtet. Die *bauliche und personelle Situation in den Anstalten* ist in den Nachkriegsjahren äußerst schlecht, jegliche ambulante Versorgung fehlt. Die Anzahl psychiatrischer Betten steigt jedoch rasch wieder an und liegt 1955 nach der Inneren Medizin und der Chirurgie bereits an dritter Stelle. Als Fach- und Bezirkskrankenhäuser werden die alten Landesheilanstalten den Allgemeinkrankenhäusern rechtlich gleichgestellt, die *Behandlung der Patienten ist somatisch orientiert:* Elektrokrampftherapie, Insulin-Koma-Therapie und erste Neuroleptika sind die Mittel der Wahl.

beginnender Wandel

Im Jahr 1963 allerdings, als Psychiatrie-Mitarbeiter der sozialistischen Länder in Rodewisch zu einem „Internationalen Symposium über psychiatrische Rehabilitation" zusammenkommen, wird das „anstaltszentrierte Betreuungssystem" kritisiert und die Ablösung des Sicherheits- und Verwahrungsprinzips zugunsten von Fürsorge (also: Sozialarbeit) und aktiver Rehabilitation gefordert. Die Zielvorgabe lautet, „daß jeder Kreis neben mindestens einem Psychiater mindestens eine psychiatrische Fürsorgerin besitzt, die ihre Ausbildung vom zuständigen Fachkrankenhaus erhält und mit diesem eng verbunden arbeitet" (Renker 1965). Klaus Dörner nennt die auf dieser Konferenz entstandenen „Rodewischer Thesen" das erste sozialpsychiatrische Dokument in Deutschland, denn noch vor der westdeutschen Psychiatrie-Enquete werden hier schon die rein medizinisch orientierten Behandlungsmethoden kritisiert und eine *Schwerpunktverlagerung auf soziale Rehabilitation* propagiert. Es findet nun auch ein Gesprächsaustausch zwischen Ost und West statt: Psychiater aus Hannover und anderswo sind mehrfach Gast in Rodewisch und Leipzig, der Zugang zu westlicher Fachliteratur wird ermöglicht.

Grenzen der Reformen

Der Wunsch nach Freiheit, Selbstbestimmung, Selbstverwirklichung hat im System der DDR zwar keinen Platz. Doch von der propagierten Kollektivität und Solidarität, der gegenseitigen Hilfe und Fürsorge, *profitieren* die psychisch Kranken durchaus. Das Arbeitsgesetz gewährt Kündigungsschutz, das Rentengesetz ermöglicht eine Absicherung unabhängig von der Lebensarbeitszeit, das Rehabilitationsgesetz begünstigt die Integration Kranker und Behinderter zumindest dann, wenn noch eine Chance auf Arbeitsfähigkeit besteht. Die Psychiatrie der DDR bleibt aber eine *ärztliche Domäne*, Sozialfürsorger oder Arbeitstherapeuten gelten als medizinisches Hilfspersonal. Vereinzelt werden Konzepte der „Therapeutischen Gemeinschaft" und Mitbestimmungsformen im Krankenhaus diskutiert.

Die meisten Patienten spüren davon jedoch kaum etwas: 40 % aller Stationen sind geschlossen, im Langzeitbereich gibt es nur wenig therapeutische Aktivitäten, die baulichen Verhältnisse mit Bettensälen von 30 bis 60 Patienten sind auf vielen Stationen noch die gleichen wie 1945. Zwar weisen DDR-Psychiater darauf hin, daß „die Ballung großer Zahlen psychisch Kranker zur Potenzierung von Verrücktheit führt ... Durch diese Bedingungen werden Vorurteile, Abwehrhaltungen und Ausgrenzungstendenzen gefördert und die Humanisierung der Psychiatrie und des Bildes von psychisch Kranken behindert" (Weise/ Uhle 1990: 449). Doch nur an wenigen Orten (so in Leipzig ab 1976) entsteht ein gemeindezentriertes Betreuungskonzept, unter anderem mit Polikliniken und psychiatrischen Ambulanzen, nur allmählich wird die Bettenzahl der Großkrankenhäuser zugunsten ambulanter Hilfen reduziert: Von den 31 Psychiatrien der DDR beherbergen 1976 noch 18 mehr als 1.500 Patienten, 1988 sind es noch 7 mit einer solchen Größenordnung. Die durchschnittliche Verweildauer sinkt von 246 Tagen (1965) auf 155 Tage (1987). Nur wenige Impulse dazu kommen aus der Universitätspsychiatrie:

> „Die Hochschulkliniken haben ... den Trend einer ausgrenzenden, krankheitszentrierten Versorgung unterstützt. Eine Rolle spielt dabei auch noch die enge Verbindung der Psychiatrie mit Neurologie und Hirnforschung, die bis heute besteht. Dadurch wird ... die lebensgeschichtliche psychosoziale und kommunale Dimension von Krankheit und Therapie ausgeblendet." (Weise 1990: 13)

Mißbrauch der Psychiatrie

Die politische Führung der DDR benutzt schließlich die Psychiatrie nicht nur als Kontrollinstrument für auffälliges und unangepaßtes Verhalten, verhängt in Leipzig z. B. während der Messezeit eine Ausgangssperre für psychisch Kranke, um ein „störungsfreies" Bild der Stadt zu vermitteln (in den Krankenakten als „prophylaktische Zwangseinweisung" bezeichnet); sie bedient sich auch psychiatrischer und psychologischer Methoden, um Einzelpersonen zu verfolgen, einzuschüchtern und Oppositionsaktivitäten zu untergraben. Dazu wird z. B. ein Fachbereich der „Operativen Psychologie" aufgebaut, das spätere Aufgabengebiet der Absolventen dort ist „die Anwendung von Maßnahmen der Zersetzung" sowie die „... Beurteilung und Einschätzung von operativ tätigen und operativ interessierten Personen, Einschätzung psychischer Störungen und Verhaltensauffälligkeiten interessierender Personen" (Behnke 1995: 12). Einzelne Psychiater, darunter auch Chefärzte, arbeiten direkt mit dem Ministerium für Staatssicherheit zusammen, wie in den Stasi-Akten nachzulesen ist: „... übernahm in der Vergangenheit spezifische Aufträge des

MfS in seinem Verantwortungsbereich als Ärztlicher Direktor des BKH ... Durch ihn konnten konspirative Patienteneinschätzungen und andere operative Maßnahmen gewährleistet werden“ (Süss 1995: 260).

Vernachlässigung der Psychiatrie

Bei zunehmender Wirtschaftskrise in den achtziger Jahren ist die DDR an Menschen interessiert, die produktive Leistung erbringen, was sich in der Unterscheidung zwischen „leistungsfähigen“ Kurzzeit-(80 %) und „leistungsunfähigen“ Langzeit-(20 %)Patienten wiederspiegelt. Eine Forschungsgruppe des Gesundheitsministeriums erhält 1981 – ähnlich der Enquete-Kommission in der BRD – den Auftrag, ein *mehrstufiges Betreuungssystem* zu entwickeln. In einigen Bezirksnervenkliniken werden sektorisierte Betreuungsstrukturen geschaffen, therapeutische Klubs und Tagesstätten ergänzen jetzt die Klinikbehandlung.

Doch haben die Bestrebungen der Enthospitalisierung nicht nur erfreuliche Folgen: die Zahl der psychisch Erkrankten und Behinderten in sogenannten Feierabend- und Pflegeheimen steigt zwischen 1977 und 1990 um ca. 75 %, in den Kliniken verbleibt der „harte Kern“ älterer, oft auch körperlich kranker Langzeitpatienten. Aufgrund der wirtschaftlichen Talfahrt kommt es zum Verschleiß der Bausubstanz und der Ausstattung in den Kliniken, durch Übersiedlungen entsteht ferner ein extremer Mangel an Ärzten. Die Ausschaltung aller öffentlichen Kritik – im Westen ein wesentlicher Motor der Psychiatriereformen – wirkt zusätzlich hemmend auf das innovative Denken, Formen der Patientenbeteiligung finden sich selten im autoritären DDR-Staat:

„Wir haben über viele Jahre versucht, den psychisch Kranken Freiraum zur Selbstbestimmung und zu kritischer Auseinandersetzung mit den Lebens- und Behandlungsbedingungen zu geben. Diese Versuche scheiterten immer wieder an Passivität und Desinteresse. Wir führten das damals wesentlich auf Persönlichkeitseigenschaften oder auf Behinderungen im Gefolge der Krankheit zurück. Es ist jetzt deutlich geworden, daß dieses Verhalten psychisch Kranker im wesentlichen Folge der allgemein repressiven Bedingungen der Gesellschaft war. Dies zeigt sich in der explosiven und spontanen Entwicklung von Betroffenenorganisationen und Selbsthilfegruppen, von offenen Auseinandersetzungen mit der Psychiatrie und ihren Praktiken, an wachsendem Widerstand gegen Einweisungen und Therapie, vor allem gegen Elektroheilbehandlung und Neuroleptika.“ (Weise 1993: 86)

Weiterführende Literatur

Einen ersten Überblick über die Psychiatrieentwicklung in der ehemaligen DDR vermittelt: *Pohl, G.* (1995): Sozialpsychiatrie in Ostdeutschland. In: Soz.Psych. Informationen 2, S. 2–14.

Wichtige Buch- und Zeitschriftenbeiträge stammen von dem Leipziger Psychiater Klaus Weise, so z. B. *Weise, K.* (1991): Die Psychiatrie-Reform in der DDR. In: Bauer, M./Engfer, R./Rappl, J. (Hg.): Psychiatrie-Reform in Europa. Bonn, S. 59–88.

Fast zeitgleich mit dem „Fall der Mauer" erschien: *Thom, A./Wulff, E.* (Hg.) (1990): Psychiatrie im Wandel. Erfahrungen und Perspektiven in Ost und West. Bonn.

Zur Aufarbeitung des Verhältnisses von Psychiatrie und Stasi: *Behnke, K./ Fuchs, J.* (Hg.) (1995): Zersetzung der Seele. Psychologie und Psychiatrie im Dienste der Stasi. Hamburg.

### 1.2.3. Psychiatrie in Deutschland nach der Wiedervereinigung

Mit den „Empfehlungen der Expertenkommission", in denen die Ergebnisse der Modellregionen ausgewertet werden, und dem „Bericht zur Lage der Psychiatrie in der ehemaligen DDR", geschrieben von Experten aus Ost und West, liegen den politischen Entscheidungsgremien und der Fachöffentlichkeit Anfang der neunziger Jahre Gutachten für den Ausbau der psychiatrischen Versorgung vor. Erste Reisen von der West- in die Ost-Psychiatrie und umgekehrt werden unternommen, gegenseitige Praktika und gemeinsame Psychiatrie-Fachtagungen sind nötig, damit sich ein Dialog zwischen Mitarbeitern der DDR- und der BRD-Psychiatrie entwickeln kann. Mancher hat in den alten Anstalten des Ostens den Eindruck von Zuständen „wie vor der Enquete" (M.Bauer); überraschend ist auch, daß in den Anstaltskellern die alten Kranken- bzw. Ermordungsakten aus der Nazi-Zeit noch völlig unbearbeitet lagern. Auf Ost-Seite tragen die Arbeiten zur kritischen Reflexion der DDR-Psychiatrie von Klaus Weise und Achim Thom, von Jürgen Fuchs, Sonja Schroeter und anderen dazu bei, gemeinsame Positionen für die Zukunft zu erarbeiten, während Filme wie „Dic Hölle von Ueckermünde" (Klee 1992) auf unwürdige und erschreckende Zustände in ostdeutschen Kliniken auch nach der Wende aufmerksam machen. Wohlfahrtsverbände gehen daran, in den neuen Bundesländern für den Aufbau außerstationärer Einrichtungen zu sorgen, Selbsthilfe-Vereine und Betroffenen-Gruppen gründen sich, um geeignete Betreuungsformen selbst zu entwickeln.

neue rechtliche Regelungen

Bewegung in die stationäre Psychiatrie der Bundesrepublik bringt die *„Psychiatrie-Personalverordnung" (Psych-PV)*; sie tritt im Herbst 1990 in Kraft und wendet sich stärker der personenbezogenen Behandlung zu, erarbeitet Tätigkeitsprofile der Berufsgruppen und zielt ab auf Effektivität und Teamorientierung, um den therapeutischen Bedürfnissen der Patienten besser gerecht zu werden. (Inzwischen ist auch eine „Psych-PV" für den ambulanten/komplementären Bereich fertiggestellt.) Das neue *Betreuungsgesetz* von 1992 schafft die Entmündigung erwachsener Menschen ab und setzt an ihre Stelle eine differenzierte und möglichst persönliche Betreuung.

finanzielle Engpässe

Ökonomisch gerät sowohl die stationäre wie auch die gemeinde-integrierte Psychiatrie in die Zange: Die Sozialhilfe erreicht angesichts der Situation der Kommunalfinanzen ihre Grenze und zwingt manches sozialpsychiatrische Projekt in die Knie. Die Kliniken sehen sich – aufgrund des Gesundheitsstrukturgesetzes – immer stärkerem Druck durch Bundesregierung und Krankenkassen ausgesetzt. Nicht jeder kann in dieser Situation nachvollziehen, daß der ärztliche Direktor Dörner auf der Gütersloher Fortbildungswoche 1993 vorschlägt, „aus leeren Kassen Kapital (zu) schlagen", z. B. durch die Entlassung von Langzeitpatienten ins Betreute Wohnen – ein schwieriges Unterfangen, ist doch gerade in der ersten Hälfte der neunziger Jahre der Wohnungsmarkt „dicht", jedenfalls für psychosoziale Projekte, nimmt auch die Aggression gegenüber Randgruppen, Aussiedlern und Asylanten beängstigende Ausmaße an.

Einmischung von Psychiatrie-Erfahrenen

Einen entscheidenden Schub zur Neubesinnung und zu strukturellen und therapeutischen Veränderungen erhält die Psychiatrie von ihren „Nutzern", den Psychose-Erfahrenen. Sie pochen in diesen Jahren auf *Mitspracherechte,* gründen regionale *Selbsthilfegruppen,* treffen sich im April 1991 in Kaufbeuren und setzen im Oktober 1992 den „Bundesverband Psychiatrie-Erfahrener" in die Welt. Auf dem „Weltkongreß für Soziale Psychiatrie" im Juni 1994 in Hamburg wird – zur Überraschung mancher deutscher und internationaler Tagungsteilnehmer – die tatsächliche *Einbeziehung der Psychiatrie-Erfahrenen* in den gemeinsamen Gedankenaustausch ein voller Erfolg. Und die Erkenntnis des „Trialogs" gewinnt an Boden: Nur wenn es Mitarbeitern, Angehörigen und Psychose-Erfahrenen gelingt, sich im gemeinsamen Gespräch zu begegnen, kann aus der „Reform der Fachleute" eine tatsächlich demokratische Psychiatriebewegung werden:

„3.000 Menschen aus aller Welt versammelten sich in Hamburg, um sich zu informieren, sich über neue Wege der psychosozialen Versorgung auszutauschen und Möglichkeiten zu erörtern, mit Verrücktheit in Zukunft menschlicher umzugehen ... Wir Psychose-Erfahrenen waren natürlich erst in kleiner Anzahl vertreten, aber wir mischten uns ein und waren nicht zu übersehen ... Es war ein Trialog zwischen Angehörigen, Betroffenen und Fachleuten, der in den Herzen vieler Teilnehmer viel bewegte ..." (Jentges 1994: 14)

## 1.3. Aspekte der internationalen Psychiatrie

Die Psychiatrie, das sollte der Gang durch die Geschichte gezeigt haben, ist *untrennbar mit den gesellschaftlichen Entwicklungsprozessen, den sozialpolitischen Strukturen, den kulturellen Strömungen eines jeweiligen Landes* verknüpft, nimmt aber auch internationale Erfahrungen und Forschungen auf (oder wehrt sie ab). So läßt sich die Entwicklung der jüngeren deutschen Psychiatrie nur begreifen im Zusammenhang mit den europäischen und überseeischen Reformideen der letzten Jahrzehnte. Wir wollen daher einen Blick in verschiedene Länder werfen und dabei den Schwerpunkt auf die sozialpsychiatrische Bewegung richten, denn sie hat die psychiatrische Landschaft in den letzten 30 Jahren am nachhaltigsten verändert.

### 1.3.1. Österreich

Vom „Narrenturm" Wiens aus dem Jahre 1784 über die Befreiung der Irren von ihren Ketten im Jahre 1839 bis hin zur Gründung der Großanstalten (z. B. in Graz 1874, in Wien 1907) ist die Psychiatrieentwicklung in Österreich stets eine sehr öffentliche Angelegenheit, löst die „üble Behandlung der Irren" heftige Debatten aus, werden Reformideen von privaten Vereinen vorangetrieben. Die föderalistische Verfassung weist den Bundesländern die Organisation der stationären und ambulanten Psychiatrie zu, regionale Unterschiede sind daher enorm: In den Großstädten findet man psychosoziale Dienste, Übergangseinrichtungen und niedergelassene Psychiater (50 % aller Nervenärzte Österreichs allein in Wien) in beträchtlicher Zahl, in ländlichen Regionen hingegen versuchen Beratungsstellen und mobile Teams (geleitet von Sozialarbeitern, begleitet von Konsiliarärzten), die großen Versorgungslücken zu schließen. Nach wie vor dominieren Großkrankenhäuser die Psychiatrielandschaft, auch wenn seit 1970 etwa 40 % ihrer Betten abgebaut worden sind und die Zahl der Zwangseinweisungen zurückgeht. Der Aufbau von psychiatrischen Abteilungen an Allgemeinkrankenhäusern ist wenig entwickelt (in den Jahren 1980 bis 1990 wird nur eine solche Abteilungen neu errichtet). Vielerorts wird ferner ein Mangel an beschützten Arbeitsplätzen beklagt oder über die „Außenpflege" (chronisch psychisch Kranke auf Bauernhöfen) kompensiert. Mit der Erforschung der Lebensbedingungen psychisch Erkrankter in ihren Familien macht *Heinz Katschnig*, Ärztlicher Direktor der Psychiatrischen Uniklinik Wien, Ende der siebziger Jahre auf „Die andere Seite der Schizophrenie" aufmerksam. In regionalen Gruppen und im Bundesverband „Hilfe für Angehörige psychisch Erkrankter" (gegründet 1978) setzen *Mütter, Väter und Partner von Psychiatriepatienten* einen deutlichen Reformimpuls, der über die Grenzen hinaus wirkt. (In der Bundesrepublik Deutschland findet nach diesem Vorbild 1982 das erste „Bundestreffen der Angehörigen psychisch Kranker" statt, das 1985 zur Gründung des deutschen Bundesverbandes führt.)

### 1.3.2. Schweiz

Auch in der Schweiz sind die regionalen Differenzen in der psychiatrischen Versorgung fast größer als die Gemeinsamkeiten, fördern doch die 22 Kantone in unterschiedlichem Maße die Enthospitalisierung und die gemeinde-integrierte Betreuung. Impulse zu sozialpsychiatrischen Behandlungsformen setzen Mitte der sechziger Jahre zunächst in Lausanne und Genf, etwas später in Zürich und Bern ein. Die Universitätsklinik Bern entwickelt unter der Leitung von Luc Ciompi neben der stationären Behandlung selbst ein Netz von Übergangseinrichtungen und gemeinde-psychiatrischen Diensten, in denen die Patienten von mobilen, quartierbezogenen Dreierteams (Psychiatrie-Pfleger oder -Schwester, Sozialarbeiter, Arzt) betreut werden. Seit 1984 existiert darüber hinaus das milieutherapeutisch orientierte Projekt „Soteria Bern" für akut schizophrene Patienten. Dort werden junge, meist ersterkrankte Patienten rund um die Uhr in Einzelbetreuung und reizarmer Atmosphäre durch die akute Psychose begleitet und auch im gleichen Hause (einer alten Villa in Bern) rehabilitiert. Eine ebenfalls gut versorgte Region ist die Stadt Genf mit drei psychiatrischen Sektoren (zu je 100.000 Einwohnern), die jeweils über differenzierte ambulante, halbambulante und stationäre Einrichtungen zur Krisenintervention und Betreuung von Langzeitpatienten verfügen; dabei genügen für jeden Sektor rund 25 Klinikbetten, wobei die psychiatrische Betreuung von Alterspatienten gesondert organisiert ist. Insgesamt reduzieren die psychiatrischen Großkrankenhäuser der Schweiz ihre Betten seit drei Jahrzehnten erheblich, aufgrund der Zunahme von behandlungsbedürftigen Alterspatienten wird heute bisweilen schon wieder von einer Bettennot gesprochen. Ernüchternd wird ferner vermerkt: Die Chronifizierung mancher schizophrener Patienten konnte nicht verhindert werden, das Drogenproblem und der Bedarf an gerontopsychiatrischer Versorgung steigt weiter an. Die Selbstkritik der Sozialpsychiatrie findet jedoch nicht auf dem Boden eines „Schulenstreites" – wie in Deutschland – statt. Im Vergleich zur deutschen Psychiatrie kennt die Schweiz keine so starke Polarisierung in biologisch-organische Denkschulen einerseits und psychodynamische oder soziodynamische Betrachtungsweisen andererseits. Eugen Bleuler und Manfred Bleuler, Carl G. Jung und Ludwig Binswanger, in den letzten Jahrzehnten auch Christian Müller, Gaetano Benedetti und Luc Ciompi stehen für die *Tradition eines integrierten Ansatzes.*

### 1.3.3. Frankreich

Historisch kann die Psychiatrie Frankreichs darauf verweisen, die *modernen Psychopharmaka* „erfunden", genauer 1952 durch Jean Delay die antipsychotische Wirkung des Chlorpromazins entdeckt und ferner 1954 durch Philipp Paumelle die Idee der *Sektor-Psychiatrie* auf den Weg gebracht zu haben. Seit den siebziger Jahren ist die gesamte Psychiatrie Frankreichs „sektorisiert", wobei 789 Sektoren der Allgemeinpsychiatrie und 285 Sektoren der Kinder- und Jugendpsychiatrie geschaffen wurden. Jeweils ein einziges Team wird mit der Aufgabe betraut, die Vorsorge, Diagnose, soziale Betreuung sowie die stationäre und ambulante Behandlung einer geographisch festgelegten Population (von ca. 70.000 Einwohnern) zu gewährleisten. Zunehmend sind für die stationäre Versorgung nicht mehr die alten Großkliniken, sondern Psychiatrie-Abteilungen an Allgemeinkrankenhäusern zuständig. Zur Idee der Sektorisierung gehört ferner: die Kontinuität in der Behandlung des Patienten ist das wichtigste Organisationsprinzip; die „Equipe", also das multiprofessionelle Behandlungsteam erklärt sich zuständig für alle Patienten (Verzicht auf Selektion); die Patientenbetreuung schließt das Wohnumfeld und die Personen seiner Umgebung mit ein. Man verhindert damit, daß einem Patienten, dessen Erkrankung einen chronischen Verlauf nimmt, nacheinander eine Vielzahl psychiatrischer Behandlungsinstitutionen durchlaufen muß, deren Prestige sowie materielle und personelle Ausstattung immer mehr abnimmt (Prinzip der „schiefen Ebene"; Held 1990: 470). Beklagt wird heute in Frankreich jedoch, daß die Sektoren-Teams zu wenig Forschung und zu wenig Austausch untereinander betreiben, daß die verbliebenen Großkrankenhäuser über eine sehr repressive Binnenstruktur verfügen und der Trend zur biologisch-pharmakologischen Forschung zunimmt, wobei die französische Psychiatrie traditionell eine starke biologistische und eine ebenso bedeutsame psychoanalytische Fraktion besitzt. Ein besonderer Zweig dabei ist die „Psychotherapie institutionelle", die sich auf Jaques Lacan, Wilfred R. Bion, Claude Lévi-Strauss und Felix Guattari beruft und die Öffnung des Hospitals zur Gemeinde, die Aktivierung des sozialen Lebens in der Klinik, die Beteiligung der Patienten an der Klinikorganisation und die Einbeziehung einer analytisch orientierten Psychotherapie anstrebt.

### 1.3.4. Italien

Nach einer langen Tradition der reinen Verwahrpsychiatrie mit unzureichender materieller Absicherung kommt es in Italien in den sechziger und siebziger Jahren zur heftigen Kritik der bestehenden Verhältnisse: die alten Anstalten und ihre Gewaltstrukturen, die Rolle des Psychiaters als gleichzeitiger „Heiler" und „Ausgrenzer", auch die Verknüpfung von Zwangseinweisungen und Entmündigungen werden hinterfragt, die Regression des Patienten wird vor allem als soziale Folge seiner Anstaltsunterbringung und weniger als individuelles Krankheitsgeschehen begriffen. Der Bewegung der „Demokratischen Psychiatrie" unter der Leitung von Franco Basaglia gelingt es, ihre Ideen in die politischen Parteien und Gewerkschaften zu tragen; sie finden 1978 im sogenannten „Gesetz Nr.180" ihren Höhepunkt: Ab Mai 1978 sind den Anstalten *Neuaufnahmen untersagt,* ab 1982 Aufnahmen überhaupt. Die alten psychiatrischen Krankenhäuser werden also nicht nur leerer, sondern auch bedeutungsloser. *Gemeindepsychiatrische Dienste* betreuen nun eine Region von jeweils ca. 100.000 Einwohnern und besuchen „ihre" Patienten auch zuhause. Für die stationäre Behandlung sind lediglich kleine Abteilungen in den gemeindepsychiatrischen Zentren zugelassen. Die erklärte „Gemeindepriorität" sieht die stationäre Behandlung als Ergänzung zur außerstationären Gemeindepsychiatrie, anders als in Ländern mit „komplementären" Diensten, wo die Dominanz der Krankenhauspsychiatrie weiterbesteht. Namhafte Psychiater sprechen von der „Psychiatrischen Revolution von 1978". Doch lassen sich auch die Probleme dieses Weges nicht verleugnen. Das Gesetz Nr. 180 definierte keinen klaren zeitlichen und finanziellen Rahmen für den Ausbau der gemeindepsychiatrischen Dienste; in wirtschaftlich ärmeren und politisch konservativen Regionen ist die Reform oft nicht sehr weit gediehen. Dazu kommt, daß die Zahl der nicht in die Gemeinde integrierten Patienten größer als erwartet blieb oder auch Familien sich außerstande fühlten, ausreichend für ihre psychisch kranken Angehörigen zu sorgen: private (wenig kontrollierte) Psychiatriekliniken oder Heime der katholischen Orden nehmen sich dieses Klientels nun an, Werkstätten oder beschützte Arbeitsplätze findet man kaum.

### 1.3.5. Großbritannien

Wie überall in Europa werden in Großbritannien zu Beginn des Jahrhunderts psychische Krankheiten ausschließlich in – meist abgelegenen – Anstalten behandelt. Kaum einem Kranken gelingt es, diese je wieder zu verlassen. Doch mit dem „Mental Treatment Act" von 1930 wird erstmals von der Zwangsbehandlung abgerückt und die freiwillige Aufnahme eingeführt. An Allgemeinkrankenhäusern entstehen psychiatrische Ambulanzen. Ab 1948 ermöglicht die Gründung des „National Health Service" jedem Erkrankten eine qualifizierte Behandlung, unabhängig von seinen wirtschaftlichen Verhältnissen. Erfahrungen aus der Behandlung von Soldaten mit psychischen Störungen führen zum Konzept der „Analytischen Gruppentherapie" (Siegmund F. Foulkes) und der „Therapeutischen Gemeinschaft" (Maxwell Jones). Noch bevor die Neuroleptika Einzug in die psychiatrische Behandlung halten, wird ein *Reformprogramm* erlassen, welches – früher als anderswo in Europa – auf den forcierten *Ausbau von ambulanten Diensten, Tageskliniken und psychiatrischen Abteilungen an Allgemeinkrankenhäusern* drängt. Die psychiatrische Behandlung wird in den Zusammenhang der allgemeinen Gesundheits- und Sozialdienste gestellt; es beginnt der Abbau psychiatrischer Betten: von 135.000 im Jahre 1960 auf 69.000 im Jahre 1985. Doch dadurch, so stellt man in den Folgejahren fest, wird die Arbeit immer schwieriger: Ihre Verkleinerung macht die alten Anstalten unwirtschaftlich und überläßt ihnen nur noch die Betreuung der schwersten Fälle. So wird ihre endgültige Schließung zu einer allgemein akzeptierten Forderung. Durch die weitere Verlagerung der stationären Behandlung auf psychiatrische Abteilungen an Allgemeinkrankenhäusern und durch den Anstieg an tagesklinischen Plätzen können tatsächlich von 1985 bis heute mehr als 40 Anstalten geschlossen werden. Allerdings entstehen zuweilen in den alten Gebäuden nun Heime und psychiatrische Wohngemeinschaften, und der Bereich der langfristigen Betreuung im beruflichen und sozialen Bereich bleibt erheblich hinter den Erwartungen zurück. Ein Teil der Primärversorgung wird heute von Gesundheitszentren geleistet, in denen Allgemeinärzte, Fachärzte, Sozialarbeiter und Gemeindeschwestern im Team zusammenarbeiten.

### 1.3.6. Niederlande

Lange Zeit werden die Maßnahmen des Gesundheits- und Sozialwesens von konfessionell orientierten Initiativen getragen; als jedoch die weitgehende Identität von „Gemeinde" im kirchlichen und im topografischen Sinne zunehmend an Bedeutung verliert, müssen von Seiten des Staates, der Provinzen und der Kommunen Anstrengungen der psychiatrischen Versorgung unternommen werden. Zwischen 1974 und 1984 erlebt Holland seine *Psychiatriereform:* Es kommt zwar nicht zu einem massiven Auszug der Langzeitpatienten, die Psychiatrie bleibt stark „bettenzentriert", baut sogar in Maastricht und Heerlen zwei neue Psychiatrische Krankenhäuser mit je 350 Plätzen, entläßt jedoch Menschen mit geistigen Behinderungen, Suchtkranke und psychisch kranke Straftäter in neue, speziell für ihre Bedürfnisse geschaffene Einrichtungen. Das Modell des „Allgemeinen Psychiatrischen Zentrums" (APZ) und des „Regional-Instituts für Ambulante Geistige Gesundheitspflege" (RIAGG) wird landesweit durchgesetzt, die Kosten für die psychiatrische und psychosoziale Versorgung von den Kranken- und Pflegekassen übernommen. In den letzten zehn Jahren gewinnen *tagesklinische Plätze* gegenüber den stationären immer mehr an Bedeutung, alle Psychiatrie-Einrichtungen sind inzwischen gemeindenah ausgerichtet („In den Niederlanden gelten 20 bis 30 km schon als weit, wenn es um die psychiatrische Versorgung geht!“; Richartz 1990: 517) und streben personale Kontinuität in der Behandlung und Entflechtung der Funktionen „Behandlung“, „Wohnen“, „Arbeit“ und „Freizeit“. Vor- und Nachsorge von Langzeitpatienten, ambulante Krisenintervention, aber auch psychosoziale Hilfen und ambulante Psychotherapien liegen in den Händen der RIAGGs. Kritisch wird hier bemerkt, daß die Aufmerksamkeit stark auf „motivierte Klienten“ gerichtet ist, die dort tätigen Sozialarbeiterinnen und Psychiatriepfleger sich gern zu Psychotherapeuten weiterbilden lassen und die schwer und chronisch psychisch Erkrankten aus dem Blickwinkel geraten. Ähnliches gilt für den Arbeitsbereich, wo seit Verschärfung der ökonomischen Krise in den beschützten Werkstätten immer „gesündere“ Klienten um Plätze nachsuchen und damit die Langzeitpatienten verdrängen.

### 1.3.7. USA

Sozialwissenschaftliche Forschungen der fünfziger und sechziger Jahren führen zu heftiger Kritik an der traditionellen Verwahrpsychiatrie, veranlassen die US-Regierung zu gezielten Untersuchungen der Zustände in den Anstalten und führen zu Studien wie Goffmans „Asyle“ (1961), die später weltweite Reformimpulse setzen. Erving Goffman beschreibt zunächst die Merkmale „totaler Institutionen“, setzt diese in Bezug zu den Lebensbedingungen einer psychiatrischen Anstalt mit 7.000 Insassen und stellt fest: „Psychiatrische Patienten befinden sich in einer besonderen Zwangslage. Um aus der Klinik hinauszugelangen, müssen sie so tun, als akzeptierten sie den ihnen zugewiesenen Platz, und dieser ihnen zugewiesene Platz verlangt von ihnen, daß sie die Berufsrolle derer unterstützen, die diesen Handel erzwingen“ (Goffman 1961/dt. 1973: 367). Es sei zu fragen, ob es wirklich die seelische Erkrankung oder eher die *„selbstentfremdete moralische Knechtschaft“* sei, die zur geistigen Verwirrung mancher Insassen führe. Die *Reformdiskussion* jedenfalls mündet 1963 in den „Community Mental Health Act“, in welchem die drastische Bettenreduzierung in den Psychiatrien sowie der *Aufbau von ambulanten und teilstationären Einrichtungen* vorgesehen ist. Tatsächlich werden in den Jahren 1960 bis 1985 fast 80 % der Betten abgebaut (von 535.000

auf 115.000); bezieht man den Bevölkerungsanstieg der USA mit ein, kommt man auf 340 belegte Psychiatrie-Betten pro 100.000 Einwohner im Jahre 1955 und 40 Betten heute, in einzelnen Bundesstaaten noch erheblich weniger (Californien: 14 Betten pro 100.000). Die Aufnahmezahlen sinken erheblich, die Aufenthaltsdauer in den psychiatrischen Kliniken beträgt z. Zt. nur noch durchschnittlich 5 Tage. In der Gemeinde sollen „Community Mental Health Centre“ die psychiatrische Betreuung sicherstellen. In der Realität ist heute allerdings die sozialpsychiatrische Versorgung unzureichend: Die gemeindepsychiatrischen Zentren können sich personell nicht ausreichend um die Vielzahl der Bedürftigen kümmern, sie behandeln eher Menschen mit leichteren psychischen Problemen. Für Patienten mit chronischen Psychosen ist wenig gesorgt; diese leben zu 50% bei ihren Familien oder in unbetreuten Wohnungen, in der Obdachlosigkeit, in Gefängnissen: „Das Bezirksgefängnis von Los Angeles ist heute die größte psychiatrische Einrichtung der USA“ (Schwab 1995: 412). Die Gründe dafür liegen vor allem in der unzureichenden finanziellen Absicherung des psychiatrischen Sektors: Solange die Patienten in den Krankenhäusern lebten, kümmerte sich der Staat um sie. Im Zuge der Enthospitalisierung gewährte er zeitlich begrenzte Finanzspritzen, die längst ausgegangen sind. Heute hängen die psychosozialen Einrichtungen am Tropf der ständig weiter gekürzten kommunalen Finanzmittel oder sind von privaten Krankenversicherungsgesellschaften abhängig, denen es widerstrebt, für psychisch Kranke zu zahlen, deren Behandlungs- und Betreuungskosten nicht absehbar sind. Schließlich haben die wirtschaftlichen und sozialen Prozesse vielerorts zur Desintegration der Gemeinden geführt, und so kann für die meisten ehemaligen Klinikpatienten von einem normalisierten und integrierten Leben in ihrer Gemeinde keine Rede sein. Befragt man sie (Davidson 1994) jedoch selbst nach ihrer Alltagssituation, so äußern sie – trotz vielfacher Einsamkeit und Eintönigkeit – eine eindeutige Vorliebe für ihr jetziges Leben gegenüber der Klinikzeit. Allein das Gefühl der Freiheit, die Tatsache, nicht mehr den Launen der Mitpatienten oder des Klinikpersonals ausgeliefert zu sein, das Führen eines Privatlebens, die Nähe zur Familie, die Zugehörigkeit zu ihrem Heimatort, all das sind Gründe, warum psychisch erkrankte Menschen eindeutig lieber in der Gemeinde als in der Klinik leben wollen.

### Weiterführende Literatur

Besonders lesenswert sind heute immer noch die „Klassiker" der sozialpsychiatrischen Aufbruchsjahre, also: *Basaglia, F.* (1973): Die negierte Institution oder die Gemeinschaft der Ausgeschlossenen. Frankfurt a. M., *Cooper, D.* (1971): Psychiatrie und Antipsychiatrie. Frankfurt a. M., *Foudraine, J.* (1976): Wer ist aus Holz. Neue Wege der Psychiatrie. München 1976, *Goffman, E.* (1973): Asyle. Über die soziale Situation psychiatrischer Patienten. Frankfurt a. M., und *Laing, R. D.* (1976): Das geteilte Selbst. Eine existentielle Studie über geistige Gesundheit und Wahnsinn. Reinbek.

Einen guten Überblick über die internationale Psychiatrie-Entwicklungen geben: *Bauer, M.* u. a. (1991): Psychiatrie-Reform in Europa. Bonn, und *Kulenkampff, C./Picard, W.* (1989): Fortschritte und Veränderungen in der Versorgung psychisch Kranker. Ein internationaler Vergleich. (Aktion Psychisch Kranke) Köln.

## 1.4. Psychisches Leid und gesellschaftliche Ordnung

„Die psychiatrische Betrachtung von Menschen hat etwas Verletzendes, das ... in der Klassifizierung des Abnormen liegt. Es gibt keine wirkliche Norm mehr. Unter den Menschen, die Urteil und Erfahrung haben, hat sich die Überzeugung festgesetzt, daß jeder, daß alles auf irgendeine Weise abnorm ist. Der Wert der Erkenntnis liegt im Gefühl für das Einzigartige jedes Menschen ... So möchte man jeden einzelnen achten, lieben und schützen, auch wenn seine Verhaltensweise weder zu begreifen noch vorauszusehen ist. Der Psychiater aber, der Kategorien des Abnormen schafft, dem erst an Klassifizierung und dann an Heilung gelegen ist, nimmt dem oft Gedemütigten auch noch seine Einzigartigkeit weg." (Canetti 1976: 150)

Definitionsmacht der Psychiatrie

Die Kritik an den Diagnoseschemata der Psychiatrie, an ihrer Definitionsmacht von Normalität und Abnormität, am *gesellschaftlichen Auftrag der Psychiatrie* als Institution zur Wiederanpassung bzw. Unterdrückung unerwünschten Verhaltens erlebte in den sechziger und siebziger Jahren ihren Höhepunkt. 1964 schrieb Ronald D. Laing, englischer Psychiater und in jener Zeit Direktor der Langham-Klinik für Psychotherapie in London:

„Unsere Zivilisation unterdrückt nicht nur die ‚Triebe', nicht nur die Sexualität, sondern jede Form der Transzendenz. Unter eindimensionalen Menschen überrascht es nicht, daß jemand mit der eindringlichen Erfahrung anderer Dimensionen, die er nicht völlig leugnen oder vergessen kann, das Risiko eingeht, entweder von den anderen vernichtet zu werden oder das, was er weiß, zu verraten.“ (Laing 1964/dt.1976: 9)

Und sein Londoner Kollege David Cooper formulierte:

„Ich bin zu dem Schluß gekommen, daß vielleicht die auffallendste Form von Gewalt in der Psychiatrie nichts anderes ist als die Gewalt der Psychiatrie, insofern diese Disziplin es sich angelegen sein läßt, auf ihre abgestempelten Patienten die subtile Gewalt der Gesellschaft abzulenken und zu konzentrieren.“ (Cooper 1967/dt. 1971: 11)

Auch in Deutschland *problematisierte* man die *traditionelle Psychiatrie* dieser Zeit und warf ihr vor, sie verdränge den gesellschaftlichen Einfluß auf Genese und Verlauf der psychischen Auffälligkeit, arbeite in überkommenen Asylen mit destruktiven Wirkungen, sei therapeutisch ratlos gegenüber den psychischen Symptomen und der ihnen zugrundeliegenden Psychodynamiken und erkenne nicht die Macht- und Herrschaftsfunktion und den gesellschaftlichen Kontrollauftrag der Psychiatrie.

„Seelisch gesundes und seelisch gestörtes Verhalten ist aus der individuellen Schicksalhaftigkeit herausgetreten. Es ist über die Sozialisations- und Lebensbedingungen mit den komplexen familiären, sozialen, ökonomischen, pädagogischen und politischen Prozessen in der Gesellschaft untrennbar verbunden.“ (Pörksen 1974: 13)

Am radikalsten forderte das „Sozialistische Patientenkollektiv Heidelberg“ bei einer Rektoratsbesetzung im Juli 1972:

„Sofortige, unbefristete und kostenlose Überlassung eines Hauses mit mindestens 10 Zimmern für die Unterbringung von Patienten, die durch die herrschenden Verhältnisse in spezifischer Weise gefährdet sind. Dies ist notwendig, um sie vor einer weiteren Gefährdung durch die etablierte Psychiatrie zu schützen.“ (Kursbuch 28, 1972: 86)

Normalität und Abweichung

In jenen Jahren gab es in der Bundesrepublik Deutschland eine bemerkenswerte Resonanz auf die Debatte um Normalität und Abweichung, sahen viele Menschen gute Gründe für die Annahme, daß vor allem *die „verrückte Gesellschaft“ verrückt mache.* Bisweilen wurden die „Verrückten“ gar als Avantgarde idealisiert. Man kämpfte um Individualisierungschancen, um den Ausbruch aus der kleinbürgerlichen Welt der sechziger Jahre.

Inzwischen ist daraus jedoch eher ein Individualisierungsdruck geworden:

„Komplexe Gesellschaften bieten mehr Raum für verschiedene Lebensentwürfe, die Ausweitung und Differenzierung des gesellschaftlichen Prozesses führen zu einer Lockerung und Differenzierung individueller Lebenshorizonte. Damit wird jedoch auch die Herausbildung von Identität und ihre praktische Balance schwieriger, weil eine individualisierte Identität sich stärker selbst stabilisieren und einen komplexeren Austausch mit ihrer Umwelt erhalten muß."(Schülein 1983: 261)

Was also Chancen und Freiräume der Entfaltung eröffnet, kann auch zu existentieller Verunsicherung führen, und während die alte, sichere Kleinfamilie oft zu erdrücken schien, müssen nun Sozialbeziehungen individuell immer wieder neu geknüpft werden. An beidem, an der *Enge* wie an der *Leere, können Menschen psychisch erkranken,* zumindest leiden, manchmal sogar an beidem zugleich. Doch heute, wo die *Öffentlichkeit* meist erst dann *über psychisches Anderssein nachdenkt,* wenn es zu groben Auffälligkeiten oder gar Straftaten geführt hat, wo zunehmend auch Fremdenfeindlichkeit und Gewalt herrschen, scheint die Sehnsucht des Bürgers nach Ordnung und Eindeutigkeit manche Chancen für die Akzeptanz des Andersseins wieder zunichte zu machen:

„Wir sind an einem Punkt angelangt, an dem wir über die Tatsache reden müssen, daß sich die fremdenfeindliche Gewalt längst nicht mehr nur gegen Menschen aus fremden Kulturen richtet, sondern zunehmend auch gegen Repräsentanten des 'inneren Auslandes', gegen Behinderte, Schwule und Lesben – und auch gegen psychisch Kranke. Die fiskalische Bedrohung bereits erreichter gemeindepsychiatrischer Potentiale ist die eine, die zunehmende Gefährdung der politischen, kulturellen und psychosozialen Bedingungen für eine gelebte Multikulturalität ist eine zweite – vielleicht noch fundamentalere – Bedrohung für die Psychiatriereform. Sie bedroht Prinzipien der Normalisierung psychischer Devianz, der Kommunalisierung und Pluralisierung von Lebensformen. Sie bedroht damit die von Adorno so treffend formulierte Utopie: Ohne Angst verschieden sein können." (Keupp 1994: 5)

So lautet eine Standortbestimmung aus sozialpsychologischer Sicht in diesen Tagen.
Der Blickwinkel eines klinischen Psychiaters ist da ein ganz anderer:

„Man muß schon sehr naiv sein, wenn man die sich scheinbar entwickelte Toleranz gegenüber psychisch Kranken während der letzten Jahrzehnte nicht als sehr zerbrechlich und aufgesetzt betrachtet hat. Die Rückkehr der Psychiatrie und damit auch der schwer psychisch Gestörten in die Gemeinde konnte auf lange Sicht zu nichts anderem führen als zu verstärkter Konfrontation, zu einer verstärkten Auseinandersetzung über die Belastbarkeit und Toleranzbereitschaft der gesunden Bürger in der Gemeinde. Wer die Anstalt auflöst und die Stadt zum therapeutischen Übungsfeld macht, muß sich auf Gegenwehr, auf unerwünschte Begleitwirkungen einstellen ... Da sich psychische Krankheit fast immer auch in der verminderten Fähigkeit niederschlägt, soziale Beziehungen zu gestalten, kann niemand allen Ernstes erwarten, daß Berufskollegen und Nachbarn, Anwohnervertreter und Bürgerinitiativen mit sichtbar gestörten psychisch Kranken rücksichtsvoller umgehen als mit Ausländern und Obdachlosen." (Finzen 1993: 186)

Kann das allen Ernstes niemand erwarten? Reagiert die moderne Gesellschaft, gerade in Zeiten des Umbruchs, der sozialen Krisen und ökonomischen Unsicherheiten, verstärkt aus ihrem Inneren heraus mit Unbehagen und Angst, mit Sicherheitsbedürfnis und Abgrenzung? Braucht die Gesellschaft, braucht der einzelne zur Wahrung von Identität und Klarheit solche Abwehr- und Selbstschutzmechanismen? Zahlreiche gelungene Wiedereingliederungsprozesse sprechen da eine andere Sprache, und das sowohl in ländlichen Gemeinden wie in Städten, in sozial schwächeren wie in großbürgerlichen Wohngebieten. Gefahren einer Konfrontation bestehen doch wohl erst dann, wenn die – individuelle wie auch die gemeinschaftliche – Identität sehr schwach geworden, wenn der „Einklang mit sich selbst" und folglich der Blick für die realen Gegebenheiten verlorengegangen ist. Erschreckende Einzelfälle repräsentieren nicht das Ganze. Schließlich haben die modernen Gesellschaften des ausgehenden 20. Jahrhunderts Einheitsvorstellungen und alte Gewißheiten aufgelöst, sind kollektive Deutungsmuster und homogene Bewußtseinslagen zerfallen:

„Die Welt ist ambivalent, obwohl ihre Eroberer und Herrscher nicht gerne sehen, daß es so ist und auf Biegen und Brechen versuchen, sie als eine Welt auszugeben, die sie nicht ist. Gewißheiten sind nicht mehr als Hypothesen, Geschichten nicht mehr als Konstruktionen, Wahrheiten nicht mehr als zeitweilige Stationen auf einem Weg, der niemals endet." (Baumann 1992: 220)

Chancen und Gefahren von Pluralität

Ambivalenzen und Pluralitäten sind zweifellos nicht nur Chancen, sie bergen auch Gefahren, und die Sehnsucht nach der „heilen" und geordneten Welt, nach Überwindung der als Zerrissenheit erlebten Pluralisierung ist im einzelnen und im gesellschaftlichen Ganzen mitunter ganz beträchtlich. Mag sein, daß die Reformpsychiatrie der letzten 25 Jahre die gesellschaftliche Akzeptanz psychischen Anderssein mitunter überschätzt hat, wenn sie schrieb:

„Es soll möglich werden, den Patienten nicht mehr allein einer instrumentellen ‚Behandlungskultur' zu unterwerfen, die ihn an die herrschenden Lebensbedingungen anpaßt, sondern die Umgebung wird behandelbar, paßt sich den subjektiven Bedürfnissen und individuellen Fähigkeiten des Betroffenen an. Es werden so ‚Lebenswelten' geschaffen, in denen einzelne überleben können, ohne sich einem Zwang zu Therapie und Veränderung zu unterwerfen." (Engelmann 1990: 11)

Immerhin war es nur unter solchen Prämissen möglich, Wege aus der Anstalt in die Gemeinde zu bahnen. Dies als Naivität zu diffamieren, wird dem immerhin erreichten Stand an Integration seelischer Erkrankter und Behinderter in die Gemeinde nicht gerecht. Es unterschlägt, in wievielen tausenden von Fällen, oder besser: bei wievielen tausenden von Menschen es doch gelungen ist, eine offenere, selbstbestimmtere Lebensform trotz und mit psychischer Erkrankung zu gewährleisten. Politiker und Psychiater, Hausvermieterinnen und Supermarkt-Geschäftsführer, Busfahrer, Kellnerinnen und Nachbarn hatten da zu lernen und haben es – manch Unkenrufen zum Trotz – offenbar getan. Gegen die These vom Ende der Solidarität spricht ebenso, daß gegenwärtig mehr als 40.000 Selbsthilfevereinigungen und ungezählte Bürgerinitiativen für Beistand und gegenseitige Unterstützung sorgen, daß es in der Bevölkerung „eine hohe Bereitschaft zu geben scheint, sich im sozialpolitischen Bereich zu engagieren" (Süddeutsche Zeitung vom 22. Juli 1995), auch wenn das „Recht auf Verschiedenheit" sehr viel komplizierter und anstrengender zu leben ist als die wohlvertraute Ordnung. Allerdings bedarf es dazu sowohl der Organisation solidarischer Beziehungsnetze als auch der immer wieder neu zu betreibenden Selbstreflexion und Aufklärung; im öffentlichen und im privaten Leben, in der Politik und in der Gemeinde. Auch das ist Soziale Arbeit im Arbeitsfeld Psychiatrie.

# 2. Psychische Störungen

Nachdem wir uns im vorangegangenen Kapitel mit der Entwicklung der Psychiatrie in der Geschichte und Gegenwart befaßt und ihre Bezüge zu den politischen, sozialen und kulturellen Prozessen skizziert haben, soll in diesem Kapitel von dem die Rede sein, was die Psychiatrie unter „psychiatrischen Krankheiten“ bzw. „psychischen Störungen“ versteht. Die wichtigsten Merkmale der Schizophrenien (Abschnitt 2.2.) und der affektiven Psychosen (Abschnitt 2.3.), der organisch bedingten Psychosen (Abschnitt 2.4.) und der Abhängigkeitserkrankungen (Abschnitt 2.5.), der Persönlichkeitsstörungen (Abschnitt 2.6.), der Neurosen und der psychosomatischen Erkrankungen (Abschnitt 2.7.) kommen zur Darstellung, ebenso mögliche Krankheitsursachen und spezifische Behandlungsmöglichkeiten. Dazu bedarf es einiger Vorbemerkungen und Begriffsklärungen (Abschnitt 2.1.).

## 2.1. Begriffsklärungen

Krankheitsbegriff in der Psychiatrie

Ein Hauptproblem der Psychiatrie, wir haben es im letzten Kapitel erwähnt, ist ihr Wunsch nach eindeutiger *Klassifizierung und Objektivierung psychisch sonderbaren Verhaltens und Erlebens.* Trotz aller Bestrebungen, wissenschaftlich begründete Kategorien und Diagnosen zu entwickeln und zu verwenden, ist der Krankheitsbegriff in der Psychiatrie – im Gegensatz zu anderen medizinischen Disziplinen – unscharf geblieben. Er konnte nicht klassisch *naturwissenschaftlich-medizinisch* definiert werden, sondern es waren stets auch *psychologische, soziologische und philosophische Aspekte* zu integrieren. Auch der Nachweis eindeutiger *Krankheitsursachen* (Ätiologie) und einheitlicher *Entstehungsgeschichten und Entwicklungen* (Pathogenese) ist nur für wenige Krankheitbilder der Psychiatrie möglich und anerkannt. Bei einer Reihe von psychischen Störungen bzw. Veränderungen ist schon der Begriff „Krankheit“ umstritten. „Krank“ heißt im landläufigen Sinne ja eigentlich, daß die Funktionsfähigkeit des Körpers aufgrund eines organischen Prozesses eingeschränkt ist oder zu werden droht, daß der Kranke Schmerzen hat, schwitzend im Bett liegt, nichts zu sich nehmen oder nicht mehr laufen kann. Mit einer „Psychose“ hingegen kann man –

wenn auch nicht zu jedem Zeitpunkt der Erkrankung – Eis essen und Zigaretten rauchen, Rock'n-Roll tanzen und Fußball spielen, mit einer „Borderline-Persönlichkeitsstörung" wandern oder schriftstellerisch tätig sein, und Menschen mit einer „Manie" würden uns einen Vogel zeigen, wenn wir ihnen Bettruhe und Schonung verordneten.

Gründe und Grenzen für den Begriff „Krankheit"

Das Verhalten oder Empfinden eines Menschen ist also strenggenommen selbst niemals krank, es kann allerdings aufgrund einer psychischen Störung stark verändert sein. Und natürlich gibt es keine eindeutigen Grenzen, was wir – in der jeweiligen Kultur und zu der jeweiligen Zeit – unter psychisch „normal" und psychisch „krank" zu verstehen haben. Doch bei aller Stigmatisierung, die das Wort „krank" in Zusammenhang mit einer seelischen Veränderung haben kann, kommen wir um die Verwendung der Begriffe „Störung" und „Krankheit" nicht herum. Denn wer Menschen mit schweren psychischen Symptomen in ihrem individuellen und sozialen Leid erlebt und begleitet hat, kann die *Dimension der Erkrankung* ermessen, kann erahnen, daß für den Erkrankten selbst wie auch für seine Umgebung das psychische Leid oft weit über das einer körperlichen Krankheit hinausgeht. Und es gibt gute Gründe, für Menschen mit psychischen Störungen bestmögliche Behandlungsformen zu erstreiten, die den Therapien körperlicher Erkrankungen in nichts nachstehen sollten. Das meint auch die volle finanzielle Absicherung der Behandlung psychisch Erkrankter durch Kranken- und Rentenversicherungen. Daher wäre es nicht sinnvoll, die Begriffe „Krankheit" oder „Störung" zu umgehen und damit die Gleichstellung mit körperlichen Leiden zu verhindern bzw. die Behandlungsmöglichkeiten und ihre Finanzierung zu beschränken.

Psychische Störungen

Wir werden folglich in diesem Buch – genau wie dies die Psychiatrischen Kliniken und inzwischen auch die Institutionen der gemeindeintegrierten Hilfen tun – von „psychischen Störungen" sprechen und damit den derzeit aktuellen *Begriff für seelische Krankheiten* verwenden, wie er heute nach der „Internationalen Klassifikation psychischer Störungen; ICD-10" *(Tenth Revision of the International Classification of Diseases)* von der Weltgesundheitsorganisation (WHO) vorgeschlagen wird. Die jetzige zehnte Fassung ist seit 1992 gültig und wird tatsächlich weltweit benutzt. Dieses Klassifikationssystem favorisiert den Begriff „psychische Störung", womit es *keine Aussage über mögliche Ursachen* trifft, sondern *lediglich beschreibt,* daß die Veränderungen sich unabhängig von ihren Entstehungsursachen im Seelischen äußern, also im Fühlen, Denken, Wollen und Verhalten eines Menschen. Überhaupt will der Störungbegriff in der ICD-10 nur die – für die Diagnose einer bestimmten psychischen Störung notwendigen – *Krankheitszeichen (Symptome) benennen* und damit den „Schulenstreit“ vermeiden, der bei der Frage nach den Ursachen psychischer Störungen (und darauf aufbauender Klassifikationssysteme) stets auftritt (Dilling u.a. 1991). Denn in der Tat besteht nach wie vor bei den meisten psychischen Störungen *keine Eindeutigkeit* in der Frage, welche Prozesse zur Erkrankung führen.

Biologisch-naturwissenschaftliches Modell

In der klinischen Forschung dominiert das biologisch-medizinisch-naturwissenschaftliche Modell; es ergründet psychische Störungen in Zusammenhang mit der Struktur und der Funktion des Gehirns, mit Prozessen des Stoffwechsels oder der Erbinformation. Es *bewährt sich* seiner Natur gemäß am besten dort, wo möglichst umschriebene strukturelle oder biochemische Störungen auftreten, die in einem *einfachen Kausalzusammenhang mit dem Krankheitsgeschehen* stehen. Wo sich eine solche strukturelle oder funktionelle Störung nicht finden läßt, wo komplexe Entstehungsbedingungen – im Zusammenspiel von Körper und Seele, Soma und Psyche – anzutreffen sind, endet die Erklärungskraft des biologisch-naturwissenschaftlichen Modells, es wird *ergänzungsbedürftig.*

Psychosoziales Erklärungsmodell

An diesem Punkt knüpft das psychosoziale Erklärungsmodell an; es vertritt die Annahme, daß psychische Störungen nicht oder nicht nur Ausdruck eines organischen, sondern eines innerseelischen und zwischenmenschlichen Prozesses sind. Nach dieser Vorstellung drücken psychische Symptome etwas aus, sie sind gewissermaßen die *Sprache der Seele,* die es zu entschlüsseln gilt. Und sie haben ein Ziel: in der Regel das der Problemlösung. Die Frage nach der kausalen Verursachung der psychischen Störung ist damit *nicht vollständig* beantwortet, denn die möglichen organischen Veränderungen, die der Erkrankung vorausgehen, diese begleiten oder ihr nachfolgen, werden nicht endgültig geklärt. Das psychosoziale Modell *bewährt sich* dort, wo *Krankheitsbedeutungen und Ausdrucksprozesse eine Rolle spielen,* wo stark veränderte Gefühls-, Denk- und Verhaltensmuster vorhanden sind und wo Krankheit durch mangelnde soziale Unterstützung in der Lebensgeschichte oder der aktuellen Lebenssituation bedingt oder mitbedingt ist. Unabhängig vom Krankheitsbild sind hier Sichtweisen üblich, die sich am Behandlungsverfahren orientieren, wie z. B. dem psychoanalytisch-psychodynamischen, dem lerntheoretisch-kognitiven, dem systemischen oder sozialen Denkansatz von psychischen Störungen.

Nicht selten wird die Ansicht vertreten, daß das *biologisch-naturwissenschaftliche Modell* sich vor allem mit den *Psychosen* – also den Schizophrenien und den manisch-depressiven Erkrankungen – zu beschäftigen habe, während das *psychosoziale Modell* eher für die Erklärung und Behandlung der *Neurosen* – und im weiteren Sinne auch der psychosomatischen Erkrankungen – „zuständig" sei. Dieser Zweiteilung lag lange Zeit die Meinung zugrunde, daß neurotische Symptome (z. B. Ängste, Zwänge) verstehbar seien, während dies auf psychotische Symptome (z. B. Störungen des Denkens und des Gefühls, Halluzinationen, Wahnideen) nicht zuträfe; sie seien letztendlich nicht „einfühlbar". Heute ist man hingegen bestrebt, die biologischen, die geistig-seelischen und die sozialen Dimensionen des Menschen zu einer ganzheitlichen Sichtweise zusammenzufügen und damit auch die Trennung zwischen den beiden Modellen aufzuheben, diese also zu verknüpfen. „ganzheitliche" Sichtweise

Fassen wir also zusammen: Hirnanatomische oder biochemische Veränderungen liefern in der Regel keine ausreichende Begründung für die Entstehung psychischer Störungen; die Gene als Träger der Erbanlagen sind es ebenfalls nicht allein, so daß von einer Erblichkeit psychischer Krankheiten nicht grundsätzlich die Rede sein kann. Auch frühkindliche Erlebnisse, Traumata oder Entwicklungsstörungen sind nicht die ausschließlichen Verursacher, so daß sich Angehörige nicht endlos fragen müssen, was sie denn falsch gemacht haben könnten. Die sozialen Bezüge und Belastungen, die Stressoren aus Beruf, Lebenssituation oder der Umwelt können genauso wenig als allein verursachende Faktoren angesehen werden. Psychische Erkrankungen sind also trotz einer gewissen Regelhaftigkeit der Symptome immer sehr persönliche Vorgänge, das heißt, der Zeitpunkt ihres Auftretens und ihre Inhalte hängen stark von der Disposition und der Lebensgeschichte der Betroffenen ab. Es gibt dabei eine Reihe auslösender Krisensituationen, die das Leben aller Menschen verunsichern, z. B. Entwicklungsphasen wie die Pubertät, die Adoleszenz, der Eintritt ins Berufsleben oder ins Rentenalter (Greb 1995). Fazit

## 2.2. Schizophrenien

Die Schizophrenie ist die wohl *schillerndste* – und am häufigsten mißverstandene – *aller psychischen Störungen.* Sie beginnt mitunter

schleichend und für Außenstehende kaum erkennbar, verläuft aber auch akut und dramatisch. Sie kann einmalig kurzzeitig oder auch in kürzeren oder längeren Abständen wieder auftreten. Sie kann ohne verbleibende Krankheitszeichen ausheilen oder zur Behinderung führen. Sie kann Jugendliche betreffen, ebenso auch Frauen und Männer, die mitten im Leben stehen oder auch an der Schwelle zum Alter. Das Lebenszeitrisiko, an Schizophrenie zu erkranken, liegt bei etwa 1 % der Gesamtbevölkerung.
Die manchmal noch in der Öffentlichkeit anzutreffende Vorstellung, die Schizophrenie sei „unheilbar", ist durch Verlaufsstudien widerlegt worden. Folgende Verläufe lassen sich aufzeigen (M. Bleuler 1972):

(a) 20 bis 30 % der schizophren Erkrankten gesunden nach einer einzigen Krankheitsepisode spontan oder nach einer Behandlung;
(b) 35 bis 40 % erleben mehrere Episoden, in den Zeiträumen dazwischen können Krankheitszeichen mit der Folge von Behinderungen zurückbleiben;
(c) 35 bis 40 % müssen mit anhaltenden Krankheitszeichen (schizophrenes Residuum) und Behinderungen leben, aber auch für diese Betroffenen kann es spontan oder beim abgestimmten Einsatz aller therapeutischen und rehabilitativen Möglichkeiten zu deutlichen Besserungen kommen.

In Ergänzung dazu sind die Ergebnisse einer Studie zum Langzeitverlauf der Schizophrenie (Heiden u.a. 1995) bedeutend: In einer Querschnittsuntersuchung 14 Jahre nach der Ersterkrankung waren in Bezug auf anhaltende Krankheitszeichen und Funktionsbeeinträchtigungen keine Verschlechterungen eingetreten, außer bei den sozialen Behinderungen. Hier ergab die Studie eine erheblich Verschlechterung, besonders in den Bereichen „Kommunikation", „Freizeitaktivität" und „sozialer Rückzug". Insgesamt waren bei fast zwei Drittel der Untersuchten *soziale Behinderungen* nach außen deutlich sichtbar.

Symptome der Schizophrenien

Schizophren Erkrankte sind oft schon vor ihrer Erkrankung empfindsamer, dünnhäutiger als andere Menschen. Bevor es zu den sogenannten *„produktiven"* (oder *„positiven"*) *Symptomen* wie Übererregung des Gefühlslebens, Stimmenhören, Wahnbildungen oder motorischer Unruhe kommt, zeigen sich erste Anzeichen der Erkrankung oft in sogenannten *„negativen"* Symptomen wie Antriebslosigkeit, Sprachverarmung, Verflachung der Gefühle, Nachlassen der Spontaneität und Leistungsfähigkeit sowie in sozialen Rückzugstendenzen.

Ein charakteristisches Symptom in der akuten Krankheitsphase ist der *Verlust der Ich-Grenzen* bzw. des *Gefühles von Individualität, Einzigartigkeit und Entscheidungsfreiheit.* In der Folge erlebt der schizophren Erkrankte, daß „seine Gedanken laut" werden und von anderen gehört werden können, sich die Gedanken ausbreiten, auf andere Menschen übertragen oder ihnen entzogen werden. Überhaupt nimmt der Erkrankte sich und seine Umgebung verändert wahr: Es tritt das Gefühl auf, nicht mehr Subjekt, sondern *Objekt fremder Mächte* zu sein, die die Gedanken, das Körperempfinden und die Tätigkeiten steuern. Der Betroffene mißt Gegenständen oder Personen seiner realen *Umgebung* eine ungewöhnliche, *veränderte Bedeutung* zu, erlebt sie in einer für ihn bedrohlichen Weise als fremd (Wahnvorstellungen). Konkret können Sinneswahrnehmungen und -eindrücke ohne Entsprechungen in der Realität *(Halluzinationen)* auftreten. Am häufigsten sind Gehörshalluzinationen, das Hören von Stimmen, die z. B. in der dritten Person über ihn reden oder die seine Gedanken und Handlungen kommentieren und begleiten. Optische Halluzinationen, Geruchs- und Geschmackshalluzinationen können eine Rolle spielen, letztere besonders bei Vergiftungsängsten in Zusammenhang mit Wahnvorstellungen. Oft erleben schizophren erkrankte Menschen Leibgefühlsstörungen (coenästhetische Halluzinationen) wie z. B. Insekten im Kopf, brennende Hände oder Geschnittenwerden an verschiedenen Körperteilen, oder sie berichten z. B.: „Ich merke, wie sich meine Gedanken in meinem Bauch bewegen!".

Formale *Denkstörungen* sind ein weiteres typisches Krankheitszeichen der Schizophrenie. Nebensächliche, beiläufige Aspekte, die bei normaler seelischer Aktivität zurückgehalten werden, rücken in den Vordergrund, die Fähigkeit zur Abstraktion geht verloren, das Denken folgt einer eigenen, privaten Logik. Ein Betroffener kann hochintelligent und in seinen Denkvorgängen und logischen Ableitungen sehr präzise sein, dennoch bleibt sein Denken fremdartig und führt nicht zu den Resultaten, die der allgemeinen Realität und Logik entsprechen. Zu den Denkstörungen zählen auch Gedankenabrisse oder Einschiebungen in den Gedankenfluß. Der Betroffene hört mitten im Satz zu sprechen auf; nach einem solchen Geschehen zeigt er sich ratlos, manchmal berichtet er auf Nachfragen, man habe ihm die Gedanken entzogen.

Auf dem Hintergrund der bisher beschriebenen möglichen Erlebensweisen schizophren Erkrankter ist es nachvollziehbar, daß ein Betroffener alle ihm möglichen Erklärungen aus seinem Kulturkreis und seiner Zeit zur Hilfe nimmt (z. B. Fernsehsender, Strahlen, Telepathie, Verhexen), um dieses *Erleben zu erklären.* Seine Vorstellungen und Umdeutungen, die mit undiskutierbarer Überzeugung erlebt und z. T. geäußert werden, verdichten sich oft zu einem *Wahn.* Am häufigsten ist der Verfolgungswahn, bei dem harmlose Ereignisse aus der Umwelt als Anzeichen der Bedrohung und Verfolgung empfunden werden. Auch der Beziehungswahn ist charakteristisch.

Geneseprozeß

Die Wahnentstehung ist ein Prozeß, sowohl was seinen Beginn wie auch was seine Rückbildung betrifft. Über eine Phase, die man mit Wahnstimmung beschreiben kann, kommt es zur unerschütterlichen Überzeugung des Wahrheitsgehaltes einer Wahnvorstellung. Diese totale Gewißheit und der damit einhergehende Verlust des schizophren Erkrankten, zwischen den beiden Realitätsbereichen der äußeren Welt und der inneren Welt unterscheiden zu können, ist ein spezifisches Symptom der Schizophrenie. Zu *Beginn* seiner Erkrankung bemerkt der Betroffene, daß sich seine ihn umgebende Welt irgendwie verändert, er hat den Eindruck, daß all diese Veränderungen mit ihm zusammen hängen und er ihnen dennoch machtlos ausgeliefert ist. Zwangsrituale, Rückzug aus den sozialen Bezügen, Drogengebrauch u.a. werden eingesetzt, um die Ängste zu vermindern und die Kontrolle über diese Erlebensweisen durch bestimmte Verhaltensmaßnahmen wieder zu erlangen. Doch diese Bemühungen scheitern bei der *vollen Entwicklung* der schizophrenen Störung. Das Beispiel Marco Barini – wir werden im Verlaufe des Buches auf dieses wie auch auf zwei weitere Fallbeispiele an mehreren Stellen zurückkommen – mag davon einen ersten Eindruck geben:

Marco Barini (1): Schlaflos und bedroht

Marco Barini war tief beunruhigt durch das Gefühl, der Nachrichtensprecher im Radio übermittle ihm geheime Botschaften. Er konnte nicht mehr schlafen und fühlte sich bedroht. Darüber hinaus hatte in den letzten Tagen das Gefühl Gestalt angenommen, daß der „Space-Fighter" demnächst bei ihm erscheinen werde. Jedes Geräusch im Haus ließ ihn hochschrecken. Das Verschließen seiner Zimmertür und die – von den Eltern bisher unbemerkte – Bewaffnung mit einem langen Brotmesser verbesserten seine Lage nicht. Nur noch das fortwährende Hören einer einzigen CD konnte ihn

> beruhigen. Für seine Eltern, die sich schon seit Monaten um ihn sorgten, kam durch diese laute, jetzt auch nächtliche Musik das „Faß zum Überlaufen“. Für den nächsten Tag nahmen sie sich vor, ihre Scham zu überwinden und ihren Internisten um Rat zu fragen.

Fassen wir die schizophrene Symptomatik noch einmal zusammen, so lassen sich folgende Symptomgruppen unterscheiden:

(a) Gedankenlautwerden, Gedankeneingebung, Gedankenentzug, Gedankenausbreitung.
(b) Kontrollwahn, Beeinflussungswahn, Gefühle des „Gemachten“.
(c) Kommentierende oder dialogische Stimmen.
(d) Anhaltender, kulturell unangemessener Wahn.
(e) Halluzinationen der unterschiedlichen Sinne, also akustische, optische und taktile, aber auch Geruchs-, Geschmacks- und Leibeshalluzinationen.
(f) Gedankenabreißen, Einschiebungen in den Gedankenfluß mit der Folge von Zerfahrenheit oder Wortneubildungen (Neologismen).
(g) Katatone Symptome wie motorische Erregung oder körperliche Erstarrung (Stupor).
(h) „Negative Symptome“ wie Antriebslosigkeit, Verflachung der Gefühle und sozialer Rückzug.

Eine Schizophrenie kann heute diagnostiziert werden, wenn ein Symptom der Gruppen (a) bis (d) oder mindestens zwei Symptome der Gruppen (e) bis (h) für einen Monat oder länger besteht/bestehen (Dilling u. a. 1991).
In der Regel treten bei einem Erkankten nicht alle der zuvor genannten Krankheitszeichen (Symptome) gleichzeitig auf, sondern es kommt zum Auftreten von Häufungen bestimmter Krankheitszeichen, die als Syndrome bezeichnet werden und sich in verschiedene Erscheinungsbilder der Schizophrenie im klinischen Alltag unterteilen lassen:

Formen der Schizophrenie

Die *paranoide Schizophrenie* ist von anhaltenden Wahnvorstellungen geprägt, meist begleitet von akustischen Halluzinationen. Die *hebephrene Schizophrenie* ist gekennzeichnet durch flache oder unangemessene Gefühlsäußerungen, oft begleitet von Kichern oder selbstzufriedenem Lächeln bis hin zu hochfahrenden Umgangsweisen. Bei der *katatonen Schizophrenie* stehen Verhaltensstörungen im Vordergrund, die entweder von einer motorischen Erregung oder einer völligen

Erstarrung (Stupor) gekennzeichnet sind bzw. zwischen diesen beiden Extremen auch wechseln können; stereotype Verhaltensmuster und wächserne Biegsamkeit können lange Zeit beibehalten werden. Treten zu diesen Krankheitszeichen hohes Fieber, Kreislaufstörungen und Entwässerung hinzu, ist ein lebensbedrohlicher Zustand gegeben (*perniziöse Katatonie*). Bei der *Schizophrenia simplex* fehlen die produktiven Symptome meist gänzlich; Symptome wie Verlust der Ich-Grenzen, Veränderungen der Erlebens- und Verhaltensweisen, Verlust des Realitätsbezuges und soziale Rückzugstendenzen entwickeln sich über einen längeren Zeitraum hinweg und zunächst fast unbemerkt.

### 2.2.1. Zu den Entstehungsbedingungen der Schizophrenie

Somatische und genetische Erklärungsmodelle

Die medizinische Forschung schreibt den strukturellen und funktionellen Auffälligkeiten des Gehirns bei schizophrenen Erkrankungen eine nicht unbedeutende Rolle im Krankheitsgeschehen zu. So konnte man auf eine *reduzierte Stoffwechselaktivität* im frontalen Kortex schizophren Erkrankter (Hypofrontalität) aufmerksam machen (Liddle 1994). Durch neurophysiologische Untersuchungen wurde festgestellt, daß schizophren Erkrankte eine größere Anzahl innerer und äußerer Reize bewältigen müssen als seelisch Gesunde. Botenstoffe des Gehirns (Neurotransmitter) sind in der Schizophrenieforschung sowie als Erklärungsmodell für die Wirksamkeit einer neuroleptischen Medikation von Bedeutung. Dabei spielt der Neurotransmitter Dopamin nach wie vor die größte Rolle. Bei den biologischen Faktoren im Krankheitsgeschehen der schizophrenen Störungen sind auch Schwangerschafts- und Geburtskomplikationen nicht auszuschließen, die sich auf das entwickelnde kindliche Gehirn auswirken und sich besonders häufig bei schizophren Erkrankten mit frühzeitigem Krankheitsbeginn und chronischen Verlauf feststellen lassen (Murray 1994).

Die Ergebnisse der genetischen Schizophreniestudien lassen sich folgendermaßen zusammenfassen: Die Erkrankungswahrscheinlichkeit für Kinder mit einem schizophren erkrankten Elternteil beträgt etwa 10 bis 15 %, bei Erkrankung beider Eltern 30 bis 60 %. Ist ein eineiiger Zwilling erkrankt, beträgt die Erkrankungswahrscheinlichkeit für den zweiten bis zu 60 %, bei zweieiigen Zwillingen nur etwa 20 % (Zerbin-Rüdin 1992).

Die Schizophrenie scheint also *durch Gene beeinflußt,* die Annahme, daß sie auf eine einzelne falsche Erbinformation zurückzuführen sei, hat sich jedoch als unhaltbar erwiesen. Da auch bei genetisch identischen Menschen die Erkrankungswahrscheinlichkeit bei weit unter 100 % liegt, müssen also *weitere Faktoren* bei der Entwicklung einer schizophrenen Störung beteiligt sein. Es wird heute angenommen, daß strukturelle, funktionale, erworbene und erbliche Faktoren bei der Entwicklung des schizophrenen Krankheitsgeschehens interagieren.

psychodynamische Modelle

Im Gegensatz dazu sehen psychoanalytisch-psychodynamische Modelle in *lebensgeschichtlichen Ereignissen* bedeutende Faktoren der Krankheitsentwicklung einer schizophrenen Störung. Theoretischer Ausgangspunkt ist die Psychoanalyse Freuds, der neben der Beschreibung der Dynamik des Unbewußten unter anderem auch die fundamentale Rolle der Angst für die psychologische Entwicklung des Menschen und für das Verständnis psychischer Störungen beschrieb. Sigmund Freud selbst hielt die Schizophrenien mit seiner Methodik für nicht behandelbar, schrieb aber nach der Entwicklung seines Ich-Struktur-Modells: „die Neurose sei der Erfolg eines Konfliktes zwischen dem Ich und seinem Es, die Psychose aber der analoge Ausgang einer solchen Störung in der Beziehung zwischen Ich und Außenwelt" (Freud 1924: 333). Spätere psychodynamische Erklärungen der Schizophrenie gründeten sich nicht mehr primär auf die Freudsche Begrifflichkeit, sondern sprachen von einer Mangelsituation im Bereich des Ichs (Federn 1952; Ammon 1973) oder von einer Auflösung der Grenzen zwischen Selbst-, Körper- und Objektrepräsentanzen (Jacobson 1964). Heute wird verstärkt die Ansicht vertreten, daß die oben beschriebenen Symptome der Schizophrenie nicht als Ausfallerscheinungen betrachtet werden sollten, sondern als Reaktion auf tiefe Ängste und Spannungen, als Kompensation von Schuldgefühlen und Identitätsdiffusionen oder als „Selbstrekonstruktion der Identität nach deren Verlust" (Benedetti 1992).

Einen interessanten Beleg für das *Zusammenspiel psychosozialer und genetischer Faktoren* auf das spätere Erkrankungsrisiko liefert eine Studie der dänischen Arbeitsgruppe Schulsinger/Mednick. Sie fanden heraus, daß diejenigen genetisch belasteten Kinder, die später tatsächlich schizophren erkrankten, während der ersten zehn Lebensjahre dreimal soviel Zeit in Heimen verbrachten wie psychisch gesund gebliebene (Schulsinger u.a. 1992). Demnach könnte frühe und lange Trennung von primären Bezugspersonen ein Risikofaktor für das spätere Auftreten schizophrener Erkrankungen sein. Die früher aus der Sicht des psychoanalytisch-psychodynamischen Modells postulierte Phasenspezifität schizophrener Störungen wird jedoch zunehmend relativiert. Einflüsse auf die schizophrene Verletzlichkeit seien nicht auf die frühe Mutter-Kind-Beziehung zu reduzieren, vielmehr sei von einem Einflußkontinuum durch die Primärgruppe und spätere Gruppen auszugehen (Alanen 1994). Neurophysiologische Untersuchungen stützen die Annahme psychodynamischer Modelle und betonen, daß das intensive Gefühl existenzieller Angst ein wesentlicher Faktor bei der Entwicklung der Schizophrenie sein kann (Machleidt u. a. 1989).

lerntheoretische Modelle

Lerntheoretisch-kognitive Modelle verstehen die schizophrene Erkrankung als *Folge kognitiver Störungen.* Konzeptionell läßt sich diese Sichtweise z. B. im Konzept der „Störung der Informationsverarbeitung" (Brenner 1986) und im Basisstörungskonzept (Süllwold/Huber 1986) fassen. Hans Dieter Brenner unterscheidet dabei zwischen sensorischen Störungen einerseits, z. B. der Beeinträchtigung der Reizerkennung und -speicherung und der erhöhten Ablenkbarkeit bei der Informationsaufnahme, und konzeptionellen Störungen andererseits, z. B. der beeinträchtigten Abstraktionsleistung, dem sogenannten konkretistischen Denken. Das Basisstörungskonzept nach Lilo Süllwold und Gerd Huber beschreibt das Phänomen der Reizüberflutung als eine Veränderung im Erleben schizophren Erkrankter. Sie sehen ihren Begriff der Basisstörung nahe dem Begriff der Vulnerabilität von Joseph Zubin und zu Ergebnissen neurophysiologischer Untersuchungen.

soziale Modelle

Die „Hypothese der sozialen Verursachung" behauptet, daß niedrigere Sozialklassen durch *ökonomischen und sozialen Druck* leichter erkranken (Kohn 1973). Diese Hypothese wird gestützt durch die positive Bedeutung von sozialen Netzwerken und sozialer Unterstützung in Bezug auf Erkrankungswahrscheinlichkeit, Schweregrad und Verlauf der Schizophrenie (Laireiter 1993). Auch die Ergebnisse der „International Pilot Study of Schizophrenia" (World Health Organization 1975) unterstützt die Annahme sozialer Mitverursachung: Je weniger komplex die jeweilige Gesellschaft und damit umsoweniger belastend die unmittelbare soziale Umwelt für den einzelnen Menschen ist, desto günstiger verläuft die schizophrene Störung. Die „Verschiebungshypothese" sieht den höheren Anteil schizophren Erkrankter in den niedrigen Sozialklassen als Folge der Erkrankung an.

Integrierte Erklärungsmodelle

Diese bisher – quasi künstlich – getrennten einzelnen Wirkfaktoren im Krankheitsgeschehen der schizophrenen Störungen lassen sich heute auf dem Hintergrund eines ganzheitlichen Menschenbildes zu integrierten Verständnismodellen zusammenfassen, z. B. im *Verletzlichkeits-Streß-Bewältigungs-Modell:* Nach heutigem Wissensstand kann für die Entwicklung der schizophrenen Störungen kein einzelner der zuvor genannten Faktoren und wahrscheinlich auch keine begrenzte Zahl eindeutig ursächlicher Faktoren nachgewiesen werden. Ausgehend von Joseph Zubins Vulnerabilitätshypothese geht Luc Ciompi bei seinem Drei-Phasen-Modell vom Prinzip der gemeinsamen Endstrecke aus, das in der allgemeinen Systemtheorie eine wichtige Rolle spielt. Dieses Prinzip besagt, daß ein und derselbe Endzustand – z. B. die Schizophreniegefährdung – grundsätzlich auf vielfältigen Ausgangsbedingungen beruhen kann. Bezogen auf die Schizophrenie bedeutet dies: Biologisch genetische Faktoren einerseits und psychosoziale Faktoren andererseits führen beim je einzelnen Individuum zu unterschiedlichen Dispositionen, bei manchem auch zu einer erhöhten Vulnerabilität. Ist die betreffende Person einem besonderen Streß (im Sinne einer tiefgehenden innerseelischen oder lebensgeschichtlichen Belastung) ausgesetzt und dabei nicht in der Lage, die nötigen Bewältigungs- oder Abwehrmechanismen gegen die Überbelastung aufzubringen, so kann es zur schizophrenen Erkrankung kommen. Nach diesem „Vulnerabilitäts"modell entwickelt sich eine Verletzlichkeit bzw. Schizophreniegefährdung durch eine in jedem Einzelfall unterschiedliche Kombination der zuvor genannten biologischen und psychosozialen Faktoren, die untereinander wiederum in komplexer Weise interagieren (Zubin 1977; Ciompi 1986).

### 2.2.2. Zur Behandlung und Rehabilitation schizophrener Störungen

Somatotherapeutische Verfahren

Während der akuten Erkrankung stehen somatotherapeutische Verfahren (siehe dazu die Ausführungen in Abschnitt 3.1., S. 98 ff.) im Mittelpunkt, heute meist in Form einer *Psychopharmakabehandlung mit Neuroleptika.* Die produktiven Symptome werden recht schnell zurückgedrängt, Angst und Erregung gemildert. Dadurch wird der Einsatz *sozio- und psychotherapeutischer* Verfahren nun besser möglich. Für die Gruppe der schizophren Erkrankten, die mit anhaltenden Krankheitszeichen und Behinderungen leben müssen, ist heute eine *ambulante Behandlung und Rehabilitation* anzustreben, die die Aspekte der psychiatrisch-psychotherapeutischen Behandlung unter Einbeziehung der Angehörigen berücksichtigt. Neben der rückfallverhindernden Gabe von Neuroleptika ist das Training sozialer Fähigkeiten (Liberman 1994) oder die psychoedukative Gruppenarbeit (Wienberg 1997) zu nennen. Besonders sind bei der ambulanten Behandlung und Rehabilitation die lebensfeldbezogenen Funktionsbereiche beschütztes Wohnen, Arbeit und Beschäftigung sowie Hilfen bei der sozialen Integration und Freizeitgestaltung mit einzubeziehen. Legt man zum Verständnis bei diesem Vorgehen das Verletzlichkeits-Streß-Bewältigungs-Modell zugrunde, so sollen mit einem integrierten Behandlungs- und Rehabilitationsansatz

(a) akute und chronische krankheitsauslösende Faktoren, die in dieser Modellvorstellung als Stressoren bezeichnet werden, ausgeschaltet oder abgebaut,
(b) Bewältigungsmöglichkeiten gestärkt oder erarbeitet und
(c) soziale Netzwerke des Betroffenen geknüpft und je nach Bedarf an sozialer Unterstützung organisiert werden.

## 2.3. Affektive Störungen

Jeder Mensch erlebt Gefühle der Traurigkeit und des Hochgefühls, der Enttäuschung und des Zufriedenseins usw. als Begleiterscheinung seines Lebens. Zu den Symptomen der affektiven Störungen gehören genau diese Gefühle, nur daß sie in Ausprägung und Dauer erheblich von gewöhnlichen Erlebnisweisen abweichen. Für den Zweck dieses Buches werden aus der *Gruppe der affektiven Störungen* der aktuellen Klassifikation psychischer Störungen (ICD-10) nur diejenigen *Krankheitsbilder* vorgestellt, die man traditionellerweise als endogene Depression, als Manie oder als manisch-depressive Erkrankung bzw. als *affektive Psychose* bezeichnet.

Symptome und Erscheinungsformen

Affektive Psychosen sind gekennzeichnet durch stark veränderte Gefühls- und Antriebslagen, die sich in zwei entgegengesetzte Richtungen äußern können, im Volksmund als „Himmelhochjauchzend – zu Tode betrübt" bekannt. Das Lebenszeitrisiko, an einer affektiven Psychose zu erkranken, liegt durchschnittlich bei etwa 1 %. Das Ersterkankungsalter liegt höher als bei der Schizophrenie, meist im dritten oder vierten Lebensjahrzehnt. Wahnhafte Depressionen treten gehäuft im fünften bis sechsten Lebensjahrzehnt auf.

(1) *Endogene Depressionen:* Die *Stimmung* des Betroffenen ist schwermütig, unglücklich, niedergeschlagen, ängstlich, mürrisch; er fühlt sich dadurch die meiste Zeit des Tages gequält. Äußere Umstän-

de führen nicht zur Verbessung seiner Lage. Allenfalls kommt es typischerweise zu einer Stimmungsverbesserung am Abend, gefolgt von einem „Morgentief“ nach einer nicht erholsamen Nacht, in der der Betroffene durch stundenlanges Gedankenkreisen und Grübeln keine Ruhe fand. Er hat ein Gefühl der inneren Leere, der Gefühllosigkeit, der gänzlichen Empfindungslosigkeit. Negative Einstellungen zu sich selbst (Verlust des Selbstwertgefühles) und zur Welt überhaupt prägen sein Befinden bis hin zu Suizidgedanken und -plänen. Er wirkt auf Außenstehende gefühlsmäßig eingeengt und erstarrt. Sein *Denken* ist verlangsamt, gehemmt und ideenarm und nicht nur formal verändert, sondern auch inhaltlich: Lebensgeschichtliche Ereignisse und Gegebenheiten werden schuldhaft bis hin zum Wahnerleben verarbeitet. Krankheits-, Verarmungs- und Schuldwahn sind häufig. Der Betroffene wirkt von seinen Bewegungen und seinem Gesichtsausdruck her gehemmt, gequält, jede Bewegung erlebt er als anstrengend. Gleichzeitig leidet er bisweilen unter einer inneren Unruhe, kann sich umhergetrieben fühlen mit einem Beschäftigungsdrang ohne eigentliches Ziel („agitiert“). *Körperlicherseits* klagt er über Energiemangel, fehlende Frische und Appetitlosigkeit, Gewichtsverlust und Verstopfung. Magendarm-Beschwerden, Herzrasen, Engegefühl im Hals und Brustkorb ohne objektivierbare Untersuchungsbefunde gehören zu den Befindlichkeiten des depressiv Erkrankten. Interessensverlust an den alltäglichen Dingen des Lebens, aber auch an den Verpflichtungen in Beruf und Familie treten hinzu.

(2) *Manien:* Die *Stimmung* des Betroffenen ist gehoben und kann zwischen sorglos heiter (Hypomanie), mitreißend fröhlich und fast unkontrolliert erregt schwanken. Die gehobene Stimmungslage ist verbunden mit einem vermehrten *Antrieb,* was zu Überaktivität, nicht zu unterbrechendem Rededrang und vermindertem Schlafbedürfnis führt. Übliche gesellschaftliche Konventionen gehen verloren, zielgerichtete Steigerungen sozialer und beruflicher Aktivitäten führen zu erheblichen negativen Folgen finanzieller und sozialer Art. Zu einem Gegenüber kann eine durchgehende Aufmerksamkeit nicht aufrechterhalten werden, statt dessen kommt es oft zu starker Ablenkbarkeit durch Nebensächlichkeiten und zu erheblichen Konzentrationsschwächen. Das Selbstwertgefühl ist überhöht bis hin zu Größenideen, die wahnhafte Ausmaße annehmen können. Bei manchen Betroffenen ist die Stimmungslage eher gereizt und mißtrauisch als gehoben und kann sich bis hin zu einem Verfolgungswahn entwickeln.

Verlaufsformen Affektive Psychosen verlaufen in *Phasen:* Etwa 60 % aller affektiven Psychosen treten als ausschließlich depressive oder wiederholt (rezidivierend) depressive Phasen auf und werden daher „monopolare Depressionen“ genannt. Bei etwa 35 % aller affektiven Psychosen sind abwechselnd depressive und manische Phasen festzustellen („bipolar affektive Psychosen“), in der Regel mit einem dazwischenliegenden gesunden Intervall. Depressive Phasen sind am häufigsten, nur selten wechseln depressive und manische Phasen gleichmäßig. Nur bei etwa 5 % aller affektiven Psychosen kommt es zum ausschließlichen Auftreten manischer Phasen („monopolare Manien“). Nach Abklingen der depressiven oder manischen Phase kommt es – entgegen der traditionellen Annahme – nicht immer zur Wiederherstellung der ursprünglichen Persönlichkeit. Etwa bei 20 % bis 40 % der Erkrankten zeigen sich chronisch verbleibende Krankheitszeichen mit der Folge sozialer Behinderung (Angst 1986). Treten neben den Krankheitszeichen der affektiven Psychose solche der schizophrenen Psychose auf, spricht man von einer „schizoaffektiven Störung“.

### 2.3.1. Zu den Entstehungsbedingungen affektiver Psychosen

genetische Erklärungsmodelle Untersuchungen zu genetischen Faktoren durch Familien-, Zwillings- und Adoptionsstudien ergeben folgendes Bild: Bei einem erkrankten Elternteil liegt die Erkrankungswahrscheinlichkeit für deren Kinder bei etwa 10 % bis 20 %. Ist ein eineiiger Zwilling erkrankt, beträgt die Erkrankungswahrscheinlichkeit (Konkordanz) für den zweiten bis zu 70 %, bei zweieiigen Zwillingen nur etwa 20 % (Zerbin-Rüdin 1992). Bei den bipolaren affektiven Psychosen ist die genetische Disposition stärker ausgeprägt als bei den monopolaren.

Auch bei den affektiven Störungen spielen heute *Botenstoffe* (Neurotransmitter) als Erklärungsmodell für die Krankheitsentstehung sowie auch für die Wirksamkeit *antidepressiver Medikamente* eine Rolle. Die „Noradrenalin-Hypothese“ und die „Serotonin-Hypothese“gehen davon aus, daß in den für das Gefühlsleben bedeutenden Hirnbereichen (limbisches System) die genannten Neurotransmitter an den dortigen Nervenendigungen (Synapsen) eine verminderte Aktivität zeigen und somit zur Erkrankung beitragen.

psychodynamische Modelle Psychoanalytisch-psychodynamische Modelle sehen die Krankheitszeichen der affektiven Psychosen, und dabei vor allem der endogenen

Depression, wie auch die Gefühle der Gefühllosigkeit und der inneren Leere, die *Unfähigkeit zu empfinden* und damit von menschlichen Erlebensmöglichkeiten abgeschnitten zu sein, als Ausdruck innerer Verluste an, die Sigmund Freud (1917) in seiner klassischen Arbeit über „Trauer und Melancholie" mit *„Ich-Verarmung"* umschrieb. Heute spricht man eher von einem *narzistischen oder strukturellen Defizit* und weiß, daß in der Lebensgeschichte depressiv Erkrankter zu einem hohen Anteil reale Verluste oder Mangelsituationen in der frühen Kindheit dafür bedeutsam sind (Bowlby 1973; Mentzos 1991).

lerntheoretische Modelle

Lerntheoretisch-kognitive Modelle gehen bei der Entstehung der affektiven Psychosen von der Hypothese der „erlernten Hilflosigkeit" aus oder sehen sie über die kognitiven Prozesse der Situations- und Selbstbewertung und durch den Ausfall bestimmter Bewältigungsstrategien wirksam werden (Beck 1967).

Soziale Modelle

Soziale Faktoren im Krankheitsgeschehen affektiver Psychosen, wie z. B. durch die *life-event-Forschung* untersucht, zeigen, daß das Herausgehen aus einem sozialen Feld, möglicherweise veranlaßt durch einen Todesfall, einen Arbeitsplatzverlust oder eine Trennung bzw. Scheidung, häufig mit dem Auftreten einer Depression oder Manie verbunden ist (Paykel 1992). Es wird davon ausgegangen, daß diese Ereignisse nur auf dem Hintergrund einer bestimmten Persönlichkeitsstruktur wirksam werden, wobei psychodynamische Modelle die Bedeutung der Folgen von Trennungs- und Verlusterlebnissen in der frühen Kindheit und lerntheoretische Modelle dabei den aktuellen Ausfall von Bewältigungsstrategien in den Vordergrund stellen.

### 2.3.2. Zur Behandlung und Rehabilitation affektiver Psychosen

Basis der Akutbehandlung einer endogenen Depression ist die Gabe von *Antidepressiva,* wobei sich die Auswahl des Antidepressivums nach der klinischen Ausprägungsform der endogenen Depression (Syndrom) richtet. Die zusätzliche Anwendung einer Schlafentzugsbehandlung wird als hilfreich erachtet. Nach Abklingen der akuten Phase gewinnen *psycho- und soziotherapeutische Verfahren* an Bedeutung. Bei der Akutbehandlung der Manie steht eindeutig die Gabe von Medikamenten im Vordergrund, wobei hier den Neuroleptika und den Phasenprophylaktika (siehe dazu die Ausführungen in Abschnitt 3.1.1., S. 99 ff.) die größte Bedeutung zukommt.

In der Langzeitbehandlung der affektiven Psychosen werden verstärkt psycho- und soziotherapeutische Verfahren eingesetzt; sie sind mehr als nur eine Begleitung der notwendigen rückfallverhindernden Medikation (z. B. mit Lithium, Carbamazepin oder niedrig dosierten Antidepressiva).

## 2.4. Organisch bedingte psychische Störungen

Symptome und Erscheinungsformen

Von organisch bedingten psychischen Störungen (organische Psychosen) sprechen wir, wenn das *Fühlen, Wollen, Denken und Verhalten eines Menschen* durch eine Erkrankung des Gehirns gestört bzw. verändert ist. Die Hauptsymptome der organisch bedingten psychischen Störungen liegen im kognitiven Bereich: Beeinträchtigungen des Gedächtnisses, der Orientierung, des Verständnisses, des Urteilsvermögens und des Lernens. Hinzu kommen Störungen der Gefühle und der Wahrnehmung (z. B. Angstzustände, Wahnerleben, Depression) sowie Antriebsstörungen (z. B. ausgeprägte Verlangsamung). Wichtig ist die Unterscheidung in akute und chronische Erkrankungen.

### 2.4.1. Ursachen und Entwicklung organisch bedingter psychischer Störungen

Ursachen dafür können sein: Verletzungen, Tumore oder Schädel-Hirn-Traumata; entzündliche Erkrankungen (Encephalitis, z. B. bei HIV-Infektion oder Syphilis); körperliche Erkrankungen mit Folgewirkungen für das Gehirn (Herz-Kreislauf Erkrankungen; Leber- und Niereninsuffizienz u. ä.); Vergiftungen durch Schwermetalle (z. B. Quecksilber, Blei) oder durch chemische Substanzen; degenerative Hirnkrankheiten und Gefäßerkrankungen. Diese genannten Ursachen führen allerdings nicht zu jeweils unterschiedlichen Krankheitsbildern, d.h. die psychische Symptomatik ist oft unspezifisch: es läßt sich zwar erkennen, daß eine organische Krankheit die Ursache ist, nicht jedoch, um welche es sich im einzelnen handelt. Zu mehr als 50 % sind alte Menschen von organisch bedingten psychischen Störungen betroffen, daher ist mit einer weiteren Zunahme dieses Krankheitsbildes zu rechnen; bedeutsam sind auch die sozialen Beeinträchtigungen, die häufig mit der psychischen Veränderung einhergehen.

(1) *Akute organisch bedingte psychische Erkrankungen:* Plötzliche, akut einsetzende *Erkrankungen mit Folgewirkungen* für das Gehirn, wie z. B. bei einer entgleisten Zuckererkrankung oder einer Hirnschädigung (z. B. einer Schädel-Hirn-Verletzung in Folge eines Autounfalls), führen zur Bewußtseinseintrübung bis hin zur Bewußtlosigkeit; sie sind meist vorübergehend und von wechselnder Intensität (Durchgangssyndrom) und zeigen unterschiedliche Symptome wie Wahrnehmungsstörungen und Desorientiertheit, psychomotorische Störungen und eventuell auch Halluzinationen. Die ICD-10 spricht bei diesen akuten organisch bedingten psychischen Störungen auch von einem „Delir".

(2) *Chronische organisch bedingte psychische Störungen:* Anhaltende, chronische *Schädigungen des Gehirns oder sekundäre Einwirkungen* durch körperliche Erkrankungen können zur Abnahme des Denkvermögens und des Gedächtnisses führen, so daß die Bewältigung des täglichen Lebens eingeschränkt ist. Früher Gelerntes und Vertrautes geht verloren, ebenso die Fähigkeit zur logischen Urteilsbildung. Gedankengänge sind verlangsamt, der Wechsel der Aufmerksamkeit von einem Thema zu einem anderen ist erschwert. Diese Erkrankungen werden als „chronische organisch bedingte psychische Störungen" oder auch – wie in der ICD-10 als „Demenz" bezeichnet; zu ihnen gehören unter anderem folgende klinische Krankeitsbilder: die *Alzheimersche Erkrankung*, die Demenz bei Hirngefäßerkrankungen, die Demenz bei der *Parkinsonschen Erkrankung* und die Demenz durch das „Humane Immundefizienz Virus" (HIV). Von diesen chronischen organisch bedingten psychischen Störungen ist die Alzheimersche Erkrankung mit ca. 70 % die häufigste.

Frau Martha Gollmann (1): Verdacht auf Alzheimer?

Seit zwei Jahren ist Mrs. Andrew, die Tochter von Frau Gollmann (57 Jahre), erstmals wieder bei ihrer Mutter zu Besuch in Deutschland. Schon bei ihrem letzten Aufenthalt fand sie ihre Mutter stiller und offenbar vergeßlicher. In den letzten Monaten häuften sich irritierende Anrufe in England, die Mrs. Andrews schließlich zur Reise veranlaßten. Erschrocken stellt sie fest, daß in der Wohnung der Mutter deren Sauberkeit und Ordnungsliebe völlig abhanden gekommen ist. Überall stehen verschmutzte Töpfe und Teller mit Essensresten herum, die Kaffeemaschine sieht regelrecht verbrannt

(Fortsetzung S. 80)

aus. Frau Gollmann wirkt verstört, schleppt Gegenstände hin und her, einige scheint sie versteckt zu haben. Ihr Gedächtnis ist schlechter geworden, an die Namen ihrer Enkel kann sie sich nicht erinnern, zeitweise erkennt sie ihre eigene Tochter nicht mehr oder fühlt sich gar von ihr bedroht. Der gerufene Hausarzt äußert Mrs. Andrew gegenüber den Verdacht auf eine Alzheimersche Erkrankung.

### 2.4.2. Zur Behandlung und Rehabilitation organisch bedingter psychischer Störungen

Bei den akuten organisch bedingten psychischen Störungen und den Funktionsstörungen des Gehirns aufgrund einer körperlichen Erkrankung steht die *medizinische Behandlung* zunächst im Vordergrund. Droht oder verbleibt eine Behinderung, schließt sich an die Akutbehandlung eine *medizinische* und gegebenenfalls eine *berufliche und soziale Rehabilitation* an.

Bei den chronischen organisch bedingten psychischen Störungen erfolgt – soweit eine ursächliche medizinische Behandlung nicht möglich ist – *internistisch und psychiatrisch* eine symptomatische Behandlung unter anderem mit Medikamenten, die den Hirnstoffwechsel verbessern (Nootropika). Ebenso wichtig sind *soziotherapeutische Verfahren,* die darauf abzielen, ein Wohlbefinden des Betroffenen innerhalb der durch die Krankheit gesetzten Grenzen zu erreichen. Die Gestaltung der Lebenswelt des Erkrankten nach seiner Bedürfnislage, Hilfestellungen zu seiner Orientierung, Konstanz im Tagesablauf und Kontinuität in der Betreuung, vielleicht auch kognitive Trainingsprogramme, die sich gezielt mit den Lebenserinnerungen beschäftigen, sind hier wesentliche Hilfen. Ausgesprochen wichtig ist auch die Mitbetreuung der Angehörigen, die im Alltag und emotional in erheblichem Umfang in Anspruch genommen werden. Der Erfahrungsaustausch in einer Angehörigengruppe, die gegenseitige Unterstützung, Ermutigung und Besprechung von emotionalen und sozialen Problemen kann den Pflegenden selbst und damit auch dem Erkrankten von erheblichem Nutzen sein (siehe auch die Ausführungen in Abschnitt 5.2., S. 192 ff.).

## 2.5. Abhängigkeitserkrankungen

Abhängigkeitserkrankung als Teil der Psychiatrie

Es mag auf den ersten Blick überraschen, daß wir an dieser Stelle auch über Abhängigkeitserkrankungen (ICD-10: „Psychische Störungen durch psychotrope Substanzen") berichten. Selbstverständlich gibt es ein Feld der Sozialen Arbeit, das sich ganz eigenständig diesen Klienten widmet (siehe dazu insbesondere Loviscach 1996). Allerdings nimmt die Betreuung Abhängigkeitserkrankter auch in der stationären und ambulanten Psychiatrie einen großen Raum ein. Etwa 30 bis 50 % der jährlichen Aufnahmen in psychiatrische Kliniken werden durch Abhängige veranlaßt: Besonders *Abhängige mit vielfach wiederholten Entzügen und Abhängige mit erheblichen psychosozialen und körperlichen Beeinträchtigungen* stellen die eine Hälfte der Menschen hinter diesen Aufnahmezahlen dar. Die zweite Hälfte wird von den Menschen gebildet, die neben ihrer Abhängigkeit unter einer weiteren *psychischen Störung* leiden *(Komorbidität),* wie z. B. unter einer Schizophrenie, einer affektiven Psychose oder einer schwerwiegenden Persönlichkeitsstörung (Wiesbeck u.a. 1994). Bei diesen Erkrankten nimmt die Substanz Alkohol die erste Stelle ein: Nach Angaben der Deutschen Hauptstelle gegen die Suchtgefahren (DHS) ist gegenwärtig von 2,5 Mio behandlungsbedürftigen Alkoholabhängigen in Deutschland auszugehen. Ca. 30.000 bis 40.000 Menschen sterben in der Bundesrepublik jährlich an den Folgen ihres Alkoholkonsums. Bei der Medikamentenabhängigkeit wird die Zahl der Betroffenen auf etwa 800.000 bis 1.200.000 geschätzt, im Bereich der Drogenabhängigkeit wird von mehr als 100.000 Heroin- und Kokainabhängigen in der Bundesrepublik ausgegangen (Hüllinghorst 1994), von denen jährlich ca. 1.500 an ihrer Erkrankung sterben.

Begriff „Abhängigkeit"

Der Begriff „Abhängigkeit" wurde 1964 – durch die Weltgesundheitsorganisation (WHO) – in den psychiatrischen Sprachgebrauch eingeführt und hat das Wort „Sucht" im Zusammenhang mit dem Konsum „psychotroper Substanzen" (Alkohol, Medikamente, Drogen) abgelöst. Von einer *Abhängigkeitserkrankung* sprechen wir – unabhängig von der Art der benutzten psychotropen Substanz – dann, wenn drei der folgende Merkmale im letzten Jahr vorhanden waren:

(a) ein starker Wunsch oder ein Zwang, Substanzen oder Alkohol zu konsumieren,

(b) verminderte Kontrollfähigkeit bezüglich des Beginns, der Beendigung und der Menge des Substanz- oder Alkoholkonsums (Kontrollverlust),
(c) Substanzgebrauch mit dem Ziel (und der entsprechenden positiven Erfahrung), Entzugssymptome zu mildern,
(d) körperliche Entzugssymptome,
(e) Nachweis einer Toleranzentwicklung, d. h. Erhöhung der Dosen, um die ursprünglich durch niedrigere Dosen erreichte Wirkung der Substanz hervorzurufen,
(f) ein eingeengtes Verhaltensmuster im Umgang mit Alkohol oder der Substanz (die z. B. die Regeln eines gesellschaftlich üblichen Trinkverhaltens außer acht zu lassen),
(g) fortschreitende Vernachlässigung anderer Vergnügen oder Interessen zugunsten des Substanzkonsums,
(h) anhaltender Substanz- oder Alkoholkonsum trotz Nachweis eindeutiger schädlicher Folgen körperlicher, sozialer oder psychischer Art (Dillinger u. a. 1991).

### 2.5.1. Erscheinungsformen von Abhängigkeitserkrankungen

Formen und Verlauf der Alkoholabhängigkeit

(1) *Alkoholabhängigkeit:* Die Beschreibung der Erscheinungsbilder (Gamma-, Delta- und Epsilon-Alkoholiker) und der Phasen der Alkoholabhängigkeit erfolgt traditionell nach Elvin M. Jellinek (1952, 1960). Der von Jellinek beschriebene *Typus des „Gamma-Alkoholikers“* (und seiner Mischformen) stellt in Deutschland die weitaus überwiegende Form dar. Sie verläuft in *vier Phasen* mit charakteristischen Krankheitszeichen (modifiziert nach Schmidt 1993):

(a) In der „voralkoholischen Phase“ wird der Alkoholkonsum lediglich als Erleichterung erlebt; im Verlaufe entwickelt sich eine Abnahme der Belastungsfähigkeit und eine Reduzierung der Frustrationstoleranz, so daß der Alkohol immer häufiger als Kompensationsmittel eingesetzt und eine immer größere Menge benötigt wird, um die gewohnte Wirkung zu erzielen. Da Trunkenheit für diese Phase nicht charakteristisch ist, wird den Betroffenen und ihrer Umgebung die Gefährdung zu diesem Zeitpunkt meist nicht bewußt.
(b) Kennzeichnend für den fließenden Übergang in die „Prodromalphase“ (Vorphase einer Erkrankung) sind die nun schon bei recht geringen Alkoholmengen auftretenden Erinnerungslücken, die soge-

nannten „Filmrisse". Der Betroffene beginnt, allein und häufig auch heimlich zu trinken und dafür zu sorgen, daß Alkohol immer verfügbar ist. Um schneller die gewünschte Wirkung zu erzielen, wird das erste Glas „gekippt". Der Kontrollverlust tritt jedoch nicht ein, der Betroffene gilt in Gesellschaften oft als kontaktfreudiger Mensch „mit großem Stehvermögen", die Tatsache einer beginnenden Erkrankung wird noch verdrängt oder verleugnet.
(c) Ist der Kontrollverlust eingetreten, hat die „kritische Phase" begonnen. Schon kleinste Mengen Alkohol führen dazu, daß der Betroffene die Fähigkeit verliert, seinen Alkoholkonsum willentlich und aus eigener Kraft zu beenden. Die Folge sind jetzt Trinkexzesse und daraus resultierende soziale Konflikte. Die Umgebung nimmt den Betroffenen nun zunehmend als „Trinker" wahr, geht auf Distanz oder wendet sich ab. Das Bemühen um kontrolliertes Trinken in dieser Phase führt zu wiederholten Niederlagen, was das Selbstwertgefühl herabsetzt und den sozialen Abstieg forciert. Körperlich kommt es nach kürzeren Trinkpausen bereits zu Entzugszeichen wie Händezittern, Schweißausbrüchen, innerer Unruhe und Verstimmungen.
(d) Mit dem Beginn des morgentlichen Trinkens zur Vermeidung dieser Entzugszeichen ist der Beginn der „chronischen Phase" markiert. Tagelange Räusche sind von weiteren körperlichen, psychischen und sozialen Abbauprozessen begleitet, nach freiwilligen oder unfreiwilligen Trinkpausen kommt es zu Entzugssyndromen mit und ohne Delir, zu Krampfanfällen oder zu psychotischen Störungen. Aufgrund des körperlichen Zerfalls nimmt die Alkoholtoleranz ab, so daß schon relativ geringe Mengen schwere Räusche nach sich ziehen, ohne daß mit diesen Trinkmengen die Entzugszeichen zu unterdrücken wären. Sind keine alkoholischen Getränke mehr greifbar, müssen andere alkoholhaltige technische Produkte (Spiritus, Haarwasser u. ä.) aushelfen.

Ein weiterer *Typus* wird mit dem Begriff *„Delta-Alkoholiker"* bezeichnet. Er beginnt seine Karriere im Rahmen der gesellschaftlichen Trinksitten, ohne eigentlich positive und angenehme Wirkungen zu erleben. Es kommt jedoch rasch zur Entwicklung von Toleranz und Entzugszeichen, so daß der Betroffene Trinkpausen vermeidet, um den Blutalkoholspiegel stets auf einem wirksamen Niveau zu halten. Dabei tritt ein Kontrollverlust in der Regel nicht ein. Er wird daher auch „Spiegeltrinker" genannt.

körperliche Folgen der Alkoholabhängigkeit

Als schwerstes aller Entzugszeichen gilt das „Delir“, das bei ca. 15 % aller Alkoholabhängigen – häufig nach plötzlichem Alkoholentzug – auftritt. Die Symptome dafür sind, neben dem bereits erwähnten Händezittern (Tremor) und den Krampfanfällen, das Auftreten von optischen Halluzinationen („weiße Mäuse“, Ameisen, Elefanten) und die Suggestibilität („Lesen vom leeren Blatt“). Unbehandelt verläuft ein alkoholbedingtes Delir in 15 bis 30 % der Fälle tödlich, auch bei intensivmedizinischer Behandlung ist ein tödlicher Verlauf nicht auszuschließen.

Lothar Fischer (1): Das Delir

Eigentlich ist es um ihren Mann in den letzten Monaten immer ruhiger geworden, seitdem er seine Arbeit verloren hat. Es gibt auch immer weniger Auseinandersetzungen wegen des Trinkens, seitdem Frau Fischer aus dem gemeinsamen Schlafzimmer ausgezogen ist und auch schon einige Male eine Angehörigengruppe (Al-Anon) besucht hat. Dort erzählt sie eines Tages, was sich in der vergangenen Nacht zu Hause abgespielt hat: „Ich wurde plötzlich von einem gräßlichen Geschrei geweckt und sah meinen Mann mitten im Wohnzimmer stehen und verzweifelt um sich herumschlagen. Er brüllte, daß Ratten überall an ihm hochliefen und ihn bissen! Ich hab’ aber keine einzige Ratte gesehen! Er lief wie besessen in der ganzen Wohnung auf und ab und flehte mich an: ‚Nimm sie doch weg; sie beißen mir ja den Hals ab!‘ Sein Blick war schrecklich! Und dann rollte er sich auf den Fußboden und schlug mit Händen und Füßen um sich und schrie immerzu von Teufeln, die ihn holen wollten. Auf einmal richtete er sich auf, hielt seinen Kopf an die Wohnungstür, lauschte und sagte ganz vorsichtig: ‚Horch, jetzt kommen die Toten, die suchen mich! Ich will aber nicht mit, ich will nicht mit!‘ Ich konnte ihn in keiner Weise beruhigen, er erkannte mich nicht einmal mehr. In meiner Not rief ich die Feuerwehr, die den Notarztwagen schickte. Als dieser endlich kam, lag mein Mann schweißgebadet in der Wohnzimmerecke und schien kurz zur Ruhe gekommen zu sein.“

Eine weitere schwere Ausprägungsform alkoholbedingter Folgeerkrankungen ist das „Korsakow-Syndrom“: gekennzeichnet ist es durch Apathie, Initiativverlust, Störungen des Gedächtnisses und der

Orientierung. Treten Augenmuskel- und Gangbildstörungen hinzu, spricht man von einem „Wernicke-Syndrom". Eine erhöhte Sterblichkeit in Folge der Alkoholabhängigkeit kann aus den Folgen eines Delirs, eines Unfalls oder Schlaganfalls resultieren, ferner durch die Entwicklung einer Leberzirrhose, einer Bauchspeicheldrüsen-Entzündung oder einer Krebserkrankung im Bereich der oberen Verdauungswege, ebenso aus Suizidhandlungen, die bei Alkoholabhängigen häufig sind.

Formen und Verlauf der Medikamentenabhängigkeit

(2) *Medikamentenabhängigkeit:* Zur Medikamentenabhängigkeit können im wesentlichen solche Substanzen führen, die eine psychotrope und suchterzeugende Wirkung auf das Gefühls- und Seelenleben – vermittelt über das Gehirn – haben. Dazu gehören vor allem die Benzodiazepine (meist als Schlaf- und/oder Beruhigungsmittel verordnet), Barbiturate (ebenfalls Schlaf- und Beruhigungsmittel), Opiate (als Schmerzmittel, als codeinhaltige Hustenmittel oder als Ersatzdroge für Opiatabhängige verordnet) und Psychostimulantien (meist als Appetitzügler verordnet). Die meisten der *psychotropen Medikamente* sind – richtig angewandt und eingesetzt – Bestandteil wichtiger und hilfreicher therapeutischer Verfahren in der Medizin. Sie sind in der Regel rezeptpflichtig und können daher nur ärztlich verordnet werden. Allerdings tauchen eine Reihe dieser Medikamente häufig unkontrolliert im Weiterverkauf in der „Drogenszene" auf.

Ein Gebrauch dieser Medikamente muß nicht in jedem Fall in eine Abhängigkeitserkrankung münden, allerdings kommt es bei vielen Patienten schon nach wenigen Wochen des Substanzgebrauchs zunächst zu einer psychischen und dann zu einer körperlichen Abhängigkeit. Die Verordnung z. B. von Barbituraten als Schlafmittel oder von Benzodiazepinen als Beruhigungsmittel bei Angstneurosen oder Panikstörungen muß gut abgewogen werden, denn sie lassen sich nicht problemlos wieder absetzen; meist kommt es dann zu einem noch entschieden stärkeren Auftreten jener Beschwerden (Schlafstörungen, Angst usw.), die zur Erstverordnung dieser Medikamente geführt hatten.

Formen und Verlauf der Drogenabhängigkeit

(3) *Drogenabhängigkeit:* Folgende *psychotrope Substanzen* können zur Drogenabhängigkeit oder anderen psychischen Störungen führen: Opiate (Heroin, Morphine), Cannabinoide (Haschisch, Marihuana), Halluzinogene (LSD), Kokain, andere Stimulantien (Amphetamine und -derivate, „Designer Drogen" wie „Ecstasy" u. ä.), flüchtige Lösungsmittel.

Während alkoholische Getränke frei erworben und psychotrope Medikamente mitunter ohne sorgfältige Abklärung der Abhängigkeitsgefährdung des Patienten verordnet werden können, stehen Drogenkonsumenten durch das Betäubungsmittelgesetz und seine Rechtssprechung im *gesellschaftlichen Abseits der Illegalität und Kriminalität.* Neben den eigentlichen *Wirkungen* der Drogensubstanz kommt es dadurch zu weiteren *somatischen, psychischen und sozialen Folgen,* die zum Teil noch einschneidender als die Drogenwirkungen selbst sein können. Eine weitere Gefährdung (und auch Stigmatisierung) erfahren Drogenabhängige durch die mit der HIV-Infektion einhergehenden Probleme (z. B. im Zusammenhang mit der Kostenübernahme für eine Drogentherapie oder beim Zugang zu den Methadonersatzprogrammen).

Wichtiger – und hoffentlich effektiver – als die Drogengesetzgebung in ihrer Funktion als Mittel sozialer Kontrolle sollte die Aufklärung über die psychosozialen Folgen des Drogengebrauchs sein: Der frühe Einstieg führt häufig zum Abbruch der Schule, der beruflichen Ausbildung, auch der sozialen Kontakte, die sich rasch auf solche zu anderen Abhängigkeitserkrankten reduzieren. Mit zunehmender Abhängigkeit tritt die Bedeutung der positiv erlebten Rauschzustände mehr und mehr in den Hintergrund; an ihre Stelle treten das Bemühen um Vermeidung erster Entzugszeichen (Schmerzen, Schwitzen, Naselaufen, Zittern, Magen-Darm-Beschwerden u. a.) sowie die sozialen, finanziellen und strafrechtlichen Schwierigkeiten des Lebens „auf der Szene“ und nicht zuletzt die Gefahren einer HIV-Infektion. Besonders bei den „harten Drogen“ (Heroin, Kokain) geraten die Konsumenten äußerst schnell in den Strudel der Abhängigkeit, der massiv in ihre (meist noch in der Entwicklung befindliche) Persönlichkeit eingreift, sie oft auch einer Drogentherapie schwer zugänglich macht. Doch auch der Konsum „leichter Drogen“ (Cannabinoide, Amphetamine, Designer Drogen u. ä.) kann neben der eigentlichen Drogenwirkung (akute Intoxikation) schwere psychische Probleme zur Folge haben. Die halluzinogene Potenz der Substanzen kann zu schizophrenieähnlichen, depressiven und manischen Zuständen führen, die sich im positiven Fall spontan zurückbilden, nicht selten jedoch auch einer psychiatrischen Behandlung bedürfen, mitunter sogar tatsächlich in eine Schizophrenie oder eine andere schwere psychische Krankheit münden.

(4) *Komorbidität und Polytoxikomanie:* Von „Komorbidität“ sprechen wir dann, wenn Abhängigkeitserkrankung und psychiatrische

Komorbidität und Polytoxikomanie

Erkrankung nebeneinander bestehen, unabhängig davon, ob jetzt der Drogenkonsum die psychische Störung ausgelöst oder die psychische Störung zum Konsum psychotroper Substanzen (und in deren Folge zur Abhängigkeit) geführt hat. Sehr häufig besteht bei Erkrankten eine Abhängigkeit nicht nur von einer, sondern von mehreren Substanzen (Alkohol, Medikamente, Drogen), die in Verbindung miteinander, gleichzeitig oder jeweils ersatzweise eingenommen werden. Der Gebrauch von mindestens zwei psychotropen Substanzen unterschiedlicher Gruppen wird „Polytoxikomanie" (ICD-10: „multipler Substanzgebrauch") genannt. Von Alkoholabhängigen wissen wir, daß bei Alkoholabstinenz oder zur Verlängerung der Alkoholwirkung Medikamente eingenommen werden; bei Drogenabhängigen ist heute der multiple Substanzgebrauch die Regel: auch hier werden Medikamente zur Steigerung der Drogenwirkung („Beikonsum") oder als Ersatzdroge verwendet.

## 2.5.2. Zu den Entstehungsbedingungen der Abhängigkeit

genetische lerntheoretische, psychodynamische Erklärungsmodelle

Von einer *genetischen Vererbung* wird heute nicht mehr ausgegangen, auch wenn eine genetische Mitwirkung bei der Entwicklung von Abhängigkeitserkrankungen nicht ausgeschlossen werden kann. Immerhin weiß man aus der Adoptionsforschung, daß Söhne eines alkoholabhängigen Elternteils ein achtfach höheres Erkrankungsrisiko tragen als Söhne nichtabhängiger Eltern (für Töchter ist dieser Befund nicht nachweisbar). Und 50 % der Söhne von Alkoholabhängigen zeigen eine schnelle Toleranzentwicklung, d. h. sie müssen bereits von Anfang an erheblich größere Alkoholmengen zu sich nehmen, um die gleiche Wirkung zu erzielen wie andere Jugendliche ohne einen alkoholabhängigen Elternteil (Schuckit 1995).

Im Verständnis der *Lerntheorie* stellt Abhängigkeit ein erlerntes Verhalten dar, das auf inneren und äußeren Faktoren beruht: Zu den äußeren Faktoren gehören gesellschaftliche Einstellungen, Trinksitten, das Modellverhalten von Bezugspersonen u. ä., zu den inneren Faktoren gehört die Erfahrung, daß sich durch psychotrope Substanzen Befindlichkeiten wie Spannung, Angst, Hemmung usw. positiv verändern lassen.

Im Rahmen von psychodynamischen Verständnismodellen kann man bei einer Vielzahl von psychischen Störungen den Gebrauch von psychotropen Substanzen als eine Art „Selbstheilungsversuch" verstehen.

So geht man bei Menschen mit Persönlichkeitsstörungen davon aus, daß sie den Mangel an Zuwendung, Liebe und Aufmerksamkeit in der frühen Phase ihrer Entwicklung mit dem Gebrauch von psychotropen Substanzen zu schließen bzw. für sich emotional erträglich zu machen versuchen. Gleichzeitig erfüllen sie damit unbewußt die Botschaft „existiere nicht", die mit der Ablehnung oder emotionalen Mangelsituation in der Kindheit verbunden war. Die Aussage, jeder „Schluck aus der Flasche" oder jeder „Schuß Heroin" sei ein „Selbstmord auf Raten", wird so nachempfindbar.

### 2.5.3. Zur Behandlung und Rehabilitation von Abhängigkeitserkrankungen

In der Arbeit mit abhängigkeitserkrankten Menschen erlebt man bei diesen mitunter großspurige Verhaltensweisen, Größenphantasien, daneben Mißtrauen, Abgrenzungen und Schuldzuweisungen an andere, es wird jedoch auch eine erhebliche Verletzlichkeit und ein mangelndes Selbstwertgefühl spürbar. Nicht immer sind der Wunsch und die Fähigkeit gegeben, Hilfe annehmen zu können, was jedoch eine *Voraussetzung* für Behandlungs- und Rehabilitationsschritte ist.
Angesichts der großen körperlichen, psychischen und sozialen Folgeschäden der Abhängigkeitserkrankung hat sich heute die *Zielhierarchie* in der Suchtkrankenhilfe dahingehend geändert, daß Abstinenz weder als unbedingtes Ziel noch als Voraussetzung für Hilfen angesehen wird. Vielmehr ist es häufig notwendig, durch verschiedene Maßnahmen zunächst das Überleben zu sichern, bevor an ein möglichst gesundes (Über-)Leben, an die Reduzierung der Substanzmenge, die Verlängerung der substanzfreien Zeit oder gar an eine dauerhafte Abstinenz und Lebensgestaltung und -bewältigung in Zufriedenheit gedacht werden kann (Schwoon u. a. 1990). Als Beispiele dieser neuen Zielbestimmung sind die Methadon-Substitutions- und die „Therapie-Sofort-"Programme sowie die Einrichtung von „Spritzenräumen" zu sehen. Aufsuchende Sozialarbeit für langjährige Abhängige, betreute Wohnformen, Notschlafplätze usw. sind Angebote, die die Betroffenen auch in Notfallzeiten begleiten und eine Beziehungskontinuität aufrecht erhalten. In den Bereich der stationären Psychiatrie fällt vor allem die Entzugsbehandlung (Dauer ca. 2 bis 3 Wochen), in einigen Kliniken auch die Entwöhnungsbehandlung (Dauer ca. 6 Wochen bis 12 Monate). Im besonderen Maße werden in der Psychia-

trie chronisch mehrfach geschädigte Abhängige behandelt (siehe dazu die Ausführungen in Abschnitt 5.3., S. 201 ff.; auch Loviscach 1996).

## 2.6. Persönlichkeitsstörungen

Symptome und Erscheinungsformen

Die *Diagnose* von Persönlichkeitsstörungen ist *nicht leicht zu stellen,* da sie mit Beschreibungen arbeiten muß, die sich wie eine Aufzählung schlechter menschlicher Eigenschaften lesen. Die früheren Begriffe der „Psychopathie" bzw. des „Psychopathen" oder der „Charakterneurose" werden heute nicht mehr benutzt. Menschen mit Persönlichkeitsstörungen machen ca. 5 % der Bevölkerung aus (Tölle 1991). Sie sind nicht leicht zu verstehen und stellen Institutionen und ihre Mitarbeiter immer wieder vor große Probleme. Unter ihnen findet man häufig Menschen, die scheinbar unbegründet einen Kontakt abbrechen oder auf eigenen Wunsch vorzeitig die Klinik verlassen, die von einer Stelle zur nächsten überwiesen werden oder bei denen jegliche Behandlung mißlingt. Sie können innerhalb einer Institution Mitarbeiterteams in verschiedene Parteien spalten, von denen die eine sich emotional sehr für den Betroffenen einsetzt, die andere jede Hoffnung auf einen Behandlungserfolg rasch aufgibt, wobei die Fronten wechseln können, der Betroffene aber im Mittelpunkt bleibt. In der ICD-10 werden Menschen mit Persönlichkeitsstörungen durch folgende *Merkmale* beschrieben: Bei den Betroffenen läßt sich eine erhebliche Unausgeglichenheit in Einstellungen und im Verhalten in mehreren Persönlichkeitsbereichen wie dem der Gefühle, des Antriebs, der Impulskontrolle, in der Wahrnehmung und im Denken sowie in Beziehungen zu anderen feststellen. Diese Verhaltensmuster und Einstellungen sind andauernd und beherrschend, in vielen persönlichen und sozialen Situationen sind sie unangemessen. Sie beginnen in der Kindheit oder Jugend und dauern bis in das Erwachsenenalter an. Von den verschiedenen Erscheinungsbildern der Persönlichkeitsstörungen können im Rahmen dieser Einführung nur die paranoiden und die dissozialen Formen sowie die „Borderline"-Persönlichkeitsstörungen vorgestellt werden.

(1) *Paranoide Persönlichkeitsstörungen:* Paranoide Persönlichkeitsstörungen sind gekennzeichnet durch ein ständiges tiefgreifendes *Mißtrauen anderen Menschen gegenüber,* verbunden mit der starken

Neigung, Erlebtes zu verdrehen und neutrale oder freundliche Handlungen anderer als feindlich oder verächtlich zu mißdeuten. Menschen mit dieser Störung werden durch ihr empfindliches, insbesondere gegenüber Ablehnung und Mißerfolg sehr gekränktes und streitbares Wesen oft als „unangenehme Zeitgenossen" erlebt. Sie neigen bisweilen auch zu pathologischer Eifersucht und haben den Eindruck, daß ihnen ständig Unrecht zugefügt wird. Damit manövrieren sie sich in ungünstige soziale Situationen und erwecken den Eindruck von „Querulanten".

(2) *Dissoziale Persönlichkeitsstörung:* Menschen mit einer dissozialen Persönlichkeitsstörung fallen durch die große *Diskrepanz ihres Verhaltens zu geltenden sozialen Normen* auf. Sie sind charakterisiert durch eine sehr geringe Frustrationstoleranz, eine niedrige Schwelle für aggressives, gewalttätiges Verhalten. Die Gefühle anderer berühren sie nicht, Mitgefühl ist ihnen fremd. Die Fähigkeit zum Lernen aus Erfahrung und zum Erleben von Schuldbewußtsein ist bei ihnen verschüttet, Strafen z. B. berühren sie nicht, Gefühle der Angst und der emotionalen Anspannung sind ihnen kaum zugänglich. Ihre Neigung, andere zu beschuldigen oder vordergründige Rationalisierungen für das eigene Verhalten anzubieten, führt zu anhaltenden Konflikten mit der Gesellschaft. Man begegnet ihnen im Feld der Allgemeinpsychiatrie seltener, in der forensischen Psychiatrie, in den Abteilungen für Abhängige und in Drogentherapieeinrichtungen häufig.

(3) *Borderline-Persönlichkeitsstörungen:* Der Begriff „Borderline-Persönlichkeitsstörung" umschreibt einen Grenzzustand zwischen Neurose und Psychose: Davon betroffene Menschen *spalten in ihrer Wahrnehmung die Welt* in „Gut" und „Böse", besonders in Beziehungen zu anderen Menschen. Auf der einen Seite sind sie intensiv (symbiotisch, Angst vor dem Alleinsein), andererseits sind sie aber instabil. Die Einstellung zu ihrem Gegenüber wechselt schnell zwischen Idealisierung und Abwertung, nahestehende Menschen werden bald wie Erlöser idealisiert, bald wütend verfolgt und fallengelassen. Zugrunde liegt dieser Spaltung die innerseelische Notwendigkeit, Ideale vor ihrer destruktiven Aggression zu schützen. Diese emotionale Instabilität erfaßt die gesamte Persönlichkeit mit ihrem Selbstbild, ihren Lebenszielen und Vorstellungen („Identität"). Dabei tritt jedoch, anders als bei der Psychose, kein grundsätzlicher Realitätsverlust ein. Nicht selten sind stark impulsive Verhaltensweisen; schwere Lebenskrisen führen zu selbstschädigenden und suizidalen Handlungen

(Kernberg 1967; Ammon 1973). Das Krankheitsbild wird in der ICD-10 als „emotional instabile Persönlichkeitsstörung" beschrieben und in einen „impulsiven" und einen „Borderline-Typ" aufgespalten.
Nahezu regelmäßig kommt es im Arbeitsfeld der Psychiatrie zu Überschneidungen der vorgenannten Erscheinungsbilder unterschiedlicher Persönlichkeitsstörungen. Häufig läßt sich bei ihnen auch ein schädlicher Gebrauch oder ein Abhängigkeitssyndrom (Komorbidität) von Alkohol, Medikamenten oder Drogen beschreiben (Oberdieck 1995).

### 2.6.1. Zu den Entstehungsbedingungen der Persönlichkeitsstörungen

Während in der traditionellen Psychiatrie insbesondere „Anlagefaktoren" als wesentlich erachtet wurden (Psychopathie-Konzept), werden von der Psychoananlyse und ihren Schulen *psychodynamische Faktoren* als ursächlich angesehen (Konzept der Charakterneurose). Wenn auch eine erbliche Disposition möglich ist, wird heute lebensgeschichtlichen Faktoren und *sozialen Bedingungen* eine größere Bedeutung beigemessen („frühe Störung"). Darunter sind vor allem zu verstehen: früher Elternverlust, emotionale Mangelsituationen, frühkindlicher Hospitalismus.

psychodynamische und soziale Erklärungsmodelle

### 2.6.2. Zur Behandlung und Rehabilitation der Persönlichkeitsstörungen

Der therapeutische Zugang zu Menschen mit einer Persönlichkeitsstörung gestaltet sich schwierig. Eher selten kommen Betroffene auf eigene Veranlassung zu einer Behandlung, bestenfalls wenn der subjektive Leidensdruck unerträglich wird und soziale Krisen drohen bzw. bereits eingetreten sind (siehe dazu die Ausführungen in Abschnitt 5.4., S. 205 ff.). Hier stehen psychotherapeutische und soziotherapeutische Verfahren im Vordergrund: Einzel- und Gruppentherapie, Schulunterricht und Berufsausbildung, Arbeitstherapie und Sozialtraining sind die wichtigsten Behandlungsmethoden, wobei der emotionale Zugang und der Aufbau einer tragfähigen therapeutischen Beziehung eine *schwierige Herausforderung* darstellt.

## 2.7. Neurotische und psychosomatische Störungen

Symptome und Erscheinungsformen

Unter Neurosen sind *Störungen der Gefühls- und Konfliktverarbeitung* zu verstehen, die sich in unterschiedlichen Krankheitszeichen (Symptomen) abnormen seelischen Erlebens, Verhaltens und/oder in gestörten körperlichen Funktionsabläufen äußern können. Menschen mit behandlungsbedürftigen neurotischen und psychosomatischen Störungen machen einen Anteil von 15 bis 25 % der Bevölkerung aus (Schepank 1987).
Man unterscheidet traditionell zwischen *Symptomneurosen,* bei denen die neurotische Störung in gegenwärtigen Krankheitszeichen deutlich wird, und *Charakterneurosen,* bei denen die psychische Störung Teil der Gesamtpersönlichkeit geworden ist. Letztere werden heute Persönlichkeitsstörungen genannt (siehe die Ausführungen in Abschnitt 2.6.). Die Krankheitszeichen der Symptomneurosen können sich vorwiegend im Seelischen (Angst, Zwang, Depression) oder im Körperlichen (psychosomatische Störungen im allgemeinen Sinne) zeigen. Von den verschiedenen Erscheinungsbildern der Symptomneurosen können im Rahmen dieser Einführung nur die Panikstörung, die Angst- und Zwangsneurose sowie die dissoziativen und die psychosomatischen Störungen i. e. S. vorgestellt werden. Zunächst beschreiben wir die mit dem Gefühl der Angst einhergehenden Symptomneurosen, an denen in Deutschland etwa 11 % der Frauen und 6,4 % der Männer leiden (Margraf u. a. 1995).

(1) *Panikstörung:* Bei der Panikstörung sind wiederkehrende schwere *Angstattacken* (Panik) kennzeichnend. Sie sind nicht auf bestimmte Objekte oder Situationen beschränkt und deshalb auch nicht vorhersehbar. Die Krankheitszeichen können verschieden sein, häufig ist aber ein plötzlicher Beginn mit Herzklopfen, Erstickungsgefühlen, Schwindel, Hyperventilation, Brustschmerz (Beispiele für körperliche Korrelate der Angst) und Entfremdungsgefühlen vorherrschend. Verbunden damit ist die Furcht zu Sterben oder auch „wahnsinnig" zu werden. Einer Angstattacke folgt meist die anhaltende Furcht vor einer erneuten Attacke. Orte und Situationen, in deren Umfeld eine Attacke auftrat, werden meist in der Zukunft gemieden; es kommt daher auch zu erheblichen sozialen Beeinträchtigungen.
(2) *Angstneurose:* Die eigentliche Angstneurose (ICD-10: „generalisierte Angststörung") zeichnet sich durch generalisierte und anhalten-

de Angst aus, die nicht – wie bei den Phobien – auf bestimmte Objekte oder Situationen beschränkt ist, sondern „frei flottierend“ auftritt. Wie auch bei anderen psychischen Störungen besteht eine ausgeprägte *Tendenz zum körperlichen Ausdruck* der Angst (Somatisierung), nicht selten nimmt der Betroffene anfangs nur die körperlichen Korrelate der Angst war. Der Verlauf der Angstneurose tendiert zur *Chronifizierung* und tritt häufig gemischt mit einer depressiven Störung auf. Betroffene mit Panikstörungen oder Angstneurosen werden meist nur nach extremer Zuspitzung der Angstsymptomatik – im Rahmen einer depressiven oder suizidalen Krise – oder häufig nach Entwicklung einer (meist Medikamenten-)Abhängigkeit in einer psychiatrischen Klinik angetroffen.

(3) *Zwangsneurose:* Wesentliches Merkmal der Zwangsneurose (ICD-10: „Zwangsstörung“) sind *wiederkehrende Zwangsgedanken* und *Zwangshandlungen.* Häufig werden Zwangsgedanken und Zwangshandlungen von einer depressiven Störung begleitet oder abgelöst. Als Zwangsgedanken werden Vorstellungen oder Impulse bezeichnet, die der Betroffene meist als quälend erlebt. Sie erscheinen ihm aggressiv, obszön, sinnlos und sind häufig von Schuldgefühlen begleitet. Versuche, diesen zwanghaften Gedanken Widerstand entgegen zu bringen, scheitern. Zwangshandlungen wiederholen sich stereotyp. Sie nehmen große Teile des Tages in Anspruch; z. B. werden beim Zählzwang Bäume, Knöpfe, Hausnummern usw. gezählt, beim Waschzwang stundenlang oder wiederholt die Hände gewaschen; selbst durch auftretende Schäden (z. B. wunde Hände) werden die Zwangshandlungen nicht unterbrochen. Beim Ordnungszwang muß der Betroffene seine Wohnung, seine Arbeitsstelle, seine Kleidung usw. in einer bestimmten Form anordnen. Manchmal werden Zwangshandlungen durch Verbindung mehrerer Zwänge zu Zwangsritualen ausgebaut, die dann in einer bestimmten Reihenfolge ausgeführt werden müssen. Der Betroffene ist dabei häufig von einem magischen Denken geleitet: Durch seine Handlungen soll etwas Bedrohliches oder ein Unheil verhindert werden. Zwangsimpulse – häufig mit aggressivem oder sexuellem Inhalt – versucht der Betroffene durch umfangreiche abwehrende Verhaltensweisen zu kompensieren, was jedoch selten gelingt. Dies kann dann der auslösende Grund sein, daß ein solcher Betroffener – meist gegen seinen Willen – in eine psychiatrische Klinik eingewiesen wird. Versuche, Zwänge zu unterbinden, führen zu unerträglicher Angst bis hin zu psychotischen Episoden mit intensiven Illusionen,

Halluzinationen und wahnähnlichen Ideen (ICD-10: „schizotype Störung“). Eine stark ausgeprägte Zwangsneurose führt zu erheblicher *sozialer Beeinträchtigung,* wie z. B. zu Arbeitsunfähigkeit und sozialem Rückzug; ihr Verlauf ist eher *chronisch.*

(4) *Dissoziative Störungen:* Dissoziative Störungen (Konversionsstörung) wurden traditionell mit dem heute als abwertend empfundenen Begriff der „Hysterie“ benannt. Kennzeichnend sind für sie die *seelisch bedingten Körperstörungen* ohne organisch nachweisbare Ursachen; dazu gehören Dämmerattacken, Schrei- und Weinkrämpfe, Zittern, Lähmungen, vorübergehende Störungen der Sinne (Blindheit, Taubheit) sowie Herzanfälle und Magenleiden. Hintergrund ist ein seelischer Konflikt, eine unerträgliche Wirklichkeit: Wünsche und Phantasien werden in eine für den Betroffenen nicht mehr verständliche Körpersprache umgewandelt (konvertiert) und zum Ausdruck gebracht. Das Adjektiv „dissoziativ“ bezieht sich hierbei auf den Mechanismus (der aber auch gleichsam Resultat ist) der *Bewußtseinsstörung,* eines weiteren zentralen Kennzeichens dieser Störung. Er ist verwandt mit der Verdrängung: Es soll und muß vermieden werden, eine unerträgliche Wirklichkeit wahrnehmen zu müssen.

(5) *Psychosomatische Störungen im eigentlichen Sinne:* Psychosomatische Störungen im eigentlichen Sinne (ICD-10: „Verhaltensauffälligkeiten mit körperlichen Störungen“) sind die Folge anhaltender seelischer Prozesse, Spannungen, die, über das vegetative Nervensystem vermittelt, den Sprung vom „Seelischen in die somatische Innervation“ (Freud 1894: 41 ff.) machen und damit letztlich nachweisbare Organschädigungen verursachen. Als klassische psychosomatische Störungen werden Magen- und Zwölffingerdarmgeschwüre (Ulcus ventriculi und duodeni), entzündliche Darmerkrankungen (Colitis ulcerosa, Ileitis terminalis), Asthma bronchiale, Bluthochdruck (essentieller Hypertonus), Rheuma, entzündliche Hauterkrankungen (Neurodermitis) und Eßstörungen (Anorexia nervosa, Bulimia nervosa, Adipositas) angesehen. Doch auch für weitere körperliche Symptome wie Herz-Kreislauf-Störungen, funktionelle Magenbeschwerden, Migräne, Hauterkrankungen und selbst für schwere Krebserkrankungen werden psychosomatische Faktoren nicht ausgeschlossen. Insgesamt sind psychosomatische Störungen vor dem Hintergrund der – besonders in unserem Kulturkreis vorherrschenden – Trennung von Leib und Seele zu sehen, deren Notwendigkeit immer wieder hinterfragt werden sollte.

### 2.7.1. Zu den Entstehungsbedingungen neurotischer und psychosomatischer Störungen

Traditionell ist das Verständnis der neurotischen und psychosomatischen Störungen mit tiefenpsychologischen Theoriemodellen verbunden. Das klassische psychoanalytisch-psychodynamische Modell geht davon aus, daß mißlungene Verarbeitungs- und Lösungsversuche in der *frühkindlichen Entwicklung,* meist nach dem dritten Lebensjahr, zu unbewußten Konflikten führen können, die im späteren Leben durch Versuchungs- und Versagungssituationen reaktiviert werden können (Freud/Breuer 1895). Zu solchen mißlungenen Verarbeitungs- und Lösungsversuchen kommt es, wenn die allgemeinmenschlichen, zumeist – entwicklungsphasenspezifisch – im Kindesalter auftretenden Widersprüche zwischen Bedürfnissen, Strebungen und den durch Gebote der sozialen Umwelt gegebenen Möglichkeiten nicht gelöst bzw. verarbeitet werden können. Aus diesem Konflikt resultieren Angst- und Schuldgefühle, welche wiederum Abwehrwehrmechanismen, z. B. die Verdrängung des Konfliktes in das Unbewußte, in Gang setzen. Gelingt die Verdrängung, der Abwehrvorgang nicht oder nicht vollständig, resultieren daraus neurotische Symptome (Symptomneurosen) wie z. B. Angst, Zwang oder Depression, oder es kommt zur Umwandlung (Konversion) des seelischen Konfliktes ins Körperliche. Die neurotischen Symptome entstehen dabei nach dem Prinzip der Symbolisierung oder der Identifizierung. Schmerzen im Bereich des Beines mit der Folge von Gehstörungen können z. B. eine innere Hilflosigkeit symbolisieren, Ängste vor Trennungssituationen zu Herzattacken führen, verdrängte Nähe-Distanz-Probleme „unter die Haut gehen."

psychodynamische Erklärungsmodelle

Ausgehend von lerntheoretisch-kognitiven Modellen werden neurotische und psychosomatische Störungen als *gelernte Verhaltensweisen* angesehen. Neuere Entwicklungen berücksichtigen – ausgehend von der Lernpsychologie – die Bedeutung emotionell kognitiver Faktoren (Gedankeninhalte) bei der Entwicklung neurotischer und psychosomatischer Störungen.

lerntheoretische Modelle

### 2.7.2. Zur Behandlung neurotischer und psychosomatischer Störungen

Bei der Behandlung neurotischer und psychosomatischer Störungen stehen *psychoanalytisch-psychodynamische, lerntheoretisch-kogniti-*

*ve, systemische Verfahren und Verfahren der humanistischen Psychologie* im Mittelpunkt. Kombiniert werden verbale Verfahren (Gesprächspsychotherapie, analytische Einzel- und Gruppentherapie u.ä.) mit nonverbalen Verfahren wie Musik-, Mal- und Gestaltungstherapie sowie Tanz-, Bewegungs- und Sporttherapie. Insbesondere im Rahmen einer (depressiven, suizidalen oder angstbesetzten) krisenhaften Zuspitzung kann der Einsatz spezifischer *Psychopharmaka* hilfreich sein.
Traditionell findet die psychotherapeutische Behandlung *ambulant* durch entsprechend weitergebildete Ärzte und Psychologen statt. Bei der *stationären* psychotherapeutischen Behandlungen von Betroffenen mit neurotischen und psychosomatischen Störungen werden ca. 90 % in überregionalen Fachkliniken für Psychosomatik und Psychotherapie durchgeführt, die nach § 40 Abs. 2 SGB V als Rehabilitationseinrichtungen eingestuft sind. Weitere stationäre Behandlungsmöglichkeiten sind in den Abteilungen für Psychotherapie/ Psychosomatik an (psychiatrischen) Universitätskliniken und in psychiatrischen Fachkrankenhäusern gegeben. Auf den Stationen für Psychotherapie/ Psychosomatik in psychiatrischen Fachkrankenhäusern werden vorwiegend Betroffene mit schweren neurotischen und psychosomatischen Störungen angetroffen, die im Rahmen einer Zuspitzung ihrer Lebenssituation in die Psychiatrie gekommen sind. In den meisten Fällen ist nach Bewältigung der Krisensituation die stationäre Psychotherapie in der Psychiatrie als Einleitung einer längerfristigen ambulanten Psychotherapie anzusehen.

### Weiterführende Literatur

Umfassende Darstellungen der psychischen Störungen finden sich in klassischen Psychiatrie-Lehrbüchern, z. B. von *Möller, H.-J./Laux, G./ Deister, A.* (1995): Psychiatrie. Stuttgart; oder *Tölle, R.* (1997): Psychiatrie. Berlin und Heidelberg.

Stärker sozialpsychiatrisch orientiert ist: *Eickelmann, B.* (1997): Sozialpsychiatrisches Basiswissen. Stuttgart. Unverzichtbar für ein tiefenpsychologisches Verständnis psychiatrischer Erkrankungen: *Mentzos, St.* (1991): Psychodynamische Modelle in der Psychiatrie. Göttingen, und *Hoffmann, S. O./Hochapfel, G.* (1995): Neurosenlehre, psychotherapeutische und psychosomatische Medizin. Stuttgart.

# 3. Psychiatrische Therapieformen und Soziale Arbeit

Nach der Beschreibung der psychischen Störungen wollen wir uns in diesem Kapitel den therapeutischen Verfahren der Psychiatrie differenzierter zuwenden und über die Darstellung somatotherapeutischer, psychotherapeutischer und soziotherapeutischer Ansätze zu der Frage gelangen, welche *Position die Soziale Arbeit im Spektrum der psychiatrischen Versorgungsstrukturen und Therapieverfahren* einnimmt, welches Profil sie sich gibt, welche Zuständigkeiten und welche Prozesse der Zusammenarbeit mit anderen Professionen im Rahmen multiprofessioneller Teams zu beachten sind. Position der Sozialen Arbeit

Keinem Psychiatrie-Mitarbeiter (welcher Berufsgruppe auch immer) wird wohl je die Frage erspart bleiben, wie er den Verlauf dieser oder jener psychischen Erkrankung einschätze, wie die Chance einer Heilung oder Besserung gesehen werde und welche Therapie erfolgversprechend wäre. Ob der Fragesteller nun der Erkrankte selbst, ein Angehöriger, ein Freund oder ein Student der Sozialarbeit ist, nur *selten* wird es gelingen, ihm *eine wirklich befriedigende Antwort* zu geben. Zu individuell sind Erkrankungs- und Heilungsverläufe, zu vage und wissenschaftlich umstritten die Hintergründe seelischer Störungen, zu unvorhersehbar die Prozesse der pharmakologischen, psychotherapeutischen oder soziotherapeutischen Behandlungen. Zunächst einmal ist ganz *allgemein* festzustellen: Eine psychische Erkrankung kann spontan oder nach erfolgreicher Behandlung ausheilen. Zumeist ist damit ein kurzzeitiger Krankheitsverlauf verbunden *(akute Erkrankung)*. Doch auch in späteren Krankheitsstadien ist Heilung nicht ausgeschlossen; die Erkrankung kann längerfristig *(chronisch)* verlaufen bzw. häufiger wiederkehrend (*rezidiviert*) auftreten; sie kann bei dem betroffenen Menschen ein Schadensbild mit der Folge von funktionellen Einschränkungen und sozialen Beeinträchtigungen *(Behinderung)* hinterlassen. Heilungsverläufe

Für akute und chronische Krankheitsverläufe und auch für Formen der Behinderung bzw. Beeinträchtigung ist das jeweils bestmögliche therapeutische Verfahren zu ermitteln und bereitzustellen. Dabei versteht man im *sozialversicherungsrechtlichen Sinne* unter „Behandlung", „eine Krankheit zu erkennen, zu heilen, ihre Verschlimmerung zu ver- multidimensionaler Behandlungsansatz hüten oder Krankheitsbeschwerden zu lindern“ (SGB V). Da die meisten psychischen Störungen nicht aus einer einzigen, wissenschaftlich sicheren Ursache heraus entspringen, herrscht in der Psychiatrie heute ein „multifaktorieller Denkansatz“ vor, der somatische, psychische und soziale Bedingungen bei der Entstehung und Entwicklung psychischer Störungen berücksichtigt (siehe Kapitel 2). Dem *multifaktoriellen Verursachungsgefüge* entspricht ein mehrdimensionaler und multiprofessioneller Behandlungs- und Rehabilitationsansatz, der somato-, psycho- und soziotherapeutische *Verfahren zu integrieren* versucht.

## 3.1. Somatotherapeutische Verfahren

Beeinflussung organischer Prozesse des Körpers

Unter somatotherapeutischen Verfahren versteht man jene Behandlungsansätze, die *nicht die innerseelischen Vorgänge* einer psychischen Erkrankung und auch *nicht die sozialen Beziehungen* des Erkrankten in den Mittelpunkt rücken, sondern in erster Linie die organischen Prozesse des Körpers zu beeinflussen trachten. Zur Somatotherapie zählt vor allem die medikamentöse Behandlung, die Schlafentzugsbehandlung, auch die Elektrokrampftherapie (EKT), ferner krankengymnastische und andere körperorientierte Verfahren wie Hydro-, Bewegungs-, Sport- und Tanztherapien.

Psychopharmaka

Die Entdeckung der antipsychotischen Wirkung des Chlorpromazins im Jahre 1952 führte zu großen Heilungserwartungen in die medikamentöse Behandlung und zu einer Abkehr von der reinen „Bettenbehandlung“, die zuvor in Verbindung mit – die Jahreszahlen der „Entdeckung“ der Verfahren sind bezeichnend – der „Insulin-Koma-Therapie“ (seit 1932; künstliche Herstellung eines hypoglykämischen Schockzustandes), des „Kardiazol-Schocks“ (seit 1933; chemische Auslösung eines epileptischen Krampfes durch Kardiazol), der „Lobotomie“(seit 1936; chirurgischer Eingriff mit operativer Zerstörung eines Stirnhirnteiles) und der „Elektrokrampftherapie“ (1937; Kurznarkose und Stromauslösung durch am Kopf angesetzte Elektroden) vorgeherrscht hatte. Heute verfügt die Medizin über eine *breite Palette unterschiedlicher Psychopharmaka,* die in die Regulation von Gehirnfunktionen eingreifen und Gefühle, Denken, Wollen und Verhalten eines Menschen modifizieren können. Ihre Anwendung zur Behandlung psychischer Störungen wird – von verschiedenen Standpunkten aus – *kontrovers diskutiert.* Nachweislich haben sie jedoch die Behandlungsmöglichkeiten für Menschen mit psychischen Störungen grundlegend erweitert und besonders für Menschen mit schizophrenen und affektiven Psychosen sozio- und psychotherapeutische Behandlungsverfahren eröffnet. Auch im Gesamtbehandlungsplan von Menschen mit organisch bedingten psychischen Störungen, mit Panik- und Angststörungen, Persönlichkeitsstörungen und Abhängigkeitserkrankungen können sie einen bedeutenden Stellenwert einnehmen. Dieser Fortschritt in den Behandlungsmöglichkeiten wird jedoch durch z.T. erhebliche Nebenwirkungen relativiert bzw. bei nicht fachgerechter Anwendung in sein Gegenteil verkehrt.

### 3.1.1. Psychopharmaka

Psychopharmaka lassen sich in die Gruppen der Neuroleptika, Antidepressiva, Phasenprophylaktika und Tranquilizer unterteilen:

Einsatz und Wirkprofile

(1) *Neuroleptika:* Sie zeichnen sich durch ein charakteristisches Wirkspektrum auf die Symptome psychotischer Störungen aus. Der antipsychotische Effekt wird mit der Blockade von (Dopamin-)Rezeptoren in den – für das Seelenleben bedeutenden – Hirnregionen (Limbisches System), d. h. mit der Beeinflussung der Reizübertragung zwischen den Nervenzellen erklärt. Bezüglich der Wirkungsstärke der Neuroleptika wird noch einmal differenziert in: (erstens) hochpotente Neuroleptika (z. B. Haldol, Glianimon, Fluanxol, Decentan, Dapotum, Lyogen, Imap, Ciatyl), die besonders auf die sogenannten produktiven Symptome wie Wahnvorstellungen, Halluzinationen und Beeinträchtigungen des Denkens einwirken, allerdings mit höheren Nebenwirkungen verbunden sind; (zweitens) mittelpotente Neuroleptika (z. B. Taxilan, Leponex, Dogmatil), die neben einer mittelstarken antipsychotischen Wirkung stärker beruhigen, allerdings auch zu einer höheren Abgeschlagenheit führen können; (drittens) niedrigpotente Neuroleptika (z. B. Neurocil, Atosil, Truxal, Melleril), die weniger antipsychotisch, dafür aber noch stärker sedierend (beruhigend) wirken und vor allem unruhigen, „getriebenen" und aggressiven Patienten verabreicht werden.

Zu den unerwünschten *Nebenwirkungen* der Neuroleptika gehören: extrapyramidalmotorische Nebenwirkungen (Frühdyskenesien: Zungen-Schlund-Krampf; Parkinsonoid: Muskelsteifigkeit, Zittern, kleinschrittiger Gang; Akathisie: Sitz- und Bewegungsunruhe; Spätdyskenesien: unwillkürliche Muskelbewegungen vor allem im Bereich des

Mundes, des Gesichts, der Hände und Füße); Wirkungen auf das vegetative Nervensystem (Mundtrockenheit, verschwommenes Sehen, Erhöhung des Augeninnendruckes, Kreislaufbeeinträchtigung, Müdigkeit, Darmträgheit, Störungen der Schweißsekretion u. a.) und sonstige Nebenwirkungen (z. B. Appetitsteigerungen, Gewichtszunahme, Menstruationsstörungen, sexuelle Störungen, Hautallergien, eventuell auch Blutbildveränderungen und Krampfanfälle u. a.). Sehr selten kann es zur Ausbildung eines malignen neuroleptischen Syndroms (hohes Fieber, Tremor, Stupor, vegetative Dysfunktionen u. a.) mit einer Mortalitätsrate von 7 bis 20 % kommen (Bäuml 1994; Finzen 1995).

Einsatz und Wirkprofile

(2) *Antidepressiva:* Sie besitzen unterschiedliche Wirkprofile. Allen gemeinsam ist die stimmungsaufhellende und antriebsnormalisierende Wirkung, mit der auch ein Abklingen körperlicher Depressionssymptome verbunden ist. Eine Antriebssteigerung ist meist leichter zu erzielen als eine Stimmungsaufhellung, mitunter entsteht jedoch lediglich eine innere Unruhe, die sich sogar bis zur Verzweiflung (und Suizidgefahr!) steigern kann. Erst im längeren Verlauf der Behandlung ist mit einer depressionslösenden Wirkung zu rechnen (Finzen 1995). Auch bei den Antidepressiva lassen sich *drei Gruppen* unterscheiden: psychomotorisch-sedierende Antidepressiva (z. B. Saroten, Aponal, Equilibrin, Stangyl); psychomotorisch-stabilisierende Antidepressiva (z. B. Anafranil, Gamonil, Ludiomil, Noveril, Tofranil, Tolvin); psychomotorisch-aktivierende Antidepressiva (z. B. Notrilen, Maximed, Acetexa, Pertofran) (nach Pöldinger 1990).

Zu den unerwünschten *Nebenwirkungen* der Antidepressiva können gehören: Beschleunigung der Herzfrequenz, Mundtrockenheit, Schwitzen, Verstopfung, Schwindelgefühle, Fingerzittern; ferner: Müdigkeit, Schlafstörungen, innere Unruhe. Daneben ist besonders zu achten auf Blutbildveränderungen, eine Herabsetzung der Krampfschwelle und auf den möglichen Umschlag der antidepressiven in eine manische oder paranoid-halluzinatorische Wirkung.

Einsatz und Wirkprofile

(3) *Phasenprophylaktika:* Hier sind vor allem Lithium und Carbamazepin zu nennen. Sie helfen, das erneute Auftreten von affektiven Psychosen mit ihren manischen und depressiven Phasen zu verhindern oder zumindest in Ausmaß und Dauer zu reduzieren. Lithium ist ein körpereigenes Salz, das bei jedem Menschen in sehr geringen Mengen vorhanden ist. Eine zusätzliche Lithiumzufuhr (z. B. Quilonum, Hypnorex) hat sehr günstige Eigenschaften bezüglich einer Rückfallpro-

phylaxe, erzeugt außerdem nicht die starken Nebenwirkungen wie Neuroleptika, sollte jedoch – besonders bei ausgeprägten manischen Symptomen – zunächst nur im stationären Rahmen verabreicht werden, da eine regelmäßige Lithiumspiegelkontrolle zu erfolgen hat. Carbamazepin (z. B. Tegretal, Tegretol, Timonil) hat ebenfalls eine gute „antimanische" Wirkung bei gleichzeitiger Sedierung. Es dient nicht der Behandlung der akuten Manie, sondern ebenfalls der Rückfallprophylaxe.

Zu den unerwünschten *Nebenwirkungen* der zuletzt genannten Carbamazepin-Behandlung können seltene, aber gefährliche Blutbild- und Knochenmarksveränderungen gehören; daher sind in jedem Fall regelmäßige Laborkontrollen erforderlich. Ferner können Schädigungen der Leber, verstärktes Eiweißvorkommen im Harn, Brechreiz, Durchfälle, allergische Hautreaktionen sowie Mundtrockenheit und Appetitlosigkeit auftreten. Als Nebenwirkungen des Lithiums werden ein leichtes Zittern (feinschlägiger Tremor), vermehrter Durst und vermehrtes Wasserlassen sowie Magen-Darm-Beschwerden genannt, außerdem eine manchmal erhebliche Gewichtszunahme und eine Verminderung von Libido und Potenz.

Einsatz und Wirkprofile

(4) *Tranquilizer:* Sie greifen ebenfalls am Limbischen System an und werden zur Behandlung von Angst- und Spannungszuständen eingesetzt. Die Verordnungsdauer sollte dabei auf jeden Fall begrenzt sein, da die *Gefahr einer Abhängigkeit* groß ist. Bei neurotischen und reaktiven Angst- und Unruhezuständen sollten eher psychotherapeutische Behandlungsmöglichkeiten vorgezogen werden. Von den insgesamt verwendeten Tranquilizern werden übrigens nur 6 % von Psychiatern verordnet (Finzen 1995). Zu den bekanntesten von ihnen gehören die Benzodiazepine bzw. Benzodiazepin-Derivate mit den Handelsnamen Valium, Librium, Tavor, ferner Adumbran und Praxiten sowie Demetrin, Tranxilium, Lexotanil, Rivotril, Mogadan und andere.

Auch hier sind unerwünschte *Nebenwirkungen* zu nennen: Blutdruckabfall, Schläfrigkeit und Konzentrationsschwäche (besonders zu Beginn der Behandlung), ferner Muskelschwäche, Apathie, Menstruationsstörungen und Libidoverlust; auch Schwindelgefühle, Sprechstörungen und Doppelbilder treten auf, häufig kommt es zur Verlangsamung der Reaktionsfähigkeit. Benzodiazepine und Alkohol steigern gegenseitig ihre Wirkung, ebenso werden zahlreiche der oben genannten Tranquilizer bei Heroinabhängigkeit zur Steigerung oder in hoher Dosierung als Ersatzstoff eingenommen.

### 3.1.2. Elektrokrampftherapie

Einsatz und Wirkprofile

Bei therapieresistenten endogenen Depressionen sowie bei katatonen Schizophrenien mit vitaler Bedrohung wird weiterhin (und wieder zunehmend) die Anwendung der Elektrokrampftherapie (EKT) befürwortet, nachdem sie in den siebziger und achtziger Jahren an Bedeutung verloren hatte. Aus klinischer Sicht wird betont, daß die EKT eine lebensrettende Maßnahme sein kann und in ihrer Wirkung in manchen Fällen der Psychopharmaka-Therapie überlegen sei. Ihre genaue Wirkungsweise jedoch ist nach wie vor nicht bekannt. Es wird vermutet, daß durch den ausgelösten Krampf eine Transmitterstimulation im Hypothalamus stattfindet. Dadurch kann das psychotische Erleben und Handeln abgeschwächt oder gar abgebrochen werden. Patientenberichten zufolge ist direkt nach der Behandlung mit EKT mitunter ein Gefühl der Befreiung (von den Symptomen der Psychose) zu erleben – häufig allerdings ein nur kurzfristiger Erfolg. Die Behandlung setzt das *Einverständnis des Patienten* voraus. Sie findet unter Narkose statt; der Patient liegt flach auf dem Rücken, Elektroden werden an den Schläfengruben angebracht und Gleichstromimpulse ausgelöst. Sechs bis zehn solcher Behandlungen werden als notwendig erachtet (Tölle 1991).
Als *Nebenwirkungen* können Gedächtnisstörungen, Desorientiertheit und Gefühlslabilität, eventuell auch Atemlähmungen entstehen. Bei Herz-Kreislauf-Erkrankungen und Störungen des Hormonsystems ist die EKT auf jeden Fall kontraindiziert. Die Diskussion um diese Form der Behandlung ist keineswegs abgeschlossen: Kritik besteht vor allem daran, daß es sich um einen – auch als gewaltsam erlebten – physikalischen Eingriff in eine psychische Störung handelt.

## 3.2. Psychotherapeutische Verfahren

Beeinflussung psychischer Prozesse

Psychotherapie ist die Behandlung von psychischen Störungen und emotionalen Problemen durch bewußte seelische Einflußnahme unter Einbeziehung der therapeutischen Beziehung. Der therapeutische Prozeß hat das *Ziel,* bestehende psychische Symptome zu beseitigen oder zu mildern, gestörte Verhaltensweisen zu wandeln und die günstige Entwicklung und Reifung der Persönlichkeit zu fördern. Die *Wirksamkeit und der Nutzen* von Psychotherapie sind vielfältig nachgewiesen, auch wenn die zugrundeliegenden Wirkungsmechanismen zum Teil noch ungeklärt sind bzw. kontrovers diskutiert werden (siehe Grawe u. a. 1994). Die verschiedenen Psychotherapieverfahren entwickeln diesbezüglich ihre eigenen Erklärungsmodelle.

### 3.2.1. Psychoanalytisch-psychodynamische Verfahren

Einsatz und Wirkungsprofile

Im Verständnis der Psychoanalyse werden seelische Abläufe von inneren Kräften (Impulsen, Ängsten, Konflikten) bestimmt. Die Ursache psychischer Störungen sieht man vor allem in unbewußten Konflikten, die einerseits der aktuellen Situation entspringen, andererseits ihre Wurzeln in besonderen, bisweilen traumatischen Situationen (meist aus der Kindheit) haben können. Einst mußten die Konfliktinhalte und die dazugehörigen Gefühle unterdrückt und verdrängt werden, da sie anders nicht zu bewältigen waren. Werden diese – im Unbewußten gehaltenen – Konflikte durch eine aktuelle Lebenssituation nun wieder aktualisiert, kann dies zum Ausbruch einer psychischen Störung führen.

Daraus ergibt sich folgendes *methodische Vorgehen:* Wenn das Unterdrücken von Gefühlen zur Erkrankung führt, müßte durch die Bewußtwerdung des Verdrängten eine Heilung erzielt werden können. Allerdings kommt es zu einer wirklichen Veränderung der psychischen Struktur nur dann, wenn das *Erinnern* mit dem *Wiedererleben der Gefühle* einhergeht (Freud/Breuer 1895); ein lediglich rationales Wissen um die eigenen, z.T. frühkindlichen Konflikte reicht nicht aus. Einer solchen Erinnerung/Wiederbelebung/Läuterung („Katharsis") muß dann die bewußte Verarbeitung folgen – im analytischen Sprachgebrauch das „Durcharbeiten"; ansonsten treten nach vorübergehender Erleichterung die alten Strukturen erneut auf. Da es aber recht schmerzhaft sein kann, sich den verdrängten Erlebnissen und Gefühlen zu nähern, setzt die Psyche dem Erinnerungsprozeß einen „Widerstand" entgegen; diesen gilt es nicht mit Gewalt zu durchbrechen, sondern als Ich-Leistung des Patienten anzuerkennen und die Therapie gegebenenfalls behutsam gerade an diesem Widerstand anzusetzen. Für die Arbeit ist zwischen Therapeut und Klient eine vertrauensvolle Beziehung unerläßlich, da es in der psychoanalytischen Behandlung zu Prozessen der „Übertragung" und „Gegenübertragung" kommt; d. h. frühere Beziehungsmuster in der therapeutischen Beziehung wiederholt werden, so daß mit den damit einhergehenden Gefühlen psychotherapeutisch gearbeitet werden kann.

Während Sigmund Freud zur Erklärung der psychischen Konstitution des Menschen das sogenannte Strukturmodell (Ich, Über-Ich und Es) entwarf, erweiterten spätere psychodynamische Verfahren ihre Erklärungsansätze hin zu den Begriffen der „Ich-Autonomie" und des „Selbst" (Hartmann 1939; Jacobson 1964; Kernberg 1975) womit jene seelischen Instanzen gemeint sind, die der Identitätsfindung und der Regulierung des Selbstwertgefühls dienen. Für ihren Aufbau sind *tragende emotionale Bindungen* erforderlich. Fehlen sie in der frühkindlichen Entwicklung, kann dies zu Defiziten in der inneren Struktur des Ichs und zu einem Mangel an Übertragungsfähigkeit in der therapeutischen Beziehung führen. Bei diesen „frühen Störungen" ist eine psychoanalytische Behandlung nur in Zusammenhang mit stützenden und strukturgebenden Elementen sinnvoll, um so eine Nachreifung der Persönlichkeit zu ermöglichen.

### 3.2.2. Lerntheoretisch-kognitive Verfahren

Einsatz und Wirkungsprofile

Als Gegenpol zur Psychoanalyse entwickelte sich der Behaviorismus, der sein Augenmerk anfänglich rein auf das *sichtbare und meßbare Verhalten* richtete. Die Symptome eines Menschen wurden als *erlernte* bzw. von der Umwelt *determinierte Reflexe* betrachtet. Um sie zu optimieren und Störungen abzubauen, wurden Lerntheorien wie die „klassische Konditionierung" (Pawlow 1954) und die „operante Konditionierung" (Skinner 1938) entwickelt. Die individuelle Lebensgeschichte, die Motive und Überzeugungen des Patienten wurden außer acht gelassen, das Unbewußte als Mythos abgetan. Später fanden jedoch auch jene kognitiven und sozialen Prozesse, die nicht direkt beobachtbar sind, Eingang in lerntheoretische Therapieverfahren (Kanfer u. a. 1977). Ein Umbruch erfolgte durch die Entwicklung der „kognitiven Verhaltenstherapie" (Beck 1967), die solche Aspekte wie persönliche Denkschemata und Motivationen der Patienten in den Mittelpunkt der Behandlung stellte. In den achtziger und zu Beginn der neunziger Jahre entwicklte sich die „psychoedukative Verhaltenstherapie", die auf der Basis von problemspezifischer Informationsvermittlung und Diskussion über Entstehungsbedingungen sowie Behandlungs- und Rehabilitationverfahren psychischer Erkrankungen wirksam wird (Fiedler 1987).

Der Schwerpunkt lerntheoretisch-kognitiver Verfahren liegt darin, alte Denk- und Verhaltensmuster abzubauen, unangemessenes Verhalten zu verändern, *noch nicht vorhandenes Verhalten zu entwickeln,* neu *gelernte und sinnvolle Verhaltensweisen zu stabilisieren* bzw. positiv zu verstärken oder problemspezifisch zu informieren. Die – möglicherweise – zugrundeliegenden unbewußten Prozesse sind dabei, anders als bei der Psychoanalyse, nicht von vorrangigem Interesse. Zur Erreichung dieser Ziele stehen folgende *methodische Vorgehensweisen* zur Verfügung: Reizkonfrontation, systematische Desensibilisierung, Training von Selbstkontrolltechniken und sozialen Fähigkeiten, Lernen am Modell und am Erfolg oder Informationsvermittlung.

### 3.2.3. Verfahren der humanistischen Psychologie

Als Reaktion auf den Behaviorismus der vierziger und fünfziger Jahre, der – in den Augen seiner Kritiker – den Menschen zu einem abhängigen, formbaren Objekt degradierte, entstand die „Humanistische Psychologie“. In ihr sind verschiedene Therapieansätze zusammengefaßt, zu denen vor allem die Gesprächspsychotherapie (Rogers 1942), die Gestalttherapie (Perls u. a. 1951) und die Transaktionsanalyse (Berne 1961) zählen. Diese Verfahren arbeiten daran, die jedem Menschen innewohnenden eigenen *schöpferischen Möglichkeiten* zu erkennen und innerhalb eines geeigneten Rahmens deren Eigenentfaltung zu fördern. Im Mittelpunkt dieser Betrachtung steht also nicht das Krankheitssymptom oder gar ein psychischer Defekt, sondern das *Individuum mit seinen Ressourcen.*

### 3.2.4. Systemische Therapieverfahren

Anhand der Ergebnisse der *Kommunikationsforschung,* die zwischenmenschliche Interaktionen und ihre zugrundeliegenden Muster untersucht, entstanden die systemischen Therapieverfahren. Die Grundannahme besteht darin, daß komplexe Systeme nicht durch linear-kausale Zusammenhänge erklärbar sind, sondern nur anhand *mehrdimensionaler Prozesse,* in denen einzelne Interventionen eine Wirkung auf das Gesamtgefüge haben (Bertalanffy 1968). So kann aus systemischer Sicht Heilung eines Einzelnen nur dann geschehen, wenn sich das *gesamte System* (z. B. die Familie) verändert. Daraus leitet sich die Forderung ab, bei der Behandlung und Rehabilitation psychisch Erkrankter sowohl den Betroffenen wie auch die ihn umgebenen Menschen als Ganzes in den Blick zu bekommen und daran therapeutisch anzusetzen, z. B. in der systemischen „Paar- oder Familientherapie“

(Minuchin 1977), der „psychoedukativen Familientherapie“ (Hahlweg u. a. 1989) und der „kombinierten Angehörigen- und Patientengruppen“ (bifokal kombinierte Angebote) (Hornung u. a. 1995).

## 3.3. Soziotherapeutische Verfahren

Beeinflussung der Wechselwirkung Patient–Umwelt

Während die somatotherapeutischen Verfahren überwiegend durch Ärzte und Pflegepersonal, die psychotherapeutischen Verfahren im wesentlichen durch Psychologen und ärztliche Psychotherapeuten umgesetzt werden, werden die *soziotherapeutischen Verfahren* im Rahmen eines Gesamtbehandlungs- oder Rehabilitationsplanes durch *Sozialarbeiterinnen, Sozialpädagogen* und andere Berufsgruppen realisiert. Dabei ist die abgestimmte Zusammenarbeit der verschiedenen Berufsgruppen für einen optimalen Behandlungs- und Rehabilitationsverlauf unabdingbar. Die Arbeit einer jeden Berufsgruppe und das von ihr eingebrachte therapeutische Verfahren kann dabei als ein integriertes, ganzheitliches Geschehen angesehen werden.

### 3.3.1. Soziotherapie im stationären Bereich

Im stationären Bereich werden unter Soziotherapie „. . . alle handlungsorienrierten Einflußnahmen auf die Wechselwirkungen zwischen der Erkrankung des Patienten und seinem sozialen Umfeld“ (Psych-PV 1990: 56) verstanden. Soziotherapeutische Verfahren arbeiten dabei sachbezogen im „Hier und Jetzt“, sprechen die gesunden Persönlichkeitsanteile des Patienten an und versuchen, dessen Fähigkeiten zu sozialen Kontakten und zu eigenständigem Handeln zu fördern. Grundsätzlich sollen soziotherapeutische Verfahren die *Bewältigungsmöglichkeiten* („Coping-Strategien“) des Betroffenen *verbessern* und seiner *sozialen Unterstützung* dienen. Zur Realisierung dieser Ziele ist die Schaffung eines *therapeutischen Milieus* notwendig, welches Hospitalismusschäden verhindert, die heilende Anwendung somato- und psychotherapeutischer Verfahren ermöglicht und eine Annäherung an die Realität schafft (Jones 1968; May u. a. 1984; Wing 1987).
Zu den soziotherapeutischen Verfahren gehören alle grundständig in der Psychiatrie angewandten *Methoden der Sozialarbeit* (siehe dazu die Ausführungen in Kapitel 4, S. 114 ff.), daneben Ergotherapie, stufenweise Arbeitstherapie und weiterführende berufsrehabilitative

Maßnahmen, milieuschaffende und tagesstrukturierende Elemente sowie das Training sozialer Fertigkeiten. Diese betreffen unter anderem den Tages- und Wochenablauf auf der Station, die Gestaltung der Räumlichkeiten und den Kommunikationsstil zwischen Mitarbeitern und Patienten. Von besonderer Bedeutung dabei ist die „Gruppe" als Medium soziotherapeutischer Verfahren: das Spektrum kann von lebenspraktischen Gruppen und Aktivitätsgruppen bis hin zu Psychotherapiegruppen (unterschiedlicher methodischer Ansätze) reichen (siehe dazu die Ausführungen in Abschnitt 4.3., S. 154 ff.). Ziel ist in jedem Fall die Stärkung der Kommunikationsfähigkeit, die demokratische Einbeziehung der Patienten in Stationsentscheidungen und die Ermöglichung ihrer größtmöglichen Selbstverwirklichung.

### 3.3.2. Soziotherapie im ambulant-komplementären Bereich

Soziotherapie im ambulanten Bereich ist auf das Vorhandensein *unterschiedlicher gemeindeintegrierter Institutionen* angewiesen, die in ihrer Gesamtheit als „Gemeindepsychiatrischer Verbund" bezeichnet werden (siehe dazu die Ausführungen in Kapitel 6, S. 218 ff.). Die lebensfeldbezogenen Funktionsbereiche „Wohnen", „Arbeit" und „Beschäftigung" und die „Hilfen bei der sozialen Integration und Freizeitgestaltung" zählen auf jeden Fall hierzu. Methodisch kommen hier all jene soziotherapeutischen Verfahren zur Geltung, die wir in Kapitel 4 (S. 114 ff.) differenziert darstellen werden. Daher beschränken wir uns an dieser Stelle darauf, einige *kostenrechtliche Aspekte* zu erwähnen.
Anders als in stationären oder teilstationären Einrichtungen ist die Soziotherapie in der ambulanten Arbeit nicht mehr Teil einer „Komplexleistung" entsprechend §§ 39/40 SGB V. Im ambulanten Bereich sind die Leistungen der an der Behandlung und Rehabilitation beteiligten Berufsgruppen – aufgrund unseres Sozialversicherungssystems – in *Einzelleistungen mit unterschiedlicher Rechts- und Finanzierungsgrundlage* aufgesplittet. Dabei wurde in der Vergangenheit die Soziotherapie als Leistung der gesetzlichen Krankenversicherung (GKV) nicht ausdrücklich anerkannt. Seit 1995 soll die „Vereinbarung zur modellhaften Umsetzung und Evaluation eines Konzeptes zur ambulanten Rehabilitation psychisch Kranker" der GKV im Rahmen eines Modellversuchs diese Lücke schließen.

(a) Der Begriff der Soziotherapie wird darin enger gefaßt und konkret definiert. Sie umfaßt entlastende und Orientierung gebende Gespräche

im Sinne einer verhaltens- und gesprächstherapeutisch stützenden Begleitung sowie
(b) Maßnahmen der Koordination des Behandlungs- und Rehabilitationsprozesses.

Soziotherapie im Sinne dieses Modellversuchs grenzt sich ab, wie es in der Vereinbarung heißt, „von Maßnahmen der allgemeinen Sozialarbeit, die weder in ihrer finalen Ausrichtung noch methodisch auf eine Verbesserung psychiatrischer Störungen ausgerichtet sind". Aus diesen Worten der Gesetzlichen Krankenversicherung spricht noch einmal das medizinisch orientierte Denken, das bei der Behandlung und Begleitung psychischer Erkrankungen oft noch vorherrschend ist. Immerhin gehen die Träger der GKV den wichtigen Schritt, innerhalb dieses Modellprojektes die Anwendung soziotherapeutischer Verfahren durch Sozialarbeiter zu integrieren (und zu finanzieren), wenn die verhaltens- und gesprächstherapeutischen Methoden zur stützenden Begleitung und Koordination des Rehabilitationsprozesses auf der Basis einer *„sozialpsychiatrischen Zusatzausbildung oder mehrjähriger psychiatrischer Erfahrung"* von den Berufsgruppen der Sozialen Arbeit ausgeübt werden (BKK BV 1994).

## 3.4. Soziale Arbeit und die Kooperation der Professionen

Multiprofessionelles Team

In kaum einem Feld – das sollte aus den vorhergegangenen Schilderungen deutlich geworden sein – ist die Soziale Arbeit so stark mit anderen Wissenschaften und deren Denkmustern und vor allem mit anderen Berufsgruppen konfrontiert wie in der Psychiatrie. In der Familienfürsorge, in der Jugendarbeit sind Sozialpädagoginnen und Sozialarbeiter häufig unter sich; in Psychiatrischen Kliniken arbeiten Sozialarbeiter in der Regel in einem multiprofessionellen Team und treffen dort häufiger auf Ärzte, Krankenschwestern und Pfleger, Psychologinnen und Ergotherapeuten als auf ihresgleichen. Aber nicht nur im Krankenhausbereich, auch in Gesundheitsämtern sowie in Sozialpsychiatrischen Diensten (zumindest in jenen, die hoheitsrechtlich tätig sind) ist die Leitung eine ärztliche; der Psychiater trägt dort für die Tätigkeiten seiner Dienststelle die Verantwortung. Besonders bei gravierenden Zwischenfällen wie Tötungsdelikten oder Suiziden muß die ärztliche Leitung Rechenschaft über das Handeln des Dienstes ablegen.

(1) Im klassischen *stationären Bereich* der Psychiatrischen Klinik oder der Psychiatrischen Abteilung am Allgemeinkrankenhaus wird Sozialarbeiterinnen ein klar *eingegrenzter Aufgabenbereich* zugewiesen, oft in einem eigenständigen Sozialdienst, manchmal etwas abseits, aber privilegiert zugleich, denn sie sind (meist) vom Schichtdienst befreit, besitzen ein eigenes Büro, zumindest einen eigenen Schreibtisch. Der Bereich der Sozialarbeit untersteht in den Kliniken häufig der Verwaltungs- und nicht der therapeutischen Leitung, und im Regelwerk der Verantwortlichkeiten sind die Sozialarbeiter von manch schwieriger Verpflichtung anderer Berufsgruppen befreit; so werden Ärzte und Pflegepersonal viel eher für Behandlungsfehler und Zwangsmaßnahmen, unterlassene Hilfeleistungen und Aufsichtspflichtverletzungen juristisch belangt als Sozialarbeiter. Diese medizinisch-pflegerische Dominanz im stationären Bereich betrifft selbst Mitarbeiter aus betreuten Wohnformen und anderen gemeindeintegrierten Einrichtungen, die trotz ihrer langen und sehr intensiven Alltagserfahrungen mit „ihren" Klienten noch heute mitunter erleben müssen, daß sie im Falle einer Klinikeinweisung nicht nur ihre Betreuungskompetenz an der Stationstür verlieren, sondern daß oft auch ihre Kenntnisse der Lebensgeschichte und der aktuellen Situation des Klienten vom Aufnahmearzt oder dem Pflegepersonal ignoriert werden. Beispiel:

Eine Sozialarbeiterin bringt einen chronisch psychisch kranken Wohnheimbewohner aufgrund eines akuten psychotischen Schubes in die Psychiatrische Universitätsklinik. Auf ihre Bitte, bei Fragen des Verlaufes und der Entlassung des Patienten in die Entscheidung einbezogen zu werden, da sie seit acht Jahren diesen Bewohner begleite, antwortet die Stationsleitung: „Das müssen Sie schon uns überlassen! Wir werden schon wissen, wann er wieder richtig gesund ist!". Kopfschüttelnd steht die Sozialarbeiterin draußen vor der Tür.

Aufgrund solcher Erfahrungen fühlen sich Sozialarbeiterinnen und Sozialpädagogen nicht selten durch „die Weißkittel" gekränkt und erleben Kliniken, Gesundheitsämter und Arztpraxen wie schwere „Auswärtsspiele", zu denen sie sich nur ungern begeben. Manche versuchen, ihr Unbehagen – das ja ein strukturelles und kein primär subjektiv-emotionales ist – durch *therapeutische Zusatzausbildungen* mit der meist ungewissen Hoffnung auf einen dadurch verbesserten *beruflichen Status* zu kompensieren. Weniger begehrt sind offenbar *berufsspezifische Fortbildungen* wie „Schuldnerberatung", „berufliche Rehabilitation" oder „Sozialhilferecht". Doch der Statusgewinn auch der therapeutischen Zusatzqualifikationen ist begrenzt. Die *medizinische Dominanz* ist vor allem eine rechtlich und sozialpolitisch begründete; nach den Bestimmungen des Sozialrechts dürfen Tätigkeiten, die zur Verhütung, Früherkennung und Behandlung von Krankheiten erfolgen, im Rahmen der gesetzlichen Krankenversicherung nur von Ärzten verordnet und durchgeführt, bestenfalls im Zuge einer ärztlichen Delegation an nichtärztliche Fachkräfte übergeben werden. Fragen der Aufnahme, Therapie und Entlassung sind im klinischen Bereich juristisch eindeutig allein den Ärzten zugeordnet. Wer sich für den Abbau der medizinischen Vormachtstellung und die stärkere Einbeziehung anderer fachlich qualifizierter Berufsgruppen stark macht, muß die Auseinandersetzung also sozialpolitisch – und weniger persönlich-emotional – führen.

(2) Anders sieht die berufspolitische Stellung der Sozialen Arbeit im *Bereich der gemeinde-integrierten Psychiatrie* aus: Psychosoziale Kontaktstellen, Tagesstätten, Betreutes Wohnen, Übergangshäuser, Wohngruppen und -heime, aber auch Werkstätten, Zuverdienst-Firmen und betreute Arbeitsplätze sind jene psychiatrischen Felder, in denen *Sozialarbeiter* und *Sozialpädagoginnen* am häufigsten vertreten sind und oft auch *„das Sagen" haben.* Auch hier treffen sie auf andere Berufsgruppen wie Ergotherapeuten, Heilpädagoginnen, Heilerziehungspfleger, ambulant tätige Pflegekräfte oder Psychologen, doch haben sie hier eher ein „Heimspiel". Bei Entscheidungen über Aufnahmen, Entlassungen, Klinikverlegungen, Rehabilitationsmaßnahmen und Verhandlungen mit den Kostenträgern ist ihre Kompetenz gefragt, ebenso ihr methodisches Wissen, wenn sie sich in Einzelgesprächen, Angehörigenarbeit oder Psychoseseminaren engagieren oder wenn es um Einzelfallhilfe, soziale Gruppenarbeit oder Gemeinwesenarbeit geht.

Aufgabe der Sozialen Arbeit: das Soziale

Zur Zufriedenheit und Anerkennung im Spektrum der Berufsgruppen könnte also nicht nur die Auseinandersetzung um mehr Verantwortung und gleichberechtigte Kooperationsstrukturen, sondern auch ein Stück (Rück-)Besinnung auf das eigene Metier beitragen: Soziale Arbeit im multiprofessionellen Team hat die *Aufgabe,* besonders *auf das Soziale zu achten.* Das klingt wie ein Allgemeinplatz, heißt aber konkret: Welchen Eindruck hat die Sozialarbeiterin davon, wie „ihr" Klient die Rolle als soziales Wesen innerhalb seiner Umgebung erfüllen kann? Wie ist sein soziales Netz beschaffen, verhält er sich sozial

sehr abweichend oder überangepaßt? Wie agiert er in seinem sozialen Umfeld, und wie reagiert dieses wiederum auf ihn? Die Sprache, die sie besonders gut beherrschen muß, ist die Sprache der sozialen Beziehungen und Bezüge. Kann sie entschlüsseln, welchen Stellenwert die Nachbarn, Freunde, Kollegen und Angehörigen für den Klienten haben? Hält der Klient, hält die Sozialarbeiterin dieses Netz für ausreichend? Oder sollten sie sich gemeinsam bemühen, es zu verstärken? Sie muß einschätzen können, ob der Klient sein ganz individuell gestricktes Leben genau so (und nur so) aushält oder ob er es anders leben könnte und möchte, aber – für eine Weile – einen Dolmetscher benötigt. Diese *sozialen Übersetzungsleistungen* beschränken sich nicht auf Hausbesuche und Gespräche, sondern bedürfen ebenso der Abklärung der materiellen Lebensgrundlagen und der Vermittlung unterschiedlichster konkreter Hilfen.
In den letzten Jahren hat sich immerhin in vielen psychiatrischen Institutionen die Erkenntnis durchgesetzt, daß eine *kurze Verweildauer* in der Klinik oder eine effektive ambulante Behandlung beim niedergelassenen Psychiater für viele Patienten nur dann zum Erfolg führt, wenn sie *verknüpft* ist *mit einer zuverlässigen sozialen und pädagogischen Begleitung*. Die Kliniken selbst zeigen sich kooperativer, die Sozialarbeiter andererseits selbstbewußter, ihr Aufgabengebiet kompetent zu vertreten. Und schließlich wird die Psychiatrie immer kleinräumiger (von den großen Anstalten zu den kleinen Projekten), so daß in einigen Bereichen die Berufsprofile zu verschwimmen scheinen. Im Betreuten Wohnen arbeiten Krankenschwestern, Psychologen und Sozialarbeiter mit fast identischen Arbeitsplatzbeschreibungen. Jeder fühlt sich dafür zuständig, Einzel- und Gruppengespräche zu führen, bei der Wohnungssuche zu helfen, Medikamente zu stellen. Alle Kollegen arbeiten im Krisendienst. Engagierte Psychiater interessieren sich über ihre Stationsarbeit hinaus für die berufliche Rehabilitation ihrer Patienten oder nehmen am Psychoseseminar teil. Man könnte den Eindruck haben, als näherten sich in der gemeindeintegrierten Psychiatrie die anderen Berufsgruppen den Sozialarbeitern zunehmend an, als rückten sie ihnen auf die Pelle. Je wichtiger das Soziale wird, je stärker alle Kollegen sozialtherapeutisch tätig sind, desto besser sollte die Berufsgruppe der Sozialen Arbeit ihr Handwerk beherrschen. Im Teil 2 unseres Buches soll dies genau das Thema sein.

## Weiterführende Literatur

Zum Thema „Sozialarbeit" im Arbeitsfeld „Psychiatrie" liegt als Sammelband vor: *Blanke, U.* (1996): Der Weg entsteht beim Gehen – Sozialarbeit in der Psychiatrie. Bonn.

Unter der Federführung von *Marianne Bosshard, Ulla Ebert* und *Horst Lazarus* ist das Heft 2/96 der Sozialpsychiatrischen Informationen mit dem Titel „Sozialarbeit und Sozialpädagogik in der Psychiatrie" erschienen. Die Artikel beleuchten aus unterschiedlichen (auch internationalen) Blickwinkeln die Verbindungs- und Reibungspunkte zwischen Sozialer Arbeit und Psychiatrie. Lesenswert ist auch: *Terbuyken, G.* (1997): Verstehen und Begleiten. In: Soziale Arbeit 2, S. 76–84.

Zur Orientierung in das breite Spektrum der Psychotherapie erscheinen am geeignetsten: *Heigl-Evers, A.* u. a. (1994): Lehrbuch der Psychotherapie. Stuttgart-Jena.

Alles Wissenswerte über Psychopharmaka erfährt man bei: *Finzen, A.* (1995): Medikamentenbehandlung bei psychischen Störungen. Bonn.

# Teil 2
# Hilfeangebote

# 4. Sozialarbeiterische Methoden und Hilfen im Arbeitsfeld Psychiatrie

In diesem Kapitel führen wir in die Methoden der Sozialarbeit ein, soweit diese für die Anforderungen der stationären, komplementären und ambulanten Psychiatrie geeignet sind. Wir orientieren uns zunächst an der traditionellen Differenzierung von *Einzelfallhilfe* (Abschnitt 4.2.) und *Sozialer Gruppenarbeit* (Abschnitt 4.3.), bieten aber unter dem *Oberbegriff „Gemeinwesenarbeit"* eine Exkursion in gemeindepsychiatrische Gremien- und Öffentlichkeitsarbeit (Abschnitt 4.4.). Abschließend streifen wir so unterschiedliche Themenbereiche wie „Dokumentation" und „Evaluation", „Fortbildung" und „Supervision", die aufgrund der aktuellen Forderung nach Qualitätskontrolle im psychiatrischen Bereich zunehmend an Bedeutung gewinnen (Abschnitt 4.5.).
Die im Wissenschaftsbetrieb geführte „Methodendiskussion" wird in der sozialpsychiatrischen Alltagsarbeit nur wenig wahrgenommen. Müßten wir uns hier einordnen, so würden wir am ehesten auf *ökosoziale* bzw. *ressourcenorientierte* Ansätze verweisen (Wendt 1992). Wir verzichten aber bei diesem Schwerpunkt weitgehend auf eine allzu theoretische Reflexion und versuchen, vor dem Hintergrund unserer eigenen Berufserfahrung möglichst praxisnahe Handlungsanweisungen zu geben. Zur Illustration tauchen sporadisch die bereits in Kapitel 2 vorgestellten drei Fallbeispiele in chronologischer Reihenfolge auf.

## 4.1. Grundsätzliche Aspekte für die Begegnung

Wie kann sich die Sozialarbeiterin auf ihre erste Begegnung vorbereiten? Sie kennt die Geschichte der Psychiatrie und damit die Wurzeln ihrer Vorbehalte und Ängste. Sie vermag die verschiedenen Erscheinungsformen psychischer Störungen und therapeutischer Verfahren einzuordnen. Wie kann sie sich methodisch auf die Begegnung mit Klienten vorbereiten? In den folgenden Abschnitten geben wir grundlegende Hinweise für den professionellen Kontakt mit psychisch gestörten Menschen – Anregungen für die Einzel- und Gruppenarbeit.

(a) *Respekt:* Die Sozialarbeiterin trifft in einem beruflichen Kontext auf den psychisch kranken Menschen. Die Begegnung mit dem Klienten hat einen Anfang und ein Ende, einen Zweck und ein Ziel. Nicht nur die erste *Annäherung* will *gestaltet* sein, sondern auch der eindeutige und *respektvolle Abschied.* Hier begegnen sich nicht zwei private Personen, sondern ein professioneller „Anbieter" und ein „Kunde". Gleichwohl bittet der Kunde häufig nicht um die angebotene Leistung, sondern versucht sie zu vermeiden. In diesem Spannungsfeld zwischen Hilfe und gesellschaftlicher Kontrolle ist die ständige Reflexion des eigenen Handelns, der eigenen Motivation und des Auftrags unverzichtbar. Der erste Kontakt, das erste Gespräch verläuft grundsätzlich wie jede erste Begegung: Die Sozialarbeiterin wird auf einen fremden Menschen zugehen und dessen ganz eigene Entwicklung, Andersartigkeit, Aussehen und Art zu leben respektieren. Sie ist neugierig. Aber auch sie möchte *respektiert* werden. Die beiden sehen sich gegenseitig an und ordnen ein: Körperhaltung, Kleidung, Mimik und Gestik signalisieren Wünsche: „Laß mich in Ruhe!", „Kümmere dich um mich!", „Ich bin der Größte!".
(b) *Grenzen:* Psychisch gestörten Menschen sind die eigenen Grenzen oft unklar, sie lösen sich auf, sie verändern sich ständig. Sie fragen sich: Wo fange ich an, wo höre ich auf? Welche Stimme gehört zu mir, welches Gefühlt kommt von außen, welches von innen? Um Innen und Außen, Subjekt und Objekt wieder trennen zu können, sollte in der Begegnung *Eindeutigkeit* herrschen. Da der Klient sich selbst mit seinen eigenen Grenzen so schlecht erkennen kann, benötigt er den Spiegel in den Reaktionen seines Gegenübers. In der Begegnung hat die Sozialarbeiterin also *zwei Aufgaben:* Sie zeigt dem Klienten, wer er selbst ist, wo seine Grenzen verlaufen und wie er auf andere wirkt. Sie signalisiert ihm aber auch, wie sie selbst ist, wo sie anfängt und aufhört und was sie – vielleicht wie jeden anderen Menschen – verletzt. Sie setzt sich in Beziehung zu dem Klienten und stellt allmählich eine Beziehung her: „Hier hören Sie auf, und da fange ich an. Manches aber können wir zusammen tun." Der Prozeß des vorsichtigen Sich-aneinander-Herantastens besteht aus scheinbar banalen Gesprächen und alltäglichen Verrichtungen. Wer in der sozialen Beziehungsarbeit mit psychisch kranken Menschen tiefgründig analysieren will, wird schei-

tern und von diesem Arbeitsfeld enttäuscht sein. Trotzdem ist die Kenntnis psychodynamischer Erklärungsmodelle äußerst hilfreich. Denn das „wirkliche“ Verstehen ungewöhnlicher Verhaltensweisen ist der entscheidende Schritt beim Aufbau einer professionellen Beziehung.

(c) *Vertrauen:* Menschen mit psychischen Störungen können sich selbst und anderen nicht trauen. Sie unterliegen Stimmungsschwankungen, die sie sich selbst nicht erklären können. Ihr „Ich“ ist brüchig und verletzlich, sie sind nicht mehr „Herr im eigenen Hause“, und wären es doch gerne. Die Stärkung der Autonomie ist das Ziel der Beziehungsarbeit in der Alltagsbegleitung. Wenn der Klient sich selbst nicht trauen kann, muß er wenigstens der Sozialarbeiterin trauen können. Er wird sie testen, immer wieder neu. Dabei wird er mit unheimlicher Sicherheit ihre wunden Punkte treffen: Ist sie böse? Ist sie gekränkt? Nimmt sie mich ernst? Weil sie eine professionelle Ersatzspielerin ist, kann sie sich solch ein verletzendes und wechselhaftes Verhalten erklären. Deshalb wird sie *nicht einfach gekränkt* reagieren und sich zurückziehen, sondern *immer wieder neue Angebote* machen. Ganz allmählich wird sich so Vertrauen in der Beziehung entwickeln. Ein derartiger Prozeß kann Monate, häufig auch Jahre dauern. Beziehungsarbeit braucht Zeit. Ungeduld und Druck können die Rehabilitation bis zum Beziehungsabbruch, ja bis zur Suizidalität gefährden.

(d) *Zeit:* Die Sozialarbeiterin muß mit dem Klienten einen ganz *neuen Zeitbegriff erarbeiten.* Er hat oft nicht nur die räumlichen, sondern auch die zeitlichen Grenzen verloren. Fünf Minuten sind ihm wie ein Tag, vielleicht auch ein Tag wie eine Minute. Die Sozialarbeiterin wird versuchen, mit ihm gemeinsam eine zeitliche Struktur aufzubauen. Mit regelmäßigen Terminen gibt sie die ersten Taktschläge von außen vor; mit gemeinsamen Aktivitäten entsteht allmählich ein neuer Rhythmus, der sich an der Dynamik von Wachen und Schlafen, Morgen und Abend, Aktivität und Entspannung orientiert. Doch es wird der Rhythmus des Klienten bleiben; vielleicht überfordern ihn schon die wenigen alltäglichen Verrichtungen, die für die eigene Versorgung oder ein Leben in einer Gemeinschaft erforderlich sind.

(e) *Angst:* Natürlich weiß die Sozialarbeiterin: Der Klient ist ein besonders irritierbarer Mensch. Er hat vielleicht Angst. Aber auch sie hat manchmal Angst vor diesem Menschen, Angst vor dem Hausbesuch, Angst vor der Begegnung. Sie hat Respekt vor seiner Empfindsamkeit, seiner Dünnhäutigkeit und Angst vor seinen heftigen, unein-

fühlbaren Reaktionen. Diese Angst wird sie im Laufe der Beziehungsarbeit verlieren, auch sie wird Vertrauen gewinnen. Ein Rest von Vorsicht, von Respekt wird jedoch bleiben. Bei jeder neuen Begegnung kann der Klient anders gestimmt sein: Vielleicht hört er wieder Stimmen, oder er ist alkoholisiert. Ein gewisser, immer *geringer werdender Pegel von Mißtrauen und Vorsicht* gehört zur Arbeit in der Psychiatrie, sozusagen zur Grundausstattung. Er sorgt für die Aufmerksamkeit und Anspannung, wie sie z. B. auch für das Leben in einer modernen Großstadt erforderlich ist. Wen das Angstgefühl lähmt, wem es die Begegnungen überflutet, der sollte seinen Arbeitsbereich überprüfen und notfalls wechseln. Das Arbeitsfeld „Psychiatrie“ ist keine Arbeit wie jede andere und nicht zwangsläufig von jedem zu bewältigen.
(f) *Gewalt:* Ohne Gewalt wäre unsere Psychiatrie undenkbar. Nicht zuletzt deswegen, weil psychisch gestörte Menschen manchmal gegen sich selbst oder andere gewalttätig werden, gibt es einen Bereich in der Gesellschaft, der damit beauftragt ist, diese Gewalt zu beseitigen oder wenigstens zu isolieren. Wissenschaftliche Studien belegen, daß psychisch kranke Menschen nicht häufiger gewalttätig sind als andere Menschen. Trotzdem sind Mitarbeiter in Institutionen, in denen Menschen wegen ihres aggressiven Verhaltens behandelt und verwahrt werden, besonders gefährdet. Manche Institutionen verschärfen durch ihre Enge und ihr Milieu aggressives Verhalten. Trotzdem sind psychiatrisch Tätige auch im ambulanten und komplementären Bereich *mit Gewalt konfrontiert;* allerdings scheint sich hier die Dynamik vor allem gegen die Klienten selbst zu richten, es steigt also die Gefahr der Suizidalität. Mit Gewalt muß vor allem bei Tätigkeiten gerechnet werden, die selbst Zwang ausüben: bei der Zwangseinweisung im Sozialpsychiatrischen Dienst, auf der Akutstation, aber auch im Sozialamt. Respekt vor den Grenzen des Klienten, Vertrauen und Zeit spielen auch in Gewalt- und Zwangssituationen eine große Rolle. Wirkt der Klient gespannt und gefährlich, so benötigt er Platz und Zeit. Die Sozialarbeiterin wird *Abstand* halten und nicht drängen. Sie fühlt sich sicherer (und auch der Klient), wenn sich z. B. ein Tisch als Barriere zwischen ihnen befindet und ein „Fluchtweg“ offen ist. Vor allem Berufsanfänger sollten sich nicht scheinbar heldenhaft allein ängstigenden Situationen aussetzen. Besonders unter Drogen- oder Alkoholeinfluß verhalten sich Klienten völlig anders als gewohnt und können sich nicht mehr steuern. Kleinste Irritationen können dann selbst-

oder fremdgefährdende Impulse auslösen. Gespannte und potentiell aggressive Klienten empfinden es als Erleichterung, wenn die Begegnung eindeutig gestaltet ist und klare Grenzen gesetzt werden. Kollegen sollten sich in ängstigenden Situationen ganz selbstverständlich gegenseitig Beistand leisten. Einen ähnlich entspannenden Effekt hat die Präsenz von Polizei oder Feuerwehr bei brisanten Einweisungen. In der psychiatrischen Arbeit müssen sich Teams immer wieder neu und offen dem tabuisierten Thema der Gewalt – vielleicht über Fortbildung und Supervision – nähern und fragen, ob vielleicht die Strukturen der Station, der Einrichtung Gewalt fördern. Vor allem Krankenpfleger verhärten zwangsläufig nach Jahrzehnten in der Akutpsychiatrie. Andere Berufsgruppen (Psychologen, Sozialarbeiter) tendieren dazu, das Thema „Gewalt" zu negieren und diesen Anteil der Klienten wegzudrängen. Besonders nach traumatisierenden Bedrohungen und Körperverletzungen benötigen psychiatrisch Tätige den uneingeschränkten Rückhalt ihrer Kollegen und Vorgesetzten.

Anregungen für die Begegnung

Den Klienten als eigenständigen, andersartigen Menschen respektieren.
Auf die Einhaltung klarer Grenzen in dieser beruflichen Beziehung achten.
Die ständige Prüfung der Beziehung aushalten (dies braucht Zeit und Geduld).
Auf die eigene Angst in der Begegnung achten.
Gewalt wahrnehmen, allein und im Team respektieren und reflektieren.

### 4.1.1. Begegnung mit schwer zugänglichen Menschen

Arrangement

Die Sozialarbeiterin sollte sich kurz und verständlich vorstellen und ihr Anliegen benennen. Einige Bemerkungen im Sinne einer alltäglichen Konversation dienen dem Spannungsabbau, etwa indem die Sozialarbeiterin „eine Vorgabe"macht („Ich habe mich leider verspätet", „Der Weg ist nicht einfach zu finden", „Zum Glück hat es aufgehört zu regnen"). Die Sozialarbeiterin als Gastgeberin kann etwas zu trinken holen; auch das Raucher-Ritual (Zigarette anbieten, anzünden, rauchen) erdet und entspannt. Jetzt ist sorgfältig darauf zu achten, wieviel Belastung der Klient aushalten kann. Auf Signale der Verstörung und auf Rückzugsversuche muß die Sozialarbeiterin mit größter Sensibilität reagieren. In diesem Moment ist ein konfrontatives Beratungsgespräch mit intensivem Blickkontakt, Frage und Antwort und langen Pausen nicht indiziert. Lauscht der Klient auf innere Stimmen? Lacht er (für sie) grundlos? Wirkt er sehr gespannt? Vielleicht muß das Gespräch im Treppenhaus oder Flur geführt werden. Oder der Klient ist zu einem kurzen Spaziergang bereit. Gemeinsames alltägliches Handeln wirkt weniger bedrohlich als ein eindringliches, mit vermeintlich großer Empathie geführtes Gespräch. Kommt es zu einem Gespräch im Büro der Sozialarbeiterin, kann sie darauf achten, daß sie schräg zum Klienten sitzt: So können beider Blicke sich ausweichen und immer wieder beiläufig aufeinandertreffen. Findet das Gespräch in der Wohnung des Klienten statt, kann eine ähnlich „schräge" Konstellation gewählt werden. Vielleicht möchte der Klient aber auch auf sein Bett gekauert sitzen und die Sozialarbeiterin lieber in der Tür stehenbleiben.

Gesprächsführung

Ähnlich „schräg" kann auch die Unterhaltung geführt werden: Der Klient sollte nicht ausgefragt werden; seine Bemerkungen sollten aufgegriffen, eigene Interpretationen hinzugefügt werden. Das Gespräch darf herumirren, Umwege machen. Beide probieren aus, welche Themen tragfähig sind, wobei die Gesprächsinhalte oft unwichtig sind. Sprachmelodie, Tonfall, Körperhaltung und Affekt nimmt der psychotische Klient viel stärker wahr. Es ist immer ausreichend Raum zu lassen, notfalls jederzeit der Rückzug anzutreten. Die Grenzen des Klienten sind zu respektieren. Bei solchen Gesprächen sind die Grundregeln herkömmlicher Gesprächsführung oft außer Kraft gesetzt. Sind Angehörige anwesend oder ein Kollege, und der Klient bleibt abweisend, so wird in seinem Beisein eventuell „um ihn herum" gesprochen („Ich frage mich, ob ihn mein Besuch wohl erschreckt hat. Was meinen Sie?"). Es kann aber auch sinnvoll sein, das Gespräch allein zu führen und die anwesende Person zu bitten, das Zimmer zu verlassen. Berichte des Klienten über ungewöhnliche Wahrnehmungen (Stimmen, Mißempfindungen, verschwundene Gegenstände usw.) sind als sein Erleben zu respektieren; für ihn ist dies Realität. Nur wenn er darüber sprechen kann, ist er nicht völlig isoliert und hat eine Chance, seine Erfahrungen zu teilen und zu überprüfen. Die Sozialarbeiterin achtet besonders auf die affektive Beteiligung: Ist der Klient stark geängstigt und gequält, oder ist das psychotische Erleben längst Bestandteil seines Alltags?

Manchmal *schweigen* Klienten. Sie fühlen sich vielleicht bedrängt oder empfinden Angst. Menschen, die unter neuroleptischer Medikation stehen oder im Verlauf der Erkrankung sehr antriebsarm geworden sind, wissen oft wenig zu sagen und leiden unter der Anforderung, „Konversation machen" zu müssen. Dann ist es hilfreich, wenn die Sozialarbeiterin einen Monolog führt, kommentiert, was ihr im Zimmer auffällt und mit Sprechpausen immer wieder Gesprächsangebote macht. Ein derartiges Gespräch dauert vielleicht nur 5 bis 10 Minuten. Das Gespräch abzubrechen und die Wohnung wieder zu verlassen, kann die entscheidende vertrauensbildende Maßnahme werden. Wer unverrichteter Dinge geht, ist nicht gefährlich und respektiert den Lebensraum des Klienten; wer danach wiederkommt, ist schon weniger gefährlich; vielleicht kündigt die Sozialarbeiterin beim Abschied schon an, wann sie wiederkommt oder sie schlägt eine gemeinsame Aktivität vor. Bleibt beim nächsten Besuch die Tür verschlossen oder wird der nächste Termin nicht wahrgenommen, tritt der Beziehungs-Test in eine neue Phase.

Weiterführende Literatur

Wichtige Hinweise für die Arbeit mit chronisch psychisch Gestörten geben: *Mosher, L./Burti, L.* (1989): Psychiatrie in der Gemeinde. Bonn.

### 4.1.2. Begegnung mit dementiell erkrankten Menschen

Arrangement

Voraussetzung für das Gespräch mit dementiell Erkrankten ist eine *ruhige Atmosphäre.* Fast jeder alte Mensch reagiert auf eine neue Umgebung und fremde Gesprächspartner mißtrauisch und verstört. Dies ist bei jeder Begegnung, ob in einer Einrichtung oder beim Hausbesuch, zu berücksichtigen. Ausreichend Zeit und die Bereitschaft, immer wieder neu das Anliegen der Begegnung zu erklären, sind selbstverständlich. Zunächst ist eine klare und günstige Gesprächssituation herzustellen: Sozialarbeiter und Klientin sollten in gleicher Höhe sitzen, ohne großen Abstand, und sich in die Augen blicken. Der Sozialarbeiter sollte langsam sprechen, mit einfachen Worten und ganz kurzen Sätzen. Respektvoller Körperkontakt (Berühren der Hand, Fassen der Schulter) verstärkt die Konzentration der Klientin und verschafft Sicherheit.

Gesprächsführung

Der Sozialarbeiter wird die *Sprache der Klientin* aufgreifen und sie benutzen. Er „imitiert" sie am besten in Aussprache, Wortwahl und Grammatik, denn Fremdheit irritiert den alten Menschen. Der Sozialarbeiter sollte einfache Fragen stellen. Werden sie nicht verstanden, muß abgewartet werden. Die demente Klientin braucht Zeit. Die Gefahr ist groß, die Frage immer wieder neu zu formulieren oder nach einem anderen Inhalt zu fragen. Dies fördert die Verwirrung. Auch nach mehreren Wiederholungen darf der Sozialarbeiter nicht ungeduldig oder gereizt reagieren, denn dementiell erkrankte Menschen nehmen *affektive Signale* wahr, können sie aber nicht einordnen und reagieren verstört. Reaktionen der Angst, Unsicherheit und Anspannung müssen erkannt und respektiert werden; erst wenn die Klientin mit Worten und Körperkontakt beruhigt worden ist, darf fortgefahren werden. Senile Menschen sind sich häufig emotional ihrer Einschränkungen bewußt. Können sie Fragen nicht beantworten, so reagieren sie verzweifelt und bestürzt. Sozialarbeiter müssen sich permanent klarmachen, daß der senil-demente Klient vorrangig in seinen Gefühlen ernst zu nehmen ist. Sozialarbeiter können sich den respektvollen Umgang erleichtern, indem sie sich selbst einen besseren Zugang verschaffen: Viele Klienten berichten gerne und anschaulich aus ihrer Vergangenheit, Kindheit und Jugend; denn das Altzeitgedächtnis ist oft noch intakt. Mit immer wieder wacher Neugierde erforscht der Sozialarbeiter überstandene Belastungen und freudige Ereignisse: Wie wurden die harten Kriegszeiten überlebt? Wer war die erste Liebe? Wie wurde gewohnt? Was gab es zu essen? Wenn auch diese Gesprächsinhalte verschüttet sind, ist irgendwo sicher eine alte Fotografie zu finden, die gemeinsam betrachtet werden kann. Dieser Gang auf vertrautem Terrain gibt der Klientin Sicherheit und festigt sie in ihrer Expertenrolle; denn der Sozialarbeiter weiß ja tatsächlich nicht, wie eine mehrköpfige Familie in Mecklenburg während des Ersten Weltkriegs gelebt hat.

Manchmal fühlen sich altersverwirrte Menschen in ihre Kindheit zurückversetzt. Sie verkennen ihre Angehörigen oder den Gesprächspartner. In der Regel ist es nicht sinnvoll, dieses Erleben zu korrigieren; auf jeden Fall ist eine Auseinandersetzung zu vermeiden. Die Aufrechterhaltung einer harmonischen Grundstimmung, die die Wahrnehmungen des alten Menschen respektiert, hat Priorität. Klagen Klienten z. B. über mißgünstige Nachbarn, von denen sie sich mit Strahlen und Sendern gequält fühlen, ist der Sozialarbeiter besonders gefordert. Dieses Erleben gilt es zu respektieren. Gleichzeitig muß aber die eigene

Sicht und damit die Realität der Außenwelt ruhig und selbstbewußt vertreten werden. Paranoides Erleben alter Menschen ist häufig ein Indiz für den Mangel an sozialen Kontakten und Zuwendung.
Der Erstbesuch muß vielleicht schon rasch ohne offensichtliches Ergebnis beendet werden; noch besser wäre es allerdings, den Besuch durch ein gemächliches Tempo auszudehnen, bis eine gewisse Vertrautheit eingetreten ist. Auch wenn der Sozialarbeiter beim nächsten Besuch kognitiv nicht erkannt wird, so ist er doch weniger fremd. Ganz allmählich kann er nun anfangen, nach den benötigten Unterlagen zu fragen, zu suchen, Informationen zu notieren. Dementiell erkrankte Klienten können derart komplexe Situationen nicht erfassen und reagieren deshalb – sicherheitshalber – mit Mißtrauen und Ablehnung. Wiederholte Besuche, Anknüpfen an frühere Gesprächsinhalte, das Verwenden vertrauter Sprachwendungen und Begriffe helfen beim Aufbau einer angstfreien Begegnung.

Weiterführende Literatur

Eine sehr praxisbezogene Einführung bieten: *Gümmer, M./Döring, J.* (1994): Im Labyrinth des Vergessens. Bonn.

Außerdem sind für dieses Thema die Bücher des Wiener Krankenpflegers Erwin Böhm unverzichtbar, z. B.: *Böhm, E.* (1989): Verwirrt nicht die Verwirrten. Bonn.

## 4.2. Einzelfallhilfe / Case Work

Mit der Einzelfallhilfe stellen wir in diesem Abschnitt die *klassische Methode der Sozialen Arbeit* vor. Wir schildern die einzelnen Schritte des Beratungsgesprächs und empfehlen spezifische Vorgehensweisen für gewünschte und verordnete Gespräche (Hausbesuche) (Abschnitte 4.2.1. und 4.2.2.), für die Langzeitbegleitung und das Krisengespräch (Abschnitt 4.2.3.). Der relativ neuen Methode des Case Management geben wir in Hinblick auf ihre zukünftige Bedeutung für die gemeinde-integrierte Psychiatrie besonders viel Raum (Abschnitt 4.2.4.). Wir beschließen diesen Abschnitt mit einem Einblick in den „leidigen Schriftkram" (Abschnitt 4.2.5.) und die wichtigsten Rechtsgrundlagen von Datenschutz und Schweigepflicht für die psychiatrische Einzelfallhilfe (Abschnitt 4.2.6.).

### 4.2.1. Das gewünschte Beratungsgespräch

#### (1) Abklären der Zuständigkeit

> Frau Barini (2): Wer ist zuständig?
>
> (Fortsetzung von S. 68) Frau Barini verzweifelt an ihrem Sohn. Die Ausbildung hat er abgebrochen. Seit einigen Wochen verläßt er kaum noch sein Zimmer: Er hört Musik, nachts poltert er durch die Wohnung und schimpft leise vor sich hin. Ihr eigener Sohn wird Frau Barini ganz fremd. Manchmal hat sie Angst vor ihm. Neulich verlangte er plötzlich Geld von ihr und rüttelte grob an ihrem Arm. Ihr Mann donnert gelegentlich gegen Marcos Tür und brüllt etwas von Arbeit. Als sie ihren Internisten um Rat fragt, zuckt er mit den Schultern und verweist sie an das Jugendamt. Sie faßt sich ein Herz und ruft dort an. Die Worte sprudeln aus ihr heraus, da wird sie plötzlich unterbrochen. Erst müsse man einmal klären, wer eigentlich zuständig sei. Frau Barini schämt sich plötzlich für ihr voreiliges Mitteilungsbedürfnis. Sie wird nach ihrer Adresse gefragt und um wen es gehe. Weil Marco mit seinen 19 Jahren inzwischen erwachsen ist, sei das Gesundheitsamt zuständig.

Die Abklärung der Zuständigkeit gehört zu den typischen Ritualen des bürokratischen Beamten: Name, Geburtsdatum, Adresse, Krankenkasse. Wir leben in einem sozialen System, in dem die Kostenträger, Beratungs- und Behandlungsangebote aufgesplittet sind. Aus verschiedenen *Gründen* ist die genaue Abklärung der Zuständigkeit zu einem möglichst frühen Zeitpunkt gerade im psychiatrischen Feld unumgänglich:

(a) Klienten haben ein *Recht* darauf, möglichst früh den zuständigen Gesprächspartner kennenzulernen. Es sollte ihnen nicht zugemutet werden, mehrfach immer wieder neuen Dienststellen und Mitarbeitern intimste Berichte abgeben zu müssen, bevor sie dann schließlich bei ihrem „Bezugstherapeuten“ landen.

(b) Bei ungenauer Abklärung kann jederzeit im *späteren* Beratungsprozeß der Punkt kommen, an dem bestimmte Leistungen nicht erfolgen können, weil man eben hierfür nun *doch nicht zuständig* ist. Die freundliche Geste der „unbürokratischen Hilfe“ rächt sich spätestens dann – zu Lasten des Klienten.

(c) Im Arbeitsfeld „Psychiatrie“ können jederzeit Zuspitzungen eintreten, die ein sofortiges Handeln im Sinne einer *Krisenintervention* erforderlich machen. Basis-Informationen (z. B. genaue Adresse, Telefonnummer) können dann entscheidend sein.
(d) Häufig wird im psychosozialen und psychiatrischen Bereich eine anonyme Beratung gewünscht. Dies ist natürlich zu akzeptieren. Auch ohne genaue Nennung der Personalien ist eine *Zuständigkeitsklärung* möglich. Anderenfalls sollte die Sozialarbeiterin eröffnend klären, welche Funktion das Gespräch haben kann, und die Grenzen dieser Beratung aufzeigen.

(2) Anamnese/Exploration

Frau Barini (3): Das Erstgespräch

(Fortsetzung von S. 123) Frau Barini wiederholt jetzt die Sätze, die sie in den letzten Tagen vor dem Einschlafen auswendig gelernt hat. Sie redet hastig, sie will nichts vergessen. Sie schildert die bis letztes Jahr problemlose Entwicklung Marcos und klagt dann über den Rückzug, das auffällige Verhalten der letzten Wochen. Hastig zählt sie ihre Wünsche nach Hilfe auf, es müsse sofort etwas geschehen. Die Sozialarbeiterin hört äußerst aufmerksam zu und nickt. Manchmal hakt sie nach, und Frau Barini spürt ihr Interesse. Die Sozialarbeiterin fragt nach Marcos Geschwistern, seinem Vater. Frau Barini weint kurz. Die Sozialarbeiterin wartet ab und bleibt bei diesem schmerzlichen Punkt, den Frau Barini eigentlich schnell übergehen wollte: Daß sie und ihr Mann sich nun auch noch zerstritten haben. Nun fragt die Sozialarbeiterin nach ihrer Ehe, nach den guten und den schlechten Zeiten. An diesem Punkt bleiben sie ein bißchen stehen – zu zweit ist es gar nicht so schlimm. Frau Barini merkt jetzt, daß sie Zeit hat und Raum und spricht ruhiger und ausführlicher. Sie kann sich jetzt ganz auf Marco konzentrieren. Ja, einige Signale fallen ihr jetzt auf, und wieder anderes hatte sie bereits vergessen. Dann gehen sie mehrfach durch Marcos letzte Jahre; wenn Frau Barini weitergehen will, hält die Sozialarbeiterin sie zurück, fordert sie auf, noch einmal genauer hinzuschauen oder noch einmal mit wachsamem Blick einen Bogen in eine andere Richtung zu schlagen. Dabei gehen sie auch zeitlich ein paar Schritte vor und zurück. Bisher hatte sich immer dieselbe Gedankenspirale im Kopf gedreht, sie hatte vieles übersehen, negatives und positives. Als Frau Barini meint, am Ende zu sein, kommen weitere Fragen, und erneut kreisen beide um den finsteren Sohn. Die Sozialarbeiterin fragt nach dem Schlaf, dem Essen, den Selbstgesprächen und welche Sorge denn der Mutter am meisten zu schaffen mache. Jetzt erst, an diesen kleinen Fragen erkennt Frau Barini, daß diese junge Frau (sie könnte ihre Tochter sein!) ortskundig ist. Geleitet durch ihre Fragen und ihr waches Nicken geht sie ein weiteres Mal herum in den letzten Wochen, in der angespannten Familie, in Marcos Zimmer. Dann schildert die Sozialarbeiterin, was sie gesehen hat bei dem gemeinsamen Rundgang. Frau Barini spürt jetzt noch einmal, daß ihr wirklich zugehört wurde, sie wirklich verstanden wurde. Sie bringt ein paar kleine Korrekturen an, und die Sozialarbeiterin berichtigt auch diese Details. Nun scheinen die Bilder übereinzustimmen. Frau Barini ist erschöpft und merkt jetzt, daß sie diese Geschichte zum ersten Mal in Ruhe und ganz zu Ende erzählt hat.

Wenn Klienten zur Beratung kommen, dann haben sie meistens die üblichen Instanzen (Angehörige, Freunde, Nachbarn usw.) bereits ausgeschöpft. Auch die eigene Lebenserfahrung hilft nicht mehr weiter. Es ist zunächst eine demütigende Situation, nicht mehr weiter zu wissen. Die Sozialarbeiterin soll deshalb mit ihrem spezifischen Fachwissen helfen, soll Informationen geben und konkrete Unterstützung anbieten.
Wenn Klienten *sofortige Problemlösungen einfordern,* ist zunächst sehr klar und kurz abzuklären, ob eine akute Gefährdung vorliegt und Sofortmaßnahmen im Sinne einer Krisenintervention erforderlich sind (siehe dazu die Ausführungen in Abschnitt 4.2.3., S. 136 ff.). Ist dies nicht der Fall, so darf in diesem Stadium *keine Hilfe* zugesagt werden. Sozialarbeiter helfen gern, und die Verführung ist groß, derartige Erwartungen zu erfüllen und Versprechen zu machen. Aber vor jedem Rat oder Hilfsangebot ist die Situation des Klienten erst außerordentlich genau und möglichst weiträumig abzuklären. Dies ist eine unverzichtbare Grundlage des Beratungsprozesses für die Sozialarbeiterin; gleichzeitig aber ist die neue und andersartige Sichtweise und das gemeinsame Betrachten des Problems unter einem neuen Blickwinkel ein erster und oft entscheidender Schritt zur Klärung für den Klienten.

Neugierde
Suchhaltung

„Exploration als Tätigsein eines interessiert fragenden Verstandes, gepaart mit von Herzen kommender Fürsorge: dies kennzeichnet den geschulten und erfolgreichen Praktiker“ (Germain / Gitterman 1988: 55). Mit unterschiedlichen Bildern versuchen die Autoren zu fassen, was in der Explorationsphase geschieht. Wache *Neugierde,* eine offene *Suchhaltung,* vollständige Wahrnehmung sind gefordert. Wir haben uns (in diesem Fall) für das Bild „gemeinsames Erkunden eines sumpfigen Geländes, einer Parkanlage, eines Gartens“ entschieden:

> In diesem Gelände steckt der Klient fest oder irrt herum. Aber es ist sein Gelände, er kennt sich dort aus. Die Sozialarbeiterin unterstützt den Klienten beim ratlosen Suchen. Damit er nicht einsinkt, gibt sie ihm ihre Hand. Damit er neue Wege finden kann, hilft sie mit ihrer Wahrnehmung, aus anderem Blickwinkel, von oben, aus einer weitsichtigen Perspektive. Affektive Reaktionen weisen darauf hin, daß der Boden besonders sumpfig/unsicher wird. Dann sollte die Sozialarbeiterin stehen bleiben und den Klienten auffordern, mit der Sicherheit ihres Festhaltens diese Tiefe auszuloten.
> Die Sozialarbeiterin steht auf sicherem Boden. Sie gerät nicht in Panik, denn es ist nicht ihr Sohn und nicht ihr Leben. Das Terrain (Entwicklungsstörung, psychische Auffälligkeit) ist ihr zudem vertraut.
> Vieles in ihrem Lebenskontext nehmen die Klienten nicht mehr wahr. Es ist ihnen selbstverständlich geworden. Jeder Klient, jede Familie hat zahlreiche Probleme gemeistert. Dies gilt es anzuerkennen. Die intensive Suche verstärkt die gemeinsame Konzentration und zeigt dem Klienten, daß seine Sorgen ernst genommen, ja noch vertieft werden.

Überblick

Durch die Ausdehnung der Suchgänge, zeitlich und räumlich, erhalten Sozialarbeiterin und Klient einen Überblick über die Lebenslage, über bisherige Bewältigungsmuster *(Coping-Analyse)* und über vorhandene Hilfemöglichkeiten *(Ressourcen-Analyse).*
Die Exploration im Erstgespräch gehört zu den *schwierigsten,* aber auch erfüllendsten Arbeitsschritten in der psychosozialen Arbeit. Ein umfassendes Wissen der eigenen Abwehr-Mechanismen, Übertragungen und Ängste sollte vorhanden sein. Die wichtigste Voraussetzung ist aber die erwähnte neugierige Suchhaltung und das Vermögen, die Situation hoffnungsvoll möglichst lange offen zu halten.

Anregungen für das gewünschte Erstgespräch

Äußere Bedingungen klären, maximalen Zeitrahmen angeben.
Abklären, ob eine akute Krise vorliegt (→ Krisenintervention).
Viel Raum und Zeit für die Darstellung des Klienten lassen.
Mit wacher, anteilnehmender Neugierde zuhören.
Durch „Spiegeln" Wahrnehmung überprüfen, Interesse zeigen.
Durch Nachfragen die Suche zeitlich und räumlich ausdehnen.
Gefühlsmäßig belastete Bereiche vorrangig bearbeiten.
Gründliche Coping- und Ressourcen-Analyse.
Nicht vorschnell Hilfe anbieten, keine Ratschläge oder Hypothesen.

(3) Das Arbeitsbündnis

Frau Barini (4): Die Vereinbarung

(Fortsetzung von S. 124) Gegen Ende der Gesprächsstunde ist Frau Barini erschöpft und erleichtert. Aber was nun? Bekommt sie hier Hilfe? Was ist mit Marco los?
Die Sozialarbeiterin ordnet nun Punkt für Punkt und erläutert: Die Ablösung vom Elternhaus sei immer ein schwieriger Prozeß und gelinge häufig nicht sofort. Vielleicht sei Marco am Ende einer kritischen Phase, vielleicht zeige er auch Anzeichen einer psychischen Störung. Sie fragt, welche Hilfe sich Frau Barini denn vorstellen könne.
Frau Barini bittet um ein Gespräch, einen Hausbesuch, am besten unter einem Vorwand. Auf keinen Fall dürfe Marco erfahren, daß sie beim Gesundheitsamt war, auch ihr Mann nicht.
Die Sozialarbeiterin erklärt ihre Funktion. Sie betont, wie wichtig jetzt absolute Offenheit und die Mitarbeit von Marco ist. Beide überlegen nun, wie Frau Barini zuhause von diesem Gespräch berichten könnte. Sie probieren ein paar Sätze aus. Nächste Woche wird Frau Barini wiederkommen und erzählen. Ob Marco mitkommen wird?

Gemeinsame Suchhaltung

Die hier beschriebene Phase des Beratungsprozesses beginnt ansatzweise beim Erstgespräch. Sie wird in dieser Ausführlichkeit einen zweiten, vielleicht auch weitere Gesprächstermine erfordern. Auch in dieser Phase der Beratung sollten noch *keine Vermutungen* geäußert und *keine Versprechungen* gemacht werden. Die Versuchung ist groß, aufgrund der eigenen Lebens- und Berufserfahrung Ratschläge zu erteilen, die der Klient als aufgedrängt erleben und abwehren muß. Auch Lösungen und Auswege sind gemeinsam zu erarbeiten. Nur einen Weg, den der Klient selbst sieht, kann er auch gehen. Es gilt also, die gemeinsame Suchhaltung akzeptierend und neugierig *auch während der Phase des Arbeitsbündnisses* beizubehalten. Eine kurze Zusammenfassung vermeidet Mißverständnisse; klare Absprachen, notfalls mehrfach wiederholt, geben Sicherheit. Es muß geklärt werden, welche Aufgaben die beiden Vertragspartner übernommen haben und was noch offen ist. Gegen Ende des Erstgesprächs sollte ein entwirrtes Problemknäuel auf dem Tisch liegen: erste Ordnungsversuche sind erfolgt.

Vertrag Die Arbeitsphase, in der ein Vertrag abgeschlossen, Vereinbarungen getroffen werden, bildet den wichtigen *Abschluß der Exploration,* die Voraussetzung einer längerfristigen sozialtherapeutischen Beziehung. Der *Klient* bestimmt nach Möglichkeit selbst, welche *Aufgaben* er übernimmt und welche *Absprachen* er einhalten will. Die *Sozialarbeiterin* geht ebenfalls – Zug um Zug – *Verpflichtungen* ein. So wird frühzeitig klar, daß gemeinsam gearbeitet wird, daß nicht der ohnmächtige Klient der omnipotenten Sozialarbeiterin gegenübersitzt. Bei Abschluß der Vereinbarung wird auch noch einmal zwingend die *„Ressourcenfrage"* gestellt: Was kann der Klient? Welche sozialen, psychischen und materiellen Kräfte kann er mobilisieren? Beispiele möglicher Aufgabenstellungen für den Klienten sind: Unterlagen (z. B. für das Sozialamt) besorgen; etwas aus der eigenen Familiengeschichte erfragen; ein Gespräch führen; sich nach einem Preis (z. B. für ein Kleidungsstück) erkundigen; Tagesprotokolle (über Aktivitäten, Alkoholkonsum usw.) führen. Beispiele möglicher Aufgabenstellungen für die Sozialarbeiterin lauten: über das Gespräch nachdenken; ein Gesprächsprotokoll fertigen; eine Befürwortung schreiben; sich zu einem bestimmten Problem sachkundig machen. Die Vereinbarung, beim nächsten Gespräch mit den erledigten Aufgaben weiterzuarbeiten, lenkt den Blick in die Zukunft, schafft Hoffnung. Die Sozialarbeiterin tröstet nicht, deckt nicht mit trügerischen Hoffnungen zu, sondern aktiviert „realistisch hoffend" Kraftreserven. Ganz selbstverständlich kann jetzt ein neuer Termin vereinbart werden, denn der Klient muß nicht um ein weiteres Gespräch bitten, sondern beide Vertragspartner treffen sich für den nächsten Arbeitsschritt.

Jedes Gespräch sollte mit der Frage enden: „Fällt Ihnen noch etwas ein? Wie geht es Ihnen jetzt?“

**ANREGUNGEN FÜR DAS ARBEITSBÜNDNIS**

Probleme ordnen und überschaubar machen.
Keine Ratschläge geben, sondern gemeinsam Auswege suchen.
Aufgaben gemeinsam erarbeiten und verteilen.
Mit klaren Absprachen enden.
Im nächsten Gespräch die „Hausaufgaben“ anerkennen und besprechen.

(4) Exkurs: Das verordnete Erstgespräch

Lothar Fischer (2): Das Kontaktangebot

(Fortsetzung von S. 84) Nach dem Abbruch der stationären Alkohol-Entgiftungsbehandlung erhält Lothar Fischer ein „Kontaktangebot“ der Sozialarbeiterin des Sozialpsychiatrischen Dienstes. Ob er nicht zu einem Beratungsgespräch kommen wolle? Er regt sich über die Einmischung in sein Privatleben auf und zerreißt den Brief. Auch nach der nächsten Entgiftung erhält Lothar Fischer ein Kontaktangebot – er wirft es weg. Nun hat seine Frau ihn verlassen, die Scheidung beantragt, und die Post liegt ungeöffnet herum. Schließlich ist die Räumungsklage da und die Wohnung ernsthaft gefährdet. Das Sozialamt ist nicht bereit, ohne einen ausführlichen Bericht des Sozialpsychiatrischen Dienstes die Rückstände zu übernehmen. Ein Brief der Sozialarbeiterin trifft ein: „... schlage ich Ihnen vor, wegen einer Anfrage des Sozialamts am 26. 3. zwischen 10 und 12 Uhr zu uns zu kommen.“ Wütend und beschämt nimmt Lothar Fischer den Termin wahr.

Doppelfunktion von Hilfe und Kontrolle

Beratungsgespräche im psychiatrischen Bereich erfolgen häufig nicht auf Initiative des Klienten oder seiner Angehörigen. Klienten werden „vorgeladen“, „einbestellt“, oder es werden Kontaktangebote gemacht. Sozialarbeiter sollten sich über die Funktion ihrer Arbeit, ihrer Dienststelle im klaren sein. Klienten psychiatrischer Sozialarbeit wollen und können häufig Hilfe nicht aktiv suchen. Mehrfach haben wir auf die Doppelfunktion von Hilfe und Kontrolle in diesem Arbeitsfeld hingewiesen. Natürlich wäre es angenehm, nur „freiwillige“ Patienten zu beraten. Mit derartigen „Komm-Strukturen“ sind aber nur hoch motivierte und kaum gestörte Klienten zu erreichen. Psychiatrische Sozialarbeit kann und darf ihre Kontroll-Funktion nicht verleugnen; niedrigschwellige Sozialarbeit läuft den Klienten hinterher, fordert sie auf, bestellt ein und besucht zuhause.

Lothar Fischer (3): Das verordnete Gespräch

(Fortsetzung von S. 129) Lothar Fischer legt großspurig das Schreiben auf den Tisch. Was denn dieses Gespräch bezwecken solle? Die Sozialarbeiterin verweist auf umfangreiche Unterlagen, die vor ihr liegen. Sie zeigt Lothar Fischer die Kopie der Räumungsklage, die das Amtsgericht an das Sozialamt geschickt hat. Lothar Fischer regt sich auf, das sei ja unglaublich. Die Sozialarbeiterin erklärt, daß mit dieser Informationsweitergabe Wohnungsverluste verhindert werden sollen. In seinem Fall sei es vielleicht möglich, ein Räumungsurteil zu verhindern. Sie benennt die Voraussetzungen und bittet Herrn Fischer zu fragen, falls er etwas nicht versteht. Die einzelnen Arbeitsschritte werden klar benannt und mehrfach wiederholt: Stellung eines Antrages auf Sozialhilfe, Beibringen der fehlenden Unterlagen, Wahrnehmung bestimmter Termine. Die Sozialarbeiterin erklärt, daß sie einen Bericht schreiben muß, in dem sie die Übernahme der Mietrückstände befürworten kann. Sie erklärt, unter welchen Bedingungen sie dazu bereit ist. Ein Zeitrahmen wird festgelegt, die nächsten Termine werden vereinbart. Herr Fischer erhält ein Blatt mit den wichtigsten Arbeitsschritten und Vereinbarungen.
Nachdem dieser Teil des Gesprächs abgeschlossen ist, verändert die Sozialarbeiterin ihre Haltung. Ob Herr Fischer denn darüber sprechen wolle, wie es zu dieser Situation gekommen ist?

Offenlegung des Beratungsauftrags

Das „aufgedrängte“ oder verordnete Beratungsgespräch beginnt mit einer ausführlichen Offenlegung des Beratungsauftrags, der Funktion der Dienststelle und ihrer Hilfs- und Kontrollmöglichkeiten. Dies alles erfolgt in einer Sprache, die der Klient versteht, nicht im Behörden-Jargon. Die Sozialarbeiterin legt offen, in wessen Auftrag sie handelt und welche Konsequenzen das Gespräch haben kann.
Unfreiwillige Beratungsgespräche müssen – inhaltlich und emotional – besonders *gut vorbereitet sein:* die Fakten und Hilfemöglichkeiten

müssen abgeklärt sein, die Sozialarbeiterin muß auf Abwehr, Mißtrauen, Feindseligkeit oder Schein-Kooperation gefaßt sein. Je besser sie auf diese Abwehr-Strategien vorbereitet ist und je besser sie sie nachempfinden kann, desto weniger wird sie sich kränken lassen und so in einen aussichtslosen Clinch mit dem Klienten geraten.

Vielleicht können sich die beiden im Gespräch nicht auf eine *gemeinsame Problemdefinition* einigen („Ich habe kein Alkoholproblem!"), sondern nur auf eine gemeinsame Betrachtung des Anliegens, das zu dem Beratungsgespräch geführt hat („... stimmt schon, natürlich will ich die Wohnung nicht verlieren, aber jetzt ist sowieso alles egal ...").

gemeinsame Problemdefinition

Nachdem der Faktenteil der Beratung absolviert ist, kann es vielleicht noch zu einer *gemeinsamen Begehung der Lebenssituation* kommen. Im ersten Teil des Gesprächs werden Bedingungen und Folgen von der Sozialarbeiterin vorgegeben. Im zweiten Teil des Gesprächs wird eine Bestandsaufnahme angeboten, und der Klient kann wählen, ob und in welcher Form er eine weitere Beratung möchte. „Harter" Arbeitsauftrag und „weiches" Beratungsangebot sind klar zu trennen; die Reihenfolge sollte nicht verändert werden. Besonders schwierig sind Beratungen, in denen beides vermischt werden muß. In unserem Beispiel muß die Sozialarbeiterin in ihrem Bericht auch eine Stellungnahme zur sozialen und medizinischen Prognose abgeben. Die Verknüpfung der Befürwortung mit der Beratung liegt nahe: „Ich werde die Mietrückstände befürworten, wenn Sie jede Woche zu einem Beratungsgespräch kommen ... (oder: eine Entgiftung machen ...)." Schließlich übernimmt sie mit einer befürwortenden Stellungnahme Verantwortung und will sich absichern. Trotzdem gibt es auch in diesem Fall Möglichkeiten, durch eine klare Trennung Eindeutigkeit herzustellen: „Ich werde die Übernahme der Mietrückstände befürworten, wenn Sie die bereits besprochenen Schritte erledigen. Dies ist eine verbindliche Zusage. Ganz unabhängig davon möchte ich Ihnen für die nächsten Wochen anbieten, entweder regelmäßig zu mir zu kommen oder eine Selbsthilfegruppe zu besuchen. Vielleicht können Sie sich zu beidem entschließen."

nach Möglichkeit: Exploration

**Anregungen für das verordnete Erstgespräch**

Das Gespräch faktisch und affektiv gründlich vorbereiten.
Den Anlaß des Gesprächs gut verständlich erklären.
Den eigenen Auftrag, Hilfs- und Sanktionsmöglichkeiten offenlegen.

Versuchen, eine Vereinbarung zu treffen.
Unabhängig vom Gesprächsanlaß Hilfe und Beratung anbieten.
Jetzt dem Klienten Raum für eigene Entscheidungen lassen.

Weiterführende Literatur

Für die Vorbereitung auf Erstgespräche eignet sich gut: *Kähler, H. D.* (1993): Erstgespräche in der sozialen Einzelhilfe. Freiburg.

### (5) Die Abschlußphase/Trennung

„Wenn der in der Psychiatrie Tätige gut arbeitet, hat er mehr als jeder andere die Chance, Menschen intensiv kennenzulernen. Dies Kennenlernen, wenn es helfen soll, kann nicht routinemäßig absolviert werden. Es handelt sich bei jeder Beziehung um einen Ernstfall. So kommt es über kurz oder lang immer wieder zu Abschieden. Das will gelernt sein. Jeder in diesem Bereich Tätige sollte sich gerade dadurch wertvoll fühlen, daß er seine Einflußnahme so kurz wie nötig hält. Die Wahrnehmung der eigenen Grenzen bedeutet die Freiheit des anderen.“ (Dörner/Plog 1996: 63)

Gerade Berufsanfänger sollten sich bereits beim Beginn eines Beratungsprozesses auch mit dessen Ende beschäftigen. Dies gilt insbesondere auch für Studierende im Praktikum. Dort werden sich fremde Menschen ihnen öffnen, sie als Begleiter akzeptieren. Praktikanten sollten deshalb ihren Status und die Dauer der möglichen Begleitung schon bei der Begrüßung offenlegen. Bei Bedarf ist immer die Frage der Weiterbetreuung zu klären.

Vorbereitung

Der Beratungsprozeß endet im günstigen Fall mit einer ausführlichen Phase des Abschiednehmens. Die *Sozialarbeiterin* muß ihn *gründlich* vorbereiten: Wie hat der Klient in seinem bisherigen Leben auf Verlust und Trennung reagiert? Ist es gelungen, die Ablösung durch den Aufbau anderer Kontakte zu unterstützen? Kann sie sich ohne Schuldgefühle vom Klienten trennen? Je schwerer der Abschied ist, desto bewußter ist er zu gestalten.

Bewältigungsformen

*Psychisch erkrankte Menschen* reagieren auf das Ende einer Betreuungsphase oft *traumatisch.* Sie ignorieren den Abschied, ziehen sich vorzeitig zurück, regredieren oder dekompensieren. Wut und Trauer, Schmerz und Panik finden unterschiedlichste Ausdrucksformen. Nur wenn die Sozialarbeiterin diese Realität des Klienten akzeptiert, kann sie distanziert wieder Halt geben. „Ich verstehe, daß Sie wütend auf mich sind. Sie hatten sich viel mehr erhofft, und verlieren nun auch diesen kleinen Rest." Erst jetzt können vielleicht beide die Trauer des Abschieds und die anschließende Erleichterung zulassen: Was wurde erreicht? Wie haben sich im Laufe der Beziehung die Sichtweisen verändert? Wer verlassen wird, muß aber auch die Chance haben, zornig zurückzubleiben.

Abschlußgespräch

Im psychiatrischen Bereich bleibt häufig keine Gelegenheit für das Abschlußgespräch; Patienten werden plötzlich verlegt, verschwinden, sterben. Wo immer möglich, sollte trotzdem ein *Ritual für den Abschied,* für diese Grenze gefunden werden: ein letztes Gespräch mit den Angehörigen, die Teilnahme an einer Beerdigung oder ein kurzer Brief.

ANREGUNGEN FÜR DIE ABSCHLUSSPHASE

Das Ende der Betreuung rechtzeitig ankündigen, bei Bedarf Nachfolge „einfädeln".
Sich selbst und den Klienten (Anamnese!) affektiv vorbereiten.
Das Ende der Beziehung bewußt gestalten.
Die Reaktionen des Klienten verstehen und ernst nehmen.

### 4.2.2. Der Hausbesuch

Marco Barini (5): Der Hausbesuch

(Fortsetzung von S. 127) Frau Barini hat den Kaffeetisch gedeckt, sie ist aufgeregt. Ob Marco öffnen wird? Die Sozialarbeiterin klopft und erklärt ihr Anliegen durch die geschlossene Zimmertür. Plötzlich reißt Marco die Tür auf und brüllt, sie solle ihn in Ruhe lassen. Durch den Türspalt ist die Matratze zu sehen, darüber ist eine Plastikfolie gespannt. Die Wände sind mit seltsamen Zeichen bemalt. Die Tür knallt wieder zu, und Frau Barini schüttelt verzweifelt den Kopf.

Eindringen in Intimsphäre

Jeder Hausbesuch ist eine Verletzung der Intimsphäre, erst recht bei Menschen, für die das eigene Zimmer die letzte Möglichkeit zum Rückzug wird bzw. Ausdruck ihrer Befindlichkeit ist. Zu beachten ist auch der Kontext: die *Nachbarn.* Bereits beim Klingeln wird die Sozialarbeiterin vielfach von Nachbarn neugierig beäugt. Der Gang durch das Treppenhaus wird zum Spießrutenlaufen: „Zu wem möchten Sie? Die macht doch sowieso keinem auf! Aber heute Nacht hätten Sie sie mal hören müssen. Und ein Gestank kommt aus der Wohnung …!“ Soll sie jetzt völlig abweisend reagieren und auf ihre Schweigepflicht verweisen? Sie handelt dann zwar korrekt, aber ungeschickt. In 14 Tagen ist sie vielleicht auf die Kooperation der Nachbarn angewiesen und bereut die Konfrontation. Gespräche mit Nachbarn sind eine Gratwanderung zwischen Schweigepflicht und Öffentlichkeitsarbeit, Einzelhilfe und Case-Management. Beim Klingeln an der Wohnung lauscht oft das ganze Haus. Wird Frau G. aufmachen? Die Sozialarbeiterin klingelt nicht nur einmal, sondern fünfmal, pocht und hämmert gegen die Tür. Wenn sie nicht eingelassen wird, wird sie eine Nachricht hinterlassen, sie unter der Tür durchschieben, den überlaufenden Briefkasten registrieren. Wird geöffnet, wird sie sich wie ein ungebetener Gast verhalten: Stellt sich vor, zeigt den Dienstausweis, wartet, ob sie eintreten darf, ob ihr ein Platz angeboten wird. Im psychiatrischen Alltag sieht sie Wohnungen, in die kein Eintreten möglich ist, in denen man sich nicht setzen kann; Wohnungen, die vollständig leer sind oder angefüllt mit Zeitungen und Müll bis zur Decke; Wohnungen, die völlig steril sind (bitte nichts anfassen!) oder von Ungeziefer wimmeln; Wohnungen, die aussehen, als wären sie nicht bewohnt, oder die dekoriert, mit skurillen Altären, Zeichnungen, symbolisch angeordneten Gegenständen arrangiert sind.

Bedeutung der Wohnung

Der psychiatrische Hausbesuch ist ein Eindringen in *fremde und eigenartige Lebenswelten,* die zu respektieren sind. Vielleicht gelingt es, die *„Sprache“ der Wohnung* zu verstehen: Haben Zwänge zur völligen Sterilität geführt? Haben die Kräfte einfach nachgelassen? Oder sind die symbolischen Arrangements da, um Schutz vor feindlichen Strahlen zu bieten? Eine vollgesammelte Wohnung, die täglich neu geordnet und überprüft werden muß, gibt Sinn und Struktur; sie auszuräumen, kann destabilisierend wirken. Erstaunlich groß ist inzwischen die Toleranz von Wohnungs- und Gesundheitsämtern und von Amtsgerichten, wenn es um die zumutbare Verwahrlosung von Wohnungen geht. Dies ist der äußere, juristische Rahmen, der den Wohnungsverlust auffällig gewordener Menschen verhindert. Sehr viel heftiger sind natürlich die *Reaktionen der Nachbarn, Vermieter* und *Hausverwalter.* Psychiatrische Sozialarbeiter stehen dazwischen: Sie unterstützen den Klienten beim Erhalt seiner Wohnung, seiner eigentümlichen Lebenswelt, aber auch beim Erhalt seiner sozialen Beziehungen.

Eine genaue *Analyse und Güterabwägung* ist daher unerläßlich: Ist der Zustand der Wohnung erwünscht? Hat er eine wichtige Bedeutung, stabilisiert er? Ist Hilfe bei der Entmüllung und Reinigung erwünscht? Dürfen alle Teile der Wohnung betreten werden? Gibt es durch defekte Technik oder Ungeziefer eine konkrete Gefährdung? Wer darf die Wohnung betreten? Wer dürfte saubermachen? Durch vorsichtiges Herantasten kann ausprobiert werden, wie der Klient reagieren wird. So könnte etwa angeboten werden, im Anschluß an den Besuch eine Tüte mit Abfall zur Mülltonne mitzunehmen – ein Test, ob dies überhaupt zugelassen wird. Vielleicht kann über weitere Hausbesuche und die Zuhilfenahme einer Hauspflegerin oder Nachbarschaftshilfe der Zustand Schritt für Schritt verändert werden. (Umfassende Entmüllungen und Grundreinigungen sind in der Regel nur als „konzertierte Aktion“ mehrerer Helfer und Einrichtungen durchzuführen.)

Verwahrlosung

Das Gewicht, das dem Thema „Verwahrlosung“ zugemessen wird, mag überraschen. Mitarbeiter Sozialpsychiatrischer oder Ambulanter Dienste sind aber zu einem erheblichen Teil mit dieser Problematik konfrontiert. Eine Einschätzung zumutbarer und unzumutbarer Lebenssituationen ist ausschließlich von unseren Normen abhängig. Fachleute für ungewöhnliche Lebenslagen von Klienten müssen deshalb ungewöhnlich weite Normen haben. Gleichzeitig repräsentieren psychiatrisch Tätige aber als Ersatzspieler die „normale“ Welt, in deren Bezüge der Klient eingebunden bleiben wird.

Klient als Gastgeber

Nur hin und wieder erleben Klienten den Hausbesuch als unangenehme Kontrolle. Meist wird der Besuch der Sozialarbeiterin in der eigenen Wohnung dem Gespräch im Büro vorgezogen: Die Rolle des Gastgebers und „Hausherrn“ verbessert den eigenen Status und normalisiert die Beziehung. Rituale wie gemeinsames Kaffeetrinken geben Sicherheit. Als höflicher Gast wird die Sozialarbeiterin sich lobend äußern und sich für den Kaffee bedanken.

### Anregungen für Hausbesuche

Hausbesuche möglichst schriftlich oder telefonisch ankündigen.
Die Wohnung des Klienten als intimen Lebensraum respektieren.
Die Ausgestaltung der Wohnung akzeptieren und ihre Botschaft entschlüsseln.
Auf konkrete Gefährdungen durch technische oder hygienische Mängel achten.

Weiterführende Literatur

*Stoffels, H./Kruse, G.* (1997): Der psychiatrische Hausbesuch. Hilfe oder Überfall? Bonn.

### 4.2.3. Die Krisen- und Notfallintervention

Von der langfristigen Beratung und Begleitung in der Sozialen Arbeit unterscheidet sich die Krisenintervention vor allem durch *zwei Aspekte:* durch den unverzüglichen Beginn und das in ihr enthaltene Risiko. Denn jede Krise ist Chance und Gefahr zugleich. Es besteht die Gefahr der Selbst- oder Fremdschädigung und der Chronifizierung. Bewältigt der Klient die Krise, entwickelt er sich weiter und findet neue Perspektiven. Diese Chance wird vertan, wenn vorschnell oder zu massiv interveniert wird.

Anforderungen an Intervention

Es gilt daher, das exakt richtige Ausmaß an Hilfestellung zur richtigen Zeit zu geben. Wie in einem Zeitraffer folgen die einzelnen Phasen eines Beratungsprozesses rasch aufeinander. Die Krisenintervention duldet keinen Aufschub. Obwohl sie häufig unter Zeitdruck stattfinden muß, ist es wichtig, eine möglichst ungestörte Gesprächssituation zu schaffen. Sind mehrere Personen im Raum, so kann durch klare Handlungsanweisungen die Situation strukturiert werden.

Krisengespräch

Der Klient sollte zunächst *frei erzählen* dürfen, um sich so gefühlsmäßig zu entlasten. Schritt für Schritt sollte die *Beraterin Impulse* in Form von Fragen („Was hat die Krise ausgelöst?“) und Bemerkungen setzen. Schon die ausführliche Abklärung des Problems bringt erste Ordnung in das Chaos. Besonders sorgfältig muß die *Selbst- und Fremdgefährdung abgeklärt* werden: Gab es bereits Suizidversuche? Welche Lösungen und Auswege werden phantasiert? Besteht eine Suchtproblematik? Gibt es noch Bindungen, Pläne, Perspektiven? Wo immer möglich, sollten auch die Informationen von Freunden und Angehörigen einbezogen werden. Auf die erste emotionale Entlastung und die Abklärung folgt die *Phase der Coping- und Ressourcen-Analyse:* Wie wurden frühere Krisen bewältigt? Warum funktionieren diese Strategien jetzt nicht? Welche sozialen Fähigkeiten und Kontakte sind vorhanden? Wo und wie könnte jetzt Hilfe gefunden werden? Danach sollte es möglich sein, das *Problem genau zu benennen* und *Perspektiven zu entwickeln.* Die Beraterin sollte die Hoffnung vermitteln, daß ein Weg aus der Einengung heraus gefunden wird. Das Gespräch sollte mit einer

Empfehlung enden oder mit einer Absprache oder der Einleitung weiterer Maßnahmen. Zu klären ist, ob ein Arzt hinzugezogen werden muß oder eine stationäre Behandlung erforderlich ist.

### Anregungen für die Krisenintervention

Für eine ruhige, reizarme Gesprächssituation und ausreichend Zeit sorgen.
Durch klare und behutsame Fragen das Chaos des Klienten vorsichtig ordnen.
Gezielt das Suizidrisiko abklären: frühere Suizidversuche, Sucht, Vereinsamung usw.
Durch aktives Zuhören versuchen „wirklich dabei zu sein"; kein aufgesetztes Mitleid vortäuschen.
Die Verzweiflung ernst nehmen, nicht trösten, nicht beschwichtigen und keine Ratschläge geben.
Nach früheren Problembewältigungen fragen und sie würdigen.
Direkt nach Suizidplänen fragen: warum, seit wann, wie genau, gibt es Vorbereitungen?
Auf Stimmungsveränderungen während des Gesprächs achten.
Höchste Vorsicht bei anhaltender Depression oder abgeklärter Gefaßtheit walten lassen.
Mit klaren Absprachen oder Entscheidungen (Krankenhaus?) das Gespräch beenden.

Im psychiatrischen Feld sind die Sozialarbeiter häufig mit Krisen und Notfällen konfrontiert, bei denen die hier beschriebene Methode der klassischen Krisenintervention nicht greift.

Lothar Fischer (4): Der Rückfall

(Fortsetzung von S. 130) Lothar Fischer ist es einige Zeit gelungen, abstinent zu bleiben. Da kommt Post vom Sozialamt mit der Androhung einer Klage, falls er den Unterhalt für seine getrennt lebende Frau nicht erstattet. Er stürzt in die nächste Kneipe und wird Stunden später von der Polizei sturzbetrunken am U-Bahnhof aufgegriffen. Er hat laut verkündet, daß er nun Schluß machen wolle. Der Bereitschaftsarzt weist ihn in die Klinik ein; zwei Tage später sitzt er dort bei der Sozialarbeiterin und formuliert mit ihr einen Brief an das Sozialamt.

Wegen seiner akuten Suizidalität bei schwerer Alkoholintoxikation muß – im Beispiel Lothar Fischer – der Klient notfalls zwangsweise geschützt werden. Auch bei der einsetzenden Entzugssymptomatik benötigt er medizinische Hilfe. Die Sozialarbeiterin bespricht mit ihm die Auslöser dieses Rückfalls und unterstützt ihn bei den nun erforderlichen Schritten. Die beschriebene Situation zeigt, wie sich die typischen Hilfestellungen von Notfallpsychiatrie und Sozialarbeit miteinander verbinden.

> Martha Gollmann (2): Ein Notfall
>
> (Fortsetzung von S. 79) Gleich zwei Nachbarinnen rufen beim SpD an. Jetzt müsse Frau Gollmann endgültig ins Heim. Sie habe schon wieder einen Topf mit Essen anbrennen lassen. Die Sozialarbeiterin macht mit dem Zivi einen Hausbesuch. Frau Gollmann ist sehr verwirrt. Auf alle Fälle blockieren sie die Gaszufuhr am Herd. Mit dem Kauf eines gesicherten Wasserkochers und der Organisation von „Essen auf Rädern" ist die Situation erst einmal entschärft.

Bei gerontopsychiatrischen Patienten – wie im Beispiel Martha Gollmann – sind Beratungsstellen und Sozialstationen mit unterschiedlichsten Notfällen konfrontiert: Der angebrannte Topf auf dem Herd, der Sturz in der Wohnung, das hilflose Herumirren im Nachthemd auf der Straße, das Klingeln bei den Nachbarn, weil nichts mehr zu essen im Haus ist.

Ressourcen aktivieren

Die beschränkte Sichtweise auf die psychische und soziale Krise oder auf den psychiatrischen Notfall hilft in der modernen gemeinde-integrierten Versorgung nicht weiter. Wenn Menschen nicht mehr in Heimen und Anstalten verwahrt werden, wenn Familien sich auflösen, wenn Institutionalisierungen verhindert werden sollen, müssen psychiatrisch Tätige auch im Notfall kreativ, innovativ und ökosozial reagieren. Dies können isolierte Helfer nicht. Denn keine Sozialarbeiterin ist Expertin für alle Lebensbereiche; der entscheidende Tip kann von einem technisch begabten Nachbarn ebenso kommen wie von einer erfahrenen Hauspflegerin oder entfernt lebenden Angehörigen. Weiter hilft auch die Vernetzung der Dienste und Experten, denn sie ermöglicht die Vervielfältigung der Ressourcen (siehe dazu die Ausführungen in Abschnitt 6.1.8., S. 236 f.).

Weiterführende Literatur

Ausführliche Handlungsanweisungen gibt das Buch: *Rupp, M.* (1996): Notfall Seele. Methodik und Praxis der ambulanten psychiatrisch-psychotherapeutischen Notfall- und Krisenintervention. Stuttgart.

Eine eher theoretische Einführung enthält der Band: *Schneider, U./Sauvant, J.-D.* (1993): Krisenintervention in der Psychiatrie. Bern.

### 4.2.4. Das Case Management

In den zurückliegenden Abschnitten haben wir die einzelnen Phasen eines Beratungsprozesses in der Einzelfallhilfe beschrieben. Mit dem Case Management stellen wir im folgenden eine *komplexe Methode* vor, die in der gemeindepsychiatrischen Diskussion immer häufiger auftaucht, aber nur schwer einzugrenzen ist.

Martha Gollmann (3): Das Unterstützungsmanagement

(Fortsetzung von S. 138) Martha Gollmann ist letzte Nacht wieder im Haus herumgeirrt, hat überall geklingelt. Die Sozialstation, die Frau Gollmann nach dem letzten Krankenhausaufenthalt kurz gepflegt hatte, wird vom Hausarzt angerufen. Beim Hausbesuch trifft die Sozialarbeiterin der Sozialstation auf eine völlig verwirrte und „ausgetrocknete" 68jährige Frau; es riecht nach Kot und Urin. Im Flur stapeln sich die Folien vom Essen auf Rädern. Angehörige sind nicht bekannt, die einzige Tochter lebt in England. Die Kollegin vom Sozialpsychiatrischen Dienst macht mit einer Ärztin einen Hausbesuch; diese beantragt eine Betreuung für die Bereiche „Vermögen" und „Wohnungsangelegenheiten". Die beiden Kolleginnen einigen sich, daß Frau Gollmann täglich versorgt werden muß. Immer wieder stehen die Hauspflegerinnen vor verschlossener Tür – Frau Gollmann öffnet nicht. Der Schlüsseldienst wird mehrfach gerufen. 14 Tage später setzt das Amtsgericht Frau Baumann, Sozialarbeiterin bei einem Betreuungsverein, als Betreuer ein. Frau Baumann führt mehrere Hausbesuche durch und befragt die Nachbarn und Hauspflegerinnen. Sie spricht mit dem Hausarzt, der

(Fortsetzung S. 140)

Pastorin, dem Zeitungsladen. Sie organisiert den Einsatz eines Kammerjägers und eine Grundreinigung. Der Rentenbescheid wird gesucht, die Hausverwaltung angeschrieben, Sozialhilfe und Sachleistungen bei der Pflegeversicherung beantragt. Es folgen weitere Hausbesuche. Frau Gollmann erkennt Frau Baumann zwar nicht, öffnet ihr aber freundlich die Tür, führt eine „gepflegte"Konversation. Der Hausarzt verordnet ein Medikament zur Nacht. Wie aber soll die regelmäßige Einnahme gewährleistet werden? Schließlich erklärt sich eine Nachbarin dazu bereit. Nach Wochen taucht die Tochter aus England auf und ist wütend (und beschämt) über so viel Einmischung. Frau Baumann organisiert eine „Helferkonferenz"; die Anwesenheit der Tochter soll genutzt werden, um alle Informationen zusammenzutragen und um die Unterstützungsleistungen klar und verbindlich aufzuteilen. Die Tochter kann entlastet abreisen. Frau Baumann beschränkt sich jetzt auf Krisenintervention, die Beratung der Hauspflegerinnen und die Organisation finanzieller Hilfen.

(1) Das Konzept

Der Begriff „Case Management" stammt aus dem angelsächsischen Raum. Wolf Rainer Wendt (1991) hat sich für die deutsche Übersetzung „Unterstützungsmanagement" entschieden. Die Einzelfallarbeit (case work) im Zwiegespräch mit dem einzelnen Klienten wird ergänzt oder gar ersetzt durch die Zusammenarbeit mit den Bezugspersonen des Klienten, anderen Einrichtungen, Hilfsdiensten, Nachbarn oder gar Mitpatienten. Als theoretischer Hintergrund sei auf systemische und sozialökonomische Ansätze verwiesen. Der Klient wird nicht mehr als einzelne, völlig autonom agierende Person gesehen; also wird auch die Hilfe nicht mehr linear, sondern über das Umfeld des gesamten sozialen Kontextes geleistet. Während sich die ersten Case Management-Modelle auf das Vermitteln und Vernetzen unterschiedlichster Unterstützungsangebote – vor allem im geriatrischen und gerontopsychiatrischen Bereich – beschränkten, bieten neuere Konzepte auch intensive und langfristige Betreuung und Begleitung extrem gefährdeter Personengruppen, z. B. wohnungsloser psychisch Kranker, an. Auch hierzulande organisieren, kooperieren und vernetzen Sozialarbeiter, Krankenpfleger, Ärzte und Psychologen unterschiedlichste Unterstützungsangebote für ihre Klienten. Am ehesten gehörte dies bereits zum Arbeitsalltag in Sozialpsychiatrischen Diensten, Betreuungsvereinen, Betreutem Wohnen oder Institutsambulanzen.

Die wichtigsten Grundsätze des Case Management
(nach Kebbel 1996)

Die Hilfeleistungen sind umfassend, beziehen sich auf alle Lebensbereiche und ergänzen sich sinnvoll.
Die Hilfe muß kontinuierlich erfolgen, über Zuständigkeitsgrenzen und bestimmte Uhrzeiten hinaus.
Die Hilfe muß zugänglich sein; sie sucht den Klienten auf und paßt sich ihm an.
Die Hilfe erfolgt vor allem über das Helfer-Klient-Verhältnis und wird mit dem Klienten zusammen entwickelt.
Die Hilfe hat vor allem das Ziel, unabhängig von ihr zu machen.
Die Hilfe muß die Funktion eines Anwalts/Fürsprechers für den Klienten haben.

Stadien des Case Management

In der Literatur finden sich die unterschiedlichsten Bezeichnungen für die einzelnen Stadien des Case Management-Prozesses. Einige dieser Anglizismen haben sich im deutschen Sprachraum eingebürgert und werden von uns übernommen:

(a) *Einschätzung und Diagnose* (Assessment): Gemeinsam mit dem Klienten, anderen Bezugspersonen und Ansprechpartnern wird die Lebenslage ermittelt: Lebensgeschichte, äußere Lebensbedingungen, Lebensperspektiven und innere (psychische) Lebensbedingung. Dabei werden besonders die Grundbedürfnisse berücksichtigt: Nahrung, Geld, Wohnung, Kontakte, Arbeit, Körperpflege und Gesundheit.
(b) *Planung* (Planning): Möglichst gemeinsam mit dem Klienten wird ein umfassender Hilfeplan entwickelt, der möglichst umfassend die ermittelten Bedürfnisse berücksichtigt. Andere Helfer, Angehörige und Mitbetroffene werden miteinbezogen. Diese Phase muß mehrfach wiederholt, die Hilfe überprüft und angepaßt werden.
(c) *Heranführung* (Linking): Zwischen dem Klienten und den erforderlichen Hilfeleistungen müssen Verbindungen hergestellt werden; funktionieren die Kontakte, erhält der Klient die Leistung?

(d) *Durchführung und Koordination* (Implementation): Der Klient wird beraten, gestützt, informiert und ermuntert. Es wird geprüft, ob die einzelnen Unterstützungsleistungen sinnvoll erbracht werden, sie werden verknüpft und ergänzt.
(e) *Kontrolle und Überwachung* (Monitoring): Klient und Unterstützungsleistungen werden beobachtet, registriert und korrigiert. Bei Bedarf werden die Beteiligten beraten oder es wird vermittelt.
(f) *Beurteilung* (Evaluation): Der Hilfeprozeß wird unter Beteiligung des Klienten und der Helfer ausgewertet und beurteilt. Wurde kooperiert? Wurden die gesetzten Ziele erreicht? Ist dies nicht der Fall, könnte mit einer erneuten Assessmentphase begonnen werden. Waren die Ziele zu hoch gesteckt?
(g) *Beendigung der Unterstützung* (Disengagement): Die Hilfeleistung sollte beendet werden, wenn die vereinbarten Ziele erreicht sind oder die Weiterführung nicht sinnvoll erscheint. Es sollten nicht immer neue Ziele gesteckt werden.

(2) Alltagsbegleitung

Begriffsklärung

Die beschriebenen Phasen des Case Management beziehen sich auf die Funktion des Case Manager als Koordinator unterschiedlichster Unterstützungsleistungen. Wir haben bereits erwähnt, daß neuere Case Management-Konzepte in den USA die intensive Betreuung besonders schwer zugänglicher Patientengruppen mit relativ hohen Personalschlüsseln (1: 9 bis 15) vorsehen. Besonders chronisch psychisch Kranke werden durch ambulant-aufsuchende Dienste erfolgreich angesprochen.
Aus verschiedenen Gründen haben wir für die folgenden Ausführungen die Bezeichnung „Alltagsbegleitung“ (Weigand 1991: 91) gewählt: Sie betont die *Hauptrolle des Klienten* und verweist auf die *eingeschränkten Möglichkeiten des Helfers.* „Alltagsbegleitung“ meint einen dynamisch gerichteten Prozeß, sieht dabei den Klienten in seinem alltäglichen Kontext und betont die Gemeinsamkeit der Aktivität. Noch vor Jahren sahen sich Sozialarbeiter im psychiatrischen Feld als Therapeuten. Sie „arbeiteten“ mit ihren Klienten und fühlen sich als „Behandler“ oder „Betreuer“. Zwei Strömungen sind es, die die Soziale Arbeit vom „Behandeln“ zum „Begleiten“ wandelten: Im Zuge der eher bescheidenen Einschätzung der eigenen Einflußmöglichkeiten auf den Verlauf psychischer Erkrankungen werden insbesondere im

Bereich der Versorgung Langzeitkranker die Ansprüche herabgeschraubt. Gleichzeitig hat die stürmische Artikulation der Betroffenenbewegung (siehe dazu die Ausführungen unten, S. 259 ff.) deutlich gemacht, daß Psychiatrie-Erfahrene nicht von Profis zu behandelnde Objekte, sondern trotz und mittels ihrer Krankheit steuernde Subjekte sind.

Anforderungen an Alltagsbegleitung

*Eingebettet* sein sollte die Alltagsbegleitung *in ein differenziertes gemeindepsychiatrisches Verbundsystem.* Nur so kann die Sozialarbeiterin mit dem Klienten ausprobieren, wie hoch und wie geartet die zur Zeit angemessene Belastung sein kann. In allen Einrichtungen dieses Systems sollte dem Klienten mit *offener, akzeptierender* und *realistisch-hoffender Grundhaltung* begegnet werden. Durch Fall-Konferenzen und Supervisionen muß zumindest die grobe Richtung der nächsten gemeinsamen Schritte geklärt sein, um zu vermeiden, daß die einzelnen Kooperationspartner gegeneinander agieren, an dem Klienten „herumzerren“ und ihn so weiter spalten. Ausgehend von den aktuellen Theorien zum Umgang mit Menschen mit psychotischen Erkrankungen ist zu versuchen, daß eine möglichst *entspannte, gelassene Atmosphäre* herrscht („low expressed emotions“-Niveau) und eine *klare Sprache* gesprochen wird.

Die Integration des Alltagsbegleiters in ein gemeindepsychiatrisches Verbundsystem birgt aber auch eine *Gefahr:* Fast unbemerkt droht er in diesem System lediglich zu einem Manager der Behinderung des Klienten zu werden, der die Chronifizierung nicht mehr bekämpft, sondern sie letzten Endes fördert.

> „Bieten wir Therapeuten also zuviel und unreflektiert soziale Unterstützung an, die immer auch mit sozialer Kontrolle verbunden ist, schränken wir den Handlungsspielraum mehr ein, als daß wir ihn fördern. Es besteht die Gefahr, daß wir den an Schizophrenie Erkrankten in seiner Rolle als behinderten Langzeitpatienten weiter fixieren. Ganz allgemein besteht für jeden, der mit einem chronifizierten System in Interaktion tritt, die Gefahr, daß er dessen Beziehungsangebot annimmt und so dessen Interaktions- und Beziehungsmuster wiederholt und verstärkt, anstatt zu einer Veränderung beizutragen.“ (Hoffmann 1994: 168)

Alltagsbegleitern kann es passieren, daß sie mit demütigem „Begleiten“ die Erkrankung als schicksalhaft hinnehmen und den Klienten in seiner Opferrolle bedauern. Seit einigen Jahren werten Alltagsbegleiter die Bedeutung der Symptome (z. B. sozialer Rückzug, skurriles Verhalten) als Bewältigungsstrategie. Sie überlegen, wie ähnlich wirk-

same Abwehrmechanismen aussehen können und ob man sie organisieren oder einüben kann. Denkbar ist, daß – gemäß der Curricula von Psychose-Seminaren oder psycho-edukativer Gruppenarbeit (siehe dazu die Ausführungen in Kapitel 4.3., S. 154 ff.) – der Klient zum Experten seiner eigenen Erkrankung wird, um so selbst Überforderungssituationen erkennen und verhindern zu lernen.
Alltagsbegleitung macht nur Sinn, wenn es zumindest einen – besser zwei – vorrangig Zuständige in einem Team gibt, und dies über viele Jahre hinweg. Unweigerlich kommt es zu einem schwierigen Prozeß des Sich-Aufeinander-Einlassens und Abgrenzens, des Ausbalancierens von Nähe und Distanz. Die Begleitung längerfristig psychisch Kranker verlangt Eigenschaften, die einander zu widersprechen scheinen. Hildegard Weigand empfiehlt folgende Bilder:

> „Brennende Geduld, engagierte Gelassenheit, detail-liebende Großzügigkeit, bewegte Beharrlichkeit, vorsichtiger Wagemut, zweifelnde Sicherheit, hoffnungsvolle Kapitulation ... (Und weiter:) Wahrscheinlich verlangt jede langfristige therapeutische Arbeit diesen Balanceakt. Die besondere Herausforderung von Alltagsbegleitung entsteht zudem aus dem Spannungsfeld von therapeutischer Arbeit und alltäglichem Rahmen. Dieses verleiht dieser Arbeit ihren besonderen Reiz: Der alltägliche Rahmen begrenzt zwar die therapeutischen Möglichkeiten, er eröffnet aber auch gleichzeitig den Zugang zu Menschen, die besonders kontaktscheu und in sich versunken sind.“ (Weigand 1991: 268)

Alltagsbegleiter haben ihren Stammarbeitsplatz in Tagesstätten für erwachsene psychisch Kranke, im Betreuten Wohnen, in Sozialstationen, Sozialpsychiatrischen Diensten, Institutsambulanzen und insbesondere in Enthospitalisierungsprojekten. Sie werden überwiegend finanziert über Tagessätze (Schlüssel 1:1 bis 1:16) im Rahmen der Eingliederungshilfe, aber auch über die Pflegeversicherung. In einigen Bundesländern, z. B. in Berlin, sind im Rahmen der Eingliederungshilfe einzelne Psychologen oder Sozialarbeiter als „Einzelfallhelfer“ für jeweils einen Klienten finanzierbar.

Weiterführende Literatur

Eine kurze und hervorragende Übersicht über Case Management in der Psychiatrie geben: *Kebbel, J.* (1996): Case Management. In: Aktion psychisch Kranke: Tagungsberichte (Bd. 22). Köln, und *Shepherd, G.* (1991).

„Ward in an House“ und „Case Management“. In: Aktion psychisch Kranke: Tagungsberichte (Bd. 18). Köln.

Mit Case Management in der gesamten Sozialarbeit beschäftigt sich: *Wendt, R. W.* (Hrsg.) (1991): Unterstützung fallweise. Case Management in der Sozialarbeit. Freiburg.

Eine Einführung in die Alltagsbegleitung gibt: *Weigand, H.* (1991): Alltagsbegleitung. In: Bock, T./Weigand, H.: Hand-werks-buch Psychiatrie. Bonn.

Interessante Fallbeispiele und eine gute Einführung in ein gemeindepsychiatrisches Verbundsystem enthält: *Hoffmann, H./Heise, H./Aebi, E.* (1994): Sozialpsychiatrische Lernfälle 2. Bonn.

### 4.2.5. Der leidige Schriftkram

Es ist weniger als die Hälfte ihrer Arbeitszeit, die eine Sozialarbeiterin im direkten Kontakt mit ihren Klienten verbringt. In der restlichen Zeit organisiert, koordiniert und dokumentiert sie ihre Arbeit. Im Klartext: Sie telefoniert, sitzt in Besprechungen, trinkt Kaffee und schreibt oder diktiert. Das Erledigen des Schriftkrams wird im Alltag häufig als lästig empfunden. Viele Sozialarbeiter schieben diesen Teil ihrer Arbeit vor sich her, erledigen ihn ungern. Uns ist es ein Anliegen, diese Haltung zu hinterfragen und zu ändern (nicht nur weil wir selber gern Texte [wie diesen] und Fachliteratur schreiben, auch Satiren, Geschichten, Gedichte, zu denen uns unsere eigene Lebensgeschichte und die aufregenden Begegnungen unseres Arbeitsalltags anregen).

#### (1) Vermerke, Protokolle, Notizen

Notwendigkeit von Aufzeichnungen

Sozialarbeiter sind in vielen Arbeitsbereichen angehalten, ihre Aktivitäten zu dokumentieren. Zum einen, weil in den Ämtern eine Pflicht zur Aktenführung besteht (formal exakt geregelt in Berlin z. B. durch die GGO/Gemeinsame Geschäftsordnung des Öffentlichen Dienstes). Zum anderen dient die Dokumentation der eigenen Arbeit als Gedächtnisstütze, als Nachweis der eigenen Tätigkeit gegenüber Vorgesetzten; sie ermöglicht die Weiterarbeit an einem Fall durch vertretende Kollegen während Urlaub, Krankheit oder Stellenwechsel, und sie macht vor allem das Handeln durch Vorgesetzte, fachliche und politische Leitung kontrollierbar. Deshalb sind insbesondere in Bereichen mit Hoheitsfunktion die Modalitäten der Aktenführung so genau geregelt, wie etwa im Beispiel Lothar Fischer.

> Lothar Fischer (5): Die Beschwerde
>
> (Fortsetzung von S. 137) Lothar Fischer ist erneut im Treppenhaus als „hilflose Person" mit stark blutenden Platzwunden gefunden worden. Die Feuerwehr brachte ihn in die Erste Hilfe, die er sofort wieder verließ. Hausbewohner beschweren sich bei der Amtsärztin. Die Sozialarbeiterin wird mit der Akte zur Rücksprache gebeten. Sie kann nachweisen, daß Herr Fischer sporadisch in die Sprechstunde kommt. Sie wird ihn erneut anschreiben und einen Arzt hinzuziehen. Dieser wird sorgfältig einen psychopathologischen Befund notieren.

Die fortlaufende Führung der Akte und die korrekte Dokumentation aller Aktivitäten und Befunde führt in dem Fallbeispiel zur Absicherung der zuständigen Sozialarbeiterin. Soziale Arbeit wird in der Regel durch die öffentliche Hand initiiert und auch finanziert. Tätigwerden und Ausgaben müssen indirekt vom einzelnen Bürger und direkt durch die verantwortlichen Vorgesetzten jederzeit überprüfbar sein. Auch Mitarbeiterinnen freier Träger bzw. von Sozialstationen, Wohnprojekten, Institutsambulanzen oder Krisendiensten kommen in vergleichbare Situationen: Sie müssen Bescheid wissen (sich erinnern), ihr Handeln rechtfertigen, absichern oder sich bei Krankheit/ Urlaub vertreten lassen. Sie führen vielleicht keine getrennten Akten, sondern ein Übergabe-Buch, ein Journal, das der jeweils diensthabende Kollege weiterführt.

möglicher Nutzen von Aufzeichnungen

Auch wenn die Fertigung von Vermerken oder Protokollen nicht überall vorgeschrieben ist, empfiehlt es sich, regelmäßige Notizen zu machen. Durch Einübung gewisser Regeln kann dies zur Routine werden. Fliegende Blätter und hastiges Suchen im Kalender helfen im Ernstfall nicht weiter. Spätestens wenn ein Verlängerungsantrag für die Übernahme der Betreuungskosten gestellt werden muß, rächt es sich, wenn ein lockerer Arbeitsstil praktiziert wird. In vielen Situationen können bereits „vor Ort" Gesprächsnotizen angefertigt werden. Klienten sind in der Regel damit einverstanden und haben bisweilen

auch das Gefühl, ernst genommen zu werden, wenn Informationen notiert werden. Klienten fühlen sich entwertet, wenn die Sozialarbeiterin in immer neuen Gesprächen identische Inhalte erfragt, weil sie schon wieder alles vergessen hat. Klienten schätzen es ausdrücklich, wenn sich Sozialarbeiter an frühere Gespräche erinnern, Themen und Details wieder aufgreifen.
Klienten haben das Recht, Einsicht in Akten und Gesprächsnotizen zu fordern. Sozialarbeiter sollten dies beim Formulieren und Bewerten immer im Kopf haben. Dies darf aber nicht dazu führen, daß Vermerke aus lauter Angst vor Akteneinsicht aus völlig inhaltsleeren Auflistungen von Telefonaten und Hausbesuchen bestehen. Im Gegenteil, eine solide Dokumentation ist unabdingbar und kann vielfach weitergehend genutzt werden. Sinnvolle Möglichkeiten, Vermerke und Notizen zu nutzen, sind:

(a) *Unterstützung der eigenen Reflexion und Bewertung:* Vermerke und Gesprächsnotizen bieten eine hervorragende Gelegenheit, Situationen noch einmal zu ordnen und zu überdenken, das eigene Handeln kritisch zu reflektieren, sich die anstehenden Arbeitsaufträge noch einmal in Erinnerung zu rufen. Vermerke und Gesprächsnotizen ermöglichen es, einen Beratungsprozeß längerfristig zu verfolgen und ihn zu bewerten. Sie können in kritischen Situationen auch Entscheidungshilfen geben: Wie hat die letzte Krise des Klienten angefangen? Gab es ähnliche Auslöser? Was hat ihm geholfen? Sollte diesmal eine andere Strategie verfolgt werden?
(b) *Unterstützung der Arbeit mit dem Klienten:* Vermerke und Gesprächsnotizen können „therapeutisch" genutzt werden. Der Klient kann sich an der Formulierung aktiv beteiligen: „Welches Wort würden Sie vorschlagen, um Ihre heutige Stimmung auszudrücken?" Oder er kann eine Kopie der Notizen erhalten; Arbeitsaufträge und Vereinbarungen können ebenso schriftlich fixiert werden. Klient und Sozialarbeiter können das getrennte Führen von Notizen vereinbaren, die dann immer wieder verglichen werden: Was haben beide ähnlich empfunden? Wo gingen Selbst- und Fremdwahrnehmung weit auseinander? Im Laufe des Beratungsprozesses kann die Akte immer wieder gemeinsam gelesen werden, die gemeinsame Arbeit wird reflektiert und rekapituliert. Klienten können der „Krankheitsgeschichte" ihre eigene Lebensgeschichte entgegensetzen, sie selbst niederschreiben. Dies kann Grundlage für weitere Gespräche und Erkenntnisprozesse

sein. Auf Wunsch des Klienten wird eine schriftliche Lebensdarstellung in die offizielle Akte eingeheftet.
(c) *Unterstützung der Arbeit mit Kollegen und Kooperationspartnern:* Besonders für die Koordinierungsgespräche und Helferkonferenzen im Case Management (siehe die Ausführungen oben, S. 139) sind schriftliche Aufzeichnungen erforderlich. Basis des Case Management ist zunächst ein gemeinsam erstellter Hilfe- oder Rehabilitationsplan. Die jeweils eigenen Gesprächsnotizen der Teilnehmer sind dafür wenig hilfreich. Notizen helfen, ein nach der Helferkonferenz verschicktes Gesprächsprotokoll rechtzeitig zu bemängeln und zu korrigieren; nur so können verbindliche Absprachen getroffen werden.

(2) Berichte, Stellungnahmen, Gutachten

Bedeutung von Berichten und Stellungnahmen

Sozialarbeiter gewinnen in der psychiatrischen Versorgung – quantitativ und qualitativ – immer mehr an Bedeutung. Die Ansprüche an Stellungnahmen und Gutachten sind in den letzten Jahren enorm gestiegen. Handgeschriebene Befürwortungen an das Sozialamt gehören der Vergangenheit an; mit dem Einzug moderner Technologie (Diktiergeräte, PC) haben sich die Anforderungen verändert. Mit der Stellungnahme oder dem Sozialbericht will der Sozialarbeiter in der Regel für seinen Klienten eine Kostenübernahme erwirken. Es ist also im Interesse des Klienten, wenn der Bericht formal und inhaltlich überzeugt. In einigen Bereichen gibt es Unklarheiten bezüglich der Weitergabe von Berichten an andere Dienststellen. Einerseits gilt: In Bezug auf den Datenschutz ist der Bereich „Psychiatrie" als besonders sensibel zu handhaben; andererseits kann ein Kostenträger eine Bewilligung von der Weitergabe eines Berichts abhängig machen (siehe Beispiel von Martha Gollmann).

Martha Gollmann (4): Der Entwicklungsbericht

(Fortsetzung von S. 139 f.) Frau Gollmann besucht jetzt seit einem Jahr die gerontopsychiatrische Tagesstätte eines freien Trägers. Die zuständige Sozialarbeiterin der Tagesstätte fertigt einen Entwicklungsbericht an und beantragt die Übernahme der Tagessätze für ein weiteres Jahr. Diesen Bericht schickt sie an die zuständige Kollegin des Sozialpsychiatrischen Dienstes. Der Arzt des Sozialpsychiatrischen Dienstes bescheinigt Frau Gollmann die Zugehö-

> rigkeit zum Personenkreis des § 39 BSHG und befürwortet die Übernahme der Kosten für weitere 6 Monate. Die Sachbearbeiterin des Sozialamtes ist aufgrund dieser kurzen Befürwortung nicht bereit, den Antrag zu bewilligen. Sie betont, daß die Entscheidung für sie nachvollziehbar sein müsse und sie sich gegenüber dem Rechnungshof rechtfertigen müsse. Sie verlangt die Übersendung des ausführlichen Entwicklungsberichts. Da der Vorgang des Sozialamtes (im Gegensatz zu der Akte des Sozialpsychiatrischen Dienstes) automatisch, z. B. nach einem Umzug, abgegeben wird, bestehen erhebliche Bedenken bei den Mitarbeitern der Tagesstätte. Auch fühlen sie sich an die Absprache gebunden, den Entwicklungsbericht nur an den Sozialpsychiatrischen Dienst zu schicken. Andererseits: das kleine Projekt ist dringend auf die Bewilligung der Tagessätze angewiesen.

Nutzen von Berichten und Stellungnahmen

Dieses Beispiel aus dem bürokratischen Alltag zeigt, wie inzwischen die Konflikte zwischen Anbietern, Fachstellen und Kostenträgern ausgetragen werden. Im Bereich der ambulanten und komplementären Dienste fallen immer höhere Kosten an. Logischerweise werden mit knapper werdenden finanziellen Mitteln der Kommunen und Länder auch die Bewilligungsverfahren härter und genauer. Auch für *Gutachten und Stellungnahmen* gelten die Hinweise, die wir oben (S. 146 f.) für Vermerke und Gesprächsnotizen gegeben haben: Sie sollten stärker als bisher als *Arbeitsinstrument* genutzt und öffentlich gemacht werden.

Auch *Entwicklungsberichte* können für Arbeitsbesprechungen oder Helferkonferenzen herangezogen werden. Dies macht nur Sinn, wenn sie exakt, ausführlich und aussagekräftig sind. Stellungnahmen und Entwicklungsberichte können ebenfalls mit dem Klienten gemeinsam erarbeitet und so legitimiert werden. Die Probleme der Schweigepflicht und des Datenschutzes sollten also nicht umgangen werden, indem Berichte erstellt werden, die im wesentlichen nur aus Worthülsen und Leerformeln bestehen. Die Probleme der Schweigepflicht und des Datenschutzes sollten – wo immer möglich – durch das gemeinsame Fertigen des Berichts und die Kenntnisnahme des Klienten aktiv beseitigt werden.

Folgende *Gliederung* sollte eingehalten werden: Nach den *üblichen Daten* folgen die wichtigsten *lebensverändernden Ereignisse* im

Gestaltung von Berichten und Stellungnahmen

Berichtszeitraum. Hier sind nicht nur Klinikaufenthalte und Krankheiten, sondern auch positive Ereignisse zu erwähnen. Sodann werden die *Fähigkeiten des Klienten* geschildert, wobei je nach Adressat des Berichts die sozialen, intellektuellen, manuellen und kreativen Fähigkeiten besonders hervorgehoben werden. Erst dann werden die *Defizite* genannt. Es folgen die geplanten Trainingsschritte oder erforderlichen Unterstützungsleistungen, mit deren Hilfe die gewünschten Ziele erreicht werden sollen. Folgerichtig schließt sich nun die Beantragung/Befürwortung der erforderlichen Maßnahmen an.
Beim Abfassen des Berichts sollte der Adressat richtig eingeschätzt werden: Eine Sachbearbeiterin der Wiedereingliederungshilfe des Sozialamtes wird mit konkreten, verständlichen und nachvollziehbaren Formulierungen mehr anfangen können als mit hochgestochenen, vielleicht therapeutisch ambitionierten Fachtermini. Wichtig ist, daß Ziele und Lösungswege benannt werden. Im folgenden Bericht für den nächsten Bewilligungszeitraum sollten die einzelnen Ziele Punkt für Punkt wieder aufgegriffen werden: Welches Ziel war formuliert worden und welche Maßnahme wurde ergriffen? Konnte ein Zwischenziel erreicht werden? Wird das Ziel weiter verfolgt oder wird umdisponiert? In Befürwortungen und Berichten sollten immer die Unwägbarkeiten des Handelns im psychiatrischen Feld (und mit Menschen allgemein) mitschwingen. Einerseits behaupten Sozialarbeiter, mit der Bewilligung bestimmter Ressourcen gesteckte Ziele für und mit ihren Klienten erreichen zu können. Andererseits sind psychiatrische Verläufe nicht kalkulierbar, müssen Abbruch, Scheitern oder Rückfall immer als Möglichkeit genannt und in den Text eingeflochten werden. Die Vermittlung des Spannungsfeldes von psychiatrischer Planung und individueller Unwägbarkeit kann erfolgen, indem Kostenträger und Verwaltungen in die Gremien psychosozialer und psychiatrischer Arbeit einbezogen werden. Deren Vertreter in psychosozialen Arbeitsgemeinschaften und Beiräten werden aber meist aus der Leitungsebene delegiert, so daß Sachbearbeiter und Gruppenleiter häufig eng ihrem technokratischen Denken verhaftet sind.
Sozialarbeiter balancieren aber noch auf einem weiteren Drahtseil zwischen Kostenträgern bzw. Verwaltungen und Klienten: Auf der einen Seite machen sie offenherzig und klug taktierend das eigene Handeln für Außenstehende nachvollziehbar, auf der anderen Seite vertreten sie selbstbewußt ihr kompliziertes Metier und die Klienten und schützen deren Persönlichkeitsrechte.

## 4.2.6. Schweigepflicht und Datenschutz

Je nach Arbeitsplatz und Arbeitsvertrag sind Sozialarbeiter zur Geheimhaltung von Informationen, die sie im Rahmen ihrer Tätigkeit erlangen, verpflichtet. Da „psychisch krank" noch immer soziale Stigmatisierung (Finzen 1996) bedeutet, ist zur Wahrung seiner Persönlichkeitsrechte sogar zu verschweigen, daß man einen Klienten kennt und betreut. *Beamte* verpflichten sich mit der Verbeamtung zur Amtsverschwiegenheit; sie gilt allerdings nicht im dienstlichen Verkehr. Ohne Genehmigung seiner Dienstvorgesetzten darf ein Beamter selbst vor Gericht keine Mitteilungen machen; er benötigt eine Aussagegenehmigung, die in der Regel gewährt werden muß. Auch *Angestellte* des öffentlichen Dienstes verpflichten sich gemäß § 9 des Bundesangestelltentarifs zur Verschwiegenheit; die Arbeitsverträge freier Träger enthalten in der Regel entsprechende Klauseln.

sanktionsbewehrte Schweigepflicht

Grundsätzlich ist jede sehr persönliche Information (Privatgeheimnis), die im Rahmen eines Berufes erlangt wird, durch das Strafgesetzbuch (§ 203 StGB) geschützt; wer ein ihm anvertrautes, zum persönlichen Lebenskreis gehörendes Geheimnis offenbart, kann mit einer Freiheitsstrafe bis zu einem Jahr bestraft weden. Der Bruch des Dienstgeheimnisses wird mit bis zu fünf Jahren Freiheitsstrafe (§ 353 StGB) bestraft. Sozialarbeiter sind vor Gericht zur Aussage verpflichtet; ein *Zeugnisverweigerungsrecht* haben lediglich Mitarbeiter anerkannter Schwangerschafts- und Drogenberatungsstellen. *Ärzte* unterliegen den *besonderen Bestimmungen der ärztlichen Schweigepflicht;* Mitarbeiter multiprofessioneller Teams (Institutsambulanzen, Gesundheitsämter usw.) führen häufig Akten, die ärztliche Befunde und Krankengeschichten enthalten, die dann ebenfalls besonders geschützt werden müssen.

*Klienten* können einzelne Ärzte, Krankenhäuser oder Behörden von der Schweigepflicht entbinden; sie unterschreiben eine Einverständniserklärung, mit der dann eine Akte oder ein Entlassungsbericht angefordert werden kann. Patienten haben grundsätzlich ein Recht auf *Akteneinsicht.* Dies gilt nicht für psychisch Kranke; es gibt kein Recht auf umfassende Akteneinsicht in psychiatrische Krankenakten. Ein Urteil des Bundesgerichtshofes von 1982 begründete seine Entscheidung mit den Persönlichkeitsrechten des Arztes (subjektiv gefärbte Einschätzungen und Informationen dritter Personen, z. B. Angehöriger) (Baur 1983). Ärzte können also die Akteneinsicht verweigern;

wird Akteneinsicht gewährt, muß deshalb darauf geachtet werden, daß ärztliche Befunde nur mit dem Einverständnis der Verfasser gezeigt werden dürfen.

Regelungen des Datenschutzes

Mit der Verbreitung elektronischer Medien und der immer massiveren Erfassung von Daten erhält der Datenschutz, geregelt durch das Bundesdatenschutzgesetz (BDSG) und das Datenschutzgesetz des jeweiligen Landes und beaufsichtigt durch Datenschutzbeauftragte, eine immer größere Bedeutung. Die Erhebung persönlicher Daten und deren Verbreitung ist nur unter strengen, gesetzlich geregelten Voraussetzungen möglich. Der Betroffene hat ein Auskunftsrecht über die bezüglich seiner Person gespeicherten Daten (§ 13 BDSG). Er kann Auskunft über Zweck und Inhalt der Datenspeicherung und bei deren Unrichtigkeit eine Berichtigung, Sperrung oder Löschung verlangen (§ 14 BDSG). Allerdings: Behörden und andere Stellen (öffentliche und nichtöffentliche) dürfen personenbezogene Daten dann speichern, wenn es zu deren rechtmäßiger Erfüllung von Aufgaben notwendig ist. Ein psychisch kranker Klient kann zwar verlangen, daß die beim Gesundheitsamt oder in der Klinik gespeicherten Daten gelöscht werden. Doch der zuständige Arzt, der über adäquate Behandlungsmaßnahmen zu entscheiden hat, kann mit seinen Dienstaufgaben argumentieren und diesen Wunsch verweigern.

Güterabwägung

Die Regelungen der Schweigepflicht und des Datenschutzes stehen anderen Rechtsgütern gegenüber. Im Alltag sind deshalb auch Sozialarbeiter zur Rechtsgüterabwägung verpflichtet. Stehen in einer Gefährdungssituation sehr viel bedeutsamere Rechtsgüter (Menschenleben, Unversehrtheit der Person) auf dem Spiel, dann können sie sich nicht auf ihre Schweigepflicht berufen und für die Klärung der Situation wichtige Informationen verweigern. Nicht immer stehen erfahrene Kollegen, Vorgesetzte oder Psychiater zur Verfügung. Die Entscheidungen müssen nach gründlicher Abwägung der jeweiligen Risiken und Rechte selbst getroffen werden.

Doch dies alles ist immer ein wenig *graue Theorie.* Alltägliche gemeindepsychiatrische Arbeit wäre undenkbar, wenn Schweigepflicht und Datenschutz exakt beachtet würden. Wie sollte unter solchen Bedingungen eine Helferkonferenz aussehen, wie der Case Manager organisieren und wie ein vernetzter Krisendienst arbeiten? Natürlich geben in der Regel Klienten ihr Einverständnis, daß über sie gesprochen und für sie organisiert wird. Aber was ist mit den Menschen, die extrem auffällig sind und die vorhandenen Systeme sprengen, die nicht gefragt werden können oder mit denen eine Verständigung nicht möglich ist? Streng genommen müßte eine Betreuung eingerichtet werden. Dann könnte der Betreuer das Einverständnis geben. Aber werden so unsere Grundrechte nicht zur bloßen Farce? In den alten Anstalten mit ihren Komplexleistungen haben sich Sozialdienst, Pflegekräfte und Mediziner ganz selbstverständlich über Patienten unterhalten. Durch seine bloße Anwesenheit war er ganz offensichtlich ein Psychiatrie-Patient. Im gemeindepsychiatrischen Verbund liegen die Hilfeleistungen weit verstreut; eine sinnvolle Kooperation ist logischerweise nur möglich, wenn über einen Klienten auch gesprochen werden kann. Sozialarbeiter sollten in jedem Fall streng unterscheiden: *Innerhalb* des psychiatrischen Hilfesystems können sie kooperieren, vernetzen, austauschen und besprechen; *nach außen,* gegenüber Nachbarn, anderen Ämtern, Angehörigen usw., müssen sie aber sorgfältig abwägen und im Zweifelsfall verschwiegen sein. Doch zu entscheiden, wann Sozialarbeiter im Interesse des Klienten schweigen und wann sie im Interesse des Klienten sprechen sollen, ist schwierig. Schweigepflicht und Datenschutz müssen allzuoft als Feigenblatt für Untätigkeit herhalten.

### Anregungen für Aktenführung und Schweigepflicht

Klienten über die eigene Dokumentationspflicht aufklären.
Notizen und Berichte als Hilfsmittel für die eigene Arbeit akzeptieren.
Klienten in die Erstellung von Aufzeichnungen miteinbeziehen.
Einsicht nur in eigene Aufzeichnungen gewähren, sonst Erlaubnis einholen.
Datenschutz, Schweigepflicht und Geschäftsordnung kennen und berücksichtigen.
Informationen im psychiatrischen System möglichst nur mit Einverständnis austauschen.
Rechtsgüter abwägen: Ist ein höheres Rechtsgut gefährdet?

> **Weiterführende Literatur**
>
> Wichtige Anregungen zur Einzelfallhilfe sind dem folgenden, gut lesbaren und sehr praxisbezogenen Buch zu entnehmen: *Germain, C. B./Gitterman, A.* (1988): Praktische Sozialarbeit. Das „Life Model" der sozialen Arbeit. Stuttgart.
>
> Für ein reflektiertes Gesprächsverhalten immer wieder lesenswert: *Weinberger, S.* (1994): Klientenzentrierte Gesprächsführung. Eine Lern- und Praxisanleitung für helfende Berufe. Weinheim.
>
> Unverzichtbar im Alltag der psychiatrischen Arbeit ist nach wie vor: *Dörner, K./Plog, U.* (1996): Irren ist menschlich. Bonn.
>
> Ausgezeichnete detaillierte Handlungsanweisungen nicht nur für Pflegeberufe enthält: *Schädle-Deininger, H./Villinger, U.:* Praktische Psychiatrische Pflege. Bonn.

## 4.3. Soziale Gruppenarbeit

In allen psychiatrischen Feldern gewinnt die Gruppenarbeit zunehmend an Bedeutung. Im folgenden beschreiben wir die Methoden und Handlungskonzepte sozialer Gruppenarbeit, die besonders häufig oder ganz speziell von Sozialarbeiterinnen und Sozialpädagoginnen im Arbeitsfeld „Psychiatrie" angeboten werden. Wir unterscheiden hierbei:

(a) Gruppen, mit denen Gemeinschaften sich organisieren und selbst verwalten,
(b) Gruppen, die Beratung und Unterstützung anbieten,
(c) Gruppen zur gemeinsamen Freizeitgestaltung,
(d) Gruppen, in denen soziale Kontakte erlangt werden sollen.

Anforderungen an Gruppenarbeit

Gruppen in der hier ausdifferenzierten „reinen" Form gibt es nicht; auch eine Unterstützungsgruppe hat unterhaltenden Charakter oder eine Freizeitgruppe vermittelt auch Fähigkeiten usw. Sozialarbeiter und Sozialpädagogen unterschätzen häufig die Anforderungen, die mit der Moderation einer Gruppe an sie gestellt werden. „Mal eben eine Gruppe machen" ist mehr als „Kaffeeklatsch", „Kneipenrunde", „Halma-Spiele", „sich ausquatschen", „Mir wird schon was einfallen". Gruppenprozesse unterliegen komplizierten Vorgängen, zu deren Moderation es Kompetenzen bedarf, die in speziellen Ausbildungsangeboten (Gruppendynamik, Gruppenpädagogik, Familientherapie, Pädagogisches Rollenspiel, Analytische Gruppentherapie) erworben werden können.

Besonders schwierig ist die Gruppenarbeit in der Psychiatrie: Die Klienten sind häufig unfreiwillig in diesem System und entsprechend wenig motiviert. Sie sind in ihren Kommunikationsmöglichkeiten und ihrem Gruppenverhalten ganz unterschiedlich. Psychiatrische Gruppenarbeit kann, ja sollte deswegen in sozialpsychiatrischen Zusatzausbildungen erlernt werden. Hier stehen zudem gemeinsame Ausbildungsgruppen als „Experimentierfeld" zur Verfügung.

ANREGUNGEN FÜR DIE MODERATION VON GRUPPEN

Ziele klarstellen, eindeutige Informationen geben.
Initiative und Aktivität entfalten, eine hoffnungsvolle Atmosphäre herstellen.
Informationen, Meinungen, Gefühlsäußerungen (zu Ideen und Vorschlägen) erfragen.
Koordinieren, Beziehungen aufzeigen, den Hier-und-Jetzt-Prozeß fördern.
Ermutigen, loben, Verständnis zeigen, zustimmen.
Zurückbleibende nachholen, Vorauseilende bremsen, für „Schweiger" sorgen.
Fragen an die Gruppe zurückgeben, Gruppennormen einführen, Regeln setzen.
Reaktionen beschreiben, Beobachtungen wiedergeben.
Gruppengefühle wiedergeben, den Gruppenprozeß kommentieren.
Übereinstimmung prüfen, gemeinsame Entscheidungen ermöglichen (Minoritäten beachten).
Spannungen vermindern, beruhigen, ausgleichen.

Die Gruppen lassen sich hinsichtlich der Aufgaben, Zielsetzung und Organisation in *drei Typen* unterteilen:

### 4.3.1. Organisationsgruppen

Lothar Fischer (6): Das Patienten-Komitee

(Fortsetzung von S. 146) Lothar Fischer war erneut zur Entgiftung in der Klinik. Als er vom Ausgang zurückkehrt, bemerkt eine Krankenschwester seine Fahne: Er muß pusten. Sein Rückfall wird ent-

(Fortsetzung S. 156)

deckt. Lothar Fischer will aber diesmal unbedingt in der Klinik bleiben: Er will noch einmal eine Chance. Am nächsten Tag wird das Patienten-Komitee einberufen: Die Zusammenkunft, die von Patienten geleitet wird, entscheidet, ob rückfällige Patienten bleiben dürfen. In der Gruppe wird Klartext gesprochen, und seine Beteuerungen („Es war wirklich das letzte Mal. Uwe hat mich überredet …") werden nicht akzeptiert. Er muß die Station verlassen.

Patienten-Vertretungen und -Vollversammlungen dienen nur auf den ersten Blick der demokratischen Selbstverwaltung von Nutzern bzw. Patienten einer Einrichtung. Derartige Gruppen stellen zudem wunderbare „Trainingsplätze" dar und haben einen enormen sozio- und psychotherapeutischen Effekt. Organisationsgruppen für Mitarbeiter sind z. B. Dienstbesprechungen, Teamsitzungen u. ä., für Klienten bzw. Patienten sind es Hausversammlungen, Stationskomitees, Montagsrunden usw. Jede psychosoziale Einrichtung sollte inzwischen ein Selbstverwaltungs-Gremium eingerichtet haben. Wo solche Gruppen „einschlafen", ist es unabdingbar, sie immer wieder neu anzuregen.

Pflichtteilnahme

Umstritten ist die Pflichtteilnahme an Organisationsgruppen: In jeder betreuten Wohngemeinschaft gehört „die Gruppe" zu den lästigen Zwangsterminen, vor denen sich Alltagsbegleiter und Klienten gleichermaßen gerne drücken. Kritiker meinen, das Ritual der WG-Gruppe sei ein Relikt der Wohnkultur der studentischen Wohngemeinschaften; Organisationsbedürfnis (natürlich der ewige Abwasch) und therapeutischer Ehrgeiz der Sozialarbeiterinnen („Und wie geht es Ihnen heute abend?") seien hier fatal miteinander verknüpft. Zu Recht stellt sich die Frage, ob Klienten und Profis hier neue Formen entwickeln können.

### 4.3.2. Beratungs- und Unterstützungsgruppen

Martha Gollmann (5): Die Angehörigengruppe

(Fortsetzung von S. 148) Bei ihrem letzten Besuch in Deutschland hat sich Mrs. Andrew, die Tochter von Frau Gollmann, ein bißchen Zeit genommen. Sie wird von der Sozialarbeiterin der Sozialstation zu einer Gruppe für pflegende Angehörige eingeladen. Frau Gollmann kann in einem Nebenraum gemeinsam mit einigen anderen altersverwirrten Angehörigen Kaffee trinken und erzählen. Viele der pflegenden Töchter kommen nur an diesen Abenden aus dem Haus, weil sie ihre Angehörigen nicht alleine lassen können. Bei dieser Gelegenheit erhält Mrs. Andrew weitere Informationen über Förderungs- und Pflegemöglichkeiten für ihre Mutter, bei der inzwischen eine Alzheimer-Erkrankung diagnostiziert worden ist.

(1) *Informationsgruppen:* Informationsgruppen vermitteln vorrangig Sachwissen über eine bestimmte Lebenslage, eine Erkrankung oder ein spezielles psychisches, soziales, medizinisches oder juristisches Problem. Sie gehören auch zum festen therapeutischen Setting jeder Suchttherapie. Im Unterschied zu den soziotherapeutischen Gruppen, bei denen eine (gewünschte) Verhaltensänderung im Vordergrund steht, konzentrieren sich Informationsgruppen zunächst einmal auf die Vermittlung von Wissen. Diese Wissensvermittlung erfolgt nicht durch Frontalunterricht, sondern der professionelle Mitarbeiter *knüpft an den Erfahrungen der betroffenen Experten* an, erweitert, ergänzt und stellt Zusammenhänge her. Die Informationen werden also nicht einseitig vermittelt, sondern gemeinsam erarbeitet und reflektiert. Sachwissen

Aus dem Informationsbedürfnis von Angehörigen bzw. aus entsprechenden Gruppenzusammenkünften heraus ist die Angehörigen-Bewegung entstanden. Aus den Selbsthilfegruppen und den Psychose-Seminaren der Psychiatrie-Erfahrenen heraus hat sich der „Verband der Psychiatrie-Erfahrenen" entwickelt. *Information und* (mit-)geteiltes *Expertenwissen* verfügen über eine ungeheure *Emanzipationskraft.* Die immense Bedeutung dieser Entwicklung liegt in dem veränderten Blickwinkel, der neuen Sichtweise.

(2) *Angehörigengruppen:* Gruppen für die Angehörigen von alten und pflegebedürftigen Menschen, von Alkoholkranken (z. B. Al-Anon) oder von psychisch Kranken, insbesondere Psychosekranken, vermitteln Informationen, erweitern aber gleichzeitig den Blickwinkel über das eigene Schicksal, den eigenen familiären Rahmen hinaus (siehe auch Ausführungen unten, S. 252). In der Angehörigengruppe erfährt beispielsweise die Mutter des psychisch kranken oder alkoholabhängigen Sohnes Entlastung, daß sie nicht „schuld" an der Erkrankung ihres Kindes ist, daß sie die weitere Entwicklung beeinflussen und vor allem lernen kann, ihr eigenes Leben wieder verantwortlich zu leben.

Lange Zeit behinderten die „Double-bind"-Theorie (die Verunsiche-

vertrauensvolle Zusammenarbeit

rung des Ichs aufgrund widersprüchlicher Botschaften in der familiären Kommunikation) und die Theorie der „schizophrenogenen Mutter" (Bateson 1969) einen unbelasteten Austausch zwischen Psychiatrie-Mitarbeitern und Angehörigen. Das Buch „Freispruch der Familie" (Dörner/Egetmeyer/Koenning 1982) kennzeichnete das Bemühen, zu einer vertrauensvolleren Zusammenarbeit zu finden und die Angehörigen von Schuldvorwürfen und -gefühlen zu entlasten. Klaus Dörner beschreibt darin seine Erfahrungen in der Angehörigenarbeit und stellt *Regeln* für die Wahrnehmung der Familie und des Handelns in der Gruppenarbeit mit Angehörigen auf: Er empfiehlt zwei Moderatoren, wobei Geschlecht und Berufsgruppen nachrangig sind; sinnvoll ist es, daß die beiden Moderatoren unterschiedlich alt sind, damit beide sich mit den unterschiedlichen Altersangehörigen (Kinder, Eltern) solidarisieren können; außerdem sollte einer der beiden Moderatoren zum Stammpersonal der Einrichtung gehören. Eine Angehörigengruppe kann und sollte an jedem Baustein des gemeindepsychiatrischen Verbunds angesiedelt sein.

Phasen

Die folgenden *Phasen* scheinen in der Entwicklung jeder Angehörigengruppe fast gesetzmäßig abzulaufen:

(a) Alle Gruppenmitglieder sind verwundert und erleichtert, daß andere dasselbe Schicksal erleiden. Trotzdem fällt es ihnen schwer zu akzeptieren, daß nicht das Wohl des Patienten, sondern das Wohl der Angehörigen im Vordergrund steht. Einige Gruppenmitglieder, die sich nur über ihre Rolle als aufopfernde Angehörige stabilisieren, drohen wegzubleiben. Der Moderator sollte die Aufopferung nicht ansprechen, sondern abwarten, bis dies im Laufe des Gruppenprozesses die anderen Angehörigen tun.
(b) Aus dem Entlastungserleben heraus schimpfen die Angehörigen auf die Patienten und die Psychiatrie. Der Moderator sollte sich auf das Zuhören beschränken, ohne sich zu verteidigen (und lernt eine Menge).
(c) Die Angehörigen haben das Gefühl, daß sie sich nun lange genug *gegen* die Patienten ausgesprochen haben. Es breitet sich eine Stimmung der Resignation aus. Der Moderator sollte zu diesem Zeitpunkt nicht trösten, wenngleich er als „Experte" Sachfragen beantworten kann; er darf das Gefühl der Hoffnungslosigkeit ruhig vertiefen.
(d) Erst wenn die Angehörigen sich zu ihrer eigenen Hilflosigkeit bekannt haben, kann der Moderator sie dazu ermutigen, dies auch dem Patienten zuzugestehen.

(e) Die Angehörigen sind jetzt zu einem solchen Eingeständnis in der Lage und werden vom Moderator dazu ermutigt, an sich selbst zu denken und ihr eigenes Leben wieder stärker zu leben. Erst durch diesen neuen Egoismus – und die Auseinandersetzung mit dem Patienten – werden die Rollen wieder klarer.
(f) Erst jetzt kann entschieden werden, ob man sich trennen oder auf einer neuen Ebene wieder zusammenleben will, d. h. ob die erworbene Distanz auch eine neue Nähe ermöglicht.

Förderung der Eigenwahrnehmung

(3) *Psychoedukative Gruppenarbeit:* Die „Psychoedukative Gruppenarbeit" entstand an der Medizinischen Hochschule Hannover. Sie wurde weiterentwickelt vor dem Hintergrund des Verletzlichkeits-Streß-Bewältigungs-Modells der Schizophrenie (siehe dazu die Ausführungen oben, S. 73). Psychoedukative Gruppenarbeit dient nicht nur der Informationsvermittlung, sondern auch der gezielten Eigenwahrnehmung: Die Teilnehmer sollen die Frühwarnzeichen ihrer Erkrankung besser erkennen und einen Krisenplan erarbeiten.
Die Gruppenteilnehmer werden als Experten einbezogen; die Moderatoren gehen direktiv-strukturierend vor; Informationsvermittlung und Gruppengespräche wechseln sich ab; für möglichst einfache und klare Darstellung, auch mit schriftlichen Materialien, ist zu sorgen. Die Moderatoren sollten mehrjährige Praxiserfahrung mit psychosekranken Menschen und eine psychotherapeutische Basiskompetenz haben. Für die Information über Medikamente sollte ein Arzt hinzugezogen werden.

Psychiatrie-Erfahrene als Experten

(4) *Psychose-Seminar:* Das „Hamburger Psychose-Seminar" ist zufällig entstanden. In einem Universitäts-Seminar hatte Thomas Bock die Vertreter verschiedener Therapieeinrichtungen eingeladen. Eine Psychose-Erfahrene (Dorothea Buck) verlangte daraufhin, als Expertin ebenfalls eingeladen zu werden. Die Erfahrungen waren für Studenten und professionelle Therapeuten so beeindruckend, daß das Psychose-Seminar um die Expertengruppe der Angehörigen erweitert und regelmäßig angeboten wurde. Mit dem gemeinsamen „Trialog" der drei Bezugsgruppen (Psychose-Erfahrene, Professionelle/Studenten, Angehörige) hat in Hamburg *eine neue Ära der bundesdeutschen Psychiatrie* begonnen. Psychose-Seminare gibt es mittlerweile in fast allen deutschen Städten; sie werden initiiert von Selbsthilfegruppen, Kontaktstellen, Universitäten, Sozialpsychiatrischen Diensten.
Ein Psychose-Seminar braucht nur einen neutralen Ort, ein bis zwei

Moderatoren und Teilnehmer der drei bereits erwähnten Bezugsgruppen. Der Moderator beschränkt sich auf seine Moderatorenrolle, d. h. er achtet darauf, daß jeder zu Wort kommt: vor allem alle drei Gruppen. Als hilfreich hat sich die Anfertigung von Protokollen erwiesen, die an die Teilnehmer verschickt werden oder beim nächsten Treffen ausliegen. Diese Aufgabe kann an Auszubildende/Studenten delegiert werden. Das Psychose-Seminar ist kein festgefügtes Handlungskonzept, sondern kann ganz individuell gestaltet werden. Grundlage ist allerdings: Psychose-Erfahrene und Angehörige sind Experten für Psychosen; sie informieren die Professionellen – und diese lernen von ihnen.

### 4.3.3. Soziotherapeutische Gruppen

> Martha Gollmann (6): Gruppenarbeit
>
> (Fortsetzung von S. 156) Martha Gollmann hat sich in der Gerontopsychiatrischen Tagesstätte gut eingelebt. Sie nimmt am Hockertraining teil, um beweglich zu bleiben. Morgens setzt sich die Altenpflegerin mit einigen Besucherinnen an einen Tisch und liest aus der Zeitung vor. Manche Worte wiederholt Martha Gollmann oder es fällt ihr eine alte Geschichte dazu ein. „Gedächtnistraining oder Gehirnjogging" nennt die Altenpflegerin diese Gruppe. Am liebsten hört sie in der Musikgruppe die Lieder aus ihrer Jugendzeit.

Bereitstellung eines sozialen Lernfeldes

Soziotherapeutische Gruppen stellen ihren Teilnehmern ein soziales Lernfeld zur Verfügung. Eine gesamte psychiatrische Station kann als *Therapeutische Gemeinschaft* nicht nur die Selbstwahrnehmung des Patienten fördern, sondern auch seine sozialen Kompetenzen erweitern. Im stationären, komplementären und ambulanten Bereich versuchen Sozialarbeiter, Situationen zu schaffen, in denen Menschen miteinander in Kontakt treten, selbstsicherer werden, in der Begegnung Grenzen ziehen und wahrnehmen. Die Sozialarbeiterin ist hier im eigentlichen Sinne *sozialpädagogisch* tätig: Sie regt Menschen an, in den unterschiedlichsten Spielräumen aufeinander zuzugehen und Erfahrungen zu machen; sie scheut sich nicht, selbst aktiv zu werden, Gefühle zu zeigen, zu tanzen, zu diskutieren, zu spielen.

Die vielen Möglichkeiten sozialer Gruppenarbeit im Sinne des „social learning" sollen hier nicht im einzelnen aufgelistet werden. So wie sich Sozialarbeiterinnen als „Ersatzspieler" für ihre Partner und Kon-

trahenten im realen Leben anbieten, so suchen sie Aktivitäten als Ersatz-Spielräume, um auf dieser Bühne reales Leben zu spielen. Diese Kunst-Welten dürfen (und müssen) sich mit wirklichen Neigungen decken. So lernt der Klient z. B. in der Kochgruppe planen, einkaufen, Geld einteilen, sich auseinandersetzen, sich zusammenraufen; er macht die Erfahrung, wie toll er sich fühlt, wenn er etwas geschafft hat oder gelobt wird. Aber der Klient lernt in der Kochgruppe auch wirklich Kochen, und das (echte) Essen schmeckt ganz real.
Viele Aktivitäten aus dem *Bereich der Körper-, Arbeits- und Beschäftigungstherapie* haben massive soziotherapeutische Anteile: Beim Sport, bei Gesellschaftsspielen, beim Volkstanz, bei Ausflügen oder der Herstellung einer Collage trainieren Klienten soziales Handeln. So verschränken sich die Aspekte aller Gruppen: Freizeit- und Neigungsgruppen wirken enorm therapeutisch, Informationsgruppen füllen anregend den Feierabend, Organisationsgruppen (die Vollversammlung) vermitteln wichtige soziale Kompetenzen. Die unzähligen Lern-Spielräume, die eine gemeinsame Urlaubsreise bietet, sprengen unseren Rahmen.

Weiterführende Literatur

Der „Klassiker" zum Thema „Soziale Gruppenarbeit" ist immer noch: *Kayser, H./Krüger, H.* (1981): Gruppenarbeit in der Psychiatrie. Erfahrungen mit der therapeutischen Gemeinschaft. Stuttgart.

Eine ganz aktuelle methodische Einführung bietet: *Christ, J./Hoffmann-Richter, U.* (1997): Therapie in der Gemeinschaft. Gruppenarbeit, Gruppentherapie und Gruppenpsychotherapie im psychiatrischen Alltag. Bonn.

Zum Thema „Angehörigengruppen" empfiehlt sich: *Dörner, K./Egetmeyer, A./Koenning, C.* (1983): Freispruch der Familie. Bonn.

Ebenfalls lesenswert ist: *Deger-Erlenmaier, H.* (1992): Wenn nichts mehr ist, wie es war ... Angehörige psychisch Kranker bewältigen ihr Leben. Bonn.

Eine gründliche Einführung in das Psychose-Seminar gibt: *Bock, T./Buck, D.* (1997): Das Psychose-Seminar. (Psychosoziale Arbeitshilfen, Bd. 10), Bonn. Wichtig für den Hintergrund sind auch die beiden Bücher: *Bock, T. u. a.* (1993): Stimmenreich. Mitteilungen über den Wahnsinn. Bonn; und *Bock, T. u. a.* (1994): Im Strom der Ideen. Stimmenreiche Mitteilungen über den Wahnsinn. Bonn.

Über die psycho-edukative Gruppenarbeit informiert: *Wienberg, G.* (1997): Schizophrenie zum Thema machen. Psychoedukative Gruppenarbeit mit schizophren und schizo-affektiv erkrankten Menschen. Bonn.

## 4.4. Gemeinwesen-, Gremien- und Öffentlichkeitsarbeit

Der folgende Abschnitt ist einem Themenbereich gewidmet, der vor allem für die Sozialen Berufe im psychiatrischen Feld enorm an Bedeutung gewinnt. Mit der Auflösung der großen Anstalten müssen nicht nur die Aufgaben „Behandlung und Versorgung" von den Kommunen erfüllt werden. Auch die Tätigkeiten der Verwaltungsleiter und der Krankenhauskonferenzen, die gesamten hierarchisch gegliederten Infrastrukturen sind zu übertragen. Zu fragen ist also, wer die gemeinde-integrierte Versorgung plant, steuert, verwaltet, organisiert und kontrolliert und wer die Interessen zwischen den einzelnen Gruppierungen ausgleicht. Wir führen mit kurzen, glossarartigen Hinweisen in die wichtigsten Strukturen ein, widmen uns dann der Öffentlichkeitsarbeit und dem Social Sponsoring. Beendet wird dieser Abschnitt mit Hinweisen zu den Methoden der Qualitätssicherung: Evaluation, Supervision und Fortbildung.

### 4.4.1. Gremien, Arbeitsgruppen, Konferenzen

> Angelika Müller, Sozialarbeiterin im Sozialpsychiatrischen Dienst
>
> Wie jeden Mittwoch beginnt der Tag im Sozialpsychiatrischen Dienst mit einer Dienstbesprechung. Eine Sozialarbeiter-Kollegin, die unsere Dienststelle in der Psychosozialen Arbeitsgemeinschaft (PSAG) und im Beirat vertritt, erzählt von der letzten Sitzung und dem beantragten Aufbau einer neuen Wohngemeinschaft. Um 10.30 Uhr komme ich verspätet in die Untergruppe „chronisch Kranke" der PSAG. Jetzt streiten wir schon die vierte Sitzung über die Anzahl der Heimplätze, die wir im Bezirk zukünftig brauchen. Der Kollege der Klinik, der heute für den Notdienst eingetragen ist, hat sich krank gemeldet. Ich telefoniere ein paar Einrichtungen ab, bis ich Ersatz gefunden habe. Am Nachmittag in der AG „Aufnahme" stelle ich eine Klientin vor, für die ich einen Platz im Betreuten Einzelwohnen suche. Nach der Vorstandssitzung am Abend fällt mir auf, daß ich heute keinen einzigen Klientenkontakt hatte. Wofür werde ich eigentlich bezahlt?

Die Arbeit im psychiatrischen Feld hat sich in den letzten zehn Jahren massiv verändert. Ärzte, Psychologen, Sozialpädagoginnen und Pflegekräfte verbringen einen immer kleineren Teil ihrer Arbeitszeit mit Pflege, Betreuung und Behandlung. Sie organisieren, koordinieren, planen und managen.

Notwendigkeit und Nutzen

Viele Sozialarbeiter bedauern diese Entwicklung: Wer gerne anderen Menschen helfen möchte, fühlt sich ob der vielen Besprechungen und Gremien nutzlos und unzufrieden. Manchen Kollegen macht es jedoch Spaß, über den eigenen Arbeitsplatz hinauszuschauen, zu steuern und neue Ideen zu verwirklichen. Sie melden sich für jede Arbeitsgemeinschaft, lernen gerne andere Einrichtungen kennen und werden rasch als „Gremien-Hocker" abgewertet. „Richtige" Sozialarbeit, so ist im Alltag häufig zu hören, sei nur Arbeit mit Klienten. Besprechungen und Gremien gelten als ineffektiv und nutzlos, abgehockte Zeit. Jeder Kollege eines sozialpsychiatrischen Teams sollte jedoch die Möglichkeiten wahrnehmen, durch Vernetzung und Gremienarbeit den eigenen Horizont zu erweitern und Entscheidungen zu beeinflussen. Ein kleines Stichwort-Verzeichnis zu diesen beiden Themenbereichen soll diesen Schritt erleichtern:

(1) Vernetzung

Vernetzung

Die bessere Zusammenarbeit aller sozialen, medizinischen und psychiatrischen Einrichtungen einer Region „zum Wohle der Klienten" ist erwünscht. Aber guter Wille allein genügt nicht. Kooperation muß durch strukturelle Vorgaben hergestellt werden. Erst dann sprechen wir von Vernetzung. Einige Beispiele für solche strukturellen Vorgaben sind:

*Geteilte Stellen:* Ein Arzt arbeitet jeweils halb in der Klinik und im Sozialpsychiatrischen Dienst; eine Sozialpädagogin je zur Hälfte im Sozialdienst der Psychiatrischen Abteilung und im Betreuten Wohnen. Unzählige Kombinationen sind denkbar. Die Vorteile liegen auf der Hand: Die Kooperation wird „institutionalisiert" durch personelle Verflechtung.
*Rotation:* Zwei Kollegen tauschen in ähnlicher Weise für einen bestimmten Zeitraum ihre Arbeitsplätze, am besten für ein ganzes Jahr. Geteilte Rollen und Rotation können angeordnet oder selbst organisiert werden: Zwei Kolleginnen, die sich einig sind, und eine gesprächsbereite Verwaltung reichen aus.
*Hospitation:* Eine Fachkraft arbeitet für jeweils einen Tag oder eine Woche in einer anderen Einrichtung mit. Für neue Kollegen in einer

Versorgungsregion können Hospitations-Durchläufe organisiert werden. Der Kollege lernt so alle Einrichtungen kennen, und die Einrichtungen ihn. Schon Praktikanten können hospitieren.
*Vernetzungsprojekte:* Projekte können so konzipiert werden, daß sie zwangsläufig der Vernetzung dienen. Besonders geeignet sind Krisen- oder Notfalldienste (siehe dazu die Ausführungen in Abschnitt 6.1.8., S. 236 ff.): Jeweils zwei Kolleginnen aus unterschiedlichsten Einrichtungen übernehmen zusammen eine Schicht im Krisendienst. Weitere Möglichkeiten sind: Enthospitalisierungsprojekte, Zuverdienst-Firmen, Betreutes Wohnen.
*Arbeitsgruppen:* Alle Kollegen, die für einen bestimmten Klienten oder eine Klientengruppe zuständig sind, treffen sich regelmäßig, vor allem um Verantwortung zu tragen. Beispiel: Ärzte, Krankenpfleger und Sozialarbeiterinnen (Langzeitstation, Ambulanz, WG-Betreuer, Sozialpsychiatrischer Dienst) besprechen regelmäßig die Probleme im Betreuten Wohnen – eines der Angebote der Enthospitalisierung – und suchen gemeinsam nach Lösungen.

(2) Gremienarbeit

Gremienarbeit

Auch die folgenden Gremien fördern als Nebeneffekt die Vernetzung:

(1) *Psychosoziale Arbeitsgemeinschaft (PSAG):* Die PSAG ist die Keimzelle der kommunalen Psychiatrie. Die Sachverständigen der Enquete-Kommission empfahlen ihre Bildung in Form einer Selbstorganisation, an der sämtliche psychiatrischen, psychotherapeutischen, psychosomatischen und psychologischen Beratungs- und Behandlungsdienste eines Standardversorgungsgebietes beteiligt sind.

Meinungsaustausch

In der PSAG werden aktuelle Probleme besprochen und neue Einrichtungen vorgestellt. Die Teilnahme ist offen, d. h. unverbindlich. Viele PSAGs haben eine Geschäftsführung und wählen einen Vorstand oder Sprecher. PSAGs müssen von Politikern nicht gehört werden. Sie dienen daher eher dem Meinungsaustausch als der Planung. Eine PSAG trifft sich in der Regel einmal monatlich und mit einer vorgegebenen Tagesordnung. Wenn eine PSAG sehr viele Mitglieder hat, werden für spezielle Themen Untergruppen gebildet, z. B. zu den Themen „Wohnen“, „Beschäftigung“, „Sucht“, „Enthospitalisierung“ usw. Die PSAG kann aber auch Gefahr laufen, nach einer euphorischen Phase des Kennenlernens zu einem „psychosozialen Kaffeekränzchen“ zu werden. Für Berufsanfänger sollte die Teilnahme an der PSAG Pflicht sein.

(2) *Psychosozialer Ausschuß, Psychiatrie-Beirat:* Dieses Gremium dient der Beratung der für Psychiatrie zuständigen Politiker eines Landes, einer Kommune oder einer Region. In den PsychKGs einiger Bundesländer ist geregelt, daß dieses Gremium gehört werden muß. Die Mitgliedschaft und Stimmberechtigung ist klar geregelt. Berufen oder benannt (z. B. vom Dezernenten) werden Vertreter der wichtigsten Versorgungseinrichtungen der Region, aber auch der niedergelassenen Nervenärzte, der Angehörigen und der Psychiatrie-Erfahrenen. Psychiatrie-Beiräte tagen einmal jährlich bis hin zu einmal monatlich. Die beratenen Politiker sind nicht an die Vorschläge gebunden. Da in diesem Gremium die Psychiatrie-Versorgung geplant wird und dies fast immer mit massiven Trägerinteressen gekoppelt ist, stehen häufig Abstimmungsergebnisse im Vordergrund und kommen konstruktive Diskussionen zu kurz. Planung

Die Strukturschwächen des Beirats und der PSAG lassen sich (wie z. B. in Berlin-Charlottenburg) durch die Koppelung beider Gremien vermeiden.

(3) *Aufnahme-Konferenz, Fallkonferenz, Runder Tisch:* Dieses Gremium trägt die unterschiedlichsten Namen. Es kontrolliert die Aufnahme- und Entlassungsmodalitäten in das komplementäre Versorgungssystem. Jede Einrichtung und Institution benennt dafür einen Vertreter. Hier werden alle Klienten vorgestellt, die einen Platz im Betreuten Wohnen, in einer Tagesstätte usw. benötigen. Danach wird eine Prioritätenliste erstellt und entschieden, welcher Klient einen frei werdenden Platz vorrangig erhält. Gleichzeitig wird immer wieder überprüft, ob bei bereits betreuten Klienten Umfang und Art der Hilfe verändert werden können. Die Träger können also frei werdende Plätze nicht mehr selbst belegen. Dieses Kontroll- und Entscheidungs-Gremium ist Voraussetzung für die geforderte Pflichtversorgung im komplementären Bereich. Kontrolle und Entscheidung

(4) *Mitgliederversammlung, Vorstandssitzung:* Zeigen sich Versorgungslücken in einer Region, so empfiehlt sich die Gründung eines Psychosozialen Trägervereins. Sieben Gründungsmitglieder und eine Satzung genügen dafür. Dieser Verein hat die Aufgabe, Angebote des Betreuen Wohnens, eine Tagesstätte, eine Zuverdienstfirma usw. aufzubauen. Kleine Vereine können flexibel auf die Bedürfnisse einer Kommune reagieren. Die Gründung erfolgt in der Regel über psychiatrisch Tätige, z. B. aus der Klinik, die dann auch einen Vorstandspo- Aufbau von Angeboten

sten übernehmen oder einen Beirat bilden, der die Aktivitäten des Vereins kritisch begleitet. Vorstand und Beirat arbeiten ehrenamtlich, die Geschäfte des Vereins führt ein ehrenamtlicher oder hauptamtlicher Geschäftsführer. Wer Lust hat, psychiatrische Versorgung selbst zu gestalten, Verantwortung zu übernehmen und auch die eigene Person zu „vernetzen“, der sollte sich hier – vielleicht anfangs nur als einfaches Vereinsmitglied – engagieren.

### 4.4.2. Öffentlichkeitsarbeit

Aus der Berliner Zeitung vom 5. Februar 1992:

„Hilde Retter gründete in Potsdam eine Angehörigengruppe psychisch Kranker

Die geringen Möglichkeiten, psychisch Kranken zu helfen, hat die Potsdamerin Hilde Retter am eigenen Leibe erfahren. Jetzt bildete sie eine Angehörigengruppe und ist Sprecherin des Dachverbandes für das Land Brandenburg. ‚Jahr um Jahr rannte ich damals herum, um meinem Sohn zu helfen, schrieb Eingaben . . .‘.“

Aus der Berliner Zeitung vom 28. Februar 1992:

„Wohnung für mehr Lebensmut

Der 49jährige arbeitslose Bauingenieur Roland Günde ist psychisch krank. Er zog gestern mit zwei Leidensgenossen in die erste geschützte Wohnung des Vereins Lebensmut e. V. in Brandenburg. In der Vierraumwohnung in der Straße am Kurpark 27 in Erkner nutzen sie einen Wohnraum, Bad und Küche gemeinsam, deren Einrichtung vom Land finanziert wurde. Die Männer werden täglich von einer Psychologin und ABM-Kräften im Sozialdienst betreut.“

Aus dem Nordberliner vom 2. Februar 1995:

„Obdachlose nach Frohnau?

Das in Frohnau geplante Weglaufhaus für Obdachlose mit psychischen Erkrankungen beschäftigt weiter die Gemüter. . . . Wie berichtet, hatten Anwohner der Alemannenstraße mannigfaltige

> Bedenken gegen die Etablierung einer solchen sozialen Einrichtung in ihrer Nachbarschaft geäußert. Thilo von Trotha, Mitglied des Vereins, wies jetzt darauf hin, daß der Verein in den letzten Monaten die Kirchengemeinden Frohnaus, die Leiterinnen dreier betroffener Kitas und die Rektoren und Elternvertreter dreier Schulen in Frohnau informierte."

Vorurteile zur Enthospitalisierung

Jahrhundertelang wurden psychisch kranke Menschen ausgesondert und weggesperrt. Wir haben dies im ersten Kapitel ausführlich geschildert. Auf einmal – scheinbar aus heiterem Himmel – wurden die Einrichtungen geöffnet. Der Allgemeinheit wird bisher Undenkbares zugemutet. Schizophrene und Psychopathen, das „weiß" die Bevölkerung aus den Medien, laufen auch frei herum. Sie töten manchmal Frauen und Kinder und müssen dann wieder in Gewahrsam genommen werden. Daß psychisch Kranke nicht häufiger Gewalttaten verüben als die Durchschnittsbevölkerung, ist inzwischen gründlich belegt. Doch es hat sich noch nicht herumgesprochen (Finzen 1996).
Bei der Integration psychisch kranker Menschen wurde lange sehr vorsichtig vorgegangen: Man übte zunächst mit den Patienten „normales" Verhalten am Arbeitsplatz. Nach außen drang wenig. Man hielt sich bedeckt und verschanzte sich hinter dem Datenschutz. Jetzt werden nicht mehr einzelne „geheilte" Menschen aus der Klinik entlassen, sondern ganze Gruppen höchst auffälliger Langzeitpatienten ziehen in Mietwohnungen und Häuser ein oder belagern eine Kontaktstelle direkt an der schönsten Grünanlage. Sie sprechen Passanten an, rauchen vor der Tür, manchmal wird es laut. Deshalb müssen jetzt die Strategien verändert werden: Projekte arbeiten nicht mehr im Verborgenen, heimlich und unerkannt, sondern gehen selbstbewußt mit ihrem Konzept hausieren, laden die Nachbarn ein, bauen einen Info-Stand in der Fußgängerzone auf, organisieren Pressekonferenzen. Sie werden offensiv.

Forschungsbefunde

Enthospitalisierungsprozesse und ihre Auswirkungen auf die Öffentlichkeit sind zunächst in den USA und Kanada, inzwischen auch bei uns untersucht worden. Belegt ist, daß das direkte Lebensumfeld, in das chronisch Kranke entlassen werden, einen wesentlichen Einfluß auf die Wiedereingliederung, Symptome und Rezidivrate hat. Die Haltung der Bevölkerung entscheidet also über den Erfolg der Rehabilitation. Gesichert ist inzwischen, daß die *Stigmatisierung* nicht auf

Grund sozialer Auffälligkeit erfolgt, sondern sich fast ausschließlich *an der erfolgten stationären Behandlung* festmacht. Als psychisch krank gilt also nicht, wer sich auffällig verhält, sondern wer in der „Klapse" war. Zwischen 20 % und 40 % der Bevölkerung lehnen psychisch Kranke in ihrer Nachbarschaft ab; es wird geschätzt, daß ungefähr die Hälfte aller geplanten Versorgungseinrichtungen Bürgerprotesten zum Opfer fallen. Wie aber läßt sich die Einstellung der Bevölkerung positiv verändern?

Einstellungsänderung

(1) *Medienarbeit:* Medien beeinflussen die Vorurteilsbereitschaft natürlich ganz entscheidend. Dies konnte die Forschung belegen: Besonders günstig wirken sich Darstellungen aus, die naturwissenschaftliche Erklärungsmodelle bevorzugen, psychisch Kranke also mit somatisch Kranken gleichstellen: „Es ist ja nur eine Krankheit." Frühzeitig sollten also in diesem Sinne *Kontakte zur Presse* aufgebaut werden. Eindeutige Informationen verhindern Gerüchtebildung.
(2) *Multiplikatorenarbeit: Multiplikatoren* wie Kirchengemeinderäte, Lehrer oder Kommunalpolitiker können für das Anliegen geworben werden und ihre Umgebung „anstecken". Besonders hilfreich sind hier Vertreter von *Angehörigengruppen und Laienhelfer,* da sie weniger in das psychiatrische System involviert sind. Die Einbindung lokal wichtiger Persönlichkeiten zum Beispiel in Beiräte oder Vereinsvorstände ist eine besonders wirksame Strategie. (Gibt es vielleicht einen Gemeinderat mit einer psychisch kranken Tochter?)
(3) *Konkrete Erfahrungen:* Sie führen ebenfalls zu einer Einstellungsänderung. Projekte, die abgelehnt werden, sollten also nicht den Weg des geringsten Widerstands gehen und sofort einen neuen Standort suchen. Mühsames Durchhalten hat sich bewährt. Erfahrungsgemäß läßt der Widerstand allmählich nach und dann bestehen oft sogar gute Voraussetzungen für weitere Projekte: „Steter Tropfen höhlt den Stein." Leider führen auch konkrete negative Erfahrungen, z. B. Gewaltdelikte von Patienten, zu (verständlichen) negativen Reaktionen der Bevölkerung in der Umgebung. Dies kann vor allem die Existenz forensischer Projekte gefährden.

Weiterführende Literatur

Einen guten Überblick gibt der Artikel: *Rössler, W./Salize, H.-J.* (1995): Gemeindenahe Versorgung braucht eine Gemeinde, die sich sorgt – Die Einstellung der Bevölkerung zur psychiatrischen Versorgung und zu psychisch Kranken. In: Psychiatrische Praxis 22, S. 58–63.

Das Bild Schizophrener in Medien und Öffentlich behandelt ausführlich und gut lesbar: *Finzen, A.* (1996): „Der Verwaltungsrat ist schizophren". Die Krankheit und das Stigma. Bonn.

### 4.4.3. Spendenwerbung, Sozial-Sponsoring

Solange psychisch Kranke in Anstalten verwahrt wurden, war die Finanzierung der Arbeitsplätze gesichert. Auch die organisatorischen Fragen waren als Teil der Anstalt kein Problem. Mit der Öffnung der Psychiatrie müssen nun die (vielfach auch kleinen) Trägervereine plötzlich wie freie Unternehmer agieren: Können die Gehälter bezahlt werden? Steigt die Miete? Sind die Anträge bewilligt? Oft dauert es Monate (oder Jahre), bis Pflegesätze bewilligt sind. Zuwendungen (z. B. für Kontaktstellen oder Krisendienste) werden immer nur für ein Jahr gewährt; Vorlaufkosten für neue Projekte gibt es immer seltener. Auch in den Ämtern werden Planstellen gestrichen und Sachmittel gekürzt. Die Kommunen müssen sparen. Also wird wieder, wie ehedem in der caritativen Sozialarbeit, gesammelt – nur professioneller:

(1) *Public relations:* Dieser Begriff meint wirksame Öffentlichkeitsarbeit. Diese müssen psychosozial Tätige aber erst lernen. Themenbereiche wie Psychiatrie, Sucht, Obdachlosigkeit sind in der Bevölkerung negativ besetzt. Dies muß verändert werden. Der Aufbau eines positiven Image nützt nicht nur der Eigenwerbung einer Institution oder eines Projekts, sondern färbt zudem auch noch auf die Klientel ab. Ein griffiger Projekt-Name, die Gestaltung eines pfiffigen Logos und die offensive Verbreitung über Medien müssen am Anfang der Public Relation-Arbeit stehen. Auch für die Verhandlung mit Kostenträgern hat sich eine optimistische Selbstdarstellung bewährt. Image

(2) *Pressearbeit:* Sie ist ein wesentlicher Teil der Öffentlichkeitsarbeit. Ein Mitarbeiter der Einrichtung sollte für Pressekontakte zuständig sein, sich entsprechend fortbilden und Erfahrungen sammeln. Presseerklärungen sollten kurz und präzise sein. Die wichtigsten Medien

Informationen müssen am Anfang stehen (damit von hinten gekürzt werden kann). Eine „knallige" Überschrift wirkt Wunder. Zu Pressekonferenzen muß rechtzeitig eingeladen werden. Und sie dürfen nie vor 11 Uhr stattfinden. Eine Pressemappe und belegte Brötchen gehören zur Grundausstattung.

(3) *Spenden:* Spenden sind bedingungslose Geschenke: Sie geben dem Spender ein gutes Gewissen und Steuervorteile. Aber dieser Kuchen, auf den sich alle stürzen, wird immer kleiner. Mitarbeiter zeitgemäßer Projekte laufen nicht mehr mit der Spendenbüchse herum oder veranstalten Basare, sondern versuchen über eigene Kontakte (mündlich oder schriftlich) oder Sozial-Agenturen Spender zu finden.

(4) *Sozial-Sponsoring:* Sponsoring ist ein vertraglich geregeltes Geschäft. Der Spender – in der Regel ein Unternehmen – erwartet für sein Geld eine Gegenleistung in Form von Werbung. Häufig werden nur begrenzte Projekte oder Aktionen unterstützt. Sponsoring-Gelder sind für den Empfänger steuerpflichtig, der Sponsor kann sie als Betriebsausgabe absetzen. Es gibt verschiedene Tricks (Kombination mit Spenden, Zwischenschaltung einer Sozial-Agentur), um steuerfrei zu bleiben. Sozial-Sponsoring wird zukünftig immer bedeutsamer werden. Schon haben sich Agenturen auf die Vermittlung von Sponsoren spezialisiert.

Weiterführende Literatur

Eine gute Einführung in das zuletzt genannte Thema gibt: *Schiewe, K.* (1995): Sozial-Sponsoring. Freiburg.

## 4.5. Qualitätssicherung und Qualitätskontrolle

Seit 1996 sind alle Krankenhäuser verpflichtet, Maßnahmen zur Qualitätssicherung durchzuführen. Damit soll gewährleistet werden, daß der Patient einen möglichst kostengünstigen operativen Eingriff von gleichbleibend hoher Qualität erhält. Das Vokabular der Qualitätssicherung stammt aus dem Managementbereich der freien Wirtschaft. Kunden erwerben Produkte und prüfen das Preis-Leistungs-Verhältnis. Aber wer sind in der Psychiatrie nun die Kunden? Was ist ein Produkt? Und wer definiert die Qualität? Ist der Patient/Klient/Nutzer der Kunde? Oder ist es nicht vielmehr die Kommune, bzw. die soziale Gemeinschaft, die Schutz vor psychisch Kranken fordert? Oder sind

es die Kostenträger, die einen Anspruch auf niedrige Kosten und hohe Qualität haben? Denn in der Regel finanzieren die Nutzer/Opfer psychiatrischer Leistungen diese nicht aus eigener Tasche. Ist ein psychiatrisches Krankenhaus besonders effektiv, wenn es die Patienten möglichst kurz behandelt und diese möglichst selten wiederkommen? Oder sollte der Aufenthalt in einem psychiatrischen Krankenhaus so gestaltet sein, daß die Patienten gerne bleiben und auch gerne (und freiwillig) wiederkommen? Noch sind viele Fragen der Qualitätssicherung und -kontrolle offen. Die Diskussion um die Entwicklung von Qualitätsstandards für den ambulanten und komplementären Bereich hat erst begonnen. Wird es auch hier wie bei den Krankenhäusern bald eine DIN-Norm geben?
Wir führen im folgenden zunächst in die aktuelle Terminologie der Qualitätssicherung ein (Abschnitt 4.5.1.) und stellen dann zwei Methoden der Qualitätssicherung etwas ausführlicher dar (Abschnitte 4.5.2. und 4.5.3.).
Zunächst sind noch die drei Begriffe vorzustellen, die sich allgemein eingebürgert haben:

Struktur-, Prozeß-, Ergebnisqualität

(a) *Struktur- und Ressourcenqualität:* Der Träger, die Einrichtung selbst (interne Qualitätskontrolle) oder beauftragte Forscher (externe Qualitätskontrolle) erfassen in dieser Phase oder in diesem Teil der Qualitätssicherung die vorhandenen Strukturen und Ressourcen; zum Beispiel:

- Organisationsstruktur (Zahl der Plätze, Aufnahmen, Entlassungen, Belegungsdauer)
- Personalausstattung
- Personalqualifikation (Berufsgruppen, Qualifikationen, Fortbildungen)
- Räumliche Ausstattung
- Regionale Vernetzung, Pflichtversorgung, Kooperation.

(b) *Prozeßqualität:* Interne und externe Beobachter erheben, wie, auf welche Art und Weise die Einrichtung arbeitet:

- Diagnostische Verfahren, Anamnese-Schemata
- Therapieformen, Behandlungskonzepte
- Aufnahme- und Entlassungsverfahren
- Nachsorgekonzepte
- Möglichkeiten der Patienten- oder Mitarbeiterbeteiligung.

(c) *Ergebnisqualität:* Bewertet werden hierbei die Ergebnisse, die die Einrichtung erzielt:

- Verweildauer der Patienten/Bewohner
- Abbruchquoten, Wiederaufnahmen
- Todesfälle und Suizidversuche
- Zufriedenheit von Patienten, Mitarbeitern, Angehörigen
- Selbständigkeit der Patienten (Wohnen, Arbeit, Kontakte).

### 4.5.1. Dokumentation und Evaluation

Ermittelt werden die Daten zur Qualitätssicherung vor allem durch Erfassung „harter" Daten bzw. durch Befragung von Patienten (Nutzern), Mitarbeitern, Angehörigen usw. Auch Sozialarbeiterinnen und Sozialpädagogen werden zukünftig verpflichtet sein, die Qualität ihrer Arbeit kontrollieren zu lassen und weiterzuentwickeln. Ob im öffentlichen Dienst oder in einem kleinen Projekt eines freigemeinnützigen Trägers: Aufgrund des gestiegenen Kostendrucks wird jeder seine Arbeit dokumentieren und evaluieren müssen, um nachzuweisen, ob die Effektivität und Effizienz und damit die Qualität bzw. die Kosten der Leistung stimmen.

Begriffe

Mit der „Basisdokumentation" werden die wichtigsten Daten (anonym) erhoben: Alter, Geschlecht, Familienstand, bisherige stationäre Aufenthalte, Diagnose, Dauer des Aufenthaltes oder Häufigkeit der Kontakte zur Einrichtung. Mit „Evaluation" werden die Prozesse und Leistungen der Versorgung beschrieben und bewertet. „Selbst-Evaluation" bedeutet die Überprüfung der eigenen Arbeit: Die Sozialarbeiterin bewertet sich mittels bestimmter Instrumente oder anhand ihrer schriftlichen Unterlagen. Ein „Qualitäts-Zirkel" dient dazu, Qualitätsstandards zu entwickeln und deren Einhaltung zu organisieren.

Bei der „responsiven Evaluation" bewerten Experten oder Gruppen das Angebot unter verschiedenen Gesichtspunkten. Die Beteiligten können professionelle Organisationsberatungsunternehmen sein, aber auch Nutzer/Patienten, Angehörige, kooperierende Einrichtungen, Kostenträger oder politische Gremien. Besonders die sozialpsychiatrische Forschung hat sich in den letzten Jahren mit der Erfassung der Zufriedenheit von *Patienten und Nutzern,* also der „subjektiven Zufriedenheit" befaßt. In Bayern z. B. wurden psychisch Kranke befragt, die in einer geschützten Einrichtung wohnen und/oder arbeiten (Gromann 1996); in Berlin werden in einer Längsschnittuntersuchung immer wieder die Patienten interviewt, die in ein Enthospitalisierungsprogramm einbezogen sind (Priebe 1996). Schon jetzt zeigt sich, daß es für chronisch psychisch Kranke schwierig oder gar unmöglich ist, die ihnen widerfahrende Behandlung und Betreuung zu bewerten (Priebe 1992): Nach welchen Kriterien sollen sie ihr bisheriges Leben oder ihren Krankheitsverlauf bewerten? Dürfen und können sie die Maßstäbe eines durchschnittlichen Verbrauchers anlegen? Eine Nutzerbefragung in Holland bewertet gemeinde-integrierte Angebote zum Beispiel danach, ob Mitarbeiter und Klienten getrennte Toiletten benutzen. Beispiele für weitere Fragestellungen der Qualitätskontrolle:

(a) Patienten bewerten die Qualität des Essens;
(b) Angehörige kritisieren die Öffnungszeiten und Erreichbarkeit des Krisendienstes;
(c) Kostenträger prüfen die Rückfallhäufigkeit nach einer bestimmten Therapiemethode;
(d) Klienten bewerten den Umgangston in komplementären Einrichtungen;
(e) Forscher evaluieren Rehospitalisierungen zur Bewertung eines Case Management-Programms.

Die Qualitätskontrolle wird zur Qualitätssicherung, wenn aus der Ergebnisqualität Schlüsse gezogen werden und diese Schlüsse zu Veränderungen bei der Prozeßqualität oder der Strukturqualität (Ressourcen) führen.

### Weiterführende Literatur

Allgemeine Informationen zur (Selbst-)Evaluation und Qualitätssicherung enthalten: *Heiner, M.* (Hrsg.) (1988): Selbstevaluation in der Sozialen Arbeit. Freiburg, und *Meinhold, M.* (1996): Qualitätssicherung und Qualitätsmanagement in der Sozialen Arbeit. Freiburg.

Die Hefte 4/95 und 1/96 der „Sozialpsychiatrischen Informationen“ widmen sich ausführlich dem Thema „Qualitätskontrolle und -sicherung“.

### 4.5.2. Supervision und Organisationsberatung

Im Rahmen der Qualitätssicherung wird von psychosozialen Einrichtungen vielfach gefordert, sich regelmäßig möglichst einer externen Supervision zu unterziehen. Supervision gilt in diesem Rahmen sowohl als Mittel der Selbstevaluation als auch als Instrument der ständigen Überprüfung und Weiterentwicklung der Arbeit von außen. Die Supervision ist damit in den Ruf gekommen, vor allem die Qualität der Arbeit zu erhöhen und sie gleichzeitig zu kontrollieren. Entstanden ist die Supervision aber aus völlig anderen Beweggründen: um sich gegenseitig zu beraten, als Maßnahme der Psychohygiene, als Mittel gegen burn-out, um Konflikte im Team zu bearbeiten.

Beratung, Konfliktbearbeitung, Weiterentwicklung

(1) *Fallbesprechung:* Kollegen können sich in „Fallbesprechungs-Gruppen" auch ohne Supervisor bisweilen gegenseitig unterstützen und beraten. Hiervon profitieren besonders Berufsanfänger. Dabei wirken die erstaunlichen Kräfte, die auch in der Selbsthilfebewegung zu beobachten sind: Erleichterung wird spürbar, weil der Kollge ähnliche Probleme hat; der unbelastete, unverwickelte Blick auf einen schwierigen Klienten führt aus der Sackgasse zu neuen Ansätzen und neuer Hoffnung ...

(2) *Klausur:* In einer Klausurtagung können die Mitarbeiter einer Einrichtung sich über mehrere Stunden oder Tage hinweg unbelastet vom Alltagsgeschäft mit ihrer Arbeit auseinandersetzen, die Ergebnisse bewerten und den Kurs der Einrichtung neu bestimmen.

(3) *Supervisionsgruppen:* In „Balintgruppen" oder Supervisionsgruppen beschäftigen sich die Mitarbeiter unter der Leitung eines fachlich besonders qualifizierten Beraters mit Einzelfällen aus der täglichen Arbeit. Je nach Ausbildung und therapeutischer Ausrichtung des Supervisors stehen dabei eher psychodynamische Aspekte wie Übertragung und Abwehr oder eine systemische Sichtweise im Vordergrund. In der Teamsupervision konzentrieren sich die Mitarbeiter einer Einrichtung auf die Dynamik innerhalb des Teams, auf Konflikte und Rollenzuweisungen. Andere Supervisionsgruppen setzen sich aus einzelnen Mitarbeitern verschiedener Teams zusammen; so treffen sich vielleicht die Leiterinnen einiger Beratungsstellen, um sich besonders mit Problemen, die aus ihrer Leitungsfunktion erwachsen, auseinanderzusetzen. Wer allein ein neues Projekt aufbaut oder eine Zusatzausbildung macht, sollte sich einer Einzelsupervision unterziehen, um jeden Schritt sorgfältig zu reflektieren und zu überprüfen.

Supervisoren sind Sozialarbeiter, Psychologen, Pädagogen oder Ärzte und haben häufig eine spezielle, anerkannte Zusatzausbildung als Supervisor. Manchmal wählt eine Einrichtung einen Supervisor unter ganz anderen Gesichtspunkten aus, z. B. eigene Psychiatrie-Tätigkeit, psychoanalytische Zusatzausbildung o. ä.

(4) *Organisationsberatung:* Zunehmend an Bedeutung gewinnt die Organisationsberatung. Eine Einrichtung, ein ganzes Sozialamt, ein großer Betrieb beauftragt häufig (für viel Geld) einen ausgebildeten Organisationsberater oder ein Institut, um eine ganz bestimmte Fragestellung zu klären. Organisationsberater analysieren die Interaktions- und Kommunikationsbeziehungen auf der horizontalen und vertikalen Ebene: Wer gibt wem Anweisungen? Wer kooperiert miteinander? Man arbeitet dabei mit Interviews und Fragebögen, Seminaren und Workshops. Hier findet z. B. die Methode der „Zukunftswerkstatt" Anwendung. Mit Wandtafeln, Kärtchen und Symbolen werden die Wünsche, Erwartungen und Befürchtungen der Teilnehmer visualisiert, Übereinstimmungen und gemeinsame Lösungsstrategien entwickelt. Organisationsberatung ist besonders aktuell im Rahmen von Qualitätskontroll- und Qualitätssicherungsprozessen in psychosozialen Einrichtungen.

Weiterführende Literatur

Eine allgemeine Einführung in Supervision gibt: *Belardi, N.* (1996): Supervision. Eine Einführung für soziale Berufe. Freiburg.

### 4.5.3. Fortbildung und Zusatzausbildung

Wer für die Arbeit, neben der Arbeit oder über die Arbeit im psychiatrischen Feld hinaus seine Kompetenzen erweitern will, der wird sich zunächst die eine oder andere Fortbildung gönnen. Später wird er/sie vielleicht eine umfangreichere Zusatzausbildung machen.

(1) *Fortbildungen:* Solche Angebote aller Art erreichen oft per Post die psychosozialen Einrichtungen, werden von Kollegen empfohlen oder finden sich auf den letzten Seiten der Fachzeitschriften (z. B. „Soziale Psychiatrie", „Sozialmagazin"). Die *Palette* an Kursen, die im engeren oder weiteren Sinne für die psychiatrische Arbeit von

Interesse sein können, ist fast *unermeßlich* und reicht vom Workshop „Tanz – Theater – Animation“ über das „Gruppendynamische Training“ bis hin zum Seminar „Das neue Betreuungsgesetz in der Praxis“, von der Tagung „Angehörige in der Psychiatrie“ über den Zwei-Tage-Kurs „Umgang mit Suizidalität“ oder „Den Sinn der Psychose verstehen“ bis hin zur „Gütersloher Fortbildungswoche“. Irgendwann im Verlaufe der psychiatrischen Arbeit schälen sich bei jedem Mitarbeiter besondere Vorlieben und auch Stärken heraus, an denen weiterzuarbeiten den psychiatrischen Alltag, den Kontakt mit den Klienten und die Teamarbeit bereichern kann.

(2) *Zusatzausbildungen:* Weiterqualifizierend – im Sinne einer Erhöhung von Einstellungs- und Aufstiegschancen – sind neben den erwähnten Tagungen oder Seminaren anerkannte Zusatzausbildungen, von denen es im Dschungel der verschiedensten Anbieter quantitativ sehr viele und auch qualitativ sehr unterschiedliche gibt. Für die gemeinde-psychiatrische Arbeit besonders wertvoll sind zweifellos die *Sozialpsychiatrischen Zusatzausbildungen* (SPZA), die angeboten werden von der Medizinischen Hochschule in Hannover, der Deutschen Gesellschaft für Soziale Psychiatrie in Köln, der Diakonischen Akademie in Stuttgart und vom Institut für kommunale Psychiatrie in Solingen. Sie sind berufsübergreifend konzipiert, dauern zwei bis drei Jahre, legen Wert auf die persönliche Entwicklung der Teilnehmer und eine stabile Gruppensituation, orientieren sich am psychiatrischen Arbeitsfeld und versuchen, Theorie und Praxis durch Projektarbeit, Hospitationen und kontinuierliche Supervision zu verknüpfen. Wichtig ist ihnen auch, diese Angebote nicht als Veranstaltungen von Experten für Nicht-Experten anzusehen und nicht die professionelle Dominanz noch zu verstärken. Allerdings ist das Interesse an einer gemeinsamen Fortbildung der verschiedenen sozialpsychiatrischen Berufsgruppen heute offenbar rückläufig:

> „Obwohl die Sozialpsychiatrie stets danach strebte, berufsübergreifend fortzubilden und die Spezifika der einzelnen Berufsgruppen gerade nicht zur Grundlage (...) zu machen, stehen heute bei zunehmender Verselbständigung der Berufsgruppen viel stärker wieder Abgrenzung und Individualisierung im Vordergrund.“ (Klotz 1992: 414)

Viele tendieren also im Verlaufe ihres Berufslebens in der Psychiatrie eher zur individuellen *Einzel-* oder *Gruppentherapie-Ausbildung*. Gerade Sozialarbeiterinnen und Sozialpädagogen sehen darin oft eine

Möglichkeit, sich gegenüber Ärztinnen und Psychologen zu profilieren. Wer sich therapeutisch qualifizieren will, sollte sichergehen, daß „sein“ Fortbildungsinstitut nicht nur einen inhaltlich nützlichen, sondern auch einen formal anerkannten Abschluß vermittelt. Besonders im Suchtbereich, aber auch in anderen Feldern der stationären und gemeinde-integrierten Versorgung wird darauf zunehmend Wert gelegt. Therapeutisch *eigenständig tätig* werden kann die Berufsgruppe der Sozialarbeiter und Sozialpädagoginnen nur als Mitarbeiter psychosozialer Einrichtungen oder im Rahmen privater Abrechnungen. Die Möglichkeit einer Kassenabrechnung besteht gegenwärtig nur im Bereich der Kinder- und Jugendpsychotherapie. Von den therapeutischen Zusatzausbildungen besonders nachgefragt sind: Familientherapie (meist „systemischer“ Prägung), Verhaltenstherapie, Gesprächspsychotherapie, Gestalttherapie, Psychodrama, Transaktionsanalyse, Analytische Gruppentherapie, im weiteren Sinne auch die schon zuvor genannten Abschlüsse zur Supervisionstätigkeit und Organisationsberatung. Therapeutische Qualifizierungen dauern mehrere Jahre, kosten Zeit und Geld (werden in der Regel nur gering oder gar nicht vom Arbeitgeber bezuschußt) und sind keineswegs immer mit einer höheren Gehaltseinstufung verbunden. Ein therapeutischer Prozeß, auch wenn man ihn zu Ausbildungszwecken betreibt, kann jedoch beruflich und auch privat sehr bereichernd sein.

## Weiterführende Literatur

Weiterführende Informationen zur Aus- und Zusatzausbildung enthält: *Klotz, D.* (1992): Hilfen für Helfer. Fortbildung und Organisationsentwicklung. In: Bock, T. / Weigand, H.: Hand-werks-buch Psychiatrie. Bonn.

Besonders materialreich sind außerdem die Themenhefte der Sozialpsychiatrischen Informationen 4/1994 und der Sozialen Psychiatrie 2/1995 zur Fortbildung.

# 5. Stationäre Hilfen

Wie schon an anderer Stelle angesprochen, findet die Begleitung psychisch erkrankter Menschen in der Mehrzahl heute nicht mehr in langfristigen Klinikbehandlungen, sondern in den unterschiedlichen Formen der ambulanten, gemeindenahen Versorgung statt; davon wird im Kapitel 6 die Rede sein. In diesem Kapitel sollen die stationären Hilfen im Vordergrund stehen, ohne die eine Psychiatrie noch nicht denkbar ist (so wichtig die „alte" Forderung nach Auflösung der Anstalten war/ist, was in Teilen ja auch erreicht worden ist). Sowohl bei akuten psychischen Störungen als auch für differenzierte Behandlungen der unterschiedlichen Patientengruppen wird es weiterhin eine klinische Psychiatrie geben, sei es in der Form einer Abteilung am Allgemeinkrankenhaus, sei es als Fachklinik, wozu auch das traditionelle Landeskrankenhaus zählt. Auch dort ist Soziale Arbeit gefordert, auch dort nimmt die Berufsgruppe der Sozialarbeiterinnen und Sozialpädagogen neben dem psychiatrischen Pflegepersonal, den Ärztinnen und Psychologen eine entscheidende Position wahr. Nach einer Einführung in die Allgemeinpsychiatrie (Abschnitt 5.1.) beschreiben wir die stationären Hilfeangebote für verschiedene Patientengruppen: psychisch erkrankte alte Menschen (Abschnitt 5.2), Abhängigkeitserkrankte (Abschnitt 5.3.), psychisch erkrankte Straftäter (Abschnitt 5.4.) und verhaltensauffällige/psychisch erkrankte Kinder und Jugendliche (Abschnitt 5.5.). Noch immer leben auch sehr viele Menschen mit geistigen Behinderungen in psychiatrischen Krankenhäusern. Da für die meisten von ihnen eine außerklinische Begleitung sinnvoller erscheint als die „Verwahrung" in der Psychiatrie, gehen wir auf diese Patientengruppe an dieser Stelle in unserem Buch nicht ein.

## 5.1. Allgemeinpsychiatrie

### 5.1.1. Zahlen und Strukturen

Im Jahre 1989 gab es in der Bundesrepublik Deutschland (ohne DDR) 91.440 Betten in vollstationären psychiatrischen Einrichtungen. Im Jahre 1994, also nur fünf Jahre später, waren es – mit den neuen Ländern zusammen – nur noch 69.830 (Statistisches Bundesamt 1994).

Viele *Großkrankenhäuser* sind in den letzten Jahrzehnten und besonders in den letzten Jahren *verkleinert* worden. Trotzdem werden noch immer täglich Patienten in große Psychiatrische Kliniken eingewiesen, die weit weg, am Rande des Landkreises oder gar außerhalb liegen. Große Psychiatrische Kliniken verfügen neben der Allgemeinpsychiatrie über weitere, spezialisierte *Abteilungen,* z. B. für Kinder- und Jugendpsychiatrie, Gerontopsychiatrie, Forensik, Abhängigkeitserkrankungen oder Heiltherapeutische Abteilungen für geistig behinderte Menschen.

Sektorisierung psychiatrischer Kliniken

Die großen Psychiatrischen Kliniken versuchen seit einigen Jahren durch *innere oder äußere Sektorisierung* ein gewisses Maß an Überschaubarkeit, Zuständigkeit und Beziehungskontinuität herzustellen. Dazu wird die Versorgungsregion in einzelne Sektoren oder Zuständigkeitsbereiche von 100.000 bis 150.000 Einwohnern aufgeteilt. Jedem Versorgungsgebiet wird nun jeweils eine bestimmte Station innerhalb der Klinik zugeordnet. Patienten kommen damit also immer wieder auf ihre „gewohnte" Station; zwischen der Klinik und den Einrichtungen der Versorgungsregion können sich zudem Kooperationsbeziehungen entwickeln. Dies ist vor allem für die Rehabilitationsbemühungen der Sozialarbeiter entscheidend. Für den Weg der *äußeren* Sektorisierung haben sich bisher wenige Kliniken entschieden, indem sie kleine Außenstellen direkt in der zu versorgenden Region gegründet haben.

Abteilungen an Allgemeinkrankenhäusern

Äußere und innere Sektorisierung sind strukturelle Methoden, die Vorzüge einer wirklich gemeinde-integrierten stationären Versorgung zu imitieren. Doch man fragt sich zu Recht, warum mühsam erzeugt werden muß, was sich vor Ort ganz selbstverständlich anbietet: Aus England stammt die Idee, psychiatrische Abteilungen mit maximal 200 Betten innerhalb von Allgemeinkrankenhäusern aufzubauen, also dort, wo jeder kranke Bürger, nicht nur der psychisch Kranke, sich behandeln läßt. 1989 standen in der Bundesrepublik bereits ca. 11.000 psychiatrische Betten in Abteilungen an Allgemeinkrankenhäusern zur Verfügung; 1994 waren es bereits 25.891 in 145 Psychiatrischen Abteilungen, und weitere entstehen. Doch eine solche Psychiatrische Abteilung ist nicht einfach nur ein Mini-Krankenhaus mit maßstabsgetreu verkleinerten Strukturen. Sie ist Teil eines arbeitsteilig organisierten Gesamtangebots: Hier findet nur die akute und mittelfristige Behandlung statt. Die Aufgabe der Langzeitbehandlung übernehmen die ambulanten und komplementären Einrichtungen der Region.

Wieviele psychiatrische Krankenhausbetten man auf je 1.000 Einwoh-

ner benötigt, ist Gegenstand zahlreicher Debatten in der Fachwelt, besonders seit den Bemühungen um eine Enthospitalisierung. Die Expertenkommission hielt acht Betten pro 1.000 Einwohner für erforderlich. Üblich sind derzeit noch 12 bis 16. In Cortona/Italien, einer Stadt mit immerhin 47.000 Einwohnern, kommt man mit drei Betten aus. Moderne Planungen gehen davon aus, daß man pro 1.000 Einwohner zwei psychiatrische Betten benötigen wird. Die sogenannte Verweildauer wird immer kürzer: Ein schizophren erkrankter Patient mußte 1930 noch mit einem Aufenthalt von 8,5 Jahren rechnen; heute werden rund 90 % aller an Schizophrenie erkrankten Menschen innerhalb von drei Monaten wieder aus dem Krankenhaus entlassen.
Zur *Finanzierung* des stationären Hilfesystems ist folgendes anzumerken: Für Behandlungsfälle sind die Krankenkassen (Rechtsgrundlage: SGB V) zuständig. Für relativ viele Psychiatrie-Patienten (25 bis 70 %) ist die Sozialhilfe (Rechtsgrundlage BSHG) Kostenträger: bei Behandlungsfällen, wo keine Mitgliedschaft in einer Krankenkasse besteht (§ 37 BSHG), bei Rehabilitationsfällen, wo die Anspruchsvoraussetzungen fehlen oder wenn Rehabilitations-Leistungsträger die Kostenübernahme ablehnen (§ 39/40 BSHG) und bei Pflegefällen im Rahmen des SGB XI oder § 68 BSHG.

### 5.1.2. Akutpsychiatrie

Marco Barini (6): Die Einweisung

(Fortsetzung von S. 133) Zwei Polizisten haben Marco Barini die Arme auf den Rücken gedreht und das Messer abgenommen. Marco hat – wie schon seit Tagen – im Bett gelegen, ein großes Küchenmesser in der Hand, und auf die Tür gestarrt. Er erwartete den Space-Fighter, der sich mit schneidender Roboter-Stimmer angekündigt hatte. Tatsächlich wird plötzlich die Tür eingetreten, und dann geht alles ganz schnell. Marco Barini wehrt sich zwar heftig, denn er ist sich seines Todes fast sicher, aber er ist gleichzeitig erleichtert. Endlich hat das Warten ein Ende. An seiner schluchzenden Mutter vorbei wird er zum Krankenwagen geführt, und die schier endlose Fahrt endet vor einem alten Backsteingebäude.
Marco Barini sitzt auf einer Bank und wartet. Links und rechts von ihm ein Polizist. Seine Eltern sind im Auto hinterhergefahren. Sie

gehen zuerst in die Aufnahme, kommen dann wortlos wieder heraus. Er haßt sie. Er liebt sie. Er spuckt vor ihnen aus. Eine junge Aufnahmeärztin lächelt ihn freundlich und besorgt an und stellt unsinnige Fragen. „Stimmt es, daß Sie seit fünf Tagen nichts mehr gegessen haben? Was hatten Sie mit dem Messer vor?“ Marco Barini schweigt. Er weiß, von Space-Fighter, dem Strahlenschwert und der Verseuchung darf er nichts erzählen. Er wird auf eine Station gebracht, wo schon alle schlafen. Er muß seine Taschen leeren, und sie wollen ihm sogar *den kosmischen Ring* wegnehmen, den Ring mit der Adlerschwinge, sein letzter Schutz. Er schlägt die Krankenschwester hart ins Gesicht, als sie nach dem Ring greifen will. Plötzlich wird es laut auf der Station. Männer werfen sich auf ihn und binden ihn mit Lederriemen auf ein Bett. Die freundliche Aufnahmeärztin kommt und gibt Marco Barini sauer eine Spritze. Aber als er ruhiger wird und alles erklären kann, steckt ihm die Krankenschwester den Ring an den Finger, und er schläft ein.

Trauma „Aufnahme“

Der erste Besuch in einer psychiatrischen Klink „läßt keinen kalt“. Auch wir, die Autoren dieses Buches, waren vor Jahren erschreckt, als wir als Arzt im Praktikum beim Besuch der „ausgerasteten“ Kommilitonin, als Sozialarbeiter-Berufspraktikantin und als Zivildienstleistender zum ersten Mal eine Klinik von innen sahen. Wenn die Aufnahmestation schon Professionelle und Angehörige erschreckt, wie groß muß der Schrecken erst für den akut psychotischen Heranwachsenden sein, für die depressiv-verzweifelte Hausfrau oder den alten verwirrten Mann, der im Nachthemd in einem Park gefunden wurde, wenn sie in die Klinik eingeliefert werden. Seit Jahrzehnten überlegen Fachleute, wie die stationäre psychiatrische Behandlung menschenwürdig zu gestalten sei. Erst seit kurzem werden diejenigen gefragt, die es am besten wissen müssen: die Psychiatrie-Erfahrenen selbst. Psychose-Seminare und Tagungen beschäftigen sich mit der stationären Psychiatrie und insbesondere mit der traumatischen Erfahrung der ersten Aufnahme.

Die Forderungen der Psychiatrie-Erfahrenen für die Aufnahmesituation sind einfach und nachvollziehbar (siehe Kasten S. 182).

Noch scheinen akutpsychiatrische Stationen vor allem Orte der Gefahrenabwehr zu sein, in denen es zu verhindern gilt, daß ein Patient sich

Forderungen zur Gestaltung der Aufnahmesituation:

Gehen Sie respektvoll mit dem Patienten um und wahren Sie seine Menschenwürde.
Lassen Sie – wenn der Patient es wünscht – Freunde und Angehörige bei ihm bleiben.
Beachten Sie, daß der Patient Außenreize wahrnimmt, auch wenn er nicht ansprechbar wirkt.
Erklären Sie, was passiert und warum es passiert – notfalls immer wieder neu.
Lassen Sie den Patienten nicht allein, vor allem dann nicht, wenn er fixiert ist.
Respektieren Sie die ganz individuellen Wünsche nach Nähe oder Distanz, Ruhe oder Ablenkung.
Geben Sie nicht vorschnell Medikamente. Informieren Sie über Wirkung und Nebenwirkung.
Verwirren Sie den Patienten nicht durch ständig wechselnde Bezugspersonen.
Vermeiden Sie vorschnelle Diagnosen. Nehmen Sie den Patienten als Individuum wahr.
Sprechen Sie immer wieder mit dem Patienten über sein Erleben, seine Angst, seine Verletzungen.
Schaffen Sie kleine Stationen mit Gelegenheit für Sport, Kultur, Entspannung.
Handeln Sie mit dem Patienten einen Behandlungsvertrag für die nächste Aufnahme aus.

selbst oder andere gefährdet oder gar tötet: Die Fenster sind geschlossen; persönliche, vor allem gefährliche Gegenstände werden abgenommen; die Patienten werden 24 Stunden beaufsichtigt, beruhigt, sediert oder gar festgebunden. Trotzdem töten sich Patienten auf Akutstationen. Dies geschah in der alten Verwahrpsychiatrie mit ihren Wachsälen und Flügelhemden, und es geschieht immer noch auf den freundlichen offenen Psychotherapie-Stationen. (Noch häufiger [Finzen 1989] töten sich Patienten aber direkt im Anschluß an die stationäre Behandlung). Wenn auf einer Station so viele Menschen zusammenleben, die unter höchster Anspannung stehen, geängstigt oder im

Antrieb gesteigert sind, entsteht der gefürchtete „Hexenkessel". Die Gewaltspirale fängt an sich zu drehen, die Atmosphäre wird hektisch und aggressiv.

Unter den Möglichkeiten, die Akutpsychiatrie zu entschärfen und zu entzerren, werden folgende drei Methoden diskutiert: Strategien zur Entschärfung

(a) *Die Spezialisierung:* Bereits bei der Aufnahme werden die Patienten – jeweils nach ihren Diagnosen (z. B. Depressionen, Neurosen, Zwangserkrankungen, psychosoziale Krisen) – auf möglichst kleinen, hochspezialisierten Stationen behandelt. Dieses Modell eignet sich in idealer Weise für die Erforschung spezifischer Krankheitsbilder und Behandlungsmethoden. Es ist daher besonders an Universitätskliniken anzutreffen.

(b) *Das „Soteria Modell":* Die Akutstation ist räumlich radikal verkleinert (8 bis 12 Betten) und hervorragend ausgestattet: mit einem „weichen" Zimmer und mehreren Ein-/Zwei-Bett-Zimmern, eigener Küche und eigenem Wohnbereich. Der Personalschlüssel ist höher, das Personal arbeitet mitunter in längeren (in der „Soteria" Bern z. B. in 48-Stunden-) Schichten, um die Beziehungen zu den Patienten kontinuierlicher zu gestalten. Die Akutstation ist also in jeder Hinsicht optimal ausgestattet. Man hofft so, mit möglichst wenig Neuroleptika auszukommen. Diese Strategie orientiert sich an dem Soteria-Modell (USA/Mosher, Schweiz/Ciompi) und existiert bei uns erst in Ansätzen (Alexius-Krankenhaus Neuss, Westfälische Klinik Gütersloh), Pläne dafür gibt es u. a. in Bielefeld, Bremen, Berlin und Frankfurt/Oder.

(c) *Das „Herner Modell":* Auf der Basis der Erfahrung, daß es die geschlossene Stationstür ist, die Gewalt erzeugt und schuld an der belasteten Atmosphäre ist, schlägt Matthias Krisor, der Chefarzt in Herne, vor, dieser Tendenz durch Heterogenität bei der Belegung der Stationen entgegenzuwirken. Möglichst alle behandlungsbedürftigen Menschen eines möglichst kleinen Einzugsgebiets (Subsektors), also auch alte, suchtkranke oder an Neurosen leidende Patienten, werden auf einer Station gemeinsam, also gemischt, behandelt. Hinzu kommt eine spezielle psychotherapeutische Grundhaltung, bei der die Fähigkeiten und Begabungen der Patienten im Vordergrund stehen. Die Station öffnet sich hin zur Gemeinde, lädt ein zu Ausstellungen, Lesungen, Freizeit- und Lerngruppen. Die Prinzipien dieses Ansatzes sind also der Verzicht auf eine Aufnahmestation, die Heterogenität der Patienten und die offenen Türen sämtlicher Stationen. Nach diesem

Modell wird in der Bundesrepublik immer häufiger gearbeitet, am längsten in Bad Driburg, Herne und Olpe.

### 5.1.3. Rechtliche Aspekte

Die Akutstation verkörpert am ehesten das Bild, das man allgemeinhin von „der“ Psychiatrie hat: Irrenhaus, „Klapsmühle“. Im Vordergrund stehen Schutz- und Kontrollaspekte, die Verhinderung von Selbst- und Fremdgefährdung und die rasche Diagnostik und Behandlung, notfalls auch mit Zwang. Damit sind wichtige Fragen der (Landes-) Gesetze für Psychisch Kranke (PsychKG) bzw. der Unterbringungsgesetze angesprochen.

Marco Barini (7): Die Unterbringung

(Fortsetzung von S. 180) Am nächsten Morgen erklärt der Stationsarzt Marco Barini, daß er in der Einrichtung vorläufig „untergebracht“ sei. Gegen Mittag kommt die Amtsärztin. Sie liest ihm den Polizeibericht vor („... hatte sich in seinem Zimmer verbarrikadiert, und bedrohte die Eltern mit einem Messer mit 15 cm feststehender Klinge ...“). Marco beschließt, nichts mehr zu sagen und dreht den Kopf zur Seite. Space-Fighter donnert im Hintergrund herum. Die Amtsärztin beendet das Gespräch mit der Mitteilung, daß sie die Unterbringung für 14 Tage beantragen werde. Er müsse hierbleiben. Sie empfiehlt ihm dringend, sich die notwendigen Medikamente geben zu lassen.
Fünf Tage später kommt der Richter des zuständigen Amtsgerichts. Marco weiß inzwischen endlich, wo er sich befindet. Die anderen Patienten haben es ihm erklärt. Sie haben ihm die offenen und die geheimen Gesetze der Station beigebracht (Schnorren, Zigaretten, Geld, Parkausgang, Haldol, Fixierung ...). Sie haben ihm auch geraten, die Medikamente zu nehmen: „So kommst du am schnellsten hier wieder raus.“ Stationsarzt und Richter sprechen nur kurz mit ihm. Der Richter hat auf den Antrag der Amtsärztin hin einen Unterbringungsbeschluß erlassen. Die persönliche Anhörung wird jetzt nur nachgeholt. In zehn Tagen – so läßt er verlauten – laufe die Unterbringung aus; dann solle er sich unbedingt freiwillig weiterbehandeln lassen.

Zwangseinweisung

In den einzelnen Kliniken und Abteilungen ist die *Relation* zwischen Patienten, die einer Behandlung zugestimmt haben, also freiwillig auf der Station sind, und den „Untergebrachten" sehr unterschiedlich. 5 % zwangseingewiesene Patienten scheinen hierzulande unvermeidbar zu sein (Helmchen 1984); die Spanne in den Einrichtungen liegt zwischen 3,9 und 44,8 % (Bauer/Berger 1986), bei verschiedenen psychiatrischen Kliniken ein- und desselben Bundeslandes mit einheitlichem Unterbringungsrecht sogar zwischen 0,1 % und 61,1 % (Helmchen 1984). Die Rate der zwangseingewiesenen Patienten ist abhängig vom Krankenhaus, von der Station, der Jahreszeit, der Gesetzeslage und Rechtsprechung und davon, wie exakt sich die psychiatrisch Tätigen an das Gesetz halten. In ländlichen Regionen ist sie niedriger, in Großstädten wesentlich höher. Eine Klinik mit Aufnahmeverpflichtung für alle – also auch die gestörtesten Menschen einer Region – wird logischerweise eine höhere Zwangseinweisungsrate haben als eine Privatklinik mit Psychotherapie-Schwerpunkt und einem strengen Auswahlverfahren.

Insgesamt steigen die Zahlen zwangseingewiesener Patienten in der Bundesrepublik langsam, aber stetig (Crefeld/Gollmer 1994; Crefeld 1996). Eine Erklärung bietet der Ausbau des gemeindepsychiatrischen Systems: Menschen mit psychiatrischen Störungen werden zunehmend in ambulanten und komplementären Einrichtungen behandelt und kommen nur noch sehr kurz in stationäre Behandlung, dafür aber später und häufiger. Die steigenden Zwangseinweisungszahlen lassen sich auch durch ein sich veränderndes Rechtsempfinden erklären. So gab es in der DDR kaum Zwangsunterbringungen, weil die Patienten in der Regel den Anweisungen der Ärzte strikter folgten. Der laut „Gesetz über die Einweisung in stationäre Einrichtungen für psychisch Kranke" zu beteiligende Kreisarzt wurde häufig gar nicht eingeschaltet. War er eingeschaltet, so hatte er eine Bearbeitungszeit von drei Tagen zur Verfügung, so daß die akute, zur Einweisung führende Erregung oder Gefährdung bereits wieder abgeklungen war (Schmal 1990). Auch fünf Jahre nach der Wende ist die Zwangseinweisungsrate in den neuen Bundesländern wesentlich niedriger als in den alten.

Einweisungsverfahren

Unterschieden wird bei der Einweisung zwischen folgenden zwei Verfahren:

(a) Das öffentlich-rechtliche Verfahren ist in den verschiedenen PsychKG oder Unterbringungsgesetzen der Länder festgelegt. Das

Gesetz über die freiwillige Gerichtsbarkeit (FGG) legt hierzu bundesweit einheitliche Rahmenbedingungen fest. Unterbringen dürfen die Ordnungsämter und die Gesundheitsämter; in vielen Bundesländern hat die Polizei unter Hinzuziehung eines Arztes die Hoheitsrechte; manche Bundesländer haben spezielle Notdienst-Regelungen. Nach dieser Rechtsgrundlage ist im Grunde eine Unterbringung nur zur Abwendung akuter Selbst- und Fremdgefährdung zulässig. Der Richter des zuständigen Amtsgerichts entscheidet auf der Grundlage eines schriftlichen Antrags; er muß die persönliche Anhörung „unverzüglich" (vor Ablauf von sechs Wochen) nachholen. In dem in der Klinik anberaumten Gerichtstermin wird die Dauer der endgültigen Unterbringung festgelegt. Diese darf maximal ein Jahr (in Ausnahmefällen zwei Jahre) dauern. Die PsychKG regeln auch die äußere Gestaltung der Unterbringung.
(b) Handelt es sich um eine Unterbringung im Rahmen einer (juristischen) Betreuung nach dem Bürgerlichen Gesetzbuch (§ 1906 in Verbindung mit § 1896 BGB), dann erfolgt diese in einem zivilrechtlichen Verfahren. Hat das Gericht im Zuge einer Betreuung den Wirkungskreis „Aufenthalt zur Heilbehandlung" oder „Aufenthaltsbestimmung" angeordnet, so ist der gerichtlich eingesetzte Betreuer berechtigt, den zu Betreuenden in einer geschlossenen Einrichtung unterzubringen. Er benötigt dazu allerdings ein ärztliches Attest und einen Beschluß des Amtsgerichts. Bei Fremdgefährdung ist nur eine Unterbringung nach PsychKG möglich.

Behandlungsmaßnahmen gegen den Willen des Patienten sind nur zulässig, wenn sie „unaufschiebbar" sind, im Grunde genommen also nur zur unmittelbaren Gefahrenabwehr. Ansonsten muß der behandelnde Arzt eine Betreuung für den Wirkungskreis „Heilbehandlung" beantragen und muß die Zustimmung des Gerichts und des Betreuers abwarten.
Nicht jedes Krankenhaus oder Heim bietet eine „geschlossene" Unterbringung an. Wer einen Menschen gegen seinen Willen festhalten und gar behandeln will, muß von der dafür zuständigen Landesbehörde mit der dazu erforderlichen hoheitlichen Gewalt „beliehen" sein. Dies bedeutet nicht zwangsläufig, daß die Tür abgeschlossen sein muß. Sie ist es aber häufig. Die Zuständigkeit für einen solchen Aufgabenbereich ist in der Regel im Krankenhausplan/Bettenbedarfsplan festgeschrieben.

Weiterführende Literatur

Einen soziologisch-kühlen Blick auf die stationäre Psychiatrie werfen die beiden Standardwerke: *Fengler, C./Fengler, T.* (1980): Alltag in der Anstalt. Bonn, und *Floeth, T.* (1991): Ein bißchen Chaos muß sein. Bonn.

Das Herner Modell wird vorgestellt in: *Krisor, M.* (1992): Auf dem Weg zur gewaltfreien Psychiatrie. Bonn.

## 5.1.4. Rehabilitation und Therapie als Aufgaben der Sozialarbeit

Marco Barini (8): Beim Sozialdienst

(Fortsetzung von S. 184) Auf der Reha-Station hat Marco Barini Frau Schneider schon manchmal gesehen. Sie ist bei den Gruppengesprächen dabei. Und wenn sie über die Station geht, wird sie von Patienten immer angehalten und gefragt, wann es Taschengeld gebe oder was mit dem Platz in der Wohngemeinschaft sei. Marco Barini fragt Frau Schneider, wann er endlich wieder gehen könne. Die Albträume sind wieder verschwunden; nur ganz leise hört er noch Stimmen. Er fragt sich, ob er eigentlich krank war. Als Arbeitstherapie ist er jeden Tag einige Stunden in der Gärtnerei. Frau Schneider schlägt ihm vor, in ein Übergangsheim zu ziehen. Aber Marco schüttelt heftig den Kopf. Wenn er nur nicht so müde und gleichzeitig ruhelos wäre. Sicher sind daran die Medikamente schuld. Frau Schneider schlägt ein gemeinsames Gespräch mit den Eltern vor, um zu klären, wie es weitergehen soll.

In der ersten Phase der Behandlung von Menschen mit psychischen Störungen stehen Schutzaspekte (Gefahrenabwehr) und Aspekte wie exakte Diagnose oder medikamentöse Einstellung im Vordergrund. Nach einigen Wochen gewinnt – je nach Verlauf der Erkrankung – die psychotherapeutische und soziotherapeutische Behandlung immer größere Bedeutung. In manchen Kliniken und Abteilungen gibt es spezielle Psychotherapie-Stationen, die insbesondere auf die Behandlung von Menschen mit neurotischen und psychosomatischen Störungen mit unterschiedlichen Therapieansätzen spezialisiert sind. Grundsätzlich wird in der mittel- und langfristigen Behandlung versucht, in Einzel- und Gruppengesprächen auslösende Krisen, Belastungen und Kränkungen zu erkennen und soziale Fähigkeiten zu trainieren. Musik- und Kunsttherapie, Beschäftigungs- und Arbeitstherapie, aber auch sportliche und kulturelle Aktivitäten richten das Augenmerk auf die gesunden Anteile, das ganz normale Leben in der Welt „draußen“. In dieser zweiten Phase wird die *Sozialarbeiterin* immer *wichtiger.* Auch ihr Arbeitsplatz ist nun nicht mehr nur das Büro oder das Schwesternzimmern, sondern sie nimmt an den unterschiedlichsten Gruppen teil, führt Gespräche mit Angehörigen und Freunden, fährt mit Patienten zur Wohnung, knüpft Kontakte zu Betrieben und Projekten und hilft beim „Einfädeln“ in den Alltag.

(Schein-) Enthospitalisierung

Aber nicht jeder Patient schafft den Sprung wieder zurück, und noch immer gibt es nicht genügend Plätze in der komplementären Versorgung, in Wohngemeinschaften, Tagesstätten, Zuverdienstfirmen. Und noch immer haben unzählige Patienten keinen anderen Lebensraum als das Krankenhausbett auf einer Langzeitstation. In verschiedenen Enthospitalisierungsprogrammen bemühen sich einzelne Bundesländer (Hessen, Nordrhein-Westfalen, Saarland, Berlin) um Auflösung der Langzeit-Psychiatrie und die Wiederbeheimatung dieser entwurzelten Menschen in ihren Ursprungsgemeinden. Diese Programme sind grundsätzlich zu begrüßen, müssen gleichzeitig aber äußerst *kritisch beobachtet* werden: Bettenabbau bedeutet für die Patienten nicht zwangsläufig ein Leben in der eigenen Wohnung oder die Rückkehr in die Familie. In vielen Kliniken wurden die Langzeitstationen einfach in eigenständige, schlechter ausgestattete Pflegebereiche umgewandelt. Heiltherapeutische Abteilungen finden sich als mehr oder minder selbständige heilpädagogische Einrichtungen nach wie vor auf dem Klinikgelände. Vor allem in den siebziger Jahren verlegte man Tausende von chronisch kranken Menschen ungefragt in abgelegene Heime. Stets ist also darauf zu achten, ob Bettenabbau mehr ist als lediglich eine Um-Institutionalisierung und zu einer wirklichen De-Institutionalisierung führt. Die bloße Umetikettierung eines psychisch Langzeitkranken in einen Pflegebedürftigen bedeutet vielleicht einen Wechsel des Kostenträgers, für den Menschen selbst aber eine weitere Entmündigung, Entwurzelung und Verschlechterung seiner Lebensumstände.

In Bremen hat man mit der vollständigen Auflösung des Klosters Blankenburg gezeigt, daß auch chronisch kranke und schwerstbehinderte Menschen in Einrichtungen des Betreuten Wohnens mit einem enormen Ausmaß an Selbstbestimmung leben können. Zahlreiche Enthospitalisierungs-Programme werden in den nächsten Jahren für einen weiteren Bettenabbau sorgen. In Berlin z. B. werden innerhalb von vier Jahren 1.800 psychiatrische Betten gestrichen. Angesichts leerer Kassen bei allen Kostenträgern, Kommunen, Ländern und Bund besteht die Gefahr, daß vorhandene Betten aus finanziellen Gründen einfach abgebaut werden, ohne parallel ein ausreichendes, optimal ausgestattetes Versorgungssystem aufzubauen. Vom Bettenabbau profitieren die überörtlichen Sozialhilfeträger und die Krankenkassen, die sich an der Finanzierung des ambulant-komplementären Bereichs nicht beteiligen. Die Zeche zahlen die Kommunen und die unterhaltspflichtigen Angehörigen.

Maßnahmen bei der Enthospitalisierung eines Patienten

Die Enthospitalisierung eines Patienten braucht Zeit, Geld und die Zusammenarbeit der unterschiedlichsten Berufsgruppen und Einrichtungen. Bei der Enthospitalisierung eines Patienten sind folgende Maßnahmen unabdingbar: Zunächst sind die Lebensläufe der Patienten zu rekonstruieren: Wo kommen die Menschen her? Gibt es noch Angehörige und Freunde? Durch Besuche in der Heimatgemeinde ist zu klären, ob es noch Anknüpfungspunkte gibt. Kontakte zu freien Trägern und Wohlfahrtseinrichtungen müssen aufgebaut werden: Könnte eine Wohngruppe aufgebaut werden? Gibt es ein geeignetes Haus? Die Mitarbeiter von „draußen" kommen auf die Station, hospitieren dort und verlegen zeitweise ihren Arbeitsplatz dorthin: Gibt es vielleicht Pflegekräfte oder Sozialarbeiter, die bereit wären, zusammen mit dem Patienten mitzugehen und ihren Arbeitsplatz zu wechseln? Die Patienten gehen vielleicht in die Kochgruppe oder machen vermehrt Ausflüge mit den Betreuern, vielleicht sogar einen längeren Urlaub. Man lernt sich kennen, Vertrautheit entsteht. Nach Monaten, vielleicht sogar erst nach Jahren ziehen die Patienten um. Bei Krisen kehren sie vielleicht immer wieder kurzfristig zurück. Die Sozialarbeiterin fährt mit einer Pflegekraft oder einem Arzt einmal im Monat zur Helferkonferenz. Immer wieder wird überprüft: War dies der richtige Schritt? War er vielleicht zu groß? Sorgfältig geplant und auf die ganz individuellen Bedürfnisse der Langzeitkranken ausgerichtet, kann die Enthospitalisierung eines Patienten zu einer Herausforderung gerade für Sozialarbeiter – drinnen und draußen – werden, die Erfolgserlebnisse vermittelt.

Die personellen Strukturen psychiatrischer Kliniken und Abteilungen berücksichtigen die geschilderten Aufgaben weitgehend:

*Abbildung 1:* Die Psychiatrie-Personalverordnung: Regelaufgaben „Sozialarbeiter und Sozialpädagogen"

Sozialpädagogische Grundversorgung

* Mitwirkung bei Anamnese- und Befunderhebung (Sozialanamnese und psychosoziale Diagnostik) und Therapieplanung
* Klärung von Anspruchsvoraussetzungen gegenüber Leistungsträgern sowie Hilfen zur finanziellen Sicherung des Lebensunterhaltes
* Dokumentation

Einzelfallbezogene Behandlung und sozialpädagogische Behandlung

* Sozialtherapeutisches Kompetenztraining
* Sozialtherapeutische Einzelfallhilfe zur Wiedereingliederung im Wohnbereich sowie im familiären und gesellschaftlichen Leben einschließlich Haus- und Nachbarschaftsbesuche
* Hilfe zur Wiedereingliederung im Arbeitsbereich einschließlich der notwendigen Außenaktivitäten
* Familienberatung und Mitwirkung an Familientherapien

Gruppenbezogene Behandlung

* Sozialpädagogische und sozialtherapeutische Gruppen (z. B. lebenspraktische Gruppen zur Erweiterung und Festigung der Kompetenzen im sozialen Bereich, Aktivitätsgruppen)
* Teilnahme an Stationsversammlungen
* Mitwirkung an Angehörigengruppen

Mittelbar patientenbezogene Tätigkeiten

* Teilnahme an den Therapiekonferenzen und Konzeptbesprechungen im Team
* Zusammenarbeit mit Diensten außerhalb des Krankenhauses
* Teilnahme an Fortbildungsveranstaltungen, Supervision

Seit 1991 ist die Personal-Verordnung für Psychiatrie in Kraft (siehe Abbildung 1). Sie regelt exakt den Personalbedarf der einzelnen Bereiche und Behandlungsphasen in der Psychiatrie. Innerhalb von fünf Jahren brachte sie 7.000 neue Stellen, darunter einen erheblichen Anteil für die sozialen Berufe. Behandlung und Wiedereingliederung stehen im Vordergrund, dies bildet sich im Aufgabenkatalog ab.

Weiterführende Literatur

Die erste Auflösung einer bundesdeutschen Anstalt schildert: *Gromann-Richter, P.* (1993): Was heißt hier Auflösung? Die Schließung der Klinik Blankenburg. Bonn.

Materialien zur „PsychPV" bietet: *Wienberg, G.* (1991): Die neue „Psychiatrie-Personalverordnung" – Chancen für die Gemeindepsychiatrie. Bonn.

### 5.1.5. Tagesklinische Behandlung

Marco Barini (9): In der Tagesklinik

(Fortsetzung von S. 187) Marco Barini hört wieder diese Stimme, die ihn nicht schlafen läßt. Er raucht und wandert unruhig durch die Stadt. Die Sozialarbeiterin des Trägervereins, die ihn betreut, macht sich Sorgen: Er müsse in die Klinik. Aber Marco Barini lehnt ab. Aber als sie ihm vorschlägt, für einige Zeit in die Tagesklinik zu gehen, nickt er. In der Tagesklinik war er im Anschluß an seinen letzten Klinikaufenthalt. Sie ist Marco Barini vertraut. Die Sozialarbeiterin vereinbart einen Vorgesprächstermin mit dem Oberarzt und begleitet ihn.

Morgens fährt er nun in die Tagesklinik, frühstückt dort und hilft dann ein bißchen im Garten oder wo es sonst was zu tun gibt. Im Gespräch mit der Psychologin versucht Marco Barini herauszufinden, warum es ihm wieder schlechter geht. Seine Medikamente muß er jetzt regelmäßig nehmen. Aber er schläft auch wieder besser.

eigenständiges therapeutisches Profil

Die Tagesklinik ist keine „amputierte", also lediglich der Nacht beraubte, vollstationäre Behandlung. Sie hat ein eigenständiges therapeutisches Profil: Die klinische Behandlung mit Diagnostik, Medikation, Psycho- und Soziotherapie und das Leben in einer vorgegebenen Ordnung wird ergänzt durch die individuelle und freie Lebenssituation. Da der Patient am späten Nachmittag nach Hause geht, muß er sich mit den dort weiter bestehenden Problemen auseinandersetzen, kann sich davon aber am nächsten Tag wieder distanzieren und sie in der Tagesklinik bearbeiten. Behandlung und aktuelle Lebenslage werden also ständig aufeinander bezogen und reflektiert. Selbstverständlich ist eine tagesklinische Behandlung nur indiziert, wenn keine akute Gefährdung vorliegt.

Training sozialer Fähigkeiten

In der Regel schließt sich die tagesklinische Behandlung an den vollstationären Aufenthalt an und bereitet auf die Rückkehr in das Alltagsmilieu vor. Daher liegt eine starke Betonung auf dem Training sozialer und lebenspraktischer Fertigkeiten. Der Aufenthalt in der Tagesklinik verkürzt die vollstationäre Behandlung nicht nur, sondern kann sie auch ersetzen, wenn er im Sinne einer Krisenintervention rechtzeitig erfolgt. Diese Schwerpunktsetzung legt nahe, daß die Sozialarbeiterin in der Tagesklinik eine wichtige Rolle spielt: Sie versucht, mit dem Klienten die soziale Realität wieder durchschaubar zu machen und ihn bis zur Problemlösung zu begleiten. Sie achtet während der Behandlung darauf, daß der Patient neue Möglichkeiten findet, mit den psychosozialen Folgen seiner Erkrankung umzugehen. In Tageskliniken ist die Sozialarbeiterin nicht in den Sozialdienst abgeschoben; sie ist in das therapeutische Team integriert.

Tageskliniken sind häufig an psychiatrische Kliniken oder Abteilungen angeschlossen. Im günstigsten Fall liegen sie aber räumlich davon getrennt, möglichst „unklinisch" mitten im Stadtteil und in einem eigenen Haus oder einer Etage.

Weiterführende Literatur

Das wichtige Buch von *Finzen, A.* (1986): Tags in die Klinik – abends nach Hause. Bonn, findet man nicht mehr im Handel, sondern nur in Bibliotheken.

Über eine „Tagesklinik" und sehr viel mehr schreibt *Matakas, F.* (1992): Neue Psychiatrie. Göttingen.

Sozialpsychiatrische Forschungen zu diesem Thema bei *Eickelmann, B.* (1992): Gemeindenahe Psychiatrie. Tagesklinik und komplementäre Dienste. München.

## 5.2. Gerontopsychiatrie

### 5.2.1. Zahlen und Strukturen

Erkrankungsrisiko im Alter

Unsere Gesellschaft wird immer älter. Noch zu Beginn dieses Jahrhunderts war nur jeder zwanzigste Deutsche über 65 Jahre alt; im Jahr 2000 wird es jeder fünfte sein. Die Aussichten, psychisch krank zu werden, steigen mit dem Älterwerden ganz beachtlich: Etwa ein Fünftel bis ein Viertel der über 65jährigen Menschen gelten als psychisch krank. Knapp die Hälfte der gestellten Diagnosen entfällt auf Demenzen, ein weiterer großer Teil auf depressive Syndrome. Jeder dritte über 85jährige Mensch gilt als dement (Häfner 1986). Zwei Millionen der alten Menschen in Deutschland leiden an schwerwiegenden psychischen Erkrankungen. Ihr Anteil an der Gesamtbevölkerung steigt ständig.

Aufgaben der Geronto-psychiatrie

Die Gerontopsychiatrie beschäftigt sich mit den psychischen Erkrankungen älter werdender Menschen. Da es kein natürliches Kriterium für das biologische Alter gibt, gilt man in der Regel ab der Pensionsgrenze, also mit 60 bis 65 Jahren als alt. Die Gerontopsychiatrie beschäftigt sich zum einen mit seelischen Störungen, wie wir sie auch bei jüngeren Menschen finden, also mit Psychosen, Neurosen, Suchterkrankungen, zum anderen aber mit typischen psychiatrischen Erkrankungen des Alters, also mit hirnorganischen Psychosyndromen, Demenzen, organisch bedingten Merkstörungen und reaktiven Depressionen. *Aufgabe der Gerontopsychiatrie* ist es, sich um die medizinische und psychosoziale Versorgung psychisch kranker alter Menschen zu kümmern. Sie strebt den Aufbau eines spezialisierten gerontopsychiatrischen Systems an. Gleichzeitig trägt sie der Tatsache Rechnung, daß der größte Teil der psychisch kranken alten Menschen von nicht-spezialisierten Diensten und Einrichtungen versorgt wird. Denn die meisten psychisch kranken Senioren werden von unausgebildeten Angehörigen oder Hauspflegerinnen versorgt oder liegen „fehlplaziert“ in Allgemeinkrankenhäusern, Seniorenheimen oder Psychiatrischen Kliniken.

Faktoren der Erkrankung

Die Lebenssituation jüngerer psychisch kranker Menschen wird zu einem großen Teil von der Symptomatik der Erkrankung und ihren sozialen Folgen geprägt. Bei alten Menschen spielen weitere Faktoren eine wichtige Rolle: zusätzliche körperliche Störungen und Behinderungen (Multimorbidität) und die dadurch entstehenden Wechselwirkungen, geringes Einkommen, Pflegebedürftigkeit, Vereinsamung. 90 Prozent der pflegebedürftigen alten Menschen werden zuhause gepflegt, zum größten Teil von ihren ebenfalls alten Ehefrauen oder -männern. Nur selten werden sie dabei von Angehörigen, Nachbarn, Bekannten oder Pflegediensten unterstützt, d. h. sie überfordern sich dabei bis zur Dekompensation.

finanzielle Situation

Pflegebedürftige alte Menschen werden häufig zum Spielball finanzieller Interessen: Je nach Höhe der Rente, des zu erwartenden Erbes und der Familienkonstellation mag es lukrativ sein, die „Oma“ selbst zu versorgen oder sich die Pflege für teures Geld einzukaufen. Bis zur Einführung der Pflegeversicherung 1995 gab es für die Pflege in der eigenen Familie keine Unterstützung. Sie galt als moralische Verpflichtung. Privat organisierte Hilfe mußte von den häufig ohnehin dürftigen Renten bezahlt werden. Leider sind besonders für den Personenkreis der psychisch kranken alten Menschen die Hoffnungen, die in die Pflegeversicherung (SGB XI) gesetzt wurden, nicht erfüllt worden. Gerade die Einschränkungen, die bei depressiven oder dementen alten Menschen vorliegen, werden von den Medizinischen Diensten der Pflegekassen nicht als Pflegebedarf anerkannt, denn die Anleitung und Beaufsichtigung, die Aktivierung und Kommunikation, fallen nur zum Teil in den Leistungskatalog der Pflegeversicherung oder reichen nicht aus, um einen Leistungsanspruch zu begründen (siehe auch die Ausführungen in Abschnitt 6.1.7., S. 233 ff.). So stufen die Gutachter des Medizinischen Dienstes psychisch gestörte alte Menschen überwiegend in die Pflegestufe Null ein. Vielfach versuchen Krankenkassen und Sozialhilfeträger sogar, Leistungsansprüche nach SGB V in den (billigeren) SGB XI-Bereich abzuschieben.

Martha Gollmann (7): Das Krankenhaus

(Fortsetzung von S. 160) Martha Gollmann hat sich in einen fremden Stadtteil verirrt und ist von der Polizei aufgegriffen worden. Sie wird in ein Allgemeinkrankenhaus gebracht. Dort weigert sie sich, sich ins Bett zu legen. Also wird sie in die zuständige Psychiatrische Klinik gebracht. Amtsarzt und Richter fragen sie vergeblich nach Namen und Adresse. Martha Gollmann wird sediert: Ein Bettgitter hindert sie am Verlassen des Betts. Als Martha Gollmann über eine Vermißtenanzeige endlich aufgespürt wird, ist sie bereits in einem Pflegeheim angemeldet. Frau Baumann, ihre (juristische) Betreuerin, erschrickt bei ihrem Besuch über die völlig verstörte alte Dame.

### 5.2.2. Stationäre Behandlung und Pflege

Die stationäre Behandlung von psychisch kranken alten Menschen erfolgt häufig wenig fachgerecht auf internistischen oder chirurgischen Stationen von Allgemeinkrankenhäusern. Die wenigen Betten spezialisierter gerontopsychiatrischer Stationen sind meist belegt. So werden psychisch auffällige alte Menschen oft mit einer „sozialen Indikation“ in ein Allgemeinkrankenhaus eingewiesen. Die Kranken-

kassen bezahlen nur für eine kurze Zeit für die akute Behandlung. Sobald der Patient als „Pflegefall" definiert ist, müssen die Kosten entweder vom Sozialhilfeträger, von der Pflegekasse oder dem Patienten selbst bzw. den unterhaltspflichtigen Angehörigen übernommen werden. Tausende von geriatrischen Betten werden derzeit in den einzelnen Bundesländern „umgewandelt": Sie werden aus der (Pflegesatz-) Finanzierung durch die Krankenkassen herausgenommen und in Pflegeplätze (Pflegewohnheim) umgewandelt.
Erscheint eine Entlassung in die häusliche Umgebung nicht mehr möglich, so wird der Patient in eine Pflegeeinrichtung verlegt. Nun ist aus dem „Behandlungsfall" endgültig ein „Pflegefall" geworden. Damit sind die klassischen Träger der Sozialversicherung nicht mehr zuständig. Der alte Mensch wird entweder zum Selbstzahler oder – wenn das Einkommen nicht ausreicht und das Sozialamt zuzahlt – zum Taschengeldempfänger. Unterhaltspflichtige Angehörige werden im letzteren Fall zu den Kosten herangezogen. Seit Juli 1996 zahlt die Pflegekasse für „erheblich pflegebedürftige" Menschen (Stufe I) bis zu 2.000 DM, für Pflegebedürftige (Stufe II) bis zu 2.500 DM und für Schwerstpflegebedürftige (Stufe III) bis zu 2.800 DM. In besonderen Härtefällen zahlen die Kassen bis zu 3.300 DM pro Patient. Damit sollen die Kosten für die allgemeine Betreuung (Ernährung, Körperreinigung), die medizinische Behandlungspflege (Injektionen, Verbandswechsel) und die soziale Betreuung abgedeckt werden. Im Durchschnitt dürfen die Pflegekassen 30.000 DM im Jahr für einen Patienten ausgeben. Bewohner von Pflegeheimen, die der Stufe „Null" zugeordnet sind, haben keinen Anspruch auf Leistungen aus der Pflegeversicherung.

### 5.2.3. Rechtliche Aspekte

Betreuungsrecht

In vielen Pflegeheimen und Psychiatrischen Kliniken vegetieren demente alte Menschen medikamentös sediert vor sich hin. Besonders belastend für das Pflegepersonal sind Patienten, die schreien, mit Exkrementen schmieren, unkontrolliert ihre Notdurft in Zimmerecken verrichten, sich aggressiv verhalten, motorisch unruhig sind und fortlaufen. Diese Patienten sind in der Regel im Rahmen einer juristischen Betreuung untergebracht. Auch die (Zwangs-)Medikation, das Legen eines Dauerkatheters und die Einschränkung der Beweglichkeit durch Fixiergurte oder Bettgitter sind in der Regel rechtlich sanktioniert. Die ungeheuer hohe (und statistisch nicht erfaßte) Zahl von entmündigten und unter Gebrechlichkeitspflegschaft stehenden alten Menschen, die in geschlossenen Einrichtungen untergebracht waren, hat 1990 zu einer Novellierung des bisherigen Vormundschaftsrechts und zur Verabschiedung des Betreuungsgesetzes (Änderung der einschlägigen Bestimmungen des BGB) geführt (siehe Abbildung 2). Deutlich erschwert wird seither durch die Gerichte lediglich die Auflösung der eigenen Wohnung durch einen Betreuer; an der erbärmlichen und menschenunwürdigen Lage fixierter und sedierter Psychiatrie- und Pflegeheimbewohner konnte die veränderte Gesetzeslage – logischerweise – noch nicht viel ändern.

*Abbildung 2:* Freiheitsentziehende Maßnahmen im Krankenhaus/Heim

Das Grundgesetz garantiert im Artikel 2 das Recht auf Entfaltung der Persönlichkeit, auf Leben und auf körperliche Unversehrtheit. Artikel 104 legt fest, daß über Zulässigkeit und Fortdauer einer Freiheitsentziehung nur der Richter zu entscheiden hat.

§ 1906 BGB regelt, wann ein gerichtlich bestellter Betreuer die *Freiheit entziehen* darf:

(a) solange es zum Wohle des Betreuten ist;
(b) wenn aufgrund einer psychischen Krankheit oder geistigen oder seelischen Behinderung die Gefahr besteht, daß er sich selbst tötet oder erheblichen Schaden zufügt;
(c) wenn eine Untersuchung, Behandlung oder ärztlicher Eingriff notwendig ist
(c) und eine vormundschaftsgerichtliche Genehmigung vorliegt.

*Freiheitsentziehende Maßnahmen* liegen immer vor, wenn der Betroffene am Verlassen seines Aufenthaltsortes gehindert wird, also auch durch: Leibgurt im Bett oder am Stuhl, Bettgitter, Stecktisch am Stuhl, Abschließen des Zimmers, der Station, des Hauses, Trickschlösser, Zahlenkombinationen an Türen und Aufzügen, psychischen Druck oder Zwang, Täuschung (Tür ist angeblich verschlossen), Verbote, sedierende Medikamente, die in erster Linie die Ruhigstellung bezwecken.
Natürlich haben die Beschäftigten in Einrichtungen eine *Aufsichts- und Fürsorgepflicht.* Sie müssen eine akute Selbst- und Fremd-

gefährdung vermeiden, bei Gefahr im Verzuge auch durch freiheitsentziehende Maßnahmen ohne vorherige gerichtliche Genehmigung. Dabei müssen sie das *Prinzip des geringstmöglichen Eingriffs* beachten, dürfen also nur solche Maßnahmen ergreifen, wie sie zur Abwehr der Gefahr unbedingt notwendig sind (z. B. Fixieren der Arme statt der Arme und Beine; Einschließen statt Fixieren; Verlegen statt Einschließen usw.). Es müssen also die jeweils gefährdeten Rechtsgüter sorgfältig abgewogen werden. Die Zerstörung von Eigentum rechtfertigt keine freiheitsentziehenden Maßnahmen, sehr wohl aber die körperliche Selbstgefährdung.
Der *Betreuer* ist in diesen Fällen unverzüglich zu informieren, um seine Zustimmung einzuholen. Der Betreuer seinerseits muß aber dafür die vormundschaftsgerichtliche Genehmigung beantragen (sofern er diese nicht bereits hat).
Die Beschäftigten haben immer abzuwägen zwischen ihren Pflichten (Aufsichtspflicht, Betreuungspflicht, Verkehrssicherungspflicht) und dem Selbstbestimmungsrecht des Betroffenen. Im Zweifel sollten Kollegen, Vorgesetzte und Ärzte hinzugezogen werden. Die Entscheidung sollte aufgrund einer Dokumentation nachvollziehbar gemacht werden (weitere Hinweise siehe: Senatsverwaltung für Soziales Berlin 1994).

### 5.2.4. Rehabilitation und Sozialarbeit

Martha Gollmann (8): Wiedereingliederung

(Fortsetzung von S. 194) Nach drei Wochen in der Klinik wird Martha Gollmann nach Hause gebracht. Aber es geht ihr schlecht; sie ist apathisch und schreit, wenn sie alleine gelassen wird. Frau Becker ruft in der Altenberatung an. Dort hat die Kollegin eine Idee. In der Sozialstation, von der Martha Gollmann auch gepflegt wird, gibt es einige Plätze für Kurzzeitpflege. Hier ist sie nicht im Krankenhaus, wird aber doch Tag und Nacht versorgt und sieht vertraute Gesichter. Ihr Zustand stabilisiert sich.

Eine gute gerontopsychiatrische Versorgung soll psychisch kranken alten Menschen ein möglichst schmerzfreies und sinnerfülltes Leben, eingegliedert in das alltägliche Zusammenleben der Generationen,

ermöglichen. Wenn dies, eingebettet in ein geriatrisches und psychiatrisches Gesamtsystem, zu einer Schlechterstellung alter Menschen führt, müssen dann nicht ganz eigenständige Einrichtungen entwickelt und aufgebaut werden? Wie ist eine möglichst hohe Professionalität in Pflege und Behandlung mit der Integration in die Gemeinde zu vereinbaren? Sollen psychisch kranke alte Menschen auf speziellen Stationen oder gemeinsam mit jüngeren psychisch Kranken behandelt werden?
„Integration oder Spezialisierung" – vor dieser Frage stand auch die Expertenkommission der Bundesregierung 1988. Sie hat sich für einen *Kompromiß* entschieden, der jedoch nur in sehr wenigen Regionen bisher realisiert wurde: Die gesamte gerontopsychiatrische Versorgung soll auch weiterhin in der eigenen Wohnung, im Heim oder in der Allgemeinpsychiatrie erfolgen. Dabei soll nach dem Prinzip der aktivierenden Pflege gearbeitet werden, d. h. der Patient sollte möglichst viele Tätigkeiten selbst verrichten. Die Pflegekraft schaut gewissermaßen „mit der Hand in der Hosentasche" zu.

Gerontopsychiatrisches Zentrum

„Als treibende Kraft der gerontopsychiatrischen Versorgung ist in jeder Planungseinheit ein Gerontopsychiatrisches Zentrum (GZ) vorzusehen, das in seinem *Kernbestand* eine teilstationäre Behandlungs- und Rehabilitationseinrichtung (Tagesklinik) sowie einen ambulanten Dienst umfassen und eine Altenberatung miteinbeziehen soll." Das GZ kann an ein Psychiatrisches Krankenhaus oder eine Abteilung angeschlossen sein und sollte möglichst zentral liegen. Die Aufgabe des GZ in seiner Gesamtheit ist es, die Berücksichtigung der Interessen alter psychisch kranker Menschen zu überwachen und zu fördern; es diagnostiziert, behandelt und berät zudem vor allem die betroffenen Menschen und die Einrichtungen, die die Versorgung der Patienten übernehmen.
Im einzelnen haben die verschiedenen Tätigkeitsbereiche folgende Aufgaben zu übernehmen:

(a) Die *Altenberatung* des GZ verknüpft die einzelnen Träger und Angebote einer Region und vermittelt ambulante und stationäre Hilfe. Die Sozialarbeiterin der Altenberatung berät ressortübergreifend die Klienten und ihre Angehörigen zu juristischen und finanziellen Fragen, vermittelt den passenden Pflegedienst und regt den Aufbau von Angehörigengruppen an.
(b) Im *ambulanten Dienst* des GZ arbeiten Ärzte, Pflegekräfte und Sozialarbeiter. Hier erfolgt die diagnostische Abklärung einzelner

Krankheitsbilder, die Beratung der behandelnden Hausärzte und pflegenden Angehörigen im konkreten Einzelfall, auch über einen längeren Zeitraum hinweg. Der ambulante Dienst berät konsiliarisch andere Einrichtungen, insbesondere Senioren- und Pflegeheime; bei Bedarf werden Hausbesuche durchgeführt.
(c) In der *Tagesklinik* werden psychisch kranke alte Menschen an einzelnen oder mehreren Wochentagen tagsüber behandelt und betreut. Neben einer sorgfältigen diagnostischen Abklärung und Behandlung werden rehabilitative Trainingsmaßnahmen eingeleitet.

Wo immer möglich, sollten chronisch psychisch kranke alte Menschen integriert, also *gemeinsam mit anderen psychisch oder somatisch Kranken versorgt* werden; wenn spezielle gerontopsychiatrische Stationen oder Heime aufgebaut werden, so sollten diese besonders großzügig mit gut ausgebildetem Personal ausgestattet sein.
Insgesamt wird in den letzten Jahren versucht, die Grenzen zwischen den verschiedenen Hilfen und Einrichtungen fließender zu gestalten und Maßnahmen der Behandlung und Rehabilitation wieder in den Vordergrund zu stellen. Wer in einem akuten schweren Verwirrtheitszustand in eine psychiatrische Klinik eingewiesen wird, kann sich in vielen Fällen mit Hilfe von Übergangspflege allmählich wieder in der eigenen Wohnung zurechtfinden. Überforderte Angehörige können durch gerontopsychiatrische Tagesstätten oder Krankenwohnungen für einen Teil des Tages entlastet werden. Krisenhafte Zuspitzungen, z. B. nach Partnerverlust, werden durch eine psychotherapeutische Behandlung in einer Tagesklinik aufgefangen. Nach einem Schlaganfall und einer schweren depressiven Verstimmung ist eine stufenweise Rehabilitation über Spezial-Station, Tagesklinik, Tagesstätte oder Teilzeitpflege und schließlich ambulante Pflege in der eigenen Wohnung denkbar. Nicht zwei Wege, sondern unzählige Pfade und Abzweigungen führen durch das gerontopsychiatrische Dickicht des nächsten Jahrzehnts. In diesem Zusammenhang wird klar, welche Bedeutung der Sozialarbeiterin und dem Sozialpädagogen als Pfadfinder und Lotsen zukommt: Im Sozialdienst des Krankenhauses muß die jeweils passende individuelle Lösung gesucht werden; in der Altenberatung oder im Sozialpsychiatrischen Dienst muß der Case Manager an jeder Lebensabzweigung ganz neu koordinieren und organisieren.

*Abbildung 3:* Handlungs- und Behandlungsgrundsätze in der Gerontopsychiatrie

(a) Jeder an der Behandlung Beteiligte – auch der Kranke – ist für sich selbst verantwortlich. Das Recht auf psychische Krankheit oder Demenz ist Bestandteil der im Grundgesetz garantierten Persönlichkeitsrechte.
(b) Jeder Mensch schafft durch sein Verhalten Bedeutungen. Auch verwirrtes, wahnhaftes, niedergeschlagenes, süchtiges usw. Verhalten zählt dazu, da es für den Betreffenden einen Sinn hat.
(c) Symptomatisches, krankheitsbezeichnendes Verhalten bedarf der Einordnung in den Kontext der gesamten Persönlichkeit des Erkrankten und der Übersetzung in eine allgemeinverständliche Sprache. Vor der Einleitung von Behandlungsmaßnahmen ist zu prüfen, ob eine Behandlung dieser Symptome überhaupt erforderlich ist und ob nicht statt dessen ein veränderter Umgang mit diesen Symptomen bzw. eine andere Antwort auf diese Symptome anzustreben ist.
(d) Jede Hilfe hat sich an den Grundbedürfnissen der Patienten zu orientieren: das Bedürfnis nach Privatheit, Intimität, Ruhe und Unabhängigkeit (Wohnung); das Bedürfnis zu arbeiten, auch das Bedürfnis nach sinnvoller Tätigkeit; Erfahrung des eigenen Körpers und der mit dem Körper verbundenen Probleme (die Beschäftigung mit Inkontinenz, Schmerzen oder funktionellen körperlichen Defiziten kann für den älteren Menschen durchaus ein Äquivalent zur Arbeit in jüngeren Lebensabschnitten sein); und das Bedürfnis nach Begegnung und Spiel, also nach Anregung, Kontakt, Freude, Freizeit usw.
(e) Der Altersunterschied zwischen Helfer und Klient beeinfußt unter anderem die emotionalen Prozesse in der Beziehung: ungelöste Konflikte mit den eigenen Eltern, Ängste vor dem eigenen Altern müssen wahrgenommen und bearbeitet werden.
(f) Gerontopsychiatrische Behandlung ist immer Arbeit im multiprofessionellen Team.
(g) Gerontopsychiatrisches Handeln ist immer ein Agieren in vernetzten sozialen Supportsystemen: Familie, Nachbarschaft, Altenhilfe, Sozialdienst, Heime, Ärzte, Krankenhäuser …

(h) Gerontopsychiatrisches therapeutisches Handeln hat immer auch die Angehörigen (Hausbesuch) zu berücksichtigen.
(i) Behandlung ist immer ein zeitlich begrenztes, zielgerichtetes Handeln. Psychisch kranke betagte Menschen benötigen daneben häufig auch einen zeitlich unbefristeten oder sehr langandauernden Beistand; Zeit haben gehört zu den Kunstfertigkeiten des gerontopsychiatrischen Helfers. (nach Leidinger 1995)

Weiterführende Literatur:

Der folgende Tagungsband ist kostenlos zu beziehen: *Aktion Psychisch Kranke* (1993): Die Versorgung psychisch kranker alter Menschen. Köln.

Zu den rechtlichen Aspekten empfehlen wir: *Klie, T.* (1993): Recht auf Verwirrtheit. Hannover.

Die neuesten Zahlen zur Versorgungsrealität finden sich bei: *Leidinger, F.* u. a. (1995): Grauzonen der Psychiatrie. Die gerontopsychiatrische Versorgung auf dem Prüfstand. Bonn.

## 5.3. Abhängigkeitserkrankungen in der Psychiatrie

### 5.3.1. Zahlen und Strukturen

Zur Behandlung und Rehabilitation Abhängigkeitserkrankter im Arbeitsfeld „Psychiatrie" ist grundsätzlich festzustellen, daß nach der Verabschiedung der „Suchtvereinbarung" zwischen den Trägern der gesetzlichen Kranken- und Rentenversicherung 1978 wesentliche Bereiche der Suchtkrankenhilfe aus der Psychiatrie ausgegliedert wurden. Neben der Psychiatrie etablierte sich ein System der spezifischen Suchtkrankenhilfe mit hochdifferenzierten und -qualifizierten Einrichtungen zur Beratung, Behandlung und Nachsorge, das jedoch nur von ausgewählten Gruppen Abhängigkeitserkrankter wahrgenommen wird (Wienberg 1992). Verblieben sind der stationären Psychiatrie vor allem die Entzugsbehandlung, in wenigen psychiatrischen Kliniken auch die Entwöhnungsbehandlung und die Behandlung und Rehabilitation chronisch mehrfach geschädigter Abhängiger. Etwa 30 bis 50 % der jährlichen Aufnahmen in psychiatrische Kliniken sind Abhängige.

## 5.3.2. Qualifizierte Entzugsbehandlung und Aufgaben der Sozialarbeit

Auf der Suchtstation einer psychiatrischen Klinik geht es bei Patienten mit langjähriger (meist Alkohol-)Abhängigkeit zunächst darum, den körperlichen Entzug in Verbindung mit einer vielseitigen Diagnostik und Beratungsarbeit durchzuführen und dann an der Motivierung zu einer Entwöhnungsbehandlung weiterzuarbeiten (qualifizierter Entzug).

Genese der Motivation zu Entzug und Entwöhnung

Die Motivation zu einer Entzugs- und Entwöhnungsbehandlung entwickelt sich in der Regel erst – siehe auch das Beispiel Lothar Fischer (zuletzt S. 155) –, wenn die negativen Erlebnisse des Alkohol-, Medikamenten- oder Drogengebrauchs die positiven überwiegen. Zu Beginn des Weges in die *Abhängigkeit* wird z. B. der Alkohol zunehmend und gezielt als zuverlässiges Mittel zur positiven Stimmungsveränderung eingesetzt. Nach Beginn der Toleranzentwicklung und später noch nach Verlust der Kontrolle über die Trinkmenge werden die positiven Erlebnisse immer mehr in den Hintergrund gedrängt. Es überwiegen die negativen Gefühle und Erlebnisse (zunehmende Scham-, Schuld- und Minderwertigkeitsgefühle, Selbstvorwürfe und Selbstverachtung), die hinter einem Schutzwall von Abwehrverhalten verborgen bleiben. Die Abwehrmechanismen, zu denen überangepaßte Verhaltensweisen, aber auch ein „großspuriges“ Auftreten gehören können, haben für den Betroffenen die Funktion, seine reale Situation nicht spüren und wahrnehmen zu müssen (Schmidt 1993). Jahrelang weist der Betroffene durch die Einnahme von Alkohol oder anderen Suchtstoffen wie Medikamenten oder Drogen Verantwortung von sich. Immer mehr erlebt er sich als gescheitert, nutzlos und zunehmend auch als krank. In der Gefangenschaft einer solchen Abhängigkeit gibt es nur den Teufelskreis von Scham und Schuld und den Wunsch, die Realität auszublenden, zu vergessen. Die Verteidigungs- und Rechtfertigungsgründe der zerstörenden, süchtigen Fehlhaltung mögen noch so verlogen erscheinen, für den *Abhängigen* selbst sind sie ein Teil seiner persönlichen *Lebensbewältigung.* Gelingt es dem Sozialarbeiter bei aller sichtbaren Schwäche dennoch, den positiven Kern zu sehen, hat der Abhängige eine Chance. Er kann dann alle Alibis, alle Verleumdungen, alle Beschönigungen als Versuch werten, den Rest des eigenen Selbstwertgefühls noch zu retten. Es ist diese Bereitschaft zur Akzeptanz, die es dem Abhängigen ermöglicht, sich in eine verbindliche Beziehung einzulassen. Erfährt der Abhängige durch sein Gegenüber emotionale Wärme und Wertschätzung und fühlt er sich verstanden, anstatt kritisiert und mit Vorwürfen überhäuft zu werden, kann er sein *Abwehrverhalten aufgeben* und sich leichter den gegebenen Realitäten stellen.

Zu dieser Realität gehört im Verlauf der Entzugsbehandlung die Begegnung mit abstinent lebenden Abhängigen in Selbsthilfegruppen, die auf den Stationen angeboten werden, wie auch der Besuch von Informationsveranstaltungen zur Abhängigkeit und ihren Folgen, die Konfrontation mit den Entzugserlebnissen sowie den klinischen Untersuchungsergebnissen. Bei vielen Abhängigen führt erst eine *krisenhafte Zuspitzung ihrer Lebenssituation* zu einem „Tiefpunkt" und im Rahmen des beschriebenen Prozesses zur Anerkennung eingetretenen Lebenskrise und Unfreiheit.

weiterführende Entwöhnungsbehandlung

Im Verlauf einer qualifizierten Entzugsbehandlung kann ein Betroffener den Wunsch entwickeln, an einer weiterführenden Entwöhnungsbehandlung, in der Regel dann in einer *Suchtfachklinik* oder in einer *ambulanten Beratungs- und Behandlungsstelle,* teilzunehmen. Grundlage der Einleitung einer ambulanten oder stationären Entwöhnungsbehandlung sind die Empfehlungsvereinbarungen der Träger der gesetzlichen Krankenversicherungs- und Rentenversicherungsträger. Folgende Antragsunterlagen werden dazu benötigt:

(a) Der Sozialbericht mit einer Erklärung des Betreuten zur Mitwirkungspflicht,
(b) ein Antrag auf Leistungen zur Rehabiliation des Betroffenen,
(c) ein ärztlicher Befundbericht zum Antrag auf Leistungen zur Rehabilitation.

Zuständig für die Erstellung des Sozialberichtes sind in der Regel Sozialarbeiter.

Einrichtungen zur Entwöhnungsbehandlung, die die Anforderungskriterien der o. a. „Suchtvereinbarung" erfüllen, sind in Verzeichnissen zusammengetragen, die von den Krankenkassen zur Verfügung gestellt werden. Die Rentenversicherungen nehmen nur solche Einrichtungen in Anspruch, mit denen sie feste vertragliche Vereinbarungen getroffen haben. Im Beratungsprozeß ist es daher notwendig, bei der Auswahl einer Entwöhnungseinrichtung die bestehenden Verzeichnisse und die Belegungsmodalitäten durch die einzelnen Träger gut zu kennen und bei Entscheidungen zu berücksichtigen (Böllinger u. a. 1995).

### 5.3.3. Rehabilitation chronisch mehrfachgeschädigter Abhängiger

soziale Verelendung Mehrfachabhängiger

In der Psychiatrie sind besonders oft Abhängige mit vielfach wiederholten Entzügen und Abhängige mit erheblichen psychosozialen und körperlichen Beeinträchtigungen anzutreffen. Bei dieser Gruppe, vorwiegend Alkoholabhängige und Polytoxikomane, ist eine soziale Verelendung eingetreten. Diese Betroffenen fristen häufig ihr Leben in den Fußgängerzonen, Parks und Bahnhofsanlagen. Vorausgegangen ist diesem Dropout in der Regel ein langer selbstzerstörerischer sozialer Abstieg mit Beendigung persönlicher Beziehungen, längerer Arbeitslosigkeit, Wechsel des mitmenschlichen Milieus, Bezug von Sozialhilfe, Gefängnisaufenthalte, Obdachlosigkeit usw. Begleitet wird dieser Prozeß häufig von schwerwiegenden körperlichen und psychischen Begleiterkrankungen, z. B. einer Polyneuropathie, einer Leberzirrhose oder einer Demenz (Korsakow-Syndrom).

Eine Entwöhnungsbehandlung würde hier zu kurz greifen. In diesen Fällen ist eine längerdauernde Behandlung und Rehabilitation auf dafür speziell eingerichteten Stationen Psychiatrischer Kliniken notwendig. Hier stehen *soziotherapeutische Verfahren* im Mittelpunkt des Gesamtbehandlungs- und Rehabiliationsplanes. Im ambulanten Bereich sind für diese Gruppe von Abhängigen *komplementäre Hilfen* wie niedrigschwellige Angebote, z. B. Teestuben, Suppenküchen, Ambulanzen, Arbeits- und Beschäftigungsprojekte sowie Betreutes Wohnen in Wohngemeinschaften, Übergangs- und Pflegeheimen unabdingbar (Schurtzmann 1996).

Angebote mit integrierten Ansätzen

„Doppelterkrankte Menschen“, die neben ihrer Abhängigkeit unter einer weiteren psychischen Störung (Komorbidität) wie etwa einer Schizophrenie, einer affektiven Störung oder einer schwerwiegenden Persönlichkeitsstörung leiden, fallen wegen der Aufteilung des Hilfesystems in einen psychiatrischen Versorgungs- und einen Suchtkrankenhilfebereich oft durch das Netz der Hilfeangebote. Die Betroffenen sind infolge der schwierigen Krankheitsentwicklungen und -verläufe auffällig. In der Psychiatrie sind sie „die ungeliebten Patienten“, und auch in Einrichtungen der traditionellen Suchtkrankenhilfe werden sie nicht gerne gesehen, da man sich dort mit der Behandlung und Rehabilitation psychischer Störungen überfordert fühlt. Was die Versorgung dieser Betroffenen betrifft, haben sich jedoch im stationären und ambulant-komplementären Bereich der Psychiatrie vielerorts *integrative Behandlungs- und Rehabiliationsansätze* entwickelt, die

versuchen, den Menschen mit einer „Doppeldiagnosen-Problematik" gerecht zu werden (Dresler u. a. 1991; Krausz u. a. 1994).
Zunehmend gelangen auch Drogenabhängige (vor allem Heroinabhängigkeit oder Politoxikomanie) in Psychiatrische Kliniken, z. B. im Rahmen einer Zuspitzung ihrer Lebenssituation oder zum „kalten", „warmen" oder „selektiven" Entzug im Zusammenhang mit einer Entwöhnungs- oder Substitutionsbehandlung.

Weiterführende Literatur

Ein „Leitfaden" für Drogenbenutzer, Eltern, Drogenberater, Ärzte und Juristen ist: *Böllinger, L.* u. a. (1995): Drogenpraxis, Drogenrecht, Drogenpolitik. Frankfurt a. M.

Eine grundlegende Darstellung der Behandlung und Rehabilitation von Menschen mit „Doppeldiagnose" enthält: *Krausz, M./Müller-Thomsen, T.* (1994): Komorbidität. Therapie von psychischen Störungen und Sucht. Freiburg.

Das „Standardwerk" zur Alkoholabhängigkeit ist: *Schmidt, L.* (1993): Alkoholkrankheit und Alkoholmißbrauch. Stuttgart.

## 5.4. Forensische Psychiatrie

Der wohl spannungsgeladendste Bereich der Psychiatrie ist die Forensik, jenes Feld also, in dem *psychisch kranke Straftäter* untergebracht und behandelt werden. Von der Öffentlichkeit wird die Forensik besonders intensiv und kritisch betrachtet, vor allem dann, wenn entlassene oder im Freigang befindliche forensische Patienten erneut Straftaten verüben.

Im Bereich des Psychiatrischen Krankenhauses Eickelborn beispielsweise wurden zwischen 1990 und 1994 vier Menschen von psychisch kranken Straftätern ermordet, worauf der Träger der Klinik aufgrund der verständlichen Angst und Sorge der Bevölkerung eine Ausgangssperre für sämtliche Forensik-Patienten erließ. Als im Herbst 1995 ein dreifacher Frauenmörder aus dem Psychiatrischen Krankenhaus Hamburg-Ochsenzoll entwich, reagierten Medien und Bürger umgehend mit der Forderung: „. . . für immer wegsperren!"

So verständlich diese Reaktionen, die Wut und Enttäuschung über unzureichende Sicherheitsvorkehrungen und unbefriedigende Therapieergebnisse sind, den Anstrengungen der psychiatrisch tätigen Mitarbeiter und den durchaus zu erzielenden Therapieerfolgen bei einer nicht geringen Anzahl von Patienten werden diese emotional aufgeladenen Empörungen nicht gerecht.

### 5.4.1. Rechtliche Grundlagen

Einer der Grundgedanken unserer Rechtsprechung ist die Erkenntnis, daß nicht jeder Straftäter aufgrund seiner geistigen, seelischen oder persönlichkeitsbedingten Anlagen und Entwicklungen imstande ist, die Folgen seines gesetzwidrigen Tuns abzusehen. Dem Ermittlungs- oder dem Strafrichter kommt folglich die (äußerst schwierige) Aufgabe zu, die Frage des „freien Willens" des Angeklagten zu prüfen, d. h. unterstützt durch psychiatrische Gutachten herauszufinden, in welchem Umfang der Täter für seine Handlungen verantwortlich gemacht werden kann. Die gesetzliche Grundlage hierfür liefern die §§ 20 und 21 des Strafgesetzbuches (StGB):

> § 20: Schuldunfähigkeit wegen seelischer Störungen
>
> Ohne Schuld handelt, wer bei Begehung der Tat wegen einer krankhaften seelischen Störung, wegen einer tiefgreifenden Bewußtseinsstörung oder wegen Schwachsinns oder einer schweren anderen Abartigkeit unfähig ist, das Unrecht der Tat einzusehen oder nach dieser Einsicht zu handeln.
>
> § 21: Verminderte Schuldfähigkeit
>
> Ist die Fähigkeit des Täters, das Unrecht der Tat einzusehen oder nach dieser Einsicht zu handeln, aus einem der in § 20 bezeichneten Gründe bei Begehung der Tat erheblich vermindert, so kann die Strafe nach § 49 Abs. 1 gemildert werden.

Verantwortlichkeit des Täters

Mit den Begriffen *„krankhafte seelische Störung"* und *„tiefgreifende Bewußtseinsstörung"* sind Psychosen und Persönlichkeitsstörungen und mit der Formulierung *„schwere andere Abartigkeit"* sind psychopathische und neurotische Fehlhaltungen gemeint. Doch auch Fragen der geistigen Behinderung, des Suchtmittelmißbrauchs und der sexuellen Abweichung sind gegebenenfalls zu prüfen. Erst wenn die besondere Symptomatik eines Menschen, z. B. seine Suchtproblematik oder sein sexuell abweichendes Verhalten, führend geworden ist, d. h. sein Handlungsrepertoire erheblich einschränkt und vor allem zum Tatzeitpunkt seinen freien Willen beeinträchtigt hat, ist von Schuldunfähigkeit oder verminderter Schuldfähigkeit auszugehen. Zu berücksichtigen ist bei der Prüfung unter anderem, welche entwicklungspsychologischen Bedingungen den Täter geprägt haben („Keiner wird als Kinderschänder geboren!" W. Rasch), wie stark soziale und psychische Deformationen zur Einschränkung eines handlungs- und steuerungsfähigen Ichs geführt haben und unter welchen spezifischen Konstellationen zum Tatzeitpunkt er die gesetzeswidrige Handlung begangen hat.

Gegenwärtig werden bei etwa 2 % aller zur Verurteilung anstehenden Straftaten psychiatrische Gutachten angefordert; allerdings liegt dieser Prozentsatz bei Körperverletzungs- und Tötungsdelikten höher, die zu ca. 50 % unter Alkoholeinfluß begangen werden. In diesen Fällen belaufen sich die Schätzungen, daß eine Schuldunfähigkeit oder verminderte Schuldfähigkeit vorliegt, auf 30 % und mehr (Rasch 1991).

Maßregelvollzug

Anstelle einer Verurteilung mit Abbüßung der Strafe in einer Justizvollzugsanstalt kann im Falle einer Schuldunfähigkeit oder verminderten Schuldfähigkeit eine Unterbringung in einer geschlossenen Psychiatrischen Klinik angeordnet werden: Forensik statt Knast. Im juristischen Sprachgebrauch ist für die Forensische Psychiatrie auch der Begriff „Maßregelvollzug" üblich, da bei Zutreffen der oben genannten §§ 20 und 21 StGB das Strafgesetzbuch wiederum die Anwendung von „Maßregeln der Besserung und Sicherung" nach §§ 62 bis 65 StGB vorschreibt. Dabei ist die Unterbringung psychisch kranker Straftäter in einem psychiatrischen Krankenhaus nach § 63 StGB zeitlich unbegrenzt; sie wird jährlich einmal überprüft. Die Unterbringung süchtiger Straftäter (Alkohol, Drogen) auf der geschlossenen Entziehungsstation eines psychiatrischen Krankenhauses (Entwöhnungsbehandlung nach § 35 Betäubungsmittelgesetz [BtMG] anstelle einer Maßregel oder Strafe) nach § 64 StGB ist dagegen auf maximal zwei Jahre begrenzt. Und schließlich können auch Menschen, die einer Tat beschuldigt werden, jedoch noch nicht verurteilt sind, psychiatrisch untergebracht werden, und zwar entweder zur Erstellung eines Gutachtens über ihren psychischen Zustand (§ 81 Strafprozeßordnung [StPO]) für maximal sechs Wochen oder bei Vorhandensein dringender Gründe für die Annahme, daß der Beschuldigte die rechtswidrige Tat im Zustand der Schuldunfähigkeit oder verminderten Schuldfähigkeit begangen hat und die Gefahr einer Wiederholung von ihm ausgeht.

## 5.4.2. Behandlung und Rehabilitation

Eine Einweisung in die Psychiatrie anstelle einer Gefängnisstrafe muß keineswegs die „angenehmere" Bestrafung sein. Zum einen kann sie zu einer unbefristeten (Sicherungs-)Verwahrung werden, während bei der Haft das Ende zumindest absehbar ist. Zum anderen können Gerichte eine psychiatrische Unterbringung mit einer anschließend zu verbüßenden lebenslangen Haftstrafe oder mit anschließender Sicherungsverwahrung (§ 66 StGB) anordnen. Bei solchen Patienten besteht kaum eine Therapiemotivation. Einige dieser Straftäter erleben den Statuswechsel vom Klinikpatienten zum Strafgefangenen folglich sogar als „sozialen Aufstieg" und verhalten sich im Gefängnis weniger auffällig als in der Psychiatrie. Und schließlich sind die Unterbringungsbedingungen auf den forensischen Stationen oft nicht besonders günstig.

„Die Enge auf der Aufnahmestation der Rheinischen Landesklinik Langenfeld – teilweise sind Patienten ohne Rückzugsmöglichkeiten in 6-Betten-Wachsälen untergebracht – läßt selbst friedliche Patienten oft aneinanderrasseln. Krisensituationen erfordern ein spezielles Management, das Wissen darüber ist aber weder während der Krankenpflegeausbildung noch im Studium zu erlangen. Die Arbeit in der Forensik war lange Zeit nicht sehr beliebt: Noch heute gibt es Abteilungen, wo die Mitarbeiter gezwungenermaßen eine Zeitlang arbeiten müssen, bis sie eine Arbeit nach Wunsch bekommen können." (Muysers 1993: 13 f.)

Verantwortlich für solche Situationen ist zweifellos der Mangel an geeigneten psychiatrischen Behandlungseinrichtungen; allein im Rheinland warten z. Zt. mehr als 100 süchtige oder psychisch kranke Straftäter auf einen Behandlungsplatz. Ursache ist auch die veränderte Spruchpraxis der Gerichte, die in den letzten Jahren auch persönlichkeitsgestörte Menschen mit erheblicher krimineller Energie und wenig Therapiemotivation nach § 63 StGB verurteilt haben.
Nicht alle forensischen Abteilungen wirken allerdings wie „vergitterte Tigerkäfige":

Beispielsweise sind in der Karl Bonhoeffer-Klinik Berlin, wo es auch gemischtgeschlechtliche Stationen gibt, oder in der Abteilung „Billstein" im sauerländischen Marsberg die architektonischen Bedingungen ganz nach therapeutischen Gesichtspunkten gestaltet. Die Patienten leben in Einzelzimmern, kleineren Wohneinheiten und besitzen eine klare, individuelle Therapieplanung.

Dennoch bleiben auch hier Fragen der Gefährlichkeitsprognose und besonders der Möglichkeiten zur Therapie vom Sexualstraftätern ungelöst, leidet die forensische Arbeit unter „Presseberichten und Bürgerinitiativen-Forderungen, deren einziger Blickwinkel es ist, einen Gegensatz zwischen Therapie und Sicherheit zu konstruieren“ (Rasch 1995).

Mit der fachkompetenten *Nachsorge* im Anschluß an eine forensische Unterbringung sieht es äußerst schlecht aus: Niedergelassene Therapeuten tun sich mit der Behandlung solcher Patienten meist recht schwer, Träger und Mitarbeiter des Betreuten Wohnens und der Übergangsheime lehnen oft eine sozialpsychiatrische Betreuung ab (und begründen dies – z. T. verständlich, z. T. auch wenig reflektiert – mit mangelndem Fachwissen oder der für solche Klienten ungeeigneten Konzeption ihrer Arbeit). Lediglich einige Berufsförderungswerke und andere arbeitstherapeutische Einrichtungen geben sich weniger „zugeknöpft“. Dabei ist unabweisbar, daß ehemalige Forensik-Patienten wie viele andere Psychiatrie-Entlassene auch der psychotherapeutisch-pädagogischen und der beruflich-rehabilitativen Begleitung bedürften.

Nachsorge

### 5.4.3. Aufgaben der Sozialarbeit

Wie alle traditionellen Bereiche der stationären Psychiatrie stehen auch die forensischen Abteilungen unter ärztlicher Leitung. Ob das so sein muß, fragen sich manchmal selbst die Ärzte, „... handelt es sich beim Vollzug (doch) ... weit mehr um pädagogische bzw. soziotherapeutische Aufgaben, die entscheidend von anderen als medizinischen Berufsgruppen wahrzunehmen sind“ (Dörner 1984). Das sieht auch der wohl berühmteste Verfechter einer modernen, therapieorientierten Forensik in Deutschland, Wilfried Rasch, so:

> „Die therapeutischen Bedürfnisse der Zielgruppe des Maßregelvollzuges verlangen nicht, daß die therapeutische Arbeit in erster Linie von Ärzten gewährleistet wird. Entscheidend für die Herbeiziehung der Mitarbeiter wird sein, daß sie über Kenntnisse psychotherapeutischer Verfahren auf dem Gebiet der Sonderpädagogik verfügen.“ (Rasch 1984: 72)

Soziale Arbeit im Maßregelvollzug besteht aus Einzel- und Gruppenarbeit mit der Zielsetzung, psychisch kranke Straftäter in ihrer Beziehungsfähigkeit und ihrer Handlungskompetenz zu unterstützen und sie in einem therapeutischen Milieu an Aktivitäten und Gespräche her-

fachliche Anforderungen

anzuführen, in denen sie lernen, sich in Beziehung zu setzen, sich zu solidarisieren, sich abzugrenzen, sich zu streiten und auch wieder zu versöhnen, – letztendlich: „natürlich“ zu leben, ohne auf Verhaltensweisen zurückgreifen zu müssen, die zur Delinquenz geführt haben. Wie alle in der Forensik tätigen Berufsgruppen müssen die Sozialarbeiterinnen zur Bewältigung ihrer besonders schwierigen und verantwortungsvollen Aufgabe – denn immer dann, wenn therapeutische Bemühungen fehlschlagen, stehen sie in der Kritik der Öffentlichkeit – in der Lage sein, die seelische Störung eines Patienten, seine individuelle Symptomatik sowie seine Bewältigungsversuche (und dazu gehören in der Regel auch die dissozialen Verhaltensweisen) zu verstehen. Es gilt Antworten auf folgende Fragen zu finden:
Was drücken die Symptome eines Patienten aus? Wie ist die soziale Situation beschaffen, in der sich seine Symptome besonders zeigen? Was ist der Hintergrund, die Psychodynamik seiner Störung? Welche Auswirkungen haben die Störungen auf die Beziehung zu Mitarbeitern und Mitpatienten? Dabei erlebt das Personal des Maßregelvollzugs die Patienten sowohl bei therapeutischen Situationen im engeren Sinne, dazu gehört neben Einzel- und Gruppengesprächen die Arbeits- und Beschäftigungstherapie und die somatische Therapie, die Vergabe von Psychopharmaka, wie auch im „Freizeitbereich“, also beim Billard- oder Kartenspielen, beim Volleyball oder Tischtennis, auch beim Kochen oder Putzen. Die Mitarbeiterinnen und Mitarbeiter in der Forensik schildern, daß Therapeuten, Sozialarbeiter und Pfleger, die am engsten mit einem jeweiligen Patienten zusammenarbeiten, oft in einer Weise an das „Gute“ in ihrem Patienten glauben, daß ihnen die Fähigkeit zur kritischen Distanzierung verlorengeht. Daher bedarf es in diesem Bereich ganz besonders der Einrichtung von „Reflexionsstrukturen“ wie Abteilungskonferenzen, Fallbesprechungen oder Supervisionen sowie einer besonderen Team- und (Selbst-)Kritikfähigkeit, um das gegenseitige Beziehungsverhalten unter die Lupe nehmen zu können. Wer sich als Sozialarbeiter oder Sozialpädagoge der Forensischen Psychiatrie als möglichem Arbeitsgebiet zuwendet, der sollte nicht nur Kenntnisse der Diagnostik der Krankheitsbilder und der Psychodynamiken besitzen, sich mit der rechtlichen Situation psychisch kranker Straftäter auseinandersetzen und Zusammenhänge zwischen Persönlichkeit und Kriminalität herstellen können, sondern – bezogen auf die Erfahrungen, Gefühle und Einstellungen, die durch die Begegnung mit suchtgefährdeten oder z. T. gewalttätigen psychisch Kranken

ausgelöst werden – auch über eine differenzierte Selbstwahrnehmung verfügen (Streibürger/Trampe 1990).

Weiterführende Literatur

Fundierte Einblicke in die forensische Psychiatrie geben: *Leygraf, N.* (1988): Psychisch kranke Straftäter. Berlin, und *Rasch, W.* (1986): Forensische Psychiatrie. Stuttgart.

Aktuelle Aspekte benennt der Aufsatz: *Schalast, N.* (1993): Maßregelvollzug – Stiefkind der Psychiatriereform. In: Soziale Psychiatrie 61, S. 9–13.

## 5.5. Kinder- und Jugendpsychiatrie

Ob und wann wir bei Kindern von psychischen Erkrankungen oder von Verhaltensauffälligkeiten sprechen, welche möglichen Konflikte dem zugrunde liegen und welche Hilfen dann angemessen sind, darüber besteht in der Psychiatrie einerseits und der Jugendhilfe andererseits eine alte und immer noch heftige Debatte. Wir können diese hier nicht im einzelnen schildern, sondern können lediglich einen knappen Einblick in jenes Arbeitsfeld der stationären Psychiatrie geben, in dem Kinder und Jugendliche mit psychotischen oder autistischen Erkrankungen, schweren Ängsten, Selbstwertstörungen, Suizidgefährdung, Schulverweigerung und Lernleistungsstörungen, Eßstörungen, mit Auffälligkeiten im Sozialverhalten, erhöhter Gewaltbereitschaft, Verwahrlosung oder Drogenmißbrauch behandelt werden.

### 5.5.1. Zahlen und Strukturen

Es gibt gegenwärtig in Deutschland mehr als 100 stationäre Einrichtungen der Kinder- und Jugendpsychiatrie mit ca. 6.300 Plätzen und sehr unterschiedlichen Konzeptionen, Strukturen und Größen. Oft sind es Großeinrichtungen mit mehr als 100 Plätzen; nur 17 % haben eine überschaubare Größe von 30 oder weniger Plätzen. Viele Fachärzte der Deutschen Gesellschaft für Kinder- und Jugendpsychiatrie halten die Gesamtversorgung im stationären Bereich noch für unzureichend. Andere weisen darauf hin, daß für Kinder und Jugendliche eine Einweisung in die Psychiatrie so traumatisierend und stigmatisierend sein kann, daß sie dafür plädieren, das ambulante Feld stärker zu nutzen und auszubauen. In der Tat werden dort, wo Kinder- und Jugendpsychiatrien über Ambulanzen und tagesklinische Plätze verfügen, nur 10 % der vorgestellten Kinder in vollstationäre Behandlung genommen. Die Versorgung außerhalb der Kliniken liegt bei niedergelassenen Fachärzten für Kinder- und Jugendpsychiatrie (und Kinderneurologie), Kinder- und Jugendpsychotherapeuten, Jugendpsychiatrischen Diensten, Jugendheimen, Betreuten Wohngruppen und Tagesgruppen, Schulpsychologischen Beratungsstellen und Erziehungsberatungsstellen, Jugend- und Drogenberatungsstellen, Frühförderstellen, Heilpädagogischen Horten und anderen Diensten.

Altersverteilung und Diagnosen

In der Altersverteilung der stationär behandelten Kinder und Jugendlichen liegt die Gruppe der 15- bis 18jährigen (ca. 50 %) vorn, gefolgt von den 11- bis 14jährigen (ca. 35 %), den 6- bis 10jährigen (ca. 10 %) und den 1- bis 5jährigen (ca. 5 %). Bis zum Alter der 15jährigen überwiegen die Jungen, oft im Verhältnis 2:1, im oberen Altersabschnitt kehrt sich das Verhältnis dann um. Aus der Zusammenstellung mehrerer Erhebungen von insgesamt 2.167 stationär behandelten Kindern und Jugendlichen aus Kliniken in Berlin, Mannheim und Rehberg/Hessen geht weiter hervor: Diagnostisch weisen (in diesen Studien) 34 % der Kinder und Jugendlichen neurotische und emotionale Störungen auf, gefolgt von 28 % mit Störungen des Sozialverhaltens; an dritter Stelle mit 19 % stehen Psychosen und autistische Verhaltensweisen, dann mit 10 % monosymptomatische Störungen (Magersucht, Einnässen, Einkoten, Stottern) (Specht/Anton 1992). Die durchschnittliche Aufenthaltsdauer in der stationären Kinder- und Jugendpsychiatrie liegt bei etwa 60 bis 80 Tagen; allerdings kommen alle Varianten zwischen einem Tag und einem Jahr vor.

Bei Aufnahme eines Kindes oder Jugendlichen werden von ärztlicher Seite neben dem somatischen Befund der neurologische Status, das Bewegungsverhalten, die sprachlichen Ausdrucksmöglichkeiten, die intellektuellen Fähigkeiten sowie die psychosoziale Entwicklungsreife überprüft. Die diagnostische Abklärung bleibt jedoch nicht auf ärztliche Untersuchungen allein beschränkt; sie bezieht die Gespräche, Beobachtungen und Erlebnisse aller Teammitglieder mit dem Kind bzw. Jugendlichen sowie Familiengespräche mit ein und wendet sich auch dem sozialen Umfeld (Schule, Lehrstelle, Freizeitbereich u. a.) zu.

### 5.5.2. Aufgaben der Sozialarbeit

Wer als Sozialarbeiterin oder als Sozialpädagoge in der stationären Kinder- und Jugendpsychiatrie arbeitet, den erwartet ein „multiprofessionelles Team". „Auf Station" arbeiten Ärztinnen und Psychologen, Kinderkrankenschwestern und Krankenpfleger, Erzieherinnen und Ergotherapeuten, Heilpädagoginnen und Motopäden, Lehrer und Sprachtherapeuten, Diplom-Pädagoginnen, Heilerziehungspfleger und andere. Wie immer diese Berufsgruppen ihre Arbeitsbereiche auch voneinander abgrenzen mögen – und man ahnt schon, welche Konflikte hier angelegt sein können –, jeder sollte sich darauf einstellen, daß zur stationären Arbeit so Unterschiedliches gehören kann wie: sich als Bezugsperson für mehrere Kinder zuständig fühlen; Gespräche führen, trösten, Aggressionen auffangen; Gruppensitzungen leiten; den Alltag auf der Station mit Spielen, Festen, Aktivitäten gestalten; mit Therapeuten und ärztlicher Leitung einen Therapieplan erstellen; bei Fallbesprechungen die Wahrnehmungen bezüglich des betreffenden Kindes äußern; Hausbesuche durchführen, Familienarbeit leisten; den Draht zum Jugendamt pflegen; die Nachsorge sicherstellen u. a. m.

Soziale Arbeit als eigenständiger Aufgabenbereich

Je nach Konzept und Teamstruktur der Klinik können sich im Stationsalltag also die Tätigkeiten des pflegerischen und des erzieherischen Dienstes mit den Aufgaben der Sozialen Arbeit vermischen. Dies bestätigt z. T. auch die Psychiatrie-Personalverordnung (PsychPV), die in der Kinder- und Jugendpsychiatrie keine Trennung zwischen den besonderen Bereichen der Sozialarbeit, der Sozialpädagogik und der Heilpädagogik vorsieht. In Abgrenzung zu den Verantwortungsbereichen der Ärzte, Psychologen und Pflegekräfte sieht diese PsychPV als *eigenständiges Feld der Sozialen Arbeit* allerdings folgende Aufgaben vor: Sozialtherapeutisches Kompetenztraining, Sozialtherapeutische Einzelfallhilfe für Kinder, Jugendliche und ihre Familien; Zusammenarbeit mit Diensten außerhalb des Krankenhauses; Klärung von Anspruchsvoraussetzungen; Vorbereitung der außerfamiliären Unterbringung. Familienberatung kann ebenfalls selbständig durchgeführt werden. Bei der Familientherapie, bei Angehörigengruppen und bei der Sozialanamnese bzw. der psychosozialen Diagnostik spricht die PsychPV von „Mithilfe bei ..." als Aufgabe für die Gruppe der Sozialarbeiter, der Sozial- und der Heilpädagogen. Auf den Punkt gebracht bewegt sich der Sozialarbeiter in der stationären Kinder- und Jugendpsychiatrie „... im Dreieck zwischen gesellschaftlicher Lebenswelt, geschützter, aber auch ausgrenzender Lebenswelt der Klinik und innerseelischer Welt des Kindes" (Schepker u. a. 1995: 281).

Wer sich für seelisch erkrankte Kinder bzw. für Kinder in schwierigen Lebenslagen engagiert, der wird sich vielfach fragen, wann deren „Psychiatrisierung“ wirklich gerechtfertigt ist und wann sie die schlechtere von mehreren Möglichkeiten darstellt. Häufig haben Kinder und Jugendliche schon diverse Dienste und ambulant tätige Fachleute kennengelernt, bevor es zu einer Klinikaufnahme kommt. Entweder war die Krise oder die Erkrankung so intensiv, daß die ambulante Betreuung nicht ausreichte, oder es fehlte an einer Koordination und Abstimmung der vorhandenen Hilfen. Der Kinder- und Jugendpsychiater Hans-Jürgen Groebner fordert daher:

> „Die Fachleute müssen umdenken. An erster Stelle steht nicht das eigene fachliche Angebot, sondern die Befähigung zur Zusammenarbeit. Es gilt, sich bei jedem oder jeder Jugendlichen zu fragen: Wo und wie lebt er oder sie? Was für Hilfen werden gebraucht? Wer kann dies verantwortlich dort, wo er oder sie lebt, übernehmen? Mit welchen anderen Helfern wird er dabei kooperieren müssen? So könnte für einen Jugendlichen der Sozialpädagoge in einer Beratungsstelle vor Ort zuständig sein. Gegebenenfalls veranlaßt er eine kinder- und jugendpsychiatrische Untersuchung bei einer Fachärztin, beschließt mit ihr gemeinsam die erforderlichen Hilfsmaßnahmen, z. B. die Vermittlung in eine von der Kinder- und Jugendpsychiaterin betreute Wohngruppe.“ (Groebner 1995: 209)

Unterstützung im Alltag

Ein Grundsatz der Sozialen Arbeit im jugendpsychiatrischen Bereich sollte also sein, Ausgrenzungen, Abschiebungen und ständige Bezugspersonen-Wechsel zu vermeiden. Es gilt, die betroffenen Kinder und Jugendlichen in ihren normalen Alltagsstrukturen unterstützend zu begleiten oder – wenn das Fundament in der Familie und im sozialen Umfeld nicht ausreichend tragfähig ist – ein wirklich verläßliches Beziehungsangebot in so „normal“ wie möglich konzipierten Einrichtungen zu leisten. Denn oft sind es die Abbrüche, das Verlassen-Sein, die Ungewißheiten und Ängste, welche den Hintergrund bilden für Hilfeschreie und jene Wutreaktionen, welche dann unter Kategorien wie Magersucht, Depression, emotionale Störung oder Verhaltensauffälligkeit behandelt werden.

### 5.5.3. Suizidalität bei Kindern und Jugendlichen

In Deutschland nehmen sich jährlich ca. 15.000 Menschen das Leben. Die Zahl der Suizidversuche läßt sich kaum ermitteln. Bekannt ist aber aus Untersuchungen, daß die Gefährdung durch Selbstmordversuche in der Altersgruppe der Fünfzehn- bis Zwanzigjährigen am höchsten ist (Braun-Scharm 1991). Daher sollen in diesem Abschnitt die einschlägigen Risikofaktoren, Erklärungsmodelle und Präventionsmaßnahmen angesprochen werden.

Hintergründe und Symptome

Bei erwachsenen Menschen besteht nachweislich eine erhöhte Selbstmordgefährdung im Zusammenhang mit psychiatrischen Erkrankungen (vor allem bei affektiven und schizophrenen Psychosen), bei Alkohol- und Drogenabusus, aber auch bei chronischen körperlichen Erkrankungen und bei Lebenskrisen (wie Trennungen, Arbeitslosigkeit, Migration usw.). Oft ist eine resignative Depressivität das Leitsymptom. Differenziert wird mitunter aber auch zwischen den „Affekt"- und den „Bilanz"-Suiziden. Bei *Kindern und Jugendlichen* steht der Selbstmordversuch seltener in Zusammenhang mit einer psychiatrischen Diagnose, sondern meist mit ungelösten Konfliktsituationen: Probleme und Kränkungen aus Schule oder Studium, Liebeskummer, Gefühle der Verlassenheit und des Unverstandenseins. Gesucht wird im Suizidversuch nicht der Tod, sondern ein Ausweg aus einer für das Selbstwertgefühl unerträglichen Situation.

Der suizidalen Handlung bei Jugendlichen gehen häufig folgende *Symptome* voraus: Zunehmende Einengung im Denken, Fühlen und Handeln; Aggressionsstau und Aggressionsumkehr gegen die eigene Person; Suizidphantasien; Psychosomatische Beschwerden. Nach M. Wolfersdorf (1989) läßt sich unterscheiden zwischen suizidalen Handlungen als *Lösung eines Aggressionskonfliktes,* als *Bewältigungsstrategie einer narzißtischen Krise* oder als *Folge einer psychotischen Dynamik.* Von besonderer Bedeutung ist dabei die Tatsache, daß narzißtische Krisen im Jugendalter besonders häufig und besonders intensiv auftreten, ist doch das Gefühlsleben von Jugendlichen überhaupt stark von Fragen des Selbstwertes geprägt. Bei tiefen Kränkungen kann es dann zur Dekompensation des labilen Gleichgewichts, zu Abwehrversuchen in Form von Aggressivität und Dissozialität oder Kritikempfindlichkeit und Ärgerlichkeit kommen. Reichen diese Formen der Abwehr nicht aus, so ist oft ein sozialer Rückzug zu beobachten, verbunden mit gesteigerter Sehnsucht nach Schlaf, Ruhe, Geborgenheit und Wärme. Läßt sich dies nicht realisieren oder die Kränkung damit ausreichend kompensieren, so kann am Ende der Selbstmordversuch stehen.

Das Erkennen präsuizidaler Anzeichen ist oft nicht leicht und setzt voraus, den Betroffenen in seiner subjektiven Notlage ernstzunehmen und entsprechende Selbstwertprobleme und Kränkungen nicht zu bagatellisieren. Sinnvolle Regeln für das praktische Vorgehen könnten ferner sein:

(a) Offenes Ansprechen der Patienten auf Suizidgedanken (= Entlastung durch Verbalisierung)
(b) Akzeptieren der Patienten (= Stützung des Selbstwertgefühls)
(c) angstfreies Benennen der Suizidgedanken nach Art und Intensität (= Distanzierungshilfe)
(d) Besprechen von Hilfe- und Therapiemöglichkeiten (= Anregung zur Kooperation)
(e) Festlegen der nächsten Zeitstrecke mit Kontaktvereinbarung (= Brückenschlag)
(f) Erfragen und Benennen persönlicher Bezugspersonen (= Bindung an Begleitpartner)
(g) Absprache über Notrufmöglichkeiten in akuten Krisen (= Krisenbewältigung).

### 5.5.4. Rechtliche Grundlagen

In den Einrichtungen der Jugendhilfe wie auch der Kinder- und Jugendpsychiatrie hat man sich hinsichtlich der Rechtsgrundlagen der Arbeit in den letzten Jahren erheblich umstellen müssen: Das alte Jugendwohlfahrtsgesetz (JWG) galt allein für die Einrichtungen der Jugendhilfe; für den Rechtsanspruch auf Leistungen der Kinder- und Jugendpschiatrie war neben den Krankenkassen das Bundessozialhilfegesetz (§§ 39/40 BSHG) zuständig. An die Stelle des JWG trat 1990 mit dem Kinder- und Jugendhilfegesetz das Sozialgesetzbuch (SGB) VIII: Kinder- und Jugendhilfe. Für den kinder- und jugendpsychiatrischen Bereich besonders wichtig sind § 1 (Recht auf Erziehung, Elternverantwortung), § 8 (Beteiligung von Kindern und Jugendlichen), § 27 (Hilfe zur Erziehung), § 34 (Heimerziehung, sonstige betreute Wohnform), § 35 a (Eingliederungshilfe für seelisch behinderte Kinder und Jugendliche) und § 42 (Inobhutnahme von Kindern und Jugendlichen). Ergänzend dazu regelt das Bürgerliche Gesetzbuch (BGB) in § 1631 b die Unterbringung des Kindes, die mit Freiheitsentziehung verbunden ist ..., in § 1666 die Gefährung des Kindeswohls und in § 1666 a die Trennung des Kindes von der elterlichen Familie.

Um den erwähnten § 35 a (SGB VIII), der erst nachträglich (1993) in das Gesetz aufgenommen wurde, wird in der Fachöffentlichkeit heftig gerungen. Wesentliche Fragen dabei sind: Wenn die Jugendhilfe die Aufgabe hat, für die Eingliederung „seelisch behinderter" Kinder zu sorgen, warum hat sie dann nicht – im Sinne eines integrativen Ansatzes – auch die entsprechenden Hilfen bei „geistiger" und „körperlicher Behinderung" zu gewährleisten? Wie läßt sich überhaupt „seelische Behinderung" von Kindern und Jugendlichen definieren und diagnostizieren? Der Gesetzgeber hält sich an das, was schon in § 39 BSHG unter „seelischer Behinderung" festgeschrieben wurde: „1. körperlich nicht begründbare Psychosen; 2. seelische Störungen als Folge von Krankheiten oder Verletzungen des Gehirns, von Anfallsleiden oder von anderen Krankheiten oder körperlichen Beeinträchtigungen; 3. Suchtkrankheiten; 4. Neurosen und Persönlichkeitsstörungen". Mit dieser Definition von psychischer Krankheit und seelischer Behinderung ist jedoch nach Ansicht vieler Fachkräfte der Kinder- und Jugendpsychiatrie wenig gewonnen, im Gegenteil: Komplexe Problem- und Krisenlagen von Kindern bedürfen ihrer Meinung nach anderer Maßnahmen als der psychiatrischen Etikettierung. Juristen hingegen argumentieren, daß mit dem § 35 a SGB VIII ein wichtiger Fortschritt verbunden ist: Kinder und Jugendliche werden nun selbst zu Trägern des Rechtsanspruchs auf Hilfe; und die Jugendhilfe kann junge Menschen in Krisen nicht mehr abschieben, sondern muß beim Vorliegen schwerer psychischer Probleme bzw. „seelischer Behinderungen" die richtige Mischung aus Alltagsgestaltung, pädagogischer Förderung und therapeutischen Maßnahmen finden und gewährleisten.

### Weiterführende Literatur

Eine umfangreiche Aufsatzsammlung zur Thematik liefern: *Gintzel, U./ Schone, R.* (1990): Zwischen Jugendhilfe und Jugendpsychiatrie. Münster.

Wichtig und unverzichtbar ist die Sicht der Kinder und Jugendlichen selbst: *Knopp. M./Napp, K.* (1995): Wenn die Seele überläuft. Kinder und Jugendliche erleben die Psychiatrie. Bonn.

Ein Plädoyer für eine „Erziehung ohne Aussonderung" halten: *Köttgen, Ch.* u. a. (1990): Aus dem Rahmen fallen – Kinder und Jugendliche zwischen Erziehung und Psychiatrie. Bonn.

Die Realität der Notversorgung spiegelt: *Martinius, J.* (1991): Kinder- und Jugendpsychiatrische Notfälle. München.

# 6. Gemeinde-integrierte Hilfen

Verläßt man die Bereiche der klinisch-stationären Psychiatrie, wird die Orientierung schwierig. Denn im Dschungel der gemeinde-integrierten Versorgung trifft man nicht nur auf ein Gewirr von Einrichtungstypen und Projekten, sondern man muß für jede Leistung einen neuen Kostenträger suchen, einen anderen Antrag stellen, zudem gesonderte Gutachten und Stellungnahmen einholen. Mit der Klärung des Kostenträgers ist im stationären Bereich die Finanzierung so unterschiedlicher Leistungen wie Essen, Krankengymnastik, Arbeitstherapie, der Hausbesuch in Begleitung der Sozialarbeiterin und die Blutbildkontrolle geregelt: Als sogenannte „Komplexleistung" erhält der Patient in der Klinik das für ihn notwendige Bündel an therapeutischen Maßnahmen über die Krankenkasse oder das Sozialamt finanziert.

In der „freien Wildbahn" der gemeinde-integrierten Psychiatrie müssen sich die Fachkräfte dagegen mit mindestens fünf Kostenträgern herumschlagen, die – je nach den Prinzipien „Versicherung", „Versorgung" und „Fürsorge" – für einzelne Teilleistungen zuständig sind. Leistungen aus der Kranken-, Arbeitslosen-, Unfall-, Renten- und Pflegeversicherung werden nur gewährt, wenn der Betroffene Mitglied der Sozialversicherung ist und entsprechend seine Beiträge eingezahlt hat. Der Sozialarbeiter hat also immer die Frage der Mitgliedschaft und der (bei der Kranken- und Pflegeversicherung gegebenenfalls vom Sozialhilfeträger zu übernehmenden) Beitragserfüllung in der Sozialversicherung zu klären.

Finanzierung von Rehabilitation: Voraussetzungen, Probleme

Insbesondere im Hinblick auf Leistungen der Rentenversicherung und der Bundesanstalt für Arbeit, also bei Rehabilitationsleistungen, müssen darüber hinaus Vorversicherungszeiten erfüllt werden, um Ansprüche zu begründen. Außerdem gibt es im außerklinischen stationären und ambulanten Bereich noch wenig Möglichkeiten, sozialversicherungsfinanzierte Rehabilitationsleistungen in Anspruch zu nehmen. Für viele psychisch kranke Menschen in der außerklinischen gemeindepsychiatrischen Versorgung bzw. Rehabilitation ist deshalb meistens der nachrangige Leistungsträger, der Sozialhilfeträger, zuständig, obwohl es sich bei den Leistungen oft um „medizinische" Leistungen handelt. Handelt es sich um eine somatische Erkrankung,

kann man in vielen Fällen medizinische Rehabilitationsleistungen, z. B. eine Rehabilitationskur, verordnen lassen, die von der Renten- oder Krankenversicherung finanziert wird. Bei einer psychischen Erkrankung besteht ein solches Angebot in der Regel nicht. Auch die Pflegeversicherung tritt lediglich für eher somatische, funktional orientierte Hilfeleistungen bei den regelmäßig wiederkehrenden Verrichtungen des täglichen Lebens ein. Wer also außerklinische (komplementäre) medizinisch-soziale Rehabiliationsleistungen als psychisch kranker oder behinderter Mensch benötigt und in Anspruch nehmen will, landet in der Regel bei dem zuständigen Sozialhilfeträger.
Um Leistungen des Sozialhilfeträgers in Anspruch nehmen zu können, ist jedoch neben dem Vorliegen einer Krankheit oder Behinderung eine „Bedürftigkeit", also Armut, Voraussetzung. Die Nachrangigkeit der Sozialhilfe bedeutet, daß für eine Leistung nach dem BSHG gegebenenfalls das eigene Einkommen und/oder das Vermögen (oberhalb der „Schongrenze" von 4.500 DM) eingesetzt werden muß. Im Gegensatz zur Therapie und Rehabilitation vieler somatischer Krankheiten müssen also der psychisch kranke Mensch bzw. seine Angehörigen die psychiatrische Rehabilitationsleistung *mitfinanzieren.* Nur bei geringem Einkommen (Unterschreiten der jeweiligen Einkommensgrenze des BSHG) des Antragstellers und seiner unterhaltspflichtigen Angehörigen übernimmt das Sozialamt die Kosten.
Sozialarbeiter müssen also bei jedem Klienten unter zwei Gesichtspunkten prüfen:

(a) Benötigt der Klient die Maßnahme und wird er dadurch gefördert? Wird sie ärztlich verordnet oder befürwortet? Ist der Klient anspruchsberechtigt? Hat er die Sozialversicherungsbeiträge eingezahlt? Sind die Vorversicherungszeiten erfüllt? Ist eigenes Einkommen oder Vermögen einzusetzen oder sind unterhaltspflichtige Angehörige heranzuziehen?
(b) Gibt es eine Einrichtung, die die benötigte Maßnahme anbietet? Welche Kostenträger finanzieren aufgrund welcher Rechtsgrundlagen gegebenenfalls diese Maßnahme? Sind eventuell verschiedene Kostenträger zuständig? Wie sieht das Antragsverfahren aus?

Mit dem nun folgenden Kapitel wollen wir Sozialarbeitern und Sozialpädagogen einen Einblick in die äußerst komplexe Materie der gemeinde-integrierten Hilfen geben. Daß dieser erste Gang durch die

Gemeindepsychiatrie nur grobe Umrisse vermittelt, wird in Kenntnis dieses Arbeitsfeldes niemanden verwundern. Wir verweisen deshalb ausdrücklich auf die angegebene Literatur zum gründlichen Vertiefen.

## 6.1. Gemeindepsychiatrische Hilfen

In diesem Abschnitt stellen wir die wichtigsten Bausteine des gemeindepsychiatrischen Verbunds vor: ambulant aufsuchende Dienste, Hilfen für den Funktionsbereich „Wohnen" und „Teilhaben am Leben in der Gesellschaft". Diese Einrichtungen werden in den Empfehlungen der Expertenkommission für jede Versorgungsregion (ca. 100.000 bis 150.000 Einwohner) gefordert.

### 6.1.1. Sozialpsychiatrische Dienste

Lothar Fischer (7): Die Meldung

(Fortsetzung von S. 155) Lothar Fischer hat bei einem Kumpel Unterschlupf gefunden. Seit ein paar Tagen schon haben beide nichts mehr getrunken. Zunächst scheint alles ganz gut zu klappen. Doch dann findet Lothar Fischer nachts keine Ruhe. Gegen Morgen wird es laut, er wirft alle Möbel um, kriecht auf dem Boden herum und sucht imaginäre Würmer. Der Kumpel kann ihn nicht beruhigen. Naßgeschwitzt rennt Lothar Fischer durch das Haus. Die Nachbarn rufen die Polizei, die schon nach wenigen Minuten da ist. Erst 50 Minuten später kommt der „Amtsarzt" in Begleitung der Sozialarbeiterin. Die beiden entscheiden sehr rasch, daß Lothar Fischer nach PsychKG eingewiesen wird. Als Lothar Fischer sich wehrt, reden ihm die Polizeibeamten gut zu; schließlich steigt er in den Krankenwagen. Lothar Fischer ist nur wenige Tage in der Klinik. Nach der Entlassung kündigt die Sozialarbeiterin einen Hausbesuch an.

Zuständigkeit der SpD

Wenn Menschen an psychischen Störungen leiden, suchen sie häufig keine psychiatrische Hilfe. Sie fühlen sich ja nicht krank, sondern bedroht, abgehört oder einfach niedergeschlagen. Der eine mag vielleicht betrunken das Treppenhaus verunreinigen, ein anderer Müll sammeln oder nachts schreien, ein dritter zieht sich einfach in sich selbst zurück und wirkt unansprechbar. Angehörige, Nachbarn oder

Vermieter wenden sich in solchen Fällen meist ratlos an den niedergelassenen Psychiater oder an die Polizei. Dort werden sie in der Regel an den Sozialpsychiatrischen Dienst verwiesen.

Aufgaben der Sozialarbeiter

Im Psychiatrischen Dienst nehmen Sozialarbeiterinnen, aber auch Krankenpfleger oder Verwaltungskräfte die eingehenden telefonischen und schriftlichen Meldungen entgegen, klären akute Notfälle und führen Hausbesuche durch. In der Regel stehen außerdem Psychologen und Ärzte für Beratungsgespräche, Kriseninterventionen und die Erstellung von Gutachten zur Verfügung. Die Sozialarbeiterinnen sind häufig für ein ganz *bestimmtes Einzugsgebiet* zuständig und kennen sich in ihrem „Kiez" gut aus. In manchen Diensten gibt es auch Zuständigkeiten für *bestimmte Aufgabenbereiche,* z. B. Sucht oder Gerontopsychiatrie. Wenn die Kontaktaufnahme zu Klienten nicht gelingt, werden die Nachbarn oder Bezugspersonen beraten. Zu klären ist, wie vielleicht doch – über Hauspflege oder Nachbarschaftshilfe – eine Basisversorgung gewährleistet werden kann, wann Maßnahmen gegen den Willen des Klienten angebracht sind und wie sie veranlaßt werden. Immer wieder ist abzuwägen, wieviel Störung, Angst oder Gefährdung dem Umfeld und dem Klienten zuzumuten sind, wann eine Wohnung verwahrlost ist, um welchen Preis eine Kündigung oder eine Einweisung verhindert werden muß, ob vielleicht doch eine ambulante Betreuung organisiert werden kann usw.

Wo immer möglich, *delegieren* die Mitarbeiter des Sozialpsychiatrischen Dienstes im Sinne des Case Management (siehe die Ausführungen oben, S. 114 ff.) die erforderlichen Hilfen an die Dienste und Einrichtungen der Region. Sie bleiben aber Ansprechpartner. Ist delegieren nicht möglich, versuchen sie selbst, „am Ball zu bleiben". Eine umfassende Kenntnis des gesamten Versorgungsspektrums ist also erforderlich. Gleichzeitig *koordinieren* und *konzipieren* die Sozialpsychiatrischen Dienste die psychosozialen Hilfen und arbeiten federführend in den Gremien der Region mit. Zum Psychiatrie-Koordinator besteht ein enger Kontakt. Wenn die Sozialpsychiatrischen Dienste die Kostenübernahmen für die Hilfen durch das Sozialamt bzw. auf der Grundlage des BSHG befürworten, kontrollieren sie indirekt die Arbeit der Leistungserbringer und sind so ein wichtiges Instrument der Qualitätssicherung und -kontrolle.

Organisation und Träger

Die Sozialpsychiatrischen Dienste sind zuständig für die Betreuung aller psychisch kranken erwachsenen Menschen innerhalb eines festgesetzten Versorgungsgebietes. Hinzu kommen in manchen Regionen

Jugendpsychiatrische Dienste oder spezielle Sozialpsychiatrische Dienste für alte Menschen. In Bayern, Baden-Württemberg und im Saarland werden die Sozialpsychiatrischen Dienste zumeist von freien Trägern vorgehalten. In den anderen Bundesländern sind die Sozialpsychiatrischen Dienste überwiegend in das öffentliche Gesundheitswesen eingebunden und werden als Abteilung des kommunalen Gesundheitsamtes oder des Sozialamtes geführt.

Rechtsgrundlagen

Die Aufgaben sind in der Regel in einem „Gesetz über die Aufgaben des öffentlichen Gesundheitsdienstes", im „Unterbringungsgesetz" (UBG) oder im „Gesetz für psychisch Kranke" (PsychKG) geregelt (siehe Abbildung 4, S. 224). Bei der letztgenannten Organisationsform sind die Sozialarbeiterinnen als zuständige Mitarbeiterinnen des behördlichen Sozialdienstes zugleich qua Amt zuständig für alle psychisch auffälligen Hilfesuchenden, die Fertigung von Stellungnahmen und Befürwortungen. Die Klienten werden zuständigkeitshalber an sie überwiesen, d. h. sie kommen häufig nicht aus eigenem Antrieb. Die Begutachtung im Rahmen des Betreuungsgesetzes oder zur Frage der Arbeitsfähigkeit oder der Wiedereingliederung obliegt den Ärzten des Gesundheits- bzw. des Sozialamtes. Von besonderer Bedeutung für die Mitarbeiter von Sozialpsychiatrischen Diensten in öffentlicher Trägerschaft ist, daß sie mit *hoheitsrechtlichen Aufgaben* „beliehen" sind, d. h. sie führen Zwangseinweisungen nach den Landesgesetzen zu den Hilfe- und Schutzmaßnahmen für psychisch Kranke durch. Einzelne Bundesländer räumen ihren Sozialpsychiatrischen Diensten eine eingeschränkte (medikamentöse) Behandlungserlaubnis ein, manche Sozialpsychiatrischen Dienste können diese Leistungen sogar mit den Krankenkassen abrechnen.

Anforderungen

Mitarbeiter Sozialpsychiatrischer Dienste stehen also im Spannungsfeld zwischen Hilfe, Kontrolle und Behandlung. Sie sammeln viele Informationen und üben eine gewisse Macht aus. Diese *Multifunktion* erfordert eine ständige Auseinandersetzung mit ethischen Fragen und eine kritische Reflexion des eigenen Handelns. Eine hohe Belastbarkeit, die Fähigkeit, fremdartiges Verhalten zu akzeptieren und kreative Lösungen aufzuspüren, sind wichtige fachliche und persönliche Voraussetzungen für diese äußerst spannende Tätigkeit. In der Regel arbeiten die Sozialpsychiatrischen Dienste bisher nur zu den üblichen Bürozeiten. Der Bericht der Expertenkommission fordert aber die Sozialpsychiatrischen Dienste auf, *notfallpsychiatrische Kriseninterventionsdienste* aufzubauen. Dies ist an manchen Orten bereits realisiert: So decken beispielsweise die Sozialpsychiatrischen Dienste in Bremen einen 24-Stunden-Krisendienst ab; in Bielefeld und Berlin koordinieren Sozialpsychiatrische Dienste „vernetzte“ Krisendienste, an denen sich die Träger der Region beteiligen.

Finanzierung

Die Sozialpsychiatrischen Dienste werden – je nach Trägerschaft – entweder vollständig über die Haushalte der Kommunen (Kreis, Stadt) oder über eine Mischfinanzierung (Kommune, Eigenmittel des Trägers) getragen. Teilweise fördern die Länder Sozialpsychiatrische Dienste; wo Leistungen über Sozialversicherungsträger (teil-)abgerechnet werden können, sind diese Erstattungen Teil der Finanzierung.

Weiterführende Literatur

Das einzige Buch mit diesem Themenschwerpunkt ist: *Berger, H. / Schirmer, U.* (1993): Sozialpsychiatrische Dienste. Freiburg.

Einen kurzen Überblick gibt der Beitrag: *Rössler, W.* (1992): Sozialpsychiatrische Dienste in der Bundesrepublik – ein Überblick. In: Gesundheitswesen 54, S.19–24.

Einen äußerst spannenden, authentischen und amüsanten Einblick verschafft der Roman: *Schmalz, U.* (1995): Rette mich wer kann. Der ganz normal verrückte Alltag einer Krankenschwester im Psychiatrischen Dienst. Bonn.

### 6.1.2. Übergangseinrichtungen

Einrichtungsprofile

Im Anschluß an eine stationäre Behandlung in der Psychiatrischen Klinik oder in der Abteilung eines Krankenhauses ist häufig eine weitere Phase der medizinischen/sozialen und/oder beruflichen Rehabilitation erforderlich. Die klassische Einrichtung dafür ist das psychiatrische Übergangshaus bzw. Übergangswohnheim. Unter diesen Begriffen firmieren in Größe und Ausstattung sehr unterschiedliche Einrichtungstypen: Die Bewohner leben entweder in Wohngruppen, in Einzel- oder Doppelzimmern, manchmal auch in kleinen Appartements. Übergangswohnheime bieten ein stationäres Rehabilitationsprogramm, bestehend aus psychotherapeutischen Anteilen, lebenspraktischem Training und ergotherapeutischen Angeboten in Form von Einzel- und Gruppenprogrammen (Komplexleistung) zur medizinischen/sozialen Rehabilitation. Sie haben in der Regel ein multidisziplinäres Team. Die medizinisch-psychiatrische Behandlung erfolgt durch niedergelassene Fachärzte. Im Vordergrund der Bemühungen vor allem der Sozialarbeiter steht, für die Klienten Kooperationsmöglichkeiten etwa im Bereich der Arbeitserprobung zu suchen.

*Abbildung 4:* Rechtlicher und organisatorischer Rahmen sozialpsychiatrischer Dienste

| Bundesland | Gesundheitsämter | PsychKG/ UBG | Träger von Sozialpsychiatrischen Diensten |
|---|---|---|---|
| Baden-Württemberg | kommunal | UBG | vorwiegend freie Träger |
| Bayern | staatlich | UBG | vorwiegend freie Träger |
| Berlin | GF*) | PsychKG1) | GF*) |
| Bremen | GF*) | PsychKG1) | Gesundheitsamt |
| Hamburg | GF*) | PsychKG | GF*) |
| Hessen | kommunal | HFEG | Gesundheitsamt |
| Niedersachsen | kommunal | PsychKG1) | Gesundheitsamt/ freie Träger |
| Nordrhein-Westfalen | kommunal | PsychKG | Gesundheitsamt |
| Rheinland-Pfalz | staatlich | PsychKG | Gesundheitsamt/ freie Träger |
| Saarland | staatlich | PsychKG | Gesundheitsamt/ freie Träger |
| Schleswig-Holstein | kommunal | PsychKG | Gesundheitsamt |
| Brandenburg | kommunal | PsychKG1) | Gesundheitsamt |
| Mecklenburg-Vorpommern | kommunal | PsychKG1) | Gesundheitsamt |
| Sachsen | kommunal | PsychKG | |
| Sachsen-Anhalt | kommunal | PsychKG1) | Gesundheitsamt |
| Thüringen | kommunal | PsychKG | Gesundheitsamt |

1) Sozialpsychiatrische Dienste sind als Träger der Hilfen im PsychKG explizit erwähnt.

*) In den Stadtstaaten Berlin, Bremen und Hamburg sind Sozialpsychiatrische Dienste Teil der Gesundheitsfachverwaltung (GF), die jeweils auf der Ebene der Bezirke organisiert ist.

Finanzierung

Die Finanzierung erfolgt über § 39/40 BSHG. In Berlin beteiligen sich auch die Krankenkassen an den Kosten; in Nordrhein-Westfalen sind Übergangswohnheime als Einrichtungen der medizinischen Rehabilitation anerkannt, in Baden-Württemberg zum Teil. Die Suche nach einer Möglichkeit, die Rehabilitationsträger (Renten- und Krankenversicherung, Bundesanstalt für Arbeit) an den Kosten zu beteiligen, führte zu der Entwicklung der RPK-Konzeption (siehe dazu die Ausführungen in Abschnitt 6.2.3., S. 241 ff.).

## 6.1.3. Wohnheime, Pflegeheime

Rahmenbedingungen

Menschen aller Altersstufen mit psychischen Störungen oder Krankheiten leben in Heimen: Kinder, ledige Mütter mit Säuglingen, behinderte Erwachsene, Alte und Sterbende; Menschen, die nicht mehr klinisch behandelt werden (müssen), aber vielleicht dauerhaft und fast rund-um-die-Uhr Beaufsichtigung und Betreuung benötigen. Es gibt die verschiedensten Wohn-, Pflege- oder Seniorenheime. Sie unterscheiden sich durch die Belegung der Zimmer (Einzelzimmer, Mehrbettzimmer), die Lage und die Personalausstattung. Der hygienische und räumliche Standard der Heime wird regelmäßig im Rahmen der Heimaufsicht geprüft und unterliegt den strengen Bestimmungen des „Heimgesetzes“. Leider orientieren sich diese Auflagen kaum an den Bedürfnissen von psychisch Kranken und den Bemühungen der Mitarbeiter, den individuellen Gewohnheiten der Klienten Raum zu lassen. Die Mahlzeiten werden zentral in der Küche zubereitet und gemeinsam eingenommen. Arbeits- und Beschäftigungstherapien werden – sofern überhaupt – im Hause oder ausgelagert angeboten. In den letzten Jahren hat sich aber auch in den Heimen bei der Leitung wie auch unter den Mitarbeitern die Sichtweise verändert: Entlassungen in Außenwohngruppen oder in die eigene Wohnung werden diskutiert und durch Angebote von Sozial-Trainingsgruppen und Außenaktivitäten vorbereitet.

Folgen der Enthospitalisierung

Viele Heime haben sich auf einen ganz bestimmten Personenkreis spezialisiert oder fühlen sich für eine bestimmte Region zuständig. Häufig aber wurden in vergangenen Jahrzehnten einzelne Heime von einer Anstalt mit chronisch Kranken „beliefert“; dort wurden sie – weitab ihrer heimatlichen Umgebung – regelrecht vergessen. Diese Heime unterlagen als Großpflegestellen oder Sonderkrankenhäuser bisweilen nicht einmal den Anforderungen der Heimaufsicht und müssen jetzt, im Rahmen komplizierter Enthospitalisierungsprogramme, überprüft und umgestaltet werden. Gleichzeitig dienen diese Heime dazu, schwer und mehrfach behinderte Patienten rasch aufzunehmen, die zur Zeit aus den aufzulösenden Langzeitbereichen verlegt werden. So bedürfen vor allem die Heime des besonderen Augenmerks der gemeindepsychiatrisch Tätigen; denn diese haben als Ort der Abschiebung nicht selten die frühere Funktion der Anstalten übernommen. In einigen Bundesländern ist die Umwandlung ganzer Abteilungen für chronisch oder geriatrisch Kranke in „Wohn-Pflegeheime“ vorgesehen. Erfolgreiche Enthospitalisierungsprogramme, wie z. B. in Bremen, haben allerdings gezeigt, daß in gut ausgestatteten und kleinen Heimen auch ein selbstbestimmtes und menschenwürdiges Leben möglich ist.

Wohnheime für Haftentlassene und Wohnungslose

Zur Grundausstattung jeder größeren Stadt gehören Wohnheime für Haftentlassene, Wohnungslose oder Alkoholkranke. Sie sind entweder als Übergangseinrichtung sozialpädagogisch betreut oder bieten als „Obdach" lediglich eine Unterkunft. Ein immer größer werdender Anteil der Bewohner dieser Einrichtungen sind psychisch kranke Menschen. Sie werden von den anspruchsvollen gemeindepsychiatrischen Hilfen zumeist nicht erreicht oder entscheiden sich für die geringere Stigmatisierung im Leistungsbereich „Wohnungslosenhilfe". Heime für Asylbewerber, Pensionen und Gefängnisse sind weitere Orte der Gemeindepsychiatrie, mit denen Sozialarbeiter eng kooperieren müssen.

In Abgrenzung zur Betreuungsgemeinschaft oder dem Wohnverbund erhalten Bewohner von Heimen lediglich Taschengeld; auch eine gute Rente reicht in der Regel nicht aus, um die Kosten zu decken. Der Aufenthalt wird über Tagessätze finanziert, in denen Pauschalen für Wohnen und Essen enthalten sind. Lediglich die Bekleidungshilfe wird bei Sozialhilfeempfängern gesondert gewährt.

Kostenträger/ Finanzierung

Welcher Kostenträger ein Psychiatrisches Heim finanziert, entscheidet sich seit Inkrafttreten der zweiten Stufe des SGB XI nach der finalen Orientierung: Dient die Einrichtung vorrangig der Pflege, der Wiedereingliederung oder der Überwindung einer besonderen sozialen Notlage? Sozialpädagogisch betreute Übergangsheime für Wohnungslose oder Haftentlassene werden nach § 72 BSHG finanziert. Am häufigsten werden Psychiatrische Heime als stationäre Maßnahme der Eingliederungshilfe gemäß §§ 39/40 BSHG finanziert. Für Pflegebedürftige in einer vollstationären Einrichtung der Behindertenhilfe, in der die berufliche und soziale Eingliederung, die schulische Ausbildung oder die Erziehung Behinderter im Vordergrund des Einrichtungszwecks steht, übernimmt die Pflegekasse ein Zehntel des Heimentgelts, maximal 500 DM monatlich (§ 43a und § 71 Abs. 4 des Ersten SGB XI-Änderungsgesetzes). Stehen pflegerische Verrichtungen im Vordergrund und ist die Einrichtung als stationäre Pflegeeinrichtung im Sinne der §§ 71 SGB XI anerkannt, übernimmt die Pflegekasse die Kosten für die allgemeinen Pflegeleistungen inklusive der medizinischen Behandlungspflege und der sozialen Betreuung (genaueres siehe Abschnitt 5.2.2., S. 194 ff.). Die sogenannten Hotelkosten sowie die über die Höchstsätze der Pflegekassen hinausgehenden Kosten müssen die Bewohner selbst bzw. der Sozialhilfeträger im Rahmen des § 68 BSHG tragen. Pflegebedürftige, die nicht versichert sind, oder vom Medizinischen Dienst der Krankenkassen der Pflegestufe Null zugeordnet worden sind, bleiben weiterhin Selbstzahler bzw. erhalten Leistungen gemäß § 68 BSHG.

Weiterführende Literatur

Neue Perspektiven für Heimbewohner fordert: *Dörner, K.* (1993): Aufbruch der Heime. Gütersloh.

### 6.1.4. Betreutes Einzelwohnen, Therapeutische Wohngemeinschaft

Besonders nach längeren stationären Aufenthalten erscheint oft ein Allein-Wohnen in der eigenen Wohnung ebenso unmöglich wie die Rückkehr zu den Eltern. Die Klienten sind vielfach antriebsarm, trauen sich eine eigenständige Haushaltsführung nicht zu oder haben einfach Angst, alleine zu sein. Durch die Ereignisse vor der Klinikeinweisung ist das Verhältnis zu den Angehörigen oft zu sehr belastet. Wenn kein eigener Wohnraum vorhanden ist, führt dies oft zu einer unglücklichen Verknüpfung von Bedürfnissen: Nur um entlassen zu werden, bewerben sich Klienten in der Therapeutischen Wohngemeinschaft, obwohl sie von Betreuung und Therapie „die Nase voll haben“. Schriftliche Bewerbungen, persönliche Gespräche und „Probewohnen“ sind bisher die Rituale, um nach längerem Warten einen Platz in einer Therapeutischen Wohngemeinschaft zu erhalten. Manchmal scheint es so, als suchten sich Träger und Betreuer den gerade passenden Bewerber regelrecht aus („Wir wünschen uns eine psychosekranke Frau zwischen 30 und 40“.). Suchterkrankungen, schwere Verhaltensstörungen u. a. gelten häufig als Ausschlußkriterien. An die Stelle dieses Bewerbungsmarathons wird voraussichtlich die Pflichtversorgung treten: Ähnlich den stationären Einrichtungen müssen sich dann Träger verpflichten, den Bedarf an Betreutem Wohnen innerhalb einer Region verbindlich abzudecken. Die Platzvergabe erfolgt durch regionale Fallkonferenzen (siehe dazu die Ausführungen oben, S. 162 ff.).

Angebotsformen

(a) In der *Therapeutischen Wohngemeinschaft* hat der Klient in der Regel ein eigenes Zimmer. Küche und Sanitärräume werden gemeinsam benutzt, Wohnzimmer und ein Büro können hinzukommen. Neben gemeinsamen, eher therapeutisch orientierten Gruppengesprächen werden in Besprechungen organisatorische Fragen (Abwasch, Putzen, Einkaufen) geregelt. Die Betreuer (Sozialarbeiterin, Psychologe, Krankenpfleger, Ergotherapeut) führen Einzelgespräche, helfen bei der Klärung sozialer Probleme, begleiten zu Behörden oder helfen beim Entwickeln einer Lebensperspektive. Die Tagesstrukturierung erfolgt entweder im Rahmen der Betreuung oder in Kooperation mit anderen Einrichtungen oder Hilfen (z. B. Werkstatt für Behinderte, Tagesstätte, Zuverdienstfirma, Patientenclubs usw.). Ziel aller Hilfen ist es, wieder möglichst eigenständig leben zu können. Dies gelingt am ehesten über die Herstellung einer Beziehung und durch „Alltagsbegleitung". Wohngemeinschaften können zwei bis acht Bewohner haben, manchmal wohnt ein Paar zusammen und wird ähnlich betreut.

(b) Beim *Betreuten Einzelwohnen* wird der Klient allein in seiner Wohnung betreut; er ist dort entweder Untermieter des Trägers oder hat einen eigenen Mietvertrag. Viele Menschen kehren nach dem Klinikaufenthalt in ihre eigene Wohnung zurück und werden dort nur einige Monate betreut. Bei manchen kann vielleicht sogar die Einweisung verhindert werden, wenn ein Betreutes Wohnen organisiert werden kann. Eine weitere Form des Betreuten Wohnens besteht z. B. darin, daß mehrere abgeschlossene Wohnungen, Appartements oder Zimmer in einem oder in verschiedenen Häusern zu einem Wohnverbund zusammengeschlossen werden.

Betreuungsschlüssel

Ein unerschöpfliches Thema sind die unterschiedlichen Betreuungsschlüssel im Betreuten Wohnen; d. h. für wieviele Klienten ein Mitarbeiter zuständig ist. Während sich als durchschnittlicher Betreuungsschlüssel 1:12 etabliert hat, gibt es in manchen Stadtstaaten weitaus bessere Schlüssel (1:4 oder 1:3 bis hin zu 1:2 in der ersten Phase der Enthospitalisierung oder gar 1:1 für mehrfach schwerstbehinderte Menschen). In den neuen Bundesländern gibt es in manchen Regionen dagegen noch überhaupt keine Finanzierung für Betreutes Wohnen. Langfristig sollen – so sehen die Konzepte vor – die starren Betreuungsschlüssel der institutionsbezogenen Hilfen durch einen individuell zu ermittelnden Hilfebedarf ersetzt werden; denn zu unterschiedlichen Zeiten braucht der eine Mensch mehr, der andere gar viel weniger Hilfe. Doch in dem derzeitigen Finanzierungssystem sind flexible Hilfeleistungen nicht vorgesehen. In manchen Regionen löst man dieses Problem durch die Bildung eines *Betreuungspools:* Alle zu Betreuenden werden offiziell mit einem einheitlichen Schlüssel (z.B. 1:4) betreut; eine ständig tagende Arbeitsgruppe setzt immer wieder neu den tatsächlichen, aktuellen Betreuungsumfang fest.

spezielle Angebote

Betreutes Wohnen wird auch für Jugendliche, Suchtkranke oder alte Menschen (Betreutes Alterswohnen) angeboten. So wie auch nicht-psychiatrisierte Menschen häufig nur in einer bestimmten Lebensphase in einer Wohngemeinschaft leben wollen, ansonsten aber als Wohnform die eigene Wohnung, allein oder mit dem Partner vorziehen, entwickeln sich auch die Bedürfnisse bei den psychisch Kranken: Die große Zeit der Therapeutischen Wohngemeinschaften ist vorbei. Im Vormarsch ist das Betreute Einzelwohnen.

Finanzierung

Die Finanzierung des Betreuten Wohnens ist (noch) ganz unterschiedlich. Teilweise erfolgt sie durch den überörtlichen Sozialhilfeträger als Maßnahme des § 40 BSHG über Pflegesätze, aber auch über Zuwendung durch den örtlichen Sozialhilfeträger, teilweise über Mischfinanzierungen. Eine Zugehörigkeit zum Personenkreis des § 39 BSHG (behindert oder von Behinderung bedroht) und damit eine Begutachtung beim Gesundheitsamt/Sozialpsychiatrischen Dienst ist also erforderlich. In Berlin beteiligen sich die Krankenkassen für einen begrenzten Zeitraum an den Kosten.

Abgrenzung Eingliederungshilfe/ SGB XI

Nach Inkrafttreten des Pflegeversicherungsgesetzes (SGB XI) am 1. Mai 1995 gab es eine heftige Diskussion um die Abgrenzung zwischen Eingliederungshilfe und Leistungen des SGB XI. Insbesondere beim Betreuten Wohnen schwer behinderter Menschen hofften die Sozialhilfeträger, Kosten auf die Pflegekassen abwälzen zu können. Die Novellierung des SGB XI brachte hier mit den §§ 13 Abs. 3 und 71 Abs. 4 Klarheit: die nach §§ 39/40 BSHG gewährten Mischleistungen sind unteilbar. Wurde eine Pflegestufe anerkannt, so sind die pflegerischen Leistungen zusätzlich durch einen ambulanten Pflegedienst zu erbringen. Auch Träger des Betreuten Wohnens haben die Möglichkeit, mit der Pflegekasse Versorgungsverträge abzuschließen, wenn sie die Bedingungen des § 72 SGB XI erfüllen. Ähnliche Bestrebungen gibt es hinsichtlich der Behandlungspflege-Anteile, die herausgebrochen und von den Krankenkassen finanziert werden sollen. Es bleibt zu hoffen, daß die unter erheblichem Kostendruck stehenden Sozialhilfeträger der eindeutigen Gesetzesregelung folgen und eine „Modularisierung“ des Betreuten Wohnens verhindert wird.

**Weiterführende Literatur**

Kompetente Praktiker haben den folgenden Überblick erstellt: *Brill, K.-E./Schult-Kemna, G./Weigand, H.* (1992): Betreutes Wohnen. (Psychosoziale Arbeitshilfen) Bonn.

Zukunftsweisend und kostenlos anzufordern: *Aktion Psychisch Kranke* (1994): Personalbemessung im komplementären Bereich. Bonn.

### 6.1.5. Psychosoziale Kontaktstellen

**Marco Barini (10): Der Treffpunkt**

(Fortsetzung von S. 191) Schon in der Klinik hat Marco Barini vom „Treffpunkt" gehört. Heute ist dort offener Café-Betrieb: Er kann sich einfach hinsetzen und für 50 Pfennig einen Kaffee trinken. Der Treffpunkt ist fast täglich geöffnet. Viele Besucher kommen auch ganz regelmäßig, Freundschaften entstehen. Manche duschen hier oder waschen ihre Wäsche. Andere machen sich etwas zu essen. Die meisten Besucher sind arbeitslos oder bekommen eine Rente. Sie haben wenig Geld und oft große Schwierigkeiten, den leeren Tag auszufüllen. Im Treffpunkt können sie Karten spielen oder einfach herumsitzen. Es gibt viele Gruppen, z. B. die Kochgruppe, die vor allem wegen der gemeinsamen Mahlzeit beliebt ist. Andere töpfern, nähen oder machen Sport. Eine Gruppe trifft sich an bestimmten Tagen mit einer Sozialarbeiterin; sie besuchen ein Museum, gehen ins Kino oder fahren zum Schwimmen. An Fasching, in der Adventszeit und natürlich an Silvester wird zusammen gefeiert, denn viele wären sonst allein. So wird der Treffpunkt für nicht wenige zur „zweiten Heimat".

Als es Marco Barini einmal wieder schlechter geht, bittet er die Sozialpädagogin um ein Gespräch im Büro. Dort erzählt er ihr von seinen Ängsten. Das Sprechen tut ihm gut. Sie überlegen gemeinsam weiter. Die Mitarbeiter des Treffpunkts kennen sich gut aus. Sie wissen, welcher Nervenarzt sich etwas Zeit nimmt, kennen gute Therapeuten und alle Anlaufstellen und Projekte für Leute, die in der Psychiatrie waren.

Manchmal ist es im Treffpunkt ziemlich laut; denn immer wieder regen sich Besucher auf, weil sie gereizt sind oder betrunken. Meistens werden die Besucher aber unter sich mit der Situation fertig, oder die Sozialarbeiter versuchen zu schlichten.

Herzstück des Gemeindepsychiatrischen Verbundes

Der „Bericht der Expertenkommission“ (1989) schreibt den niedrigschwelligen Einrichtungen mit Kontaktstellenfunktion eine enorm große Bedeutung zu, denn sie stellen das unverzichtbare Herzstück des „Gemeindepsychiatrischen Verbundes“ dar. Angeschlossen oder integriert ist oft eine Tagesstätte, Angebote des Betreuten Wohnens bzw. des ambulant aufsuchenden Dienstes. Gemeinsam ergeben diese Einrichtungen in manchen Regionen das Sozialpsychiatrische Zentrum (SZ) oder das Gemeindepsychiatrische Zentrum (GPZ). Häufig sind solche psychosozialen Kontaktstellen aus Patientenclubs oder Begegnungsstätten der Laienhilfe entstanden. In vielen Kontaktstellen sind auch heute noch ehrenamtliche Helfer tätig.

Anforderungen an Mitarbeiter

Die Arbeit in der Psychosozialen Kontaktstelle ist aber harte professionelle Arbeit: Hierher kommen Menschen mit schweren Störungen, nach langen Psychiatrie-Aufenthalten und ohne soziale Einbindung. Die Mitarbeiter müssen tagtäglich einen schwierigen Balanceakt vollbringen: Auf der einen Seite schaffen sie eine möglichst unverbindliche, anonyme und wenig ängstigende Atmosphäre, die den Besuchern genügend Raum und Abstand läßt; auf der anderen Seite knüpfen sie verbindliche und tragfähige Beziehungen. Sie geben Hilfestellung bei alltäglichen Problemen, intervenieren bei Krisen und vermitteln Fertigkeiten in Neigungsgruppen. Eine hohe Belastbarkeit, gutes Fingerspitzengefühl für die Klientel und Kenntnisse über die Hilfeangebote der Region sind unverzichtbare fachliche und persönliche Voraussetzungen für die Tätigkeit von Sozialarbeitern in dieser Einrichtung.

Träger und Finanzierung

Psychosoziale Kontaktstellen werden von kommunalen Trägern vorgehalten oder sind Einrichtungen der freien Wohlfahrtspflege. Ihre Finanzierung ist in vielen Regionen noch immer sehr ungesichert. Sie erfolgt entweder im Rahmen einer Mischfinanzierung oder pauschal über die Haushalte der Kommunen als jährliche Zuwendungen.

Weiterführende Literatur

Ein wunderbarer „Schmöker“ über die Arbeit in einer Kontaktstelle ist: *Luger, H.* (1989): KommRum. Der andere Alltag mit Verrückten. Bonn.

### 6.1.6. Tagestätten, Tageszentren

> Martha Gollmann (9): Die Tagesstätte
>
> (Fortsetzung von S. 197) Jeden Morgen wird Frau Gollmann mit einem Mini-Bus abgeholt. In der gerontopsychiatrischen Tagesstätte beginnt der Tag mit einem Frühstück, dann wird aus der Zeitung vorgelesen. Danach hilft Frau Gollmann in der gemütlichen Küche beim Kartoffelschälen.

Zielgruppen

Tagesstätten oder Tageszentren sind Einrichtungen zur Rehabilitation (seltener auch zur Pflege und Betreuung) spezieller Zielgruppen, am häufigsten für chronisch Kranke, aber auch für alte oder demente Menschen, für geistig behinderte oder pflegebedürftige Menschen oder für Suchtkranke.

Einrichtungsprofil der Tagesstätte

(a) Die *Tagesstätte* unterscheidet sich von der Psychosozialen Kontaktstelle durch die Verbindlichkeit des Besuchs. Trotzdem sind diese Einrichtungstypen nicht überall scharf voneinander abgegrenzt; manchmal werden Kontaktstellen auch als Tagesstätte bezeichnet. Häufig teilen sich diese beiden Einrichtungen die Räume. Die Tagesstätte dient der Rehabilitation und Tagesstrukturierung chronisch (psychisch) kranker Menschen. Dort werden vor allem „Sekundärtugenden" vermittelt und eingeübt. Arbeits- und Beschäftigungstherapie spielen eine wichtige Rolle. In Tagesstätten kommen Menschen, die nicht arbeits- oder werkstattfähig, also nicht belastbar genug für den Besuch einer Werkstatt für Behinderte sind. Tagesstätten haben in der Regel ca. 15 Plätze. Das professionelle Team ist klein und besteht vor allem aus Ergotherapeuten, Krankenpflegern und Sozialarbeiterinnen. Die Finanzierung erfolgt als teilstationäre Einrichtung im Rahmen der §§ 39/40 BSHG oder als Tagespflegeeinrichtung über SGB XI. Die ergotherapeutischen Leistungen können in einzelnen Regionen (ambulante Ergotherapie) mit den Krankenkassen abgerechnet werden. In geriatrischen und gerontopsychiatrischen Tagesstätten stehen aktivierende, pflegerische und beaufsichtigende Komponenten im Vordergrund. Ein Hol- und Bringedienst ist üblich. Für die recht hohen Tagessätze reicht die Pflegeversicherung nicht aus. Die Aufbringung der Kosten muß also durch das eigene Einkommen oder über das Sozialamt im Rahmen der Hilfe zur Pflege (§ 68 BSHG) ergänzt werden.

(b) Vor allem in großflächigen ländlichen Regionen können nicht alle Einrichtungstypen mit tagesstrukturierender Funktion separat angeboten werden. Daher werden – in Anlehnung an die „day centers" angelsächsischer Länder – im *Tageszentrum* die einzelnen Bausteine zusammen vorgehalten: In einem kleinen Haus arbeitet ein kleines Team von Psychologen, Sozialarbeiterinnen und Krankenschwestern, die je nach Bedarf einige Tagesstättenplätze, einen tagesklinischen Behandlungsplatz, einige Stunden ambulante Arbeitstherapie und eine Sprechstunde zur Beratung anbieten. Viele Besucher kommen dorthin zum „Offenen Treff" und trinken einen Kaffee, den andere Besucher – im Rahmen und als Mitarbeiter eines kleinen Selbsthilfeprojekts kochen und verkaufen. Abends treffen sich dort dann Angehörigen- und Selbsthilfegruppen. Die Finanzierung von Tageszentren ist sehr kompliziert, da jede Maßnahme entsprechend dem Typus der Einrichtung bzw. Funktion mit den unterschiedlichsten Kostenträgern (Mischfinanzierung) abgerechnet werden muß.

Bausteine des Tageszentrums

Weiterführende Literatur

Leider vergriffen, aber in Bibliotheken erhältlich ist das einzige Buch über die Arbeit in einer Tagesstätte: *Engelmann, I.* (1990): Schneckenhäuser. Bonn.

## 6.1.7. Sozialstationen, ambulante Krankenpflege

Lothar Fischer (8): Hauskrankenpflege

(Fortsetzung von S. 220) Nach seinem schweren Sturz ist Lothar Fischer gehunfähig. Aber er will nicht ins Krankenhaus. Doch sein Verband muß regelmäßig gewechselt werden. Der Hausarzt verordnet Behandlungspflege und hauswirtschaftliche Verrichtungen durch die Sozialstation. Die Krankenschwester hilft auch beim Waschen und unterstützt die ersten Gehversuche. Nach 14 Tagen läuft die Hauskrankenpflege aus. Ein Verlängerungsantrag des Arztes wird jedoch von der Krankenkasse abgelehnt.

Sozialstationen oder privat-gewerbliche Pflegedienste bieten – je nach Vertragsabschluß und Zulassung – ambulante pflegerische Hilfe im Bereich der häuslichen Kranken-, Haus-, Familien- und Altenpflege an.

Leistungen (a) *Ambulante Krankenpflege* wird entweder als Krankenhausvermeidungspflege (bis zu vier Wochen) oder als häusliche Krankenpflege zur Sicherung des Ziels der ärztlichen Behandlung vom Krankenhaus oder niedergelassenen Arzt verordnet. Sie umfaßt die Behandlungspflege und – je nach Satzung der Krankenkasse – auch die *Grundpflege* und die *hauswirtschaftlichen Verrichtungen*. Zur *Behandlungspflege* zählen das Einreiben, Katheterisieren, Verabreichen von Medikamenten, Verbinden, Anlegen von Prothesen, Insulin-Spritzen und Mobilisieren. Zur Grundpflege gehören das Waschen, Windeln wechseln, Hilfen beim Anziehen und bei der Nahrungsaufnahme. Zu den hauswirtschaftlichen Verrichtungen zählen das Einkaufen, Zubereiten von Mahlzeiten, Abwaschen u. ä. Obwohl *psychiatrische häusliche Krankenpflege* vom Arzt verordnet und abgerechnet werden kann, wurden nur in wenigen Bundesländern (z. B. Nordrhein-Westfalen, Niedersachsen) entsprechende Verträge zwischen den Leistungserbringern (Sozialstationen bzw. ihre Trägerverbände) und den Krankenkassen abgeschlossen. Inhalt psychiatrischer Pflege sind unter anderem der Aufbau einer Beziehung, die Beobachtung des Krankheitszustandes, die Überwachung der Medikamenteneinnahme, die Aktivierung, die psychische Entlastung, die Erarbeitung krankheitsangemessener Sicht- und Verhaltensweisen. Hier kann es zu Überschneidungen mit dem Leistungsprofil des Betreuten Wohnens kommen.

(b) *Sozialstationen* und gewerbliche private Pflegedienste erbringen die ambulanten (Sach-)Leistungen der Pflegeversicherung und führen die im Pflegeversicherungsgesetz vorgeschriebenen Kontrollbesuche bei Empfängern von Geldleistungen durch. Sie pflegen Menschen im Rahmen der „Hilfe zur Pflege" des BSHG.

(c) Und schließlich übernehmen sie die *Haushaltshilfe/Familienpflege*, wenn wegen einer notwendigen Krankenhausbehandlung die Weiterführung des Haushalts nicht möglich ist.

Anbieter Die zunehmende Konkurrenz der Anbieter ambulanter Pflege hat den Vorteil, daß inzwischen auch für äußerst schwierige Klienten Hauspflege organisiert werden kann. Träger von Sozialstationen oder ambulanter Pflegedienste sind *Wohlfahrtsverbände, Kirchengemeinden, gemeinnützige Vereine* oder *private Anbieter*. Beschäftigt werden examinierte Krankenschwestern und -pfleger für die Behandlungspflege; die hauswirtschaftlichen Verrichtungen und die Grundpflege werden in der Regel von angelernten Kräften übernommen. Für Erstbesuche, die Beratung der Angehörigen oder die Koordinierung können auch Sozialarbeiter eingesetzt werden. An Sozialstationen sind bisweilen Krankenwohnungen und Tagespflegeeinrichtungen zur Entlastung pflegender Angehöriger angeschlossen, die über SGB XI oder § 68 BSHG finanziert werden.

finanzierte Leistungen/ Pflegestufen

Die *Finanzierung* dieser Angebote richtet sich nach der Art der Leistung (Krankenpflege oder Pflege): Die Kosten für Krankenhausvermeidungspflege und häusliche Krankenpflege werden gemäß § 37 SGB V, die Haushaltshilfe (Weiterführung des Haushalts) gemäß § 38 SGB V von den Krankenkassen erstattet. Für ambulante Sachleistungen durch die Pflegedienste werden gemäß § 36 SGB XI die Kosten von den Pflegekassen übernommen, sofern keine selbstorganisierte Pflege möglich ist (für die es gemäß § 37 SGB XI Pflegegeld gibt; auch Kombinationsleistungen sind nach § 38 SGB XI möglich). *Pflegebedürftig im Sinne der Pflegeversicherung* sind Personen, die wegen einer körperlichen, geistigen oder seelischen Krankheit oder Behinderung für die gewöhnlichen und regelmäßigen Verrichtungen im Ablauf des täglichen Lebens auf Dauer, voraussichtlich aber für mindestens sechs Monate, in erheblichem Maße der Hilfe bedürfen. Folgende Bereiche werden berücksichtigt: Körperpflege, Ernährung, Mobilität und hauswirtschaftliche Versorgung. Bei der Erbringung der Hilfen wird dem Hilfebedarf psychisch erkrankter und behinderter Menschen insofern Rechnung getragen, als neben der Übernahme der Verrichtung auch ausdrücklich die „Beaufsichtigung oder Anleitung mit dem Ziel der eigenständigen Übernahme dieser Verrichtungen" (§ 14 Abs. 3 SGB XI) berücksichtigt wird. Nach Stellung eines Antrags erfolgt die Überprüfung der Pflegebedürftigkeit durch den Medizinischen Dienst und die Einstufung in eine der drei Pflegestufen: Stufe I „Erhebliche Pflegebedürftigkeit" mit mindestens einmal täglich erforderlichem Hilfebedarf von 90 Minuten; der Pflegeaufwand „am Körper" muß gegenüber dem hauswirtschaftlichen Aufwand im Vordergrund stehen: Sachleistungen bis 750 DM oder Geldleistungen in Höhe von 400 DM. Stufe II „Schwerpflegebedürftigkeit" mit mindestens dreimal täglich zu verschiedenen Tageszeiten erforderlichem Hilfebedarf (davon mindestens zwei Stunden Grundpflege): Sachleistungen bis 1.800 DM oder Geldleistungen in Höhe von 800 DM. Stufe III „Schwerstpflegebedürftigkeit" mit einer „Rund-um-die-Uhr-Betreuung" einschließlich mindestens vier Stunden Grundpflege: Sachleistungen bis zu 2.800 DM (in Härtefällen auch 3.750 DM) oder

Geldleistungen in Höhe von 1.300 DM. Sowohl für die Krankenpflege wie auch für die Pflege können psychisch Kranke, etwa wenn ein Leistungsanspruch nach SGB V oder SGB XI nicht gegeben ist oder deren Leistungen nicht ausreichen, Leistungen nach dem BSHG in Anspruch nehmen: Nachrangig zu § 37 SGB V (häusliche Krankenpflege) Leistungen nach § 37 BSHG, Leistungen der Hilfe zur Pflege nach §§ 68 und 69 BSHG (bei Einstufung in Pflegestufe 0) oder nach §§ 70 und 71 BSHG zur Weiterführung des Haushalts.

Weiterführende Literatur

*Klie, Th.* (1995): Pflegeversicherung. Hannover.

### 6.1.8. Krisendienste, Psychiatrische Notdienste

Leistungen und Organisation

Nur wenige der gemeinde-integrierten Hilfen können außerhalb der üblichen Bürostunden in Anspruch genommen werden. Mitbewohner, Nachbarn und Angehörige fungieren in vielen Fällen als Lückenbüßer und fordern zu Recht den Aufbau von Krisen- und Notfalldiensten, die 24 Stunden ansprechbar sind. Diese Dienste bieten immer sowohl telefonische wie auch persönliche Krisenberatung. Sie arbeiten meist aufsuchend-ambulant und haben häufig einen eigenen fachärztlichen Hintergrunddienst oder arbeiten eng mit Psychiatern der Region zusammen. Manche Krisendienste bieten vor allem für Suizidgefährdete auch Folgegespräche an oder haben eigene Krisenbetten. In den letzten Jahren sind für diesen Angebotstyp die *unterschiedlichsten Modelle* entstanden: Beratungsstellen mit spezialisierten festen Mitarbeitern, ergänzt durch sogenannte „vernetzte Mitarbeiter“ aus der Region („Tandem-Modell“) oder ein Team ausschließlich „vernetzter Mitarbeiter“, die in den psychosozialen Einrichtungen und Projekten des Einzugsgebiets tätig sind. In Bremen decken die Sozialpsychiatrischen Dienste gemeinsam 24 Stunden ab; in Solingen bilden die Mitarbeiter eines Trägervereins ihr eigenes Krisen-Team.

Fachkräfte und Finanzierung

Im Krisendienst arbeiten erfahrene Psychologen, Krankenschwestern und Sozialarbeiterinnen, selten auch (nach dem Vorbild der Telefonseelsorge) Laien. Nach dem *Vernetzungsmodell* arbeitende Dienste sorgen zudem für eine bessere Kooperation aller gemeinde-integrierten Hilfen. Die Finanzierung von Krisendiensten ist bisher nicht geregelt. Die Krankenkassen beteiligten sich (noch) nicht an der Übernahme der Kosten. Allenfalls die tätig werdenden Psychiater können die von ihnen erbrachten Leistungen über den Notfallschein 19 A bei den Krankenkassen abrechnen. Die Finanzierung der bereits bestehenden Dienste erfolgt entweder über eine Mischfinanzierung oder über jährlich neu zu beantragende Zuwendungen.

> Weiterführende Literatur
>
> Grundsätze, Modelle und Zahlen bietet das Buch: *Wienberg, G.* (1993): Bevor es zu spät ist ... Außerstationäre Krisenintervention und Notfallpsychiatrie. Bonn.

## 6.2. Hilfen zur Ausbildung, Arbeit und Beschäftigung

Für das Selbstwertgefühl eines Menschen ist wichtig, daß er gebraucht wird oder daß er einer für ihn „sinnvollen" Tätigkeit nachgeht. Dies gilt sowohl für den zeitweise psychisch kranken Menschen wie auch für den dauerhaft geistig oder seelisch Behinderten. Wenn „normale" Lebensbedingungen, ein Leben ohne Ausgrenzung, für alle diese Menschen gefordert werden, so gilt dies auch für Ausbildung, Arbeit und Beruf. Dieser Bereich aber scheint nicht nur für die psychisch Kranken der schwierigste zu sein. Die berufliche Rehabilitation ist häufig ein Stiefkind in der Sozialen Arbeit. Sie gehört zu den schwierigsten, frustrierendsten und am wenigsten überschaubaren Feldern der Wiedereingliederung. Eine gründliche Einarbeitung in die Materie und eine genaue Kenntnis der örtlichen Gegebenheiten sind gerade deshalb für alle Sozialarbeiter in diesem Feld unabdingbar. Im folgenden geben wir einen sehr vereinfachten Überblick über diesen Bereich.

### 6.2.1. Arbeitsämter, Hauptfürsorgestellen, Psychosoziale Dienste

Wenn Berufstätige und Auszubildende krank werden, lassen sie sich vom Arzt krankschreiben oder gehen ins Krankenhaus und kehren nach ihrer Gesundung an ihren Ausbildungs- oder Arbeitsplatz zurück. Dies sollte bei Menschen, die psychisch krank werden, eigentlich nicht anders sein. Es sollte normal sein, wieder zu arbeiten oder weiter zu studieren. Tatsächlich stehen diese Bemühungen auch an erster Stelle: den „abgerissenen Faden" wieder zu knüpfen und sich in das „ganz normale" Ausbildungs- und Arbeitssystem einzufädeln, dies ist Ziel jeder ambulanten oder stationären Rehabilitation.

Arbeitsämter/ Reha-Berater

(a) Bei der Suche nach einem Ausbildungsgang, einer beruflichen Rehabilitationsmaßnahme, einer ABM-Stelle oder einem geschützten Arbeitsplatz führt kein Weg an den örtlichen Arbeitsämtern vorbei. Dort stehen in den Abteilungen „Berufsbildung" und „Arbeitsvermittlung" Rehabilitationsberater zur Verfügung. Die meisten der im folgenden aufgeführten Maßnahmen werden über das Arbeitsamt vermittelt, gefördert und finanziert. Unabhängig davon, wer letzten Endes der Kostenträger ist, es ist der Rehabilitationsberater, der den Prozeß der beruflichen Rehabilitation steuert. Psychisch kranke Menschen, die bereits erwerbstätig waren, wenden sich an den Rehabilitationsberater der Abteilung „Arbeitsvermittlung". Wer noch keine Ausbildung abgeschlossen hat, wendet sich an die Abteilung „Berufsbildung". Die Angebote auf dem Arbeitsmarkt sind z. Zt. mehr denn je beschränkt. Sozialarbeiter tun deshalb gut daran, möglichst hartnäckig Kooperationsbeziehungen zu den Mitarbeitern des jeweiligen Arbeitsamtes aufzubauen. In der Regel sind die Rehabilitationsberater zuständig für alle Arten von Behinderungen, also nicht auf psychische Erkrankungen spezialisiert.

Hauptfürsorgestellen/ SchwbG

(b) Gemäß den Regelungen des § 31 Schwerbehindertengesetzes (SchwbG) haben anerkannte Schwerbehinderte ein Recht auf begleitende Hilfen im Arbeitsleben durch die Hauptfürsorgestellen. Ziel der Hilfen ist, daß der Arbeitnehmer keine Nachteile aufgrund seiner Behinderung erleidet. Die Anerkennung einer Schwerbehinderung erfolgt bei Vorliegen bestimmter Voraussetzungen (Minderung der Erwerbsfähigkeit in Höhe von mindestens 50 %) durch die Versorgungsämter. Viele psychisch Kranke erleben sich selbst nicht als krank und beantragen keine Anerkennung als Schwerbehinderte. Bei Vorliegen entsprechender „Ersatzkriterien" in Form von psychiatrischen Gutachten kann auf die förmliche Anerkennung als Schwerbehinderter verzichtet bzw. können trotzdem bestimmte Hilfen bei den Hauptfürsorgestellen beantragt werden. Die Hauptfürsorgestellen werden durch die Ausgleichsabgaben der Betriebe finanziert (Arbeitgeber mit mindestens 16 Arbeitnehmern sind verpflichtet, auf 6 % ihrer Arbeitsplätze Schwerbehinderte zu beschäftigen, ansonsten müssen sie eine Ausgleichsabgabe in Höhe von 200 DM für jeden nicht besetzten Platz bezahlen. Dieser Betrag ist als Betriebsabgabe steuerlich absetzbar). Private und öffentliche Arbeitgeber ziehen es meist vor, sich mit diesem geringfügigen Betrag von ihrer Pflicht, Schwerbehinderte einzustellen, freizukaufen. Hauptfürsorgestellen gewähren finanzielle Hilfen für folgende Maßnahmen: für die behindertengerechte Gestaltung eines Arbeitsplatzes, für Betreuungskosten im Betrieb (durch Kollegen, Vorgesetzte oder Fachkräfte) und als Ausgleich für wesentliche Leistungsminderungen. Entscheidend für den Personenkreis der psychisch Kranken sind die begleitenden psychosozialen Hilfen, die Beratung und Betreuung des Betroffenen, des betrieblichen Umfeldes und der mitwirkenden Institutionen. Zur Wahrnehmung dieser Aufgaben beschäftigen die Hauptfürsorgestellen Fachkräfte, insbesondere Sozialarbeiter und Sozialpädagogen oder sie beteiligen freie Träger, die zur Wahrnehmung dieser Aufgaben wiederum spezielle ambulante Dienste aufbauen: die Psychosozialen Dienste, Fachdienste oder Arbeitsassistenten. Dies ist in den einzelnen Bundesländern unterschiedlich organisiert.

Psychosoziale Dienste

(c) Die Sozialarbeiterinnen Psychosozialer Dienste (PSD) sind zuständig für bestimmte psychisch kranke Arbeitnehmer eines Einzugsgebietes (Stadt, Bezirk), wobei der Standort des Betriebes für die Zuordnung ausschlaggebend ist. Die Mitarbeiterinnen beraten die Klienten, deren Kollegen und Vorgesetzte; arbeiten zusammen mit den außerbetrieblichen Diensten, den Angehörigen, den behandelnden Ärzten usw.; werden angesprochen bei der Rückkehr an den Arbeitsplatz nach längerer Erkrankung, bei aktuellen Krisen und Auffälligkeiten, bei Problemen im Umgang und insbesondere bei drohender Kündigung oder deren Umsetzung; beantragen und organisieren die stufenweise Wiedereingliederung am Arbeitsplatz oder die Gestaltung eines behindertengerechten Arbeitsplatzes, kooperieren mit möglichst allen außerbetrieblichen Helfern und Diensten. Der Psychosoziale Dienst ist ein schwieriger, aber interessanter Arbeitsplatz für durchsetzungsfähige Sozialarbeiterinnen und Sozialarbeiter, vielleicht sogar mit eigener Vorerfahrung in einem anderen Beruf in der freien Wirtschaft. Arbeitsvermittlung und die Suche nach geeigneten Arbeitsplätzen gehört nicht zu den Aufgaben des Psychosozialen Dienstes. In einigen Bundesländern sind im Rahmen von Modellversuchen hierfür sogenannte „Integrationsdienste“ aufgebaut worden.

### 6.2.2. Berufsbildungswerke, Berufsförderungswerke, Berufstrainingszentren

Ausbildung (a) Im *Berufsbildungswerk* (BBW) können vor allem junge Behinderte eine (erste) Berufsausbildung absolvieren. Die Werke sind auf ganz bestimmte Behinderungsarten und Störungen ausgerichtet und beschäftigen spezialisiertes Fachpersonal: Ärzte, Sonderpädagogen, Sozialarbeiter. In diesen Einrichtungen können die Klienten z. T. auch wohnen. Der Abschluß der Ausbildung nach dem Berufsausbildungsgesetz (z. B. in den Bereichen „Gartenbau", „Hauswirtschaft", „Lackieren") soll eine Beschäftigung auf dem allgemeinen Arbeitsmarkt ermöglichen. Für psychisch Kranke und Behinderte halten spezialisierte Berufsbildungswerke, das „Rot-Kreuz-Institut" in Berlin, das Berufsbildungswerk Neckargemünd und die von Bodelschwinghschen Anstalten in Bethel, entsprechende Angebote vor. Die Vermittlung und Finanzierung erfolgt über die zuständigen Arbeitsämter und auf der Grundlage des Arbeitsförderungsgesetzes.

Umschulung (b) Das *Berufsförderungswerk* (BFW) ist eine überregionale Einrichtung zur beruflichen Rehabilitation von psychisch Kranken, die bereits berufstätig waren. Hier werden besonders Umschulungsmaßnahmen angeboten, die kürzer (ca. zwei Jahre) als reguläre Berufsausbildungen sind. Berufsförderungswerke sind nicht auf die Erfordernisse bestimmter Behinderungsarten ausgerichtet; lediglich das Berufsförderungswerk der Stiftung Rehabilitation in Heidelberg hat eine psychiatrische Schwerpunktsetzung.

Berufstraining (c) Das *Berufstrainingszentrum* (BTZ) ist für psychisch Kranke zuständig, die bereits eine Ausbildung und Berufstätigkeit hinter sich haben, aber auf Grund wiederholter psychischer Erkrankungen eine Trainingsmaßnahme benötigen, um sich auf ihre Arbeitsstelle vorzubereiten. An eine 3monatige Orientierungsphase schließt sich eine 12monatige Qualifizierungs- und Wiedereingliederungsphase an, die teilweise im Rahmen von Praktika außerhalb des Berufstrainingszentrums stattfindet. Versucht wird, die Klienten stufenweise an möglichst realistische Arbeitsbedingungen heranzuführen. Im Berufstrainingszentrum können die psychisch Kranken in der Regel – in Unterscheidung zur Rehabilitationseinrichtung für Psychisch Kranke und zur Übergangseinrichtung – nicht wohnen; nur selten gibt es einige angegliederte Wohnheimplätze. In Berufstrainingszentren versuchen multiprofessionelle Teams nicht nur die berufsfachlichen Kompetenzen zu verbessern, sondern auch die sozio-emotionalen Fähigkeiten der Klienten zu fördern. Die Fördermaßnahmen dauern 1–2 Jahre.

Kostenträger

Federführend für die Aufnahme in ein Berufsbildungswerk, ein Berufsförderungswerk oder ein Berufstrainingszentrum ist die Bundesanstalt für Arbeit. Sie klärt im Einzelfall auch den Kostenträger. Die Rentenversicherung ist zuständig, wenn der Versicherte zum Zeitpunkt der Antragstellung eine Versicherungszeit von 180 Monaten erfüllt hat oder eine Erwerbsunfähigkeits- oder Berufsunfähigkeitsrente erhält. In der Regel ist die Bundesanstalt für Arbeit auf der Grundlage des Arbeitsförderungsgesetzes (AFG) zuständig, auch wenn der Behinderte noch nicht erwerbstätig war. Finanziert werden die Kosten der Maßnahme und das Übergangsgeld, wenn der Behinderte innerhalb der letzten fünf Jahre vor Beginn der Maßnahme mindestens zwei Jahre lang versicherungspflichtig beschäftigt war. Besteht kein Anspruch auf Übergangsgeld, wird bei beruflichen Erstausbildungen oder berufsvorbereitenden Maßnahmen Ausbildungsgeld gezahlt.

### 6.2.3. Rehabilitationseinrichtungen für Psychisch Kranke

Konzept

Die drei großen Kostenträger der Rehabilitation, die Rentenversicherung, die Krankenversicherung und die Bundesanstalt für Arbeit, tun sich schwer, sich an den Kosten für Übergangseinrichtungen wie etwa das Betreute Wohnen zu beteiligen. Ihrer Ansicht nach steht dort der beschützende Charakter im Vordergrund. 1985 wurde daher das Konzept der Rehabilitationseinrichtung für psychisch Kranke (RPK) entwickelt. In einer auf sieben Jahre angelegten *Erprobungsphase* wurden in jeweils einer Rehabilitationseinrichtung für psychisch Kranke pro Bundesland Erfahrungen gesammelt. Inzwischen können weitere Rehabilitationseinrichtungen für psychisch Kranke zugelassen werden, allerdings nur unter den schwer zu erfüllenden Bedingungen des vorgegebenen Anforderungsprofils.

medizinische und berufliche Rehabilitation

Rehabilitationseinrichtungen für psychisch Kranke sollen als gemeindenahe stationäre Einrichtungen mit einer Größe von mindestens 50 Plätzen in einem spezifischen therapeutischen Milieu *medizinische, psychosoziale* und *berufsfördernde Leistungen* erbringen. Der Schwerpunkt liegt bei ärztlich verantworteten, stabilisierenden, trainierenden und somit die Berufsförderung vorbereitenden Maßnahmen. Die Beteiligung ärztlicher Mitarbeiter ist also eine Voraussetzung für die Anerkennung durch die Kostenträger. Einzelnen Übergangseinrichtungen, insbesondere in Nordrhein-Westfalen, ist bei der Landesversicherungsanstalt die Anerkennung als Rehabilitationseinrichtung für psychisch Kranke durch konzeptionelle und personelle Anpassung an das Anforderungsprofil gelungen. In einer Rehabilitationseinrichtung für psychisch Kranke werden nur psychisch Kranke (keine Suchtkranken) aufgenommen, die für die Rehabilitation mit dem Ziel einer möglichst dauerhaften Eingliederung ins Arbeitsleben und in die Gesellschaft geeignet sind. Die medizinische Rehabilitation erfolgt in der Regel durch eigenes Personal in der Einrichtung selbst; die beruflichen Rehabilitationsmaßnahmen werden in Kooperation mit anderen Einrichtungen oder Betrieben in der Region, also außerhalb oder in eigenen Werkstätten erbracht.

Maßnahmen, Ziele und Träger

Ziel der Behandlung in Rehabilitationseinrichtungen für psychisch Kranke ist die *Aktivierung und Stabilisierung* sowie vor allem die Abklärung der beruflichen Neigungen und Fähigkeiten und die *Integration auf dem* allgemeinen oder beschützten *Arbeitsmarkt*. Zudem sollen die medizinische und berufliche Rehabilitation funktional besser zusammenwirken, die häufig von unterschiedlichen Kostenträgern finanziert werden. Ist durch die medizinische Rehabilitation die Besserung der Erwerbsfähigkeit zu erwarten, finanziert sie der Rentenversicherungsträger, anderenfalls der Krankenversicherungsträger. Die Maßnahmen der medizinischen Rehabilitation können bis zu einem Jahr dauern. Für die Gewährung der berufsfördernden Leistungen ist der Rentenversicherungsträger zuständig; liegen die Voraussetzungen nicht vor, tritt die Bundesanstalt für Arbeit ein. Die Berufsfindung und Arbeitserprobung dauert ca. sechs Wochen, die Berufsvorbereitungsmaßnahmen bis zu sechs Monaten. Die Phase der beruflichen Anpassung beträgt in der Regel neun Monate, die Maßnahmen im Eingangsverfahren und im Arbeitstrainingsbereich einer Werkstatt für Behinderte höchstens zwei Jahre.

Finanzierung

Die Finanzierung erfolgt auf Antrag auf einem Formblatt mit ärztlichem Gutachten beim zuständigen Krankenversicherungsträger. Die Abklärung der Erfolgsprognose erfolgt nach § 10 SGB VI (Rentenversicherung) bzw. § 40 SGB V (Krankenversicherung) oder nach § 56 AFG (Arbeitsförderungsgesetz). Die berufsfördernden Leistungen werden vom Rentenversicherungsträger nach § 11 SGB VI gewährt; nachrangig ist die Bundesanstalt für Arbeit zuständig.

> Weiterführende Literatur
>
> *Bundesarbeitsgemeinschaft für Rehabilitation* (1993): Abschlußbericht zur Erprobungsphase der Rehabilitationseinrichtungen für psychisch Kranke und Behinderte 1987–1993. Frankfurt.

### 6.2.4. Selbsthilfe-Firmen, Integrationsbetriebe

Schaffung von Arbeitsplätzen

1989 existierten in Deutschland mehr als 70 Selbsthilfe-Firmen für psychisch Kranke und Behinderte. Sie wurden von Mitarbeitern gemeinnütziger Hilfe- und Trägervereine initiiert. Häufig wurden dazu bestehende Zweckbetriebe umgewandelt. Selbsthilfe-Firmen bieten Menschen einen Arbeitsplatz, die zwar eigentlich dem allgemeinen Arbeitsmarkt zur Verfügung stehen, aufgrund ihrer Behinderung oder Auffälligkeit aber nicht oder nur kurzfristig beschäftigt werden. Selbsthilfe-Firmen sind z. B. Druckereien, Vollkorn-Bäckereien, Naturkostläden, Schreinereien, Speditionen usw.

Wirtschaftlichkeit und Unterstützung

Die Bezahlung des Klienten orientiert sich an den in dieser Branche üblichen Tariflöhnen. Da sich die Selbsthilfe-Firmen wirtschaftlich tragen müssen, können sie zwar in gewissem Maße auf die Beeinträchtigungen und Einschränkungen der Klienten eingehen, müssen aber doch ein erhebliches Maß an Arbeitsleistung verlangen. Die meisten Selbsthilfe-Firmen werden von den Hauptfürsorgestellen unterstützt und sind daher darauf angewiesen, daß die Beschäftigten vom Versorgungsamt als Schwerbehinderte anerkannt sind. Die Klienten müssen entweder beim Versorgungsamt einen Antrag auf Ausstellung eines Schwerbehinderten-Ausweises stellen oder beim Arbeitsamt die Gleichstellung beantragen. Die Hauptfürsorgestellen beteiligen sich an den Investitionskosten und leisten Ausgleichszahlungen bei verminderter Leistungsfähigkeit oder übernehmen Betreuungskosten (§ 2 SchwbAV). Selbsthilfe-Firmen sind einem harten Konkurrenzkampf ausgesetzt und deshalb häufig in ihrer Existenz gefährdet.

> Weiterführende Literatur
>
> Als Materialsammlung für den Einstieg in diese komplexe Materie empfehlen wir: *Salijevic, M.* (1989): Aufbau von Selbsthilfe-Firmen für psychisch Kranke. Bonn.

### 6.2.5. Zuverdienst-Firmen

> Marco Barini (11): Der Zuverdienst
>
> (Fortsetzung von S. 230) Marco Barini wird es im Treffpunkt langweilig, obwohl er sich an fast allen Gruppen beteiligt. Oft geht es ihm noch schlecht. Er steht morgens nicht auf oder die Stimmen irritieren ihn. Noch ist an eine normale Arbeit nicht zu denken. Die Sozialarbeiterin schlägt ihm vor, zweimal pro Woche in dem neuen Zuverdienst-Projekt des Vereins mitzuarbeiten. Sie hat den kleinen Imbiß mit aufgebaut.
>
> Marco Barini bekommt weiter Sozialhilfe, darf aber 240 DM im Monat dazuverdienen. Als Lohn wäre ihm das zu wenig. Aber als Zuverdienst rechnet er es zu den Mietzuschüssen und zur Hilfe zum Lebensunterhalt dazu und ist ganz zufrieden. Die 3 DM pro Stunde erhält das kleine Projekt vom Sozialamt, das die Arbeitsplätze als gemeinnützige Tätigkeit anerkannt hat.
>
> Weil er nachmittags schon zu müde ist, aber auch nicht gut aufstehen kann, hat er sich für zwei Dienste von 10.30 Uhr bis 13.30 Uhr gemeldet. Er hilft in der Küche des kleinen Ladengeschäftes bei der Zubereitung der Kuchen und Aufläufe, die vorne von anderen psychisch kranken Beschäftigten verkauft werden. Vielleicht wird er sich schon bald an die komplizierte Kasse und die italienische Espresso-Maschine wagen.

Zielgruppe

Zuverdienst-Firmen (auch „Zubrot-Firmen“ genannt) werden für Menschen aufgebaut, die noch *nicht* auf dem allgemeinen Arbeitsmarkt vermittelt werden können und ihren Lebensunterhalt aus anderen Einnahmequellen (Sozialhilfe, Rente, Arbeitslosengeld) bestreiten. In sehr unterschiedlicher Höhe können zu den einzelnen Sozialversicherungs- und Fürsorgeleistungen Zuverdienste anrechnungsfrei bleiben; die genauen Beträge sollten jeweils bei den Sozialhilfe- oder Rentenversicherungsträgern erfragt oder mit ihnen ausgehandelt werden.

Probleme der Finanzierung

Nur wenigen Zuverdienst-Projekten gelingt es, sich völlig selbst zu finanzieren. Zumindest die Löhne der Betreuungspersonen (Ergotherapeuten, Sozialarbeiter, Handwerker usw.) müssen über andere Finanzierungsquellen, z. B. kommunale Zuwendungen, abgesichert werden. Die geringe Entlohnung für die psychisch kranken Beschäftigten wird entweder erwirtschaftet oder erfolgt über andere Finanzie-

rungsquellen (gemeinnützige Tätigkeit oder Hilfe zur Arbeit nach § 19 BSHG über den Sozialhilfeträger).
Zuverdienst-Firmen bieten psychisch kranken Menschen an, sich über eine (auch stundenweise) Arbeit ein „Zubrot" zu verdienen. Dort können z. B. einfache Montagetätigkeiten, Sortieren oder Verpacken – je nach Durchhaltevermögen des Klienten – spontan ausgeübt werden. Andere Zuverdienst-Projekte planen den jeweiligen Einsatz der Klienten und sind auf ein gewisses Maß an Zuverlässigkeit und Belastbarkeit angewiesen, z. B. wenn sie das Casino oder ein Café eines Krankenhauses bewirtschaften.
Manchmal sind die Zuverdienst-Arbeitsplätze an Tagesstätten oder an Projekte, die ambulante oder teilstationäre Arbeitstherapie anbieten, angegliedert. Da es *immer schwieriger wird, psychisch kranke Klienten auf dem allgemeinen Arbeitsmarkt zu integrieren,* gewinnen Selbsthilfe-Firmen und Zuverdienst-Projekte eine immer größere Bedeutung. Leider scheitern viele dieser Projekte, weil gegenwärtig keine ausreichende finanzielle Absicherung möglich ist.
Die *Finanzierung* der Firmen und Projekte ist ungesichert. Am ehesten ist sie möglich über Stiftungen oder über Sonderregelungen der Hauptfürsorgestellen (siehe Selbsthilfe-Firmen). Der Zuverdienst der Klienten ist nur bis zu einer bestimmten Einkommensgrenze anrechnungsfrei: Bei Bezug von Sozialhilfe nach § 23 Abs. 4 bzw. § 24 BSHG „für Erwerbstätige, vor allem für Personen, die trotz beschränkten Leistungsvermögens einem Erwerb nachgehen", sind dies in der Regel 50 % des Regelsatzes. Bezieher von Erwerbsunfähigkeits-Renten dürfen zuverdienen, wenn sie nicht regelmäßig arbeiten. Bei regelmäßiger Arbeit darf 1/7 der monatlichen Bezugsgröße nicht überschritten werden.

### 6.2.6. Werkstätten für Behinderte

Einrichtungsprofil

Eine Werkstatt für Behinderte (WfB) ist eine Einrichtung des „besonderen Arbeitsmarktes" mit einer Versorgungsverpflichtung für ein bestimmtes Einzugsgebiet. Sie ist traditionell auf die Förderung und Beschäftigung geistig Behinderter ausgerichtet. Etliche Werkstätten für Behinderte haben jedoch inzwischen spezielle Abteilungen für Menschen mit psychischen Störungen eingerichtet. Dort kann unter geschützten Bedingungen die Arbeitsfähigkeit erprobt und trainiert werden.

Probleme

Werkstätten für Behinderte sind in ihrem bis zu zweijährigen Eingangs- und Trainingsbereich Rehabilitationseinrichtungen. Der Arbeitsbereich gilt dagegen als Maßnahme zur Wiedereingliederung Behinderter nach § 39 BSHG. Nur wenn im Eingangsbereich ein Mindestmaß an wirtschaftlich verwertbarer Arbeitsleistung entwickelt und erbracht wird, ist die Übernahme in den Arbeitsbereich möglich. Die starke *Ausrichtung auf geistig Behinderte* führt zu erheblichen Problemen für die Förderung psychisch Kranker: Jeder psychisch Kranke hat ein anderes, sehr individuelles Leistungsvermögen mit teilweise erheblichen Schwankungen; das Zusammensein mit „lebenslang" Behinderten und die gemeinsame Perspektive, nun dauerhaft „beschützt" arbeiten zu müssen, wird als Stigmatisierung empfunden. Zudem haben viele Werkstätten für Behinderte mit mehreren hundert Arbeitsplätzen inzwischen eine Größenordnung erreicht, die nachvollziehbare Arbeitsprozesse und überschaubare Strukturen verhindert. Die Werkstättenverordnung schreibt als Mindestgröße 120 Plätze vor; kleinere Einheiten können aber anerkannt werden, wenn sie gemeinsam einen Verbund bilden. Gerade für den Bereich der psychisch Kranken werden auf diesem Wege neuerdings zunehmend kleine und neuartige Werkstätten konzipiert. Die Werkstättenverordnung empfiehlt im Trainingsbereich einen Personalschlüssel von 1:40 und im Arbeitsbereich von 1:12. Für je 120 Behinderte steht im begleitenden Dienst eine Sozialarbeiterin zur Verfügung.

Kostenübernahme

Der Verdienst der Klienten in den Werkstätten für Behinderte hat die Höhe eines Taschengeldes (ca. 220 DM) und ist mit den Einkommen auf dem freien Arbeitsmarkt nicht zu vergleichen. Allerdings erlangen die Beschäftigten Anwartschaften in der gesetzlichen Rentenversicherung. Die – erheblichen – Betreuungskosten werden für die Eingangs- und Trainingsbereiche nach § 56 AFG (Arbeitsförderungsgesetz) von der Bundesanstalt für Arbeit geklärt und meist auch übernommen. Im Arbeitsbereich erfolgt die Übernahme der Kosten durch den Sozialhilfeträger im Rahmen des § 40 BSHG; als Besonderheit ist hier das erhöhte Schonvermögen (49.500 DM satt sonst 4.500 DM) zu erwähnen.

### 6.2.7. Ergotherapie-Praxen, ambulante Arbeitstherapien

Seit 1990 kann eine Arbeits- oder Beschäftigungstherapie auch ambulant angeboten und mit den Krankenkassen abgerechnet werden. Zu diesem Leistungsspektrum gehören z. B. Maßnahmen zur Verbesserung psychischer Funktionseinschränkungen, zur Förderung der Motivation, Kommunikation und der kognitiven Funktionen. Die niedergelassene Ergotherapeutin macht auch Hausbesuche und trainiert in der gewohnten Umgebung die zur Selbständigkeit erforderlichen Fähigkeiten.

Eine relativ neue Behandlungs- und Rehabilitationsmaßnahme ist die ambulante oder teilstationäre Arbeitstherapie psychiatrischer Kliniken oder Abteilungen. Hier sind in den letzten Jahren interessante Konzepte entwickelt worden. Zunächst besuchen Patienten, die bereits im Rahmen ihrer stationären Behandlung arbeitstherapeutisch behandelt wurden, weiterhin ihren gewohnten „Arbeitsplatz" auf dem Klinikgelände, verbringen aber die restliche Zeit zuhause oder in einer offenen Einrichtung. Diese Maßnahme finanzieren die Krankenkassen zur Zeit mit 30 DM täglich für höchstens ein Jahr. Die Arbeitstherapeuten der Klinik suchen für Klienten, wenn sie dazu in der Lage sind, nach geeigneten Möglichkeiten einer außerklinischen Arbeitsbelastung entweder im alten Betrieb oder auf dem allgemeinen Arbeitsmarkt oder in einer Selbsthilfefirma oder Werkstatt für Behinderte. Die Betreuung am Arbeitsplatz erfolgt weiter durch den vertrauten Arbeitstherapeuten („job coaching"), die Bezahlung der Maßnahme über den jeweils zuständigen Kostenträger der beruflichen Rehabilitation, also die Bundesanstalt für Arbeit, die Rentenversicherungs- oder Sozialhilfeträger. Es kann sich dann eine stufenweise Wiedereingliederung am Arbeitsplatz anschließen, die durch die Krankenkasse finanziert wird.

neue Konzepte

Andere Kliniken gründen innerhalb ihrer arbeitstherapeutischen Projekte kleine Selbsthilfe-Firmen („job buying out") und wandeln so stufenweise den Trainingsplatz in einen regulären Arbeitsplatz im Rahmen eines Trägervereins oder einer GmbH um. Zahlreiche weitere Verknüpfungen sind vorstellbar. Gerade dieser Bereich erfordert zähes Verhandlungsgeschick mit den unterschiedlichen Kostenträgern und Arbeitgebern und gründliche Kenntnisse im Rehabilitationsrecht, damit die einzelnen Maßnahmen und ihre Finanzierung möglichst lükkenlos aufeinanderfolgen. Die Finanzierung der ambulanten Arbeitstherapie erfolgt im Rahmen des § 27 Satz 3 SGB V, die stufenweise Wiedereingliederung nach § 74 SGB V.

### Weiterführende Literatur

Kostenlos kann man diese wichtige Broschüre anfordern: *Bundesarbeitsgemeinschaft für Rehabilitation* (1994): Arbeitshilfe für die stufenweise Wiedereingliederung in den Arbeitsprozeß. Frankfurt a. M.

Dieser aktuelle Tagungsband ermuntert: *Dörner, K.* (1995): Jeder Mensch will notwendig sein. Neue Chancen auf das Recht auf Arbeit aller psychisch Kranken und Behinderten. Gütersloh.

Einen gut lesbaren Überblick enthält: *Bock, T./Weigand, H.* (1993): Handwerks-buch Psychiatrie. Bonn 1991.

## 6.3. Ärztliche und psychotherapeutische Hilfen

### 6.3.1. Hausärzte

erste Anlaufstelle

Im Wohnbezirk oder in der Gemeinde ist der niedergelassene Arzt gewöhnlich die erste Anlaufstelle für Menschen mit Problemen, die eine Beratung suchen. Gleichzeitig ist er der wichtigste Kooperationspartner für Sozialstationen, Krankenhäuser und Soziale Dienste; er schreibt krank, verordnet häusliche Krankenpflege und Psychopharmaka und überweist zum Facharzt; und er stellt entscheidende Weichen für die Früherkennung von Suchtkrankheiten, psychosomatischen und neurotischen Störungen und Psychosen. Besonders für alte Menschen mit psychischen Auffälligkeiten ist der Allgemeinmediziner unverzichtbar: Durch regelmäßige Hausbesuche, durch das langjährige Vertrauensverhältnis und durch die nur von ihm akzeptierte Medikation vermeidet er manche Hospitalisierung.
Für Arzneimittel (auch Psychopharmaka) ist eine Zuzahlung zu leisten (§ 31 Abs. 3 SGB V). In Härtefällen ist gemäß §§ 61 und § 62 SGB V eine teilweise oder vollständige Befreiung vorgesehen.

### 6.3.2. Niedergelassene Psychiater, „Nervenärzte“

Niedergelassene Psychiater sind unter unterschiedlichen Berufsbezeichnungen tätig: als Arzt für Psychiatrie, als Arzt für Psychiatrie und Neurologie, als Nervenarzt. Er diagnostiziert und behandelt psychi-

sche (und neurologische) Störungen; arbeitet allein oder gemeinsam mit anderen Ärzten in einer Gemeinschaftspraxis und wird dabei unterstützt von Arzthelferinnen, Krankenschwestern, Diplom-Psychologinnen und – sehr selten – Sozialarbeiterinnen; berät den Patienten und seine Bezugspersonen; verordnet und überwacht die medikamentöse Therapie; und sollte bei Krisen und psychiatrischen Notfällen direkt oder im Rahmen eines organisierten Hintergrunddienstes ansprechbar sein.
Die Finanzierung entsprechender Arztleistungen erfolgt durch die gesetzlichen oder privaten Krankenkassen. Die geltende Gebührenordnung honoriert eher die aufwendigen, labortechnischen Untersuchungen als das zeitaufwendige Gespräch mit schwierigen Patienten oder gar Hausbesuche.
Psychiater müssen daher, um kostendeckend arbeiten zu können, möglichst viele Patienten behandeln. Die Wartezimmer sind entsprechend voll, die Zeit für den Kontakt mit dem Patienten ist viel zu kurz. Die notwendige Kooperation mit den psychosozialen Diensten und Gremien wird derzeit überhaupt nicht finanziert. So wird die Nervenarztpraxis als Baustein im gemeindepsychiatrischen Verbund vermutlich auch in Zukunft eher ein Eigenleben führen.

### 6.3.3. Institutsambulanzen

Marco Barini (12): Die Institutsambulanz

(Fortsetzung von S. 244) Nach seiner Entlassung aus der Tagesklinik muß Marco Barini einmal im Monat zur Institutsambulanz. Den Krankenpfleger kennt er schon aus der Tagesklinik. Dieser gibt ihm seine Depot-Spritze, ein Neuroleptikum, das er aber am liebsten absetzen würde. Immer wieder wird ihm eingeschärft, wie wichtig das Medikament sei.
Trotzdem bleibt Marco Barini eines Tages weg. Doch schon bald erhält er einen Brief. Wenige Tage später steht der Krankenpfleger vor der Tür. Marco Barini seufzt und läßt sich die Spritze wieder geben.

Psychiatrische Institutsambulanzen sind in der Regel an stationäre Einrichtungen angegliedert und insbesondere für die Nachbehandlung Organisation besonders schwer gestörter Patienten zuständig, zu denen bereits während der stationären Behandlung Kontakt hergestellt wird. Das *multiprofessionelle Team* von Ambulanzen besteht aus Fachärzten, Psychologen, Sozialarbeitern, Arzthelferinnen und Krankenpflegekräften. Die Mitarbeiter bieten feste Termine, Sprechstunden und Besuche für diejenigen Kranken an, die vom niedergelassenen Arzt nicht ausreichend versorgt werden können, besonders für rückfallgefährdete Psychosekranke mit schlechter „compliance“ (Behandlungsbereitschaft). Die pauschale Abrechnung erlaubt auch *zeitaufwendige Kontakte,* Gespräche mit Angehörigen und die Teilnahme an Gremien der psychosozialen Versorgung. Ambulanzen kooperieren mit Einrichtungen des Betreuten Wohnens und Heimen; angeboten werden auch Aktivitäts-und Neigungsgruppen oder Gesprächsgruppen für Angehörige. Institutsambulanzen sind ein entscheidender Baustein für den Aufbau eines gemeindespsychiatrischen Verbunds und für eine erfolgreiche Enthospitalisierung.

Rechtsgrundlage und Finanzierung

Rechtsgrundlage für die Tätigkeit von Institutsambulanzen ist der § 118 SGB V. Institutsambulanzen an psychiatrischen Fachkrankenhäusern haben einen Anspruch, durch den Zulassungsausschuß zur Behandlung von Patienten ermächtigt zu werden, benötigen eine förmliche Zulassung, die ihnen erteilt werden kann. Die Finanzierung der Leistungen von Institutsambulanzen wird in § 120 Abs. 2 und 3 SGB V geregelt (meist in Form von Fallpauschalen).

### 6.3.4. Niedergelassene Psychotherapeuten

Qualifikation und Antragsverfahren

Niedergelassene Psychotherapeuten können Psychologen oder Ärzte sein, im Bereich der Kinder- und Jugendpsychiatrie auch Sozialpädagoginnen, Lehrer oder Diplom-Pädagogen mit einer entsprechenden anerkannten Zusatzausbildung. Knapp die Hälfte aller Fachärzte für Psychiatrie besitzt (laut „Expertenbericht“ 1989) eine Zusatzqualifikation in Psychotherapie (tiefenpsychologisch fundierte Psychotherapie, analytische Psychotherapie oder Verhaltenstherapie). Im Rahmen der Psychotherapie-Richtlinien der Krankenkassen vom 4. Mai 1990 können maximal 15 psychotherapeutische Sitzungen ohne Antragverfahren durchgeführt werden. Eine regulär beantragte und von der Kasse bewilligte Psychotherapie kann der Facharzt mit entsprechendem Zusatztitel entweder selbst durchführen oder an andere Fachkräfte *delegieren:* Die psychotherapeutische Behandlung wird dann von einem nichtärztlichen Psychotherapeuten (meist Diplom-Psychologen mit entsprechendem Zusatztitel) durchgeführt, der entweder in der gemeinsamen Praxis angestellt ist oder eine eigene Praxis führt. Einzelne Kassen gewähren auf der Basis von Kostenerstattungen Leistungen, die über die Richtlinien hinausgehen.

Finanzierung

In der Regel erstatten die gesetzlichen Krankenversicherungen nach §§ 28 SGB V (und Richtlinien) Kosten nur für bestimmte Therapieverfahren. In Ausnahmefällen können auch über §§ 39/40 BSHG Leistungen finanziert werden. Noch immer (Stand 1996) ist trotz langjähriger Diskussionen kein *Psychotherapeuten-Gesetz* in Kraft. Im letzten Entwurf war vorgesehen, an die Stelle des bisherigen Delegationsverfahrens das „Kooperationsverfahren" treten zu lassen. Dieses würde es dem Patienten ermöglichen, den Erstkontakt auch zu psychologischen Psychotherapeuten aufzunehmen; erst nach der ersten Sitzung müßte der Patient einen Arzt aufsuchen, der die Psychotherapie verordnet.

## 6.4. Formen der Selbsthilfe und der Laienhilfe

### 6.4.1. Selbsthilfegruppen

> Lothar Fischer (9): Die Selbsthilfegruppe
>
> (Fortsetzung von S. 233) Bei seiner letzten Entgiftung hat Lothar Fischer Irene kennengelernt. Skeptisch begleitet er sie zu einer Gesprächsgruppe im „Saftladen". In dieser alkoholfreien Kneipe treffen sie eine Gruppe von 20 Männern und 6 Frauen an, die sich offensichtlich gut kennen. Zunächst fühlt er sich ein bißchen unwohl, obwohl ihn alle freundlich begrüßen und ihm Kaffee anbieten. Lothar Fischer hört, wie ein älterer, ziemlich kaputt aussehender Mann sich als „Alfred, Alkoholiker" vorstellt. Er berichtet vom Saufen, von seinen Schulden und dem Kummer, den er seiner Frau jahrelang gemacht hat. Lothar Fischer fühlt sich an seine eigene Misere erinnert. Alfred meint ganz stolz, er sei jetzt schon sechs Monate trocken und nehme sich jeden Tag vor, es weitere 24 Stunden zu schaffen.

Entstehung

Selbsthilfegruppen für Alkoholkranke entstanden zuerst in den dreißiger Jahren in den USA und nach dem Krieg auch in Deutschland: die „Anonymen Alkoholiker". Die Erfolge dieser Abstinenzgruppen, die es inzwischen von den unterschiedlichsten Organisationen gibt, sind erstaunlich. Kreuzbund, Guttempler, Anonyme Alkoholiker bieten auch in stationären Therapie-Einrichtungen offene Informationsgruppen an, um bereits hier zu den Patienten Kontakte für die schwierige Zeit nach ihrer Entlassung herzustellen. Wichtigster Grundsatz der Anonymen-Alkoholiker-Bewegung ist die „Kapitulation", also die Einsicht, gegenüber der seelischen Störung machtlos zu sein und sich einer „höheren Macht" anzuvertrauen.

heutige Vielfalt

Inzwischen sind nach dem Vorbild der Anonymen Alkoholiker für viele weitere seelische Störungen Selbsthilfegruppen entstanden. Am bekanntesten sind die „Emotions-Anonymous". Seit den siebziger Jahren erlebt die Selbsthilfebewegung einen *enormen Aufschwung*. Weil Selbsthilfegruppen billig und erfolgreich sind, werden sie inzwischen von Gesundheits- und Sozialpolitik kräftig unterstützt. Vor allem in Großstädten gibt es für viele psychosoziale und medizinische Probleme eine Selbsthilfegruppe, so z. B. für eßgestörte Frauen, für Menschen, die einen Angehörigen durch Selbstmord verloren haben, für Hörbehinderte, für Transsexuelle usw. Koordiniert und unterstützt wird der Aufbau dieser Gruppen in der Bundesrepublik durch die Nationale Kontakt- und Informationsstelle zur Anregung und Unterstützung von Selbsthilfegruppen (NAKOS, Albrecht-Achilles-Str. 65, 10709 Berlin, Fax: 8 93 49 14, Tel. 8 91 40 19). Erst relativ spät haben sich auch *Psychiatrie-Betroffene* in Selbsthilfe-Gruppen getroffen und sich im „Bundesverband der Psychiatrie-Erfahrenen" (BPE) organisiert. Das letzte Jahrzehnt dieses Jahrhunderts dürfte mit großer Wahrscheinlichkeit dem Coming-Out der Psychiatrie-Betroffenen gehören.

### 6.4.2. Angehörigengruppen

> Marco Barini (13): Die Angehörigengruppe
>
> (Fortsetzung von S. 249) Die Eltern von Marco Barini trauen sich nicht, mit Bekannten über die Krankheit ihres Sohnes zu sprechen. Auf keinen Fall dürfen die Verwandten erfahren, daß er geisteskrank ist. Marcos Mutter weint viel und grübelt, was sie falsch gemacht hat. Ihr Mann spricht kaum noch mit ihr. Aber sie ahnt, daß er ihr die Schuld gibt. Sie hat den Jungen zu sehr verwöhnt. Als sie Marco mal wieder in der Klinik besucht, empfiehlt ihr die Sozialarbeiterin, sich einmal die regelmäßig stattfindende Angehö-

rigengruppe anzusehen. Frau Barini bittet ihren Mann mitzukommen. Doch der lehnt verbittert ab. Also geht sie am Mittwochabend allein in das Gesundheitsamt. Einige Mütter begrüßen sich herzlich. Es sind auch Ehemänner, Söhne und Töchter von psychisch kranken Familienmitgliedern da. Ein Psychologe und eine Sozialarbeiterin sprechen einführende Worte. Zunächst steht das Thema „Medikamente" auf der Tagesordnung. Frau Barini staunt, wie gut sich die Angehörigen teilweise auskennen. Endlich versteht sie, weshalb Marco sich so merkwürdig bewegt. Sie hatte bisher immer gedacht, das gehöre zu seiner Krankheit. Dann erzählen sie nacheinander, wie es in den Familien zur Zeit geht. Eine andere Mutter berichtet von den Vorwürfen, die ihr der Ehemann macht, und daß sie kaum noch schlafen könne. Frau Barini bewundert die Frau für ihre Offenheit und spürt eine große Erleichterung. Sie ist nicht mehr allein.

Entstehung und aktuelle Tendenzen

Am Anfang der Angehörigengruppen standen ebenfalls die Abstinenzverbände: Die ersten Angehörigengruppen wurden unter dem Kürzel „Alanon" für Angehörige von Suchtkranken angeboten. Auch die Eltern von geistig Behinderten schlossen sich in der Bundesrepublik bereits in den fünfziger Jahren zusammen und bauten den inzwischen mächtigen Verband „Lebenshilfe e. V." auf. In den siebziger Jahren trafen sich in Stuttgart und in Bad Boll auch erstmals Angehörige psychisch Kranker, um ihre Erfahrungen auszutauschen. Gleichzeitig gründeten Psychiatrie-Mitarbeiter an verschiedenen Orten unter dem Motto „Freispruch der Familie" *Gruppen für die Angehörigen (zunächst Eltern) von Psychosekranken.* Ursprünglich waren dies meist von Fachleuten geleitete Informationsgruppen, die spezifisches Wissen über psychische Erkrankungen und ihre Behandlungsmöglichkeiten vermittelten. Aus diesen „geleiteten" Gruppen entstanden allmählich reine Selbsthilfegruppen; zur Zeit gibt es über 300 Gruppen in Deutschland, die sich zum größten Teil im „Bundesverband der Angehörigen psychisch Kranker" zusammengeschlossen haben. Angehörigengruppen werden angeregt und fachlich begleitet von Mitarbeitern von Psychiatrischen Kliniken, Sozialpsychiatrischen Diensten, Kontaktstellen und Kirchengemeinden (siehe dazu die Ausführungen oben, S. 154 ff.). Häufig beginnen sie als Informationsgruppe und verselbständigen sich später.

Weiterführende Literatur

Mit diesem Buch begann eine neue Ära: *Dörner, K.* (1982): Freispruch der Familie. Wunstorf.

Für Angehörige (und Anfänger) empfehlen wir: *Deger-Erlenmaier, H.* u. a. (1996): Jetzt will ich's wissen. Rat und Hilfe für Angehörige psychisch Kranker. Bonn.

### 6.4.3. Laienhilfe, Bürgerhilfe

Entstehung und politische Bedeutung

In den fünfziger Jahren begannen sogenannte „Laienhelfer" (Bürgerhelfer), die Patienten in den psychiatrischen Kliniken zu besuchen. Es handelte sich häufig um sozial engagierte Hausfrauen. Die ersten Kontakte zu den Patienten entstanden z. B. über Kirchengemeinden. Sie gründeten ehrenamtliche Helfer- oder Freundeskreise, die sich regelmäßig im „Patienten-Club" zusammenfanden. Hier trafen sich Laienhelfer, Freunde und Angehörige mit den Patienten zu gemeinsamen Unternehmungen, zum Feiern von Festen, zum Gespräch. Patenschaften zu einzelnen Patienten entstanden. Die Laienhelfer boten Hilfe bei der Wohnungs- oder Arbeitssuche an. Im Laufe der Jahre entstanden Organisationsstrukturen und wurden Vereine gegründet: die sogenannten „Hilfsvereine". Zunächst finanzierten sie Aktivitäten über Mitgliedsbeiträge und Spenden. Später konnten sie betreute Wohnformen aufbauen und diese gegebenenfalls über Tagessätze abrechnen. Aus den „Patienten-Clubs" heraus entstanden auch die Psychosozialen Kontaktstellen und die Tagesstätten für erwachsene psychisch Kranke. Die Bedeutung der Bürgerhelfer ist nicht zu unterschätzen; vor allem in Nordrhein-Westfalen spielen sie eine wichtige Rolle: Da sie niemandem verpflichtet sind und in niemandes Auftrag handeln, können sie politisch intervenieren, Druck ausüben und die professionell Tätigen kritisch hinterfragen.

Weiterführende Literatur

Zu diesem Thema gibt es wenig Literatur. Ein wichtiger Beitrag stammt von: *Nouvertnè, K.* (1993): Bürgerhilfe in der Psychiatrie. In: Bock, T./ Weigand, H. (Hrsg.): Hand-werks-buch Psychiatrie. Bonn, S. 246–258.

### 6.4.4. Familienpflege

Eine besondere Form der Laienhilfe ist die psychiatrische Familienpflege. Vor allem in der Umgebung großer Psychiatrischer Kliniken wurden bereits vor dem Ersten Weltkrieg viele chronisch psychisch Kranke oder geistig Behinderte in Pflegefamilien betreut. Manchmal waren dies Großfamilien-Pflegestellen, in denen 30 Patienten lebten. Häufiger war aber, daß nur ein psychisch Erkrankter in die Familie aufgenommen wurde. (Der oben erwähnte Friedrich Hölderlin beispielsweise verbrachte die letzten 36 Jahre seines Lebens in der Familie eines Schreinermeisters in Tübingen.)
In vielen Ländern wird die Familienpflege unverändert praktiziert. Durch positive Erfahrungen z. B. in Paris wurde sie auch in Deutschland wieder aktuell, besonders in Baden-Württemberg und im Rheinland. Die derzeit übliche Form sieht die Aufnahme von einem oder zwei Patienten in Pflegefamilien vor, die von Professionellen ausgewählt und beraten werden.
Die Finanzierung der Familienpflege ist problematisch. Inzwischen ist sie am ehesten über SGB XI (Pflegegeld) möglich.

Weiterführende Literatur

Wer sich mit diesem zu wenig beachteten Thema beschäftigt, landet unweigerlich bei folgendem Buch: *Konrad, M./Schmidt-Michel, P.-O.* (1993): Die zweite Familie. Psychiatrische Familienpflege. Bonn.

Empfohlene Literatur zum Thema „gemeinde-integrierte Hilfen“

Zum Thema „Finanzierung gemeindepsychiatrischer Hilfen“ gibt es zahlreiche Broschüren, die kostenlos oder gegen eine geringe Gebühr anzufordern sind. Den aktuellsten und umfassendsten Überblick vermittelt: *Brill, K.-E.* (1995): Organisation, Struktur und Finanzierung gemeindepsychiatrischer Hilfeangebote. Arbeitsmaterialien zu sozialrechtlichen Grundlagen, Konzeptionelle Orientierungen, Finanzierungsvereinbarungen. Bonn (zu beziehen beim Dachverband Psychosozialer Hilfsvereinigungen, Thomas-Mann-Str. 49 a, 53111 Bonn, Tel. 02 28 / 63 26 46).

Auch die im Text erwähnten Broschüren der *Bundesarbeitsgemeinschaft für Rehabilitation* (BAR) können kostenlos bezogen werden (Bundes-

(Fortsetzung S. 256)

arbeitsgemeinschaft für Rehabilitation. Walter-Kolb-Str. 9–11, 60594 Frankfurt a. M., Tel. 0 69 / 60 50 18-0).

Ganz aktuell in diesem Zusammenhang ist: *Kauder, V. u. a.* (1977): Personenzentrierte Hilfen in der psychiatrischen Versorgung. (Psychosoziale Arbeitshilfen, Bd. 11). Bonn.

Diverse Tagungsberichte der *Aktion Psychisch Kranke,* zuletzt zur Gemeindepsychiatrischen Suchtkrankenversorgung und zur Personalbemessung im komplementären Bereich, sind – ebenfalls kostenlos – zu erhalten bei Aktion psychisch Kranke (Graurheindorfer Str. 15, 53111 Bonn, Tel. 02 28 / 63 15 45).

Gut lesbar sind auch die folgenden beiden Überblicksbeiträge: *Richter, S.:* Das Versorgungssystem für psychisch kranke Menschen, und *Brill, K.-E.:* Recht und Gesetz von A–Z. Chancen und Stolpersteine. In: Deger-Erlenmaier, E. (1996): Jetzt will ich's wissen. Bonn, S. 97–147 und S. 169–234.

# Schluß: Perspektiven und offene Fragen

Mit dem Weltkongreß für Soziale Psychiatrie 1994 in Hamburg hat im ersten Kapitel unser historischer Überblick geendet. Wenige Jahre nach dem Weltkongreß scheint es, als wären die Positionen unvereinbarer denn je: An den Universitätskliniken erlebt die biologistische Psychiatrie eine Renaissance; die Elektrokrampftherapie und neue pharmakologische Behandlungsansätze, vor allem bei Suchtkrankheiten, etablieren sich. Die Angehörigen, inzwischen machtvoll in ihren Organisationen erstarkt, ziehen sich erschreckt über das Coming Out ihrer einst so abhängigen Familienmitglieder zurück oder nehmen erwartungsvoll an Psychose-Seminaren teil. Die Psychiatrie-Erfahrenen kehren den Kliniken und Therapeuten den Rücken, treffen sich in Selbsthilfegruppen und gründen Weglaufhäuser. Die gemeindepsychiatrische Reform hingegen mit ihren Enthospitalisierungsprogrammen droht auf halber Strecke zu kollabieren: Was mit großen Ambitionen startete, scheitert zum Ende des Jahrtausends schlicht und ergreifend an *leeren Kassen*. Mit einer kurzen Darstellung der unterschiedlichen Blickwinkel, dem Versuch, sie zusammenzuführen, und einem anschließenden Ausblick beenden wir unsere Begehung des Arbeitsfeldes „Psychiatrie".

(1) Aus dem Blickwinkel der *bezahlten Experten:*

(a) Neuropsychiater suchen noch immer nach der auslösenden Stoffwechselstörung, dem genetischen Defekt. Wird man die „Schizokokken" entdecken? Was dann? Wird man bestimmte Bevölkerungsgruppen routinemäßig durchchecken, impfen und zwangsbehandeln?
(b) Psychotherapeuten wagen sich, ermuntert von Psychosetherapie-Erfahrungen Benedettis, Mentzos und anderen, an die Behandlung von psychotischen Erkrankungen. In kleinen Kriseninterventionszentren, in vielen „Soterias", will man schizophren erlebende Menschen mit möglichst wenig Neuroleptika begleiten. Psychose wird als Bewältigungsmoment einer Krise verstanden; psychotisches Erleben soll integriert werden und so zur persönlichen Reifung beitragen. Werden die hoffnungsvollen Ansätze erweitert werden? Kann und will sich unsere Gesellschaft solche zeit- und personalintensiven Begleitungen leisten?

(c) Sozialpsychiater entwickeln gemeindepsychiatrische Strukturen, in denen auch Schwersterkrankte und langjährig Hospitalisierte möglichst selbstbestimmend leben können. Die großen Anstalten werden abgebaut. Vor allem alte Menschen wurden und werden vielfach lautlos in Pflegeeinrichtungen und Heime verlegt. Wird man zukünftig über die Ermittlung des *individuellen Hilfebedarfs* in Fallkonferenzen die für jeden psychisch Kranken passende Betreuung finanzieren und organisieren können? Oder wird man über *regionale Budgets* das Handeln der psychiatrisch Tätigen steuern? In Dane County (USA) z. B. müssen die Mitarbeiter des Case Management-Systems Kliniktage für viel Geld „einkaufen"; bestrafen sich also selbst, wenn sie einen Klienten stationär behandeln lassen. Werden sich Professionelle unter diesem Druck immer mehr Mühe beim „Begleiten" geben? Ist die Verführung nicht enorm, die Klienten – notfalls in der Obdachlosigkeit – in Ruhe zu lassen?

Aus dem Blickwinkel der *Angehörigen, Freunde* und *Nachbarn:*

(a) Noch immer bilden die unbezahlten Laien im engen Lebensumfeld psychisch Kranker das dichteste Betreuungsnetz, und dies rund um die Uhr. Mit dem Trialog von Angehörigen, professionellen Helfern und den Psychiatrie-Erfahrenen ist eine Verständigungsmöglichkeit entstanden; in nahezu jeder deutschen Stadt gibt es inzwischen ein Psychose-Seminar, eine Angehörigengruppe. Die Angehörigen sind inzwischen selbst zu Experten geworden, sie kontrollieren die Fachkräfte und sitzen in Psychiatrie-Beiräten. Die Auseinandersetzungen zwischen ihnen und den Psychiatrie-Erfahrenen werden immer heftiger. Die Einforderung der Selbstbestimmung, der emanzipatorische Ausbruch und der Kampf der Psychiatrie-Erfahrenen für ein Leben ohne Neuroleptika werden vor allem von Eltern psychisch Kranker mit Entsetzen beobachtet. Sind sie die Leidtragenden des „Abschieds von Babylon"? Zahlen sie die Zeche des Paradigmenwechsels? Wie können Sozialarbeiter die Angehörigen künftig stützen?

(b) Auf einer Enthospitalisierungstagung in Berlin 1994 berichtete die amerikanische Psychiaterin Laura L. Bachrach, daß in den USA mittlerweile mehr psychisch Kranke in Gefängnissen interniert seien als in psychiatrischen Einrichtungen. Welche Nischen finden sich in unseren Städten und Dörfern für Tausende von entlassenen Patienten? Wieviel auffälliges Verhalten werden Nachbarn tolerieren? Wird die „Nischen-Suche“ zur Ganztagsbeschäftigung der Sozialarbeiter?

Aus dem Blickwinkel der *Psychiatrie-Erfahrenen:*

(a) Auf dem XIV. Welt-Kongreß für Soziale Psychiatrie in Hamburg haben die Psychiatrie-Erfahrenen laut ihre Interessen artikuliert. Erstmals auf einem internationalen Fachkongreß haben Menschen mit psychiatrischer Vorgeschichte Vorträge gehalten und die professionellen Helfer weitergebildet. Sie sagten den Psychiatern den Kampf an. Radikale Gruppen fordern das Verbot von Zwangseinweisungen und Zwangsbehandlungen. Um sich nicht in die Hände von Profis begeben zu müssen, organisieren sie Selbsthilfe-Netzwerke und begleiten sich gegenseitig durch die Psychosen (Bellion 1996).
(b) In Berlin wurde vom „Verein zum Schutz vor psychiatrischer Gewalt“ das erste deutsche Weglaufhaus erkämpft. Sozialämter bezahlen inzwischen schon die Tagessätze für Menschen, die vor der Psychiatrie in die Wohnungslosigkeit geflüchtet sind (Hölling 1996). Die Gräben zwischen den „Betroffenen“ und den beiden anderen Gesprächspartnern des Trialogs scheinen immer tiefer zu werden. Werden psychisch labile Menschen diese Spannungen dauerhaft aushalten? Wie verhindern sie es, durch diese extreme Spaltung zerrissen zu werden? Wo bleiben die Psychiatrie-Erfahrenen, die sich den radikalen Positionen nicht zuordnen können?

*Zwischen den Fronten:*

Sozialarbeiter und Sozialpädagoginnen werden im Arbeitsfeld „Psychiatrie“ zukünftig die genannten Spannungen und Spaltungen aushalten müssen. Es gehört zu ihren ureigensten Aufgaben, sich für die Selbstbestimmung der Klienten einzusetzen, seien dies ratlose Angehörige oder auffällige psychisch Kranke. Gleichzeitig sind und bleiben sie aber „Agenten der Gesellschaft“, die sie für diese Tätigkeit beauftragt und bezahlt, direkt als Angestellte im öffentlichen Dienst oder indirekt über die Finanzierung durch den Steuerzahler.
Nachbarn, Arbeitgeber, Vorgesetzte und Klienten zerren an den Sozialarbeitern und zwingen sie zu einem schmerzhaften Spagat. Die Verführung ist groß, sich einfach auf eine Seite zu schlagen und parteiisch zu werden oder sich in dem geschützten Winkel des Professionellen zu verschanzen. Ein solches Verhalten wäre ein Rückschritt; denn es gibt Möglichkeiten, beides zu verbinden.

*Verknüpfung der Blickwinkel:*

Wer von dem ungeheuren Reiz des vielfältigen Blickwinkels profitieren und trotzdem standhalten will, der möge sich zum Schluß von den abschließenden Beispielen und Fragen dazu ermuntert fühlen.

*Beispiel 1: Stimmenhören:* Stimmenhören gilt Psychiatern als sicheres psychotisches Symptom. In den Niederlanden stieß ein Psychiater auf Menschen, die immer Stimmen hörten, aber nie mit der Psychiatrie in Berührung gekommen waren. Nach einer Talk-Show meldeten sich Hunderte von Stimmenhörern, erleichtert, endlich einmal gefahrlos über dieses Phänomen sprechen zu können. Inzwischen sind nicht nur in Holland und Großbritannien, sondern auch in Deutschland Selbsthilfegruppen entstanden (Walker 1995). Ein internationales Netzwerk wurde gegründet; Stimmenhörer organisieren inzwischen Tagungen, in denen sich Profis fortbilden können. Ein „Ratgeber für Stimmenhörer" wurde veröffentlicht (DGSP 1996). Unter völlig neuen Gesichtspunkten wird jetzt das Phänomen des Stimmenhörens untersucht. Es gibt offensichtlich Menschen, die seit ihrer Kindheit, ja seit ihrer Geburt häufig oder ständig Stimmen hören. Sie sind berufstätig, leben ein normales Leben und haben sich mit ihren Stimmen arrangiert. Welche Strategien haben sie entwickelt? Könnten Menschen, die unter ihren feindseligen, bedrohlichen Stimmen leiden und sich gequält fühlen, von ihren „Leidensgenossen" profitieren? Könnten Angehörige für den Umgang mit ihren unter Phonemen leidenden Familienmitgliedern von den Stimmenhörern etwas lernen? Was könnten die professionellen Helfer in Erfahrung bringen, um dann dieses Wissen weiterzugeben, um einfühlsamer und effektiver mit stimmenhörenden Klienten arbeiten zu können?

Die ersten Ergebnisse, so berichtete Thomas Bock bei einem Workshop in Bremen (Mannheimer Kreis 1996) zum Thema „Stimmenhören", überbrücken die Gräben zwischen den verfeindeten Lagern: Stimmenhören ist ein weit verbreitetes Phänomen. Vermutlich gibt es biologische Ursachen im Gehirn, also tatsächlich im „Hören". Stimmenhörer haben die unterschiedlichsten Erklärungsmodelle für ihr Erleben: elektronische, parapsychologische, medizinisch-organische, spirituelle Ursachen. Jede Erklärung ist besser als keine. Denn sie ermöglicht es dem Stimmenhörer, sich mit den Stimmen auseinanderzusetzen, zu kämpfen und wieder „Herr im eigenen Haus" zu werden. Betroffene berichten, es sei ihnen gelungen, die Stimmen als innerpsychische Anteile ihres eigenen Ichs zu akzeptieren und zu integrieren. Die Medizin und die Psychotherapie, die Selbstbestimmung der Betroffenen und die Vermittlerfunktion von psychiatrisch Tätigen vereinigen sich am Beispiel des Stimmenhörens auf wundersame Weise. Und wieder einmal steht man in der Psychiatrie erst am Anfang. Was werden die zukünftigen Forschungen, der Erfahrungsaustausch ergeben? Werden weitere Dammbrüche folgen? Gibt es überhaupt irgendwelche Gewißheiten?

*Beispiel 2: Behandlungsvereinbarung:* In Bielefeld haben Psychiatrie-Erfahrene seit 1994 die Möglichkeit, mit den Mitarbeitern der Klinik abzusprechen, wie sie im Falle einer Aufnahme behandelt werden möchten (Dietz u. a. 1995). Diese „Behandlungsvereinbarung" orientiert sich an den Erfahrungen, die mit dem „Psychiatrischen Testament" (Lehmann 1993) gemacht wurden. Während es sich beim „Psychiatrischen Testament" um eine einseitige Willenserklärung handelt, spielt bei der „Behandlungsvereinbarung" der gemeinsame Prozeß des Aushandelns der Vereinbarung eine entscheidende Rolle. An den Gesprächen nehmen neben dem Psychiatrie-Erfahrenen und seiner Vertrauensperson der für die Station zuständige Oberarzt, die Stationsleiterin und die zuständige Sozialarbeiterin teil. Geregelt werden nicht nur die Modalitäten der Unterbringung und Behandlung, sondern auch, wer sich um die Kinder, die Haustiere und die anderen Angelegenheiten kümmert. Die Ergebnisse werden in einer schriftlichen Vereinbarung festgelegt (die allerdings, wie auch das „Psychiatrische Testament", nicht absolut bindend und einklagbar ist).
Die bisherigen Erfahrungen zeigen, daß der Haupteffekt der „Behandlungsvereinbarung" im Weg und nicht im Ziel des schriftlichen Vertrages zu sehen ist. Psychiatrie-Erfahrene kommen als Gäste und gleichwertige Gesprächspartner in die Klinik, zu einem Zeitpunkt, an dem es ihnen gut geht. Sowohl sie als auch ihre Behandler reflektieren gemeinsam und ohne Druck. Erfahrungen mit „Behandlungsvereinbarungen" werden inzwischen an immer mehr Kliniken gemacht. Wie können die Angehörigen stärker in diesen Prozeß einbezogen werden? In welcher Form können Sozialarbeiter sich an Behandlungsvereinbarungen beteiligen? Sind ähnliche Formen auch im ambulanten und komplementären Bereich denkbar? Wann werden Sozialpsychiatrische Dienste die ersten Krisenverträge abschließen?

*Beispiel 3: Beschwerdestelle und Patientenfürsprecher:* Beschwerdestellen sind ursprünglich durch Selbsthilfe-Organisationen entstandene Patientenfürsprecher oder Ombudspersonen; sie sind in einigen Psychiatriegesetzen der Länder verankert und sollen die Interessen von Patienten auch und gerade in psychiatrischen Kliniken vertreten. In Stuttgart gibt es seit 1994 eine Beschwerdestelle, die von der „Psychosozialen Arbeitsgemeinschaft Stuttgart" ins Leben gerufen wurde. In ihr sind nicht nur die Psychiatrie-Erfahrenen als Ombudspersonen tätig, sondern auch Angehörige, Fachhochschul-Dozenten, Sozialarbeiter, Studenten, Rechtsanwälte und Ärzte; sie tagt regelmäßig in den Räumen einer Psychiatrischen Klinik. Der Effekt dieser Beschwerdestelle ist nicht nur in der Recherche problematischer Unterbringungs- und Behandlungsmethoden zu suchen; erhofft wird ein vorbeugender Effekt, allein durch die Tatsache ihrer Existenz (Brill 1994). In Leipzig wurde gemäß § 4 PsychKG die Psychiatrie-Betroffeneninitiative „Durchblick e. V." zum Patientenfürsprecher für fünf Jahre berufen. Ehemalige Patienten besuchen Psychiatrische Kliniken, halten Sprechstunden für ehemalige Mitpatienten ab, verfolgen Mißstände oder stellen Ärzte und Krankenpfleger zur Rede, von denen sie vielleicht selbst einmal behandelt worden sind. Die psychiatrie-erfahrenen Mitarbeiter des „Durchblick e. V." bilden Praktikanten aus, stellen Mitarbeiter im Betreuten Wohnen ein und gehen zur Supervision. Wieviel größer noch als für die professionellen Helfer sind die Spannungen, denen diese Menschen ausgesetzt sind? Wieviel muten sie sich angesichts der Gefährdung, die eine Überbelastung für sie bedeutet, zu? (Didier/Haase 1996)

*Beispiel 4: Fortbildungen und Tagungen:* In einer Arbeitsgruppe der *DGSP*-Jahrestagung 1995 in Hannover beschäftigen sich professionelle Helfer aus der Psychiatrie mit dem richtigen Umgang in der Aufnahmesituation. Wie auf allen Tagungen seit dem Weltkongreß in Hamburg sind hier auch Psychiatrie-Erfahrene und Angehörige präsent. Zwei Mitglieder der Arbeitsgruppe – selbst schon mehrfach zwangseingewiesen – schildern ihre eigenen, wirklich durchlebten Klinik-Aufnahmen. Alle Teilnehmer der Arbeitsgruppe üben anschließend im Rollenspiel gegenwärtige und verbesserte Aufnahmeformen. Zu Sozialpsychiatrischen Zusatzausbildungen werden inzwischen Psychiatrie-Erfahrene nicht mehr nur als exotische Gäste eingeladen, sondern als Dozenten beauftragt und bezahlt. Bei der Zusatzausbildung der „Deutschen Gesellschaft für Soziale Psychiatrie“ vermittelt eine Frau, die über ihre lange Karriere als Psychiatrie-Patientin ein Buch geschrieben hat, altgedienten Mitarbeitern ihre Erfahrungen im richtigen Umgang mit psychisch Kranken. Angehörige stellen im gleichen Rahmen dar, wie Frühwarnzeichen von Psychosen zu erkennen, zu verstehen und zu bewältigen sind. Im Psychose-Seminar lernen psychiatrisch Tätige von Psychiatrie-Erfahrenen und deren Angehörigen. Jeder ist Experte, jeder ist Dozent, jeder ist Schüler und Student.

Studierende und Berufsanfänger sollten sich noch einmal die leidvolle Geschichte der Psychiatrie des Einführungskapitels in Erinnerung rufen. Gab es je so viele Möglichkeiten, das Arbeitsfeld „Psychiatrie“ mit all seinen unterschiedlichen Facetten kennenzulernen? War es jemals so spannend, Verhaltensauffälligkeiten als Ausdrucksformen von Individuen zu akzeptieren? Waren jemals soziale Berufe so federführend bei der Gestaltung von Lebens- und Behandlungsräumen? War es je so aufregend und so schwierig, neue Wege zu suchen? Wissenschaftler beforschen Psychosen außerhalb der Psychiatrie. Angehörige machen Nachtwache in einem Wohnheim. Psychiatrie-Erfahrene, Manikerinnen, Mütter, Wohnheim-Bewohner und Mitarbeiterinnen Psychiatrischer Dienste schreiben Romane. Eine Sozialarbeiterin, ein Pädagoge und ein Psychiater schreiben zusammen ein Buch: eine Einführung in das Arbeitsfeld Psychiatrie …

### Abschließende Literaturhinweise

Literarische Erfahrungsberichte aus der Psychiatrie und über die Psychiatrie liegen inzwischen in großer Zahl vor: *Anstadt, S.* (1989): Alle meine Freunde sind verrückt. Aus dem Leben eines schizophrenen Jungen. München, *Kessler, N.* (1995): Manie-Feste. Frauen zwischen Rausch und Depression. Bonn, *Kuyper, P. C.* (1991): Seelenfinsternis. Die Depression eines Psychiaters. Frankfurt a. M., *Mannsdorff, P.* (1994): Von der Zukunft umzingelt. Bonn, und *Schiller, L.* (1995): Wahnsinn im Kopf. Mein Weg durch die Schizophrenie. Bergisch Gladbach.

Für diejenigen, die gern ins Kino gehen und es nicht beim „Flug über das Kuckucksnest“ belassen wollen, seien neben den Klassikern „Ich hab dir nie einen Rosengarten versprochen“ (USA 1977, Regie: A. Page) und „Rückfälle“ (BRD 1977, Regie: P. Beauvais) noch die neuen Filme „Mr. Jones“ (USA 1993, Regie: M. Figgis) und „Angel Baby“ (Australien 1996, Regie: M. Rymer) empfohlen.

# Literatur

Alanen, Y. O. (1994): An attempt to integrate the individual-psychological and interactional concepts of the origin of schizophrenia. In: Brit. J. Psychiat. 164 suppl, S. 56–61

Ammon, G. (1973): Dynamische Psychiatrie. Darmstadt

Angst, J. (1986): The course of major depression, atypical bipolar disorder, and bipolar disorder. In: Hippius, H. et al. (eds.): New results in depression research. Berlin, S. 26–35

Banger, M./Brings, B./Wellnitz, M. (1994): Sozialarbeit in der Akutspsychiatrie. In: Psychiat. Prax. 21, S. 232–234

Basaglia, F. (1973): Die negierte Institution oder Die Gemeinschaft der Ausgeschlossenen. Das Experiment der psychiatrischen Klinik in Görz. Frankfurt a. M.

Baumann, Z. (1992): Moderne und Ambivalenz. Das Ende der Eindeutigkeit. Hamburg

Bäuml, J. (1994): Psychosen aus dem schizophrenen Formenkreis. Ein Ratgeber für Patienten und Angehörige. Heidelberg

Bauer, M./Berger, H. (1986): Rechtsprobleme bei der Einweisung und Behandlung von akut Kranken. In: Kisker, K. P. u. a.: Psychiatrie der Gegenwart. Bd. 2. Berlin, S. 45–84

Bauer, M./Engfer, R. (1990): Entwicklung und Bewährung psychiatrischer Versorgung in der Bundesrepublik. In: Thom, A./Wulff, E. (Hg.): Psychiatrie im Wandel. Bonn, S. 413–429

Bauer, M. u. a. (1991): Psychiatrie-Reform in Europa. Beiträge zum Europäischen Symposium zur Entwicklung der Psychiatrie. Bonn

Baur, F. R. (1983): Der BGH und das Einsichtsrecht in Krankenakten. In: Recht u. Psychiatrie 1, S. 10–12

Beck, A.T. (1967): Depression. Clinical, experimental and theoretical aspects. New York

Behnke, K. (1995): Lernziel: Zersetzung. In: Behnke, K./Fuchs, I. (Hg.): Zersetzung der Seele. Psychologie und Psychiatrie im Dienste der Stasi. Hamburg, S. 12–43

Bellion, R. (1996): Selbsthilfe in Krisen. In: Soziale Psychiatrie, S. 19–24

Benedetti, G. (1992): Psychotherapie als existenzielle Herausforderung. Göttingen

Bericht über die Lage der Psychiatrie in der Bundesrepublik Deutschland (1975) – Deutscher Bundestag. 7. Wahlperiode. Drucksache 7/4200

Berger, H./Schirmer, U. (1993): Sozialpsychiatrische Dienste. Freiburg

Berne, E. (1961): Transactional Analysis in Psychotherapie. New York

Bernhardt, H. (1992): Die Anstaltspsychiatrie in Pommern. Dissertation, Leipzig

Bertalanffy, L. v. (1968): General System Theory. New York
Bickel, H./Jeger, I. (1986): Die Inanspruchnahme von Heimen im Alter. In: Zeitschrift für Gerontologie 19, S. 30–39
Blanke, U. (1996): Der Weg entsteht beim Gehen. Sozialarbeit in der Psychiatrie. Bonn
Blasius, D. (1994): „Einfache Seelenstörung". Geschichte der deutschen Psychiatrie 1800–1945. Frankfurt a. M.
BKK BV Bundesverband der Betriebskrankenkassen (1994): Vereinbarung zur modellhaften Umsetzung und Evaluation eines Konzeptes zur ambulanten Rehabilitation psychisch Kranker. Essen
Bleuler, M. (1972): Die schizophrenen Geistesstörungen im Lichte langjähriger Kranken- und Familiengeschichten. Stuttgart
Bock, T./Weigand, H. (1991): Hand-werks-buch Psychiatrie. Bonn
Bock, T. u. a. (1992): Stimmenreich. Mitteilungen über den Wahnsinn. Bonn
Bock, T. u. a. (1994): Im Strom der Ideen. Stimmenreiche Mitteilungen über den Wahnsinn. Bonn
Bock, T. (1995): Abschied von Babylon. Verständigung über Grenzen in der Psychiatrie. Bonn
Bock, T./Buck, D. (1997): Das Psychose-Seminar. (Psychosoziale Arbeitshilfen, Bd. 10). Bonn.
Böllinger, L./Stöver, H./Fietzek, L. (1995): Drogenpraxis, Drogenrecht, Drogenpolitik. Frankfurt a. M.
Böhm, E. (1989): Verwirrt nicht die Verwirrten. Bonn
Bosch, G. (1985): Komplementäre Dienste. Tagungsbericht der Aktion Psychisch Kranke, Bonn
Bowlby, J. (1973): Verlust, Trauer und Depression. Frankfurt a. M.
Braun-Scharm, H. (1991): Suizidalität bei Kindern und Jugendlichen. In: Martinius, I. (Hg.): Kinder- und jugendpsychiatrische Notfälle. München, S. 9–19
Brecht, K. u. a. (Hg.) (1985): „Hier geht das Leben auf eine sehr merkwürdige Weise weiter ...". Zur Geschichte der Psychoanalyse in Deutschland. Katalog zur Ausstellung, Hamburg
Brenner, H. D. (1986): Zur Bedeutung von Basisstörungen für Behandlung und Rehabilitation. In: Böker, W./Brenner, H. D. (Hrsg.): Bewältigung der Schizophrenie. Bern, S. 17–25
Bresler, I. (1914): Bericht über die Jahresversammlung des Deutschen Vereins für Psychiatrie in Breslau. In: Psychiatrisch-Neurologische Wochenschrift, Halle 1914, S. 277–291
Brill, K. E. u. a. (1992): Betreutes Wohnen. Grundlagen, Strukturen, Finanzierung. Bonn
Brill, K. E. (1994): Vertrauen ist gut, Kontrolle ist besser. Wege zur Interessenvertretung und Qualitätssicherung: Ombudspersonen und Beschwerdestellen. In: Psychosoziale Umschau 2, S. 12–14

Brill, K. E. (1995): Organisation, Struktur und Finanzierung gemeindepsychiatrischer Hilfsangebote. (Dachverband Psychosozialer Hilfsvereinigungen) Bonn
Buck, D. (1995): Die Psychose – eine Bildersprache der Seele. Vortrag zur Eröffnung des Psychose-Seminars Münster am 19. 12. 1995. Münster
Bundesarbeitsgemeinschaft für Rehabilitation (1992): Arbeitshilfe für die Rehabilitation psychisch Kranker und Behinderter. Frankfurt a. M.
Bundesarbeitsgemeinschaft für Rehabilitation (1993): Abschlußbericht zur Erprobungsphase der Rehabilitationseinrichtungen für psychisch Kranke und Behinderte 1987–1993. Frankfurt a. M.
Bundesarbeitsgemeinschaft für Rehabilitation (1994): Arbeitshilfe für die stufenweise Wiedereingliederung in den Arbeitsprozeß. Frankfurt a. M.
Canetti, E. (1976): Die Provinz des Menschen. Frankfurt a. M.
Christ, J./Hoffmann-Richter, U. (1997): Therapie in der Gemeinschaft. Gruppenarbeit, Gruppentherapie und Gruppenpsychotherapie im psychiatrischen Alltag. Bonn
Chroust, P. u. a. (Hg.) (1989): „Soll nach Hadamar überführt werden". Katalog zur Gedenkausstellung. Frankfurt a. M.
Ciompi, L. (1986): Auf dem Wege zu einem kohärenten multidimensionalen Krankheits- und Therapieverständnis der Schizophrenie. In: Böker, W./ Brenner, H. D. (Hrsg.): Bewältigung der Schizophrenie. Bern, S. 22–37
Clausen, J. (1990): Chronik der DGSP. In: Soziale Psychiatrie 49, S. 4–15
Cooper, D. (1971): Psychiatrie und Antipsychiatrie. Frankfurt a. M.
Crefeld, W./Gollmer, E. (1994): Zahl der Zwangseinweisungen ist drastisch gestiegen. In: Psychosoziale Umschau 2, S. 28–30
Dapp, H.-U. (1990): Emma Z. Ein Opfer der Euthanasie. Stuttgart
Defoe, D. (1697): An Essay upon Projects. In: Müller, Ch. (1993): Vom Tollhaus zum Psychozentrum. Hürtgenwald, S. 12–15
Deger-Erlenmaier, H. (Hrsg.) (1992): Wenn nichts mehr ist, wie es war. Angehörige psychisch Kranker bewältigen ihr Leben. Bonn
Deger-Erlenmaier, H. u. a. (1996): Jetzt will ich's wissen. Rat und Hilfe für Angehörige psychisch Kranker. Bonn
DGSP-Broschüre/Baker, P. (1996): Die innere Stimme. Ein praktischer Ratgeber für Stimmenhörer. Köln
Didier, J./Haase, R. (1996): Vom Patienten zum Fürsprecher. Interessenvertretung in Leipzig. In: Soziale Psychiatrie 2, S. 13
Dietz, A. (1995) u. a.: Die Behandlungsvereinbarung. Neue Wege zwischen Psychiatrie-Erfahrenen und Professionellen. In: Soziale Psychiatrie 3, S. 22–24
Dilling, H. u. a. (Hrsg.) (1991): Internationale Klassifikation psychischer Störungen: ICD-10 (Kapitel V [F]). Bern
Dörner, K. (1969): Bürger und Irre. Zur Sozialgeschichte und Wissenschaftssoziologie der Psychiatrie. Frankfurt a. M.

Dörner, K. u. a. (1982): Freispruch der Familie. Wunstorf
Dörner, K. (1993): Aufbruch der Heime. Gütersloh
Dörner, K. (1993): Akutpsychiatrie. (Tagungsband der 44. Gütersloher Fortbildungswoche) Gütersloh
Dörner, K. (1995): Jeder Mensch will notwendig sein. Neue Chancen für das Recht auf Arbeit aller psychisch Kranken und Behinderten. Gütersloh
Dörner, K./Plog, U. (1996): Irren ist menschlich. Bonn
Dresler, K.-D./Fischer, N. (1991): Sucht und seelische Erkrankung. In: Heckmann, W. (Hrsg.): Drogentherapie in der Praxis: Ein Arbeitsbuch für die 90er. Weinheim, S. 227–236
Ebert, U. (1996): Soziale Arbeit in der Psychiatrie. In: Sozialpsychiatrische Informationen 2, S. 5–10
Eichenbrenner, I. (1991): Lebensraum Straße. Sich aufhalten – ohne festen Wohnsitz. In: Bock, T./Weigand, H.: Hand-werks-buch Psychiatrie. Bonn, S. 86–100
Eickelmann, B. (1992): Gemeindenahe Psychiatrie. Tagesklinik und komplementäre Einrichtungen. München
Eickelmann, B. (1997): Sozialpsychiatrisches Basiswissen. Stuttgart
Engel, U. (1996): Zum Verhältnis von Psychiatrie und Pädagogik. Aspekte einer vernunftkritischen Psychiatriegeschichte. Frankfurt a. M.
Engelbracht, G./Tischer, A. (1990): Das St.-Jürgen-Asyl in Bremen. Leben und Arbeit in einer Irrenanstalt 1904–1934. Bremen
Engelmann, I. (1990): Schneckenhäuser. Alltagsbewältigung und Beziehungsarbeit in der Tagesstätte. Bonn
Expertenkommission der Bundesregierung (1988): Empfehlungen der Expertenkommission der Bundesregierung zur Reform der Versorgung im psychiatrischen und psychotherapeutisch/psychosomatischen Bereich. Bonn
Faulstich, H. (1993): Von der Irrenfürsorge zur „Euthanasie". Geschichte der badischen Psychiatrie bis 1945. Freiburg
Federn, P. (1952/1956): Ego Psychology and Psychoses, New York (Deutsch: Ich-Psychologie und Psychose. Bern)
Fengler, Ch./Fengler, T. (1980): Alltag in der Anstalt. Wenn Sozialpsychiatrie praktisch wird – eine ethnomethodologische Untersuchung. Bonn
Fiedler, P. (1987): Problemorientierte Arbeitsgruppen in der Psychotherapie. In: Verhaltensmodifikation und Verhaltensmedizin 8, S. 111–113
Finzen, A. (1983): „Auf dem Dienstweg". Die Verstrickung einer Anstalt in die Tötung psychisch Kranker. Rehburg-Loccum
Finzen, A. (1986): Tags in die Klinik – abends nach Hause. Die Tagesklinik. Bonn
Finzen, A. (1989): Suizidprophylaxe bei psychischen Erkrankungen. Bonn
Finzen, A. (1993): Schizophrenie. Die Krankheit verstehen. Bonn
Finzen, A. (1995): Medikamentenbehandlung bei psychischen Störungen. Bonn

Finzen, A. (1996): „Der Verwaltungsrat ist schizophren". Die Krankheit und das Stigma. Bonn

Floeth, T. (1991): Ein bißchen Chaos muß sein. Die psychiatrische Akutstation als soziales Milieu. Bonn

Focault, M. (1969): Wahnsinn und Gesellschaft. Eine Geschichte des Wahns im Zeitalter der Vernunft. Frankfurt a. M.

Freud, S. (1894): Die Abwehr der Neuropsychosen. In: Standard Edition, Bd. 3. London, S. 41–56

Freud, S. (1917): Trauer und Melancholie. In: Studienausgabe, Bd. 3. Frankfurt a. M., S. 193–212

Freud, S. (1924): Neurose und Psychose. In: Studienausgabe, Bd. 3. Frankfurt a. M., S. 331–337

Freud, S./Breuer, J. (1895): Studien über Hysterie. In: Standard Edition, Bd. 2. London

Germain, C. B./Gitterman, A. (1988): Praktische Sozialarbeit. Das „Life Model" der sozialen Arbeit. Stuttgart

Gintzel, U./Schone, R. (1990): Zwischen Jugendhilfe und Jugendpsychiatrie. Münster

Goffman, E. (1961 / dt. 1973): Asyle. Über die soziale Situation psychiatrischer Patienten und anderer Insassen. Frankfurt a. M.

Grawe, K./Donati, R./Bernauer, F. (1994): Psychotherapie im Wandel. Göttingen

Greb, U. (1995): special: Psychiatrie. Reinbek

Groeßner, H.-J. (1995): Skizze der Kinder- und Jugendpsychiatrie. In: Knopp, M.-L./Napp, K. (Hg.): Wenn die Seele überläuft. Bonn, S. 205–211

Gromann-Richter, P. (1991): Was heißt hier Auflösung? Die Schließung der Klinik Blankenburg. Bonn

Gromann-Richter, P. (1996): „Ja, welches Konzept ist das bessere – da mag ich mich gar nicht so drauf einlassen . . ." Qualitätsbeurteilung komplementärer Dienste und Einrichtungen durch ihre Nutzer. In: Die Psychotherapeutin 4, S. 44–74

Gümmer, M./Döring, J. (1994): Im Labyrinth des Vergessens. Bonn

Häfner, H. (1986): Psychische Gesundheit im Alter. Stuttgart

Häfner, H./Kiskes, K. P. (1965): Dringliche Reformen in der psychiatrischen Krankenhausversorgung der Bundesrepublik. In: Helfen und Heilen, 4, S. 1–8

Hahlweg, K./Dose, M./Feinstein, E./Müller, U./Bremer, D. (1989): Rückfallprophylaxe für schizophrene Patienten durch psychoedukative Familienbetreuung. In: Systemische Familientherapie 2, S. 145–156

Hardtmann, G. (1991): „Irrenhaus". Eine Einführung in die Psychiatrie und ihre sozialpädagogischen Arbeitsfelder. Weinheim

Hartmann, H. (1939): Ich-Psychologie und Anpassungsproblem. In: Internationale Zeitschrift für Psychoanalyse und Image 24, S. 62–135

Heiden, W. an der/Krumm, B./Müller, S./Weber, I./Biehl, H./Schäfer, M.

(1995): Mannheimer Langzeitstudie der Schizophrenie. Erste Ergebnisse zum Verlauf der Erkrankung über 14 Jahre nach stationärer Erstbehandlung. In: Nervenarzt 66, S. 820–827

Heiner, M. (Hrsg.) (1988): Selbstevaluation in der sozialen Arbeit. Freiburg

Heiner, M. (Hrsg.) (1994): Selbstevaluation als Qualifizierung in der Sozialen Arbeit. Freiburg

Helmchen, H. (1984): Einige aktuelle Rechtsentwicklungen. In: Psychiatrische Praxis 55, S. 565–573

Hirsch, H.-K. (1992): Psychiatrie zwischen Macht und Angst. In: Soziale Psychiatrie 59, S. 27–31

Hölderlin, F. (1969): Werke und Briefe. Hrsg. v. F. Beißner und J. Schmidt, Bd. 2, Frankfurt a. M.

Höll, Th./Schmidt-Michel, P. (1989): Irrenpflege im 19. Jahrhundert. Bonn

Hölling, I. (1996): Ohne Netz. Psychiatriebetroffen und wohnungslos: erste Erfahrungen mit dem „Weglaufhaus" in Berlin. In: Soziale Psychiatrie 2, S. 20–22

Hoffmann, H. u. a. (1994): Sozialpsychiatrische Lernfälle (Bd. 2). Bonn

Hoffmann-Richter, U./Haselbeck, H./Engfer, R. (Hrsg.) (1997): Sozialpsychiatrie vor der Enquete. Bonn

Hornung, W. P./Holle, R./Schulze Mönking, H./Klingberg, S./Buchkremer, G. (1995): Psychoedukative-psychotherapeutische Behandlung von schizophrenen Patienten und ihren Bezugspersonen. In: Nervenarzt 66, S. 828–834

Hüllinghorst, R. (1994): Zur Versorgung der Suchtkranken in Deutschland. In: Deutsche Hauptstelle gegen die Suchtgefahren (Hrsg.): Jahrbuch Sucht 1995. Geesthacht, S. 153–162

Jacobson, E. (1964/1973): The self and the object world. New York (Deutsch: Das Selbst und die Welt der Objekte. Frankfurt a. M.)

Jellinek, E. M. (1952): Phases of alcohol addiction. In: Quarterly Journal of Studies on Alcohol 13, S. 673–684

Jellinek, E. M. (1960): The disease concept of alcoholism. New Haven

Jentges, J. (1994): Aufbruchstimmung. In: Soziale Psychiatrie 3, S. 14–15

Jervis, G. (1983): Kritisches Handbuch der Psychiatrie. Frankfurt a. M.

Jones, M. (1968/1976): Beyond the Therapeutic Community. London (Deutsch: Prinzipien der therapeutischen Gemeinschaft. Bern)

Kähler, H. D. (1993): Erstgespräche in der sozialen Einzelfallhilfe. Freiburg

Kanfer, F. H./Goldstein, A. P. (1977): Möglichkeiten der Verhaltensänderung. München

Kant, I. (1988): Anthropologie in pragmatischer Hinsicht. In: Werkausgabe in 12 Bänden, Bd. 2. Frankfurt a. M., S. 878–914

Kant, I. (1988): Werkausgabe in 12 Bänden, hrsg. v. W. Weischädel, Bd. II, Frankfurt a. M.

Kauder, V. u. a. (1997): Personenzentrierte Hilfen in der psychiatrischen Versorgung. (Psychosoziale Arbeitshilfen, Bd. 11) Bonn

Kayer, H. u. a. (1981): Gruppenarbeit in der Psychiatrie. Erfahrungen mit der therapeutischen Gemeinschaft. Stuttgart

Kebbel, J. (1996): Case Management als unterschiedliche Aufgabe von Betreuerinnen/Betreuern und von Therapeutinnen/Therapeuten bzw. von Pflegekräften. In: Das Betreuungswesen und seine Bedeutung für die gemeindepsychiatrische Versorgung. Köln (Tagungsberichte der Aktion Psychisch Kranke, Bd. 22), S. 163–177

Kempker, K./Lehmann, P. (1993): Statt Psychiatrie. Berlin

Kernberg, O. (1967): Borderline personality organisation. In: Journal of American Psycho-Analytic Association 15, S. 641–685

Kernberg, O. (1975/1978): Borderline conditions and pathological narcissism. New York (Deutsch: Borderline-Störungen und pathologischer Narzißmus. Frankfurt)

Keupp, H. (1987): Psychosoziale Praxis im Umbruch. Sieben Essays. Bonn

Keupp, H. (1994): „Ohne Angst verschieden sein können“. Chancen und Risiken der Krise in der Moderne. In: Soziale Psychiatrie 2, S. 5–8

Klee, E. (1985). „Euthanasie“ im NS-Staat. Die „Vernichtung lebensunwerten Lebens“. Frankfurt a. M.

Klie, T. (1993): Recht auf Verwirrtheit. Hannover

Klie, T. (1996): Rechtskunde: das Recht der Pflege alter Menschen. Hannover

Knigge, A. (1788): Über den Umgang mit Menschen. In: Müller, C. (1993): Vom Tollhaus zum Psychozentrum. Hürtgenwald, S. 32–36

Knopp, M./Napp, K. (1995): Wenn die Seele überläuft. Kinder und Jugendliche erleben die Psychiatrie. Bonn

Köttgen, C. u. a. (1990): Aus dem Rahmen fallen – Kinder und Jugendliche zwischen Erziehung und Psychiatrie. Bonn

Kohn, M. L. (1973): Social class and schizophrenia: A critical review and reformation. In: Schizophrenia Bulletin 7, S. 60 ff.

Konrad, M./Schmidt-Michel, P. O. (1993): Die zweite Familie. Psychiatrische Familienpflege. Bonn

Kraepelin, E. (1918): Ziele und Wege der psychiatrischen Forschung. In: Zeitschrift für die gesamte Neurologie und Psychiatrie, Bd. 42, S. 169–205

Krausz, M./Müller-Thomsen, T. (Hrsg.) (1994): Komorbidität – Therapie von psychiatrischen Störungen und Sucht: Konzepte für Diagnostik, Behandlung und Rehabilitation. Freiburg

Kretschmann, R. (1988): Ambulante Psychiatrische Pflege durch Sozialstationen. Freiburg

Krisor, M. (1992): Auf dem Weg zur gewaltfreien Psychiatrie. Das Herner Modell im Gespräch. Bonn

Kulenkampff, C./Picard, W. (1989): Fortschritte und Veränderungen in der psychiatrischen Versorgung. Ein internationaler Vergleich. (Aktion Psychisch Kranke, Tagungsbericht Bd. 15) Köln

Kulenkampff, C./Kanowski, S. (1993): Die Versorgung psychisch kranker alter Menschen. (Aktion Psychisch Kranke, Tagungsbericht Bd. 20) Köln

Laireiter, A. (1993): Klinisch-gesundheitspsychologische Forschung – Ätiologiebezogene Funktionen sozialer Netzwerke und sozialer Unterstützung. In: Laireiter, A. (Hrsg.): Soziale Netzwerke und soziale Unterstützung. Konzepte, Methoden, Befunde. Bern, S. 181–194

Landwehr, R./Baron, R. (1991): Geschichte der Sozialarbeit. Hauptlinien ihrer Entwicklung im 19. und 20. Jahrhundert. Weinheim

Lehmann, P. (1993): Der Chemische Knebel. Warum Psychiater Neuroleptika verabreichen. Berlin

Lehmann, P. (1995): Chemische Knebel, tardive Dyskenesien: die andere Seite der Sozialpsychiatrie. In: Bock, T. (Hrsg.): Abschied von Babylon. Verständigung über Grenzen in der Psychiatrie. Bonn, S. 137–144

Leidinger, F./Pittrich, W. (1995): Grauzonen der Psychiatrie. Die gerontopsychiatrische Versorgung auf dem Prüfstand. Bonn

Leygraf, N. (1988): Psychisch kranke Straftäter. Berlin

Liberman, R. P. (1994): Das Training sozialer Fertigkeiten. In: Liberman, R. P./Giebeler, U./Brenner, H. D. (Hrsg.) (1994): Die Rehabilitation chronisch seelisch Kranker in der Psychiatrie. Bern, S. 107–156

Liddle, P. F. (1994): Neurobiology of schizophrenia. In: Currant Opinion of Psychiatry 7, S. 43–46

Loos, H. (1992): „Anerkannte Unterordnung" – ein Rückblick auf die Psychiatrie-Entwicklung in der DDR. In: Picard, W./Reimer, F.: Grundlagen und Gestaltungsmöglichkeiten der Versorgung psychisch Kranker und Behinderter in der Bundesrepublik und auf dem Gebiet der ehemaligen DDR. (Aktion Psychisch Kranke, Tagungsbericht Bd. 19) Köln, S. 174 bis 180

Loviscach, P. (1996): Soziale Arbeit im Arbeitsfeld Sucht. Freiburg

Luger, H. (1991): KommRum. Der andere Alltag mit Verrückten. Bonn

Machleidt, W./Gutjahr, L./Mügge, A. (1989): Grundgefühle: Phänomenologie, Psychodynamik, EEG-Spektralanalytik. Berlin

Mannsdorff, P. (1992): Das verrückte Wohnen. Bonn

Margraf, J./Poldrack, A. (1995): Angsterkrankungen bei Frauen in Ost- und Westdeutschland – eine repräsentative Untersuchung. (Vortrag gehalten auf der 9. Tagung der Landeskonferenz der Gleichstellungsbeauftragten an den Hochschulen im Freistaat Sachsen am 23./24. März 1995), Dresden

Martinius, J. (1991): Kinder- und jugendpsychiatrische Notfälle. München

Matakas, F. (1992): Neue Psychiatrie. Göttingen

May, Ph. R. A./Simpson, G. M. (1984): Schizophrenie: Übersicht über die Behandlungsmethoden. In: Freedman u. a. (Hrsg.): Psychiatrie in Praxis und Klinik. (Bd. 1.) Stuttgart, S. 142–175

Meinhold, M. (1996): Qualitätssicherung und Qualitätsmanagement in der Sozialen Arbeit. Freiburg

Mentzos, S. (1991): Psychodynamische Modelle in der Psychiatrie. Göttingen

Mercier, L. (1781): Le Tableau de Paris. In: Müller, C. (1993): Vom Tollhaus zum Psychozentrum. Hürtgenwald, S. 23–27

Minuchin, S. (1977): Familie und Familientherapie. Freiburg

Mitscherlich, A./Mielke, F. (Hg.) (1960): Medizin ohne Menschlichkeit. Frankfurt a. M.

Mosher, L./Burti, L. (1989): Psychiatrie in der Gemeinde. Bonn

Müller, C. (1993): Vom Tollhaus zum Psychozentrum. Vignetten und Bausteine zur Psychiatriegeschichte in zeitlicher Abfolge. Hürtgenwald

Murray, R. M. (1994): Neurodevelopmental schizophrenia: the rediscovery of dementia praecox. In: British Journal of Psychiatry 165 suppl., S. 6–12

Muysers, J. (1993): Nichts ist unmöglich. Zur Situation des Maßregelvollzugs im Rheinland. In: Soziale Psychiatrie 61, S. 13–16

Muysers, J./Schalast, N. (1995): Zurück zur Verwahrung? Maßregelvollzug 1995. In: Soziale Psychiatrie 3, S. 28–29

Nouvertnè, K. (1991): Bürgerhilfe in der Psychiatrie. In: Bock, T./Weigand, H. (Hrsg.): Hand-werks-buch Psychiatrie. Bonn, S. 246–258

Oberdieck, H. (1995): Keiner ist OK: Diagnose und Therapie der Drogenabhängigkeit. In: Zeitschrift für Transaktionsanalyse 3, S. 100–123

Pawlow, J. P. (1954): Sämtliche Werke. Berlin

Paykel, E. S. (1992): Handbook of affektive disorder. Edinburgh

Perls, F. S./Hefferline, R. F./Goodman, P. (1951–1979): Gestalt-Therapy. New York (Deutsch: Gestalttherapie. Stuttgart)

Pörksen, N. (1974): Kommunale Psychiatrie. Reinbek

Pohl, G. (1995): Zur Entwicklung der Sozialpsychiatrie in Ostdeutschland 1990–1994. In: Sozialpsychiatrische Informationen 2, S. 2–14

Pöldinger, W. u. a. (1990): Index Psychopharmakorum. Bern

Priebe, S. (1992): Die Bedeutung der Patientenmeinung. Göttingen 1992

Priebe, S. u. a. (1996): Klinische Merkmale langzeithospitierter Patienten. In: Psychiatrische Praxis 23, S. 15–20

PsychPV Verordnungstext der Psychiatrie-Personalverordnung (1990). In: Wienberg G. (Hrsg.) (1991): Die neue „Psychiatrie-Personalverordnung“. Bonn, S. 56–58

Rasch, W. (1984): Krank und/oder kriminell? In: Landschaftsverband Westfalen-Lippe (Hg.): Maßregelvollzug in Westfalen-Lippe. Münster, S. 70–86

Rasch, W. (1986): Forensische Psychiatrie. Stuttgart

Rasch, W. (1991): Voraussetzungen der Unterbringung nach § 64 StGB. In: Recht und Psychiatrie 3, S. 109–114

Rasch, W. (1995): Interview im WDR vom 18. 10. 1995

Renker, K. (1965): Die Rodewischer Thesen. In: Zeitschrift für die gesamte Hygiene, 1, S. 61–64

Reil, J. H. (1803/1968): Rhapsodien über die Anwendung der psychischen Kurmethode auf Geisteszerrüttungen. Amsterdam

Richartz, M. (1990): Entwicklung und Bewährung psychiatrischer und psychosozialer Versorgung in den Niederlanden. In: Thom, A./Wulff, E. (Hg.): Psychiatrie im Wandel. Bonn, S. 510–527
Rogers, C. R. (1942/1972): Counseling and Psychotherapy. Bosten (Deutsch: Die nicht-direktive Beratung. München)
Roer, D./Henkel, D. (1986): Psychiatrie im Faschismus. Bonn
Rosemann, M. (1996). Die Einbindung der Betreuerinnen und Betreuer in die kommunale Steuerung. In: Aktion Psychisch Kranke: Das Betreuungswesen und seine Bedeutung für die gemeindepsychiatrische Versorgung. (Tagungsberichte Bd. 22) Köln, S. 178–192
Rössler, W. (1992): Sozialpsychiatrische Dienste in der Bundesrepublik Deutschland – ein Überblick. In: Gesundheitswesen 54, S. 19–24
Rössler, W./Salize, H. J. (1995): Gemeindenahe Versorgung braucht die Gemeinde, die sich sorgt. In: Psychiatrische Praxis 22, S. 58–63
Rupp, M. (1996): Notfall Seele. Methodik und Praxis der ambulanten psychiatrisch-psychotherapeutischen Notfall- und Krisenintervention. Stuttgart
Salijevic, M. (1989): Aufbau von Selbsthilfefirmen für psychisch Kranke. Bonn
Schädle-Deininger, H./Villinger, U. (1996): Praktische Psychiatrische Pflege. Bonn
Schepank, H. (1987): Psychogene Erkrankungen der Stadtbevölkerung. Berlin
Schepker, R. u. a. (1995): Die Sozialarbeit in der kinder- und jugendpsychiatrischen Klinik. In: Praxis Kinderpsychologie und Kinderpsychiatrie 41, S. 367–374
Schiewe, K. (1995): Sozial Sponsoring. Freiburg
Schmal, D. (1990): Vergleich der Praxis von psychiatrischen Zwangseinweisungen in Leipzig und Bonn. In: Sozialpsychiatrische Informationen 4/90, S. 40–43
Schmalz, U. (1995): Rette mich wer kann. Der ganz normal verrückte Alltag einer Krankenschwester im Psychiatrischen Dienst. Bonn
Schmid, S. (1977): Freiheit heilt. Bericht über die demokratische Psychiatrie in Italien. Berlin
Schmidt, L. (1993): Alkoholkrankheit und Alkoholmißbrauch. Stuttgart
Schnyde, U./Sauvant, J.-D. (1993): Krisenintervention in der Psychiatrie. Bern
Schuckit, M. A. (1995): Drug and alcohol abuse. New York
Schülein, J. A. (1983): Normalität und Opposition. In: Leviathan 11, S. 252–274
Schulsinger, F./Mednick, S. A./Parnas, J. (1992): Ein interaktiver Ansatz zur Untersuchung der Schizophrenie. In: Brenner, H. D. / Böker, W. (Hrsg.): Verlaufsprozesse schizophrener Erkrankungen. Bern, S. 110–123
Schurtzmann, W. (1996): Erfahrungen aus der Sozialarbeit mit Suchtkranken. In: Blanke, U. (Hrsg.): Der Weg entsteht beim Gehen – Sozialarbeit in der Psychiatrie. Bonn, S. 131–147

Schwab, J. (1995): Neubewertung der Sozialpsychiatrie. In: Bock, T. (Hg.): Abschied von Babylon. Bonn, S. 407–416
Schwoon, D. R./Krausz, M. (1990): Suchtkranke. Die Ungeliebten der Psychiatrie. Stuttgart
Seidel, R. (1995): Verschiedensein achten – Gemeinsames bewahren. In: Soziale Psychiatrie 4, S. 24–27
Senatsverwaltung für Soziales, Berlin (1994): Pflegerische Aspekte und rechtliche Anforderungen im Umgang mit verwirrten und psychisch kranken Menschen im Heim. Berlin
Senf, B./Broda, M. (1996): Praxis der Psychotherapie. Stuttgart
Shepherd, G. (1991): „Ward in a House" und „Case Management" – zwei Konzepte zur langfristigen Behandlung schwer psychisch Kranker in der Gemeinde. In: Administrative Phantasie in der psychiatrischen Versorgung (Aktion Psychisch Kranke, Tagungsbericht Bd. 18). Köln, S. 87–100
Skinner, B. F. (1938): The Behavior of Organisms. New York
Specht, F./Anton, S. (1992): Stationäre und teilstationäre Einrichtungen für Kinder- und Jugendpsychiatrie. In: Praxis Kinderpsychologie und Kinderpsychiatrie 41, S. 367–374
Stingelin, M. (1989): Die Berechnung der menschlichen Seele. In: Clair, J. (Hg.): Wunderblock. Eine Geschichte der modernen Seele. Katalog zur Ausstellung der Wiener Festwochen, Wien, S. 297–308
Stoffels, H./Kruse, G. (1997): Der psychiatrische Hausbesuch. Hilfe oder Überfall? Bonn
Streitburger, G./Trampe, W. (1990): Sozialtherapeutische Fortbildung im Maßregelvollzug. In: Recht und Psychiatrie 3, S. 121–126
Strotzka, H. (1965): Einführung in die Sozialpsychiatrie. Reinbek
Süllwold, L./Huber, G. (1986): Schizophrene Basisstörung. Berlin
Süss, S. (1995): Psychiater im Dienste des MfS. In: Behnke, K./Fuchs, J. (Hg.): Zersetzung der Seele, Hamburg, S. 255–283
Szasz, T. (1976): Schizophrenie. Das heilige Symbol der Psychiatrie. Frankfurt a. M.
Thom, A./Wulff, E. (Hg.) (1990): Psychiatrie im Wandel. Erfahrungen und Perspektiven in Ost und West. Bonn
Tölle, R. (1997): Psychiatrie. Berlin
Walker, K. (1995): Stimmenhören aus der Sicht Betroffener – Therapeutische Konsequenzen. In: Bock, T. (Hrsg.): Abschied von Babylon. Verständigung über die Grenzen in der Psychiatrie. Bonn, S. 241–246
Weigand, H. (1991): Alltagsbegleitung. Eigenes Leben sichern. In: Bock, T./ Weigand, H. (Hrsg.): Hand-werks-buch Psychiatrie. Bonn, S. 259–285
Weinberger, S. (1994): Klientenzentrierte Gesprächsführung. Eine Lern- und Praxisanleitung für helfende Berufe. Weinheim
Weise, K. (1990): Konzeptionen zur Reform der psychiatrischen Versorgung. In: Sozialpsychiatrische Informationen 3, S. 13–16

Weise, K. (1993): Fürsorge bis zur Entmündigung oder Freiheit bis zur Verwahrlosung. In: Bührig, u. a. (Hg.): Herr Dörner hat eine Idee. Bonn, S. 82–89
Weise, K. (1994): „Mit Hartnäckigkeit konnte man viel erreichen". In: Soziale Psychiatrie 2, S. 31–34
Weise, K./Uhle, M. (1990): Entwicklungsformen der Psychiatrie in der DDR. In: Thom, A./Wulff, E. (Hg.): Psychiatrie im Wandel. Bonn, S. 440–461
Wendt, W. R. (1991): Unterstützung fallweise. Case Management in der Sozialarbeit. Freiburg
Wendt, W. R. (1992): Die Lebenswelt: kränkend und heilend – eine ökosoziale Übersicht. In: Andresen, B. u. a. (Hrsg.): Mensch – Psychiatrie – Umwelt. Ökosoziale Perspektiven für die soziale Praxis. Bonn, S. 89–110
Wienberg, G. (Hrsg.) (1992): Die vergessene Mehrheit. Bonn
Wienberg, G./Institut für kommunale Psychiatrie (1992): Die neue Personalverordnung – Chance für die Gemeindepsychiatrie. Bonn
Wienberg, G. (1993): Bevor es zu spät ist. Außerstationäre Krisenintervention und Notfallpsychiatrie. Bonn
Wienberg, G. (Hrsg.) (1997): Schizophrenie zum Thema machen: Psychoedukative Gruppenarbeit mit schizophren und schizoaffektiv erkrankten Menschen. Bonn
Wiesbeck, G. A./Schröder, S. G./Czogalik, D./Täschner, K. L. (1994): Zur Komorbidität von psychischen Erkrankungen und Abhängigkeit. In: Sucht 3, S. 156–164
Wing, J. K. (1987): Rehabilitation, Soziotherapie und Prävention. In: Kisker u. a. (Hrsg.): Psychiatrie der Gegenwart. (Bd. 4.) Berlin, S. 325–355
Wolfersdorf, M. (1989): Erkennen und Beurteilen von Suizidalität. In: Therapiewoche 39, S. 2947–2958
WHO World Health Organization (1980): International Classification of Impairments, Disabilities and Handicaps. Genf
WHO World Health Organization (1975): The International Pilot Study of Schizophrenia. Genf
Zeller, S. (1994): Geschichte der Sozialarbeit als Beruf. Pfaffenweiler
Zerbin-Rüdin, E. (1992): Psychiatrische Genetik. In: Battegay, R. u. a. (Hrsg.): Handwörterbuch der Psychiatrie. S. 450–457
Zubin, J./Spring, B. (1977): Vulnerability – a new view of schizophrenia. In: Journal of Abnormal Psychology 86, S. 103–126.

# Autoren

Jens Clausen (Jg. 1954) ist Lehrer an der Evangelischen Sozialpädagogischen Ausbildungsstätte Münster. Studium der Erziehungswissenschaften, Geschichte und Germanistik. Berufliche Tätigkeiten: Kinder- und Jugendpsychiatrie der Uni-Klinik Freiburg, Psychosomatik St. Blasien, Psychiatrisches Wohnheim Freiburg, Westfälische Fachschule für Sozial- und Heilpädagogik Hamm. Mitglied des Instituts für Analytische Gruppentherapie Heidelberg, Vorstandsmitglied der Westfälischen Gesellschaft für Soziale Psychiatrie, Redaktionsmitglied der Zeitschrift „Soziale Psychiatrie". Er schrieb die Kapitel 1, 3 (mit K.-D. Dresler) und die Abschnitte 5.4. und 5.5.

Klaus-D. Dresler, Dr. med. (Jg. 1950) lehrt als Professor für das Fachgebiet „Sozialmedizin, inkl. Sozialpsychiatrie" am Fachbereich Sozialwesen der Fachhochschule Jena. Arzt für Allgemeinmedizin und für Nervenheilkunde. Berufliche Tätigkeiten: Jüdisches Krankenhaus Berlin, Drogenhilfe Tannenhof Berlin, Krankenhaus Spandau, Universitätsklinikum Benjamin Franklin Berlin. Vorstandsmitglied der Aktion Psychisch Kranke Jena e.V., Mitglied im Beirat des Landesverbandes Thüringen der Angehörigen psychisch Kranker e.V. Er schrieb die Kapitel 2, 3 (mit J. Clausen) und den Abschnitt 5.3.

Ilse Eichenbrenner (Jg. 1950) ist Sozialamtsrätin in Berlin-Charlottenburg. Ausbildung zur Erzieherin, Studium der Sozialarbeit an der Fachhochschule für Sozialarbeit und Sozialpädagogik Berlin. Berufliche Tätigkeiten: Sozialpsychiatrischer Dienst Berlin-Spandau, Sozialpsychiatrischer Dienst Berlin-Charlottenburg, Koordinatorin des Psychiatrischen Notdienstes Charlottenburg/Wilmersdorf (Träger: Platane 19 e. V.). Vorstandsmitglied des Landes- und des Bundesverbandes der Deutschen Gesellschaft für Soziale Psychiatrie, Redaktionsmitglied der Zeitschrift „Soziale Psychiatrie". Sie schrieb das Kapitel 4, die Abschnitte 5.1. und 5.2. und das 6. Kapitel.